U0452475

帝國之翼

胡林翼的官场与战场

张彦明 著

图书在版编目（CIP）数据

帝国之翼：胡林翼的官场与战场 / 张彦明著. -- 长沙：岳麓书社，2025.1（2025.3重印）. -- ISBN 978-7-5538-2174-0

Ⅰ. K827=52

中国国家版本馆 CIP 数据核字第 2024JW3953 号

DIGUO ZHI YI: HU LINYI DE GUANCHANG YU ZHANCHANG

帝国之翼：胡林翼的官场与战场

作　　者	张彦明
出 版 人	崔　灿
策划编辑	刘书乔
责任编辑	王　畅
责任校对	舒　舍
书籍设计	甘信宇
营销编辑	谢一帆　唐　睿　向媛媛

岳麓书社出版发行

地　址 ｜ 长沙市岳麓区爱民路47号
承　印 ｜ 长沙鸿发印务实业有限公司

开本	640mm×960mm 1/16	印张	25.5	字数	312千字
版次	2025年1月第1版	印次	2025年3月第2次印刷
书号	ISBN 978-7-5538-2174-0
定价	78.00元

如有印装质量问题，请与本社印务部联系
电话 ｜ 0731-88884129

贈總督太子太保原任湖北巡撫世襲騎都尉諡文忠胡林翼

平定粵匪功臣像之胡林翼像，現藏於台北故宮博物院

《平定粤匪图》之《克复武昌省城图》，现藏于台北故宫博物院

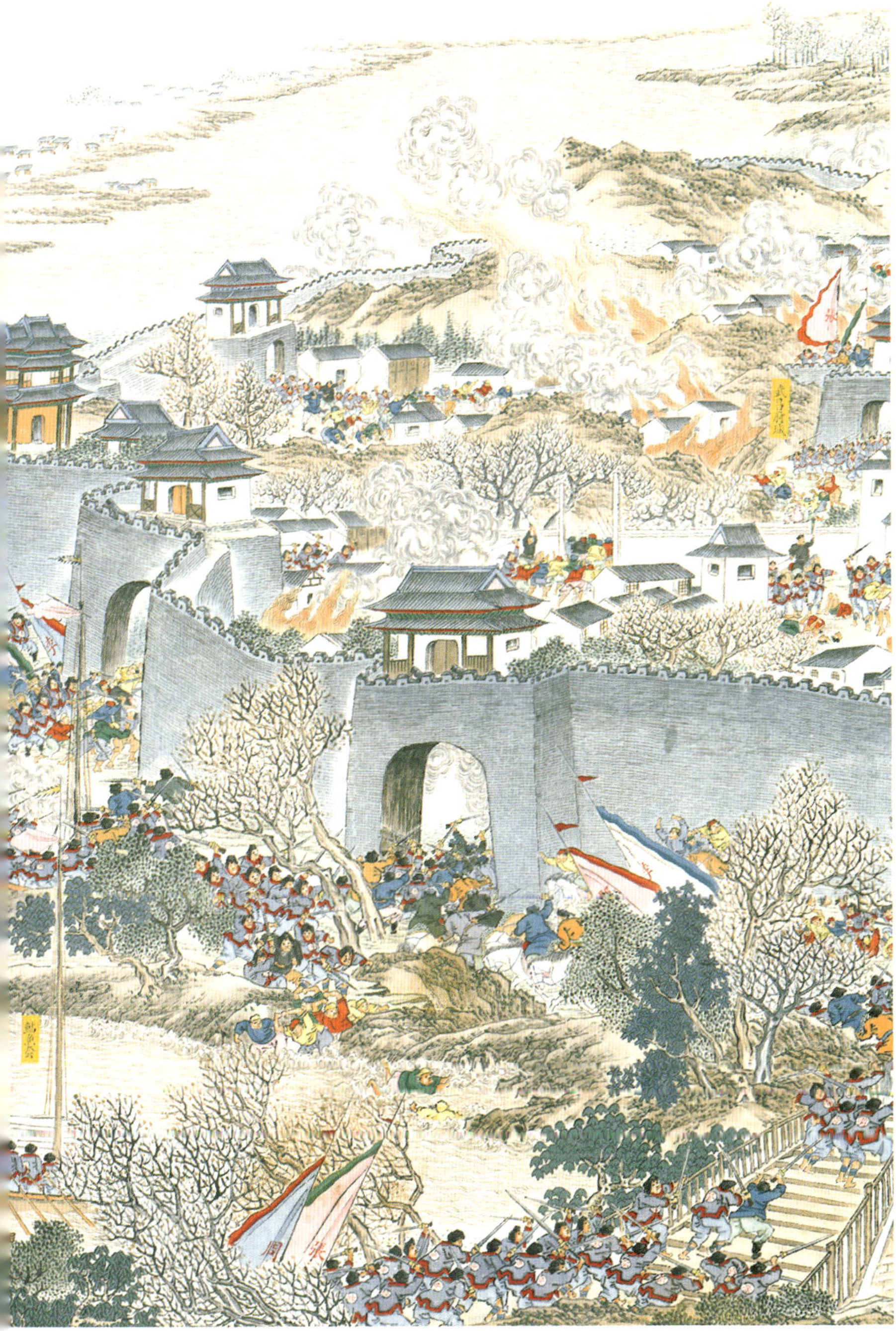

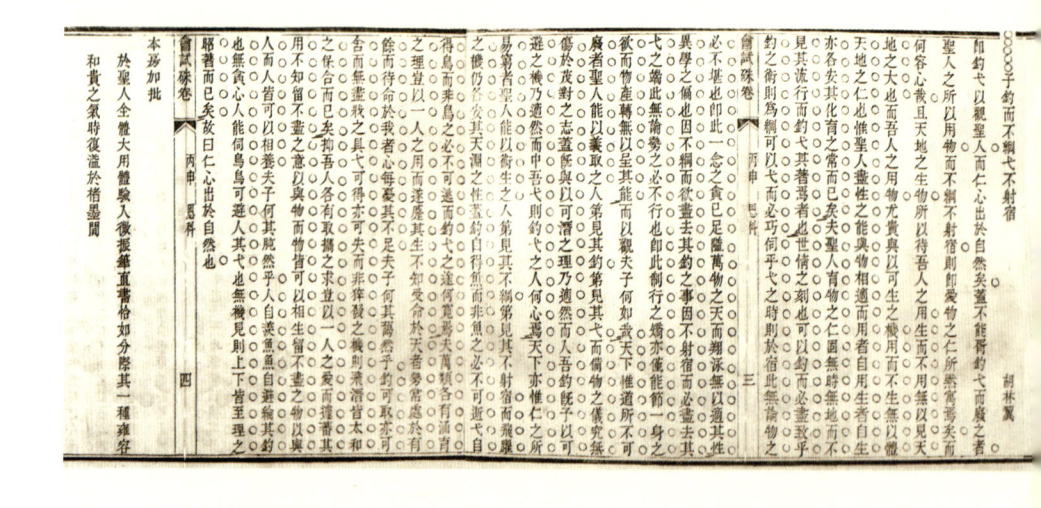

胡林翼考卷。胡林翼乡试、会试、殿试考卷木刻原本，现藏于箴言书院藏书楼（胡林翼陈列馆供图）

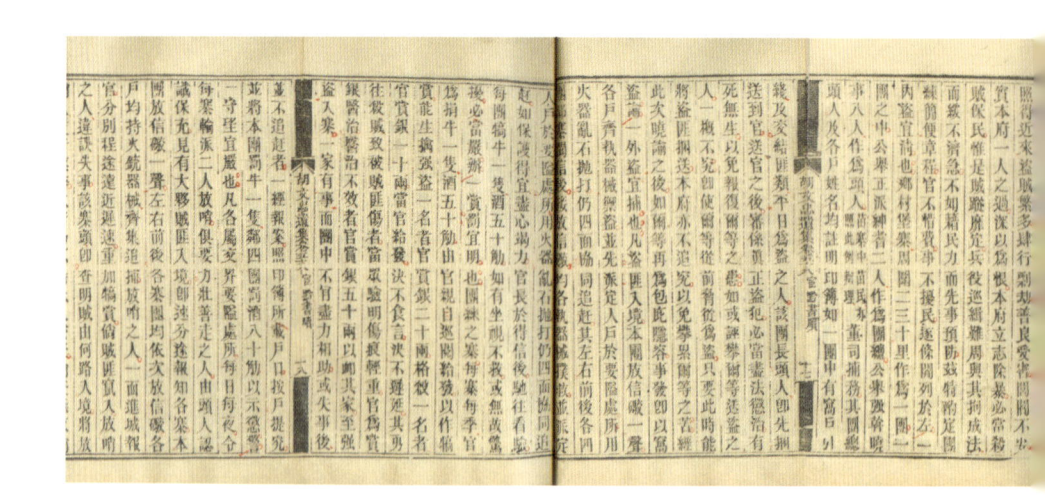

《镇远团练章程》。胡林翼在贵州创办团练，制定了一系列规章制度，规范地方武装，此章程成为后来湘军及全国开展团练的有效范本。《湘军记》称其为"团练之魂"（胡林翼陈列馆供图）

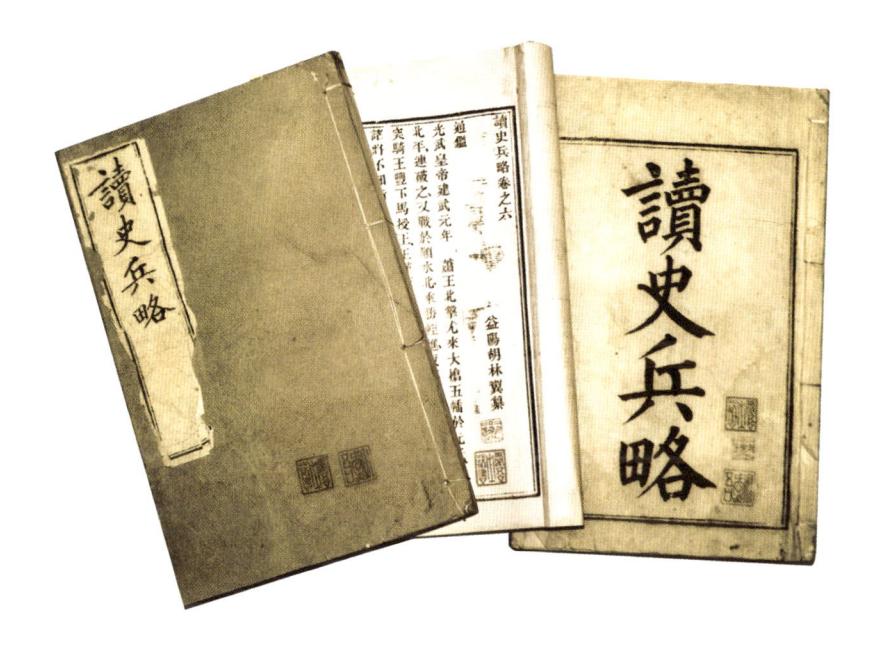

《读史兵略》，胡林翼著。曾被蔡锷推广为治军教材，后成为黄埔军校教材（胡林翼陈列馆供图）

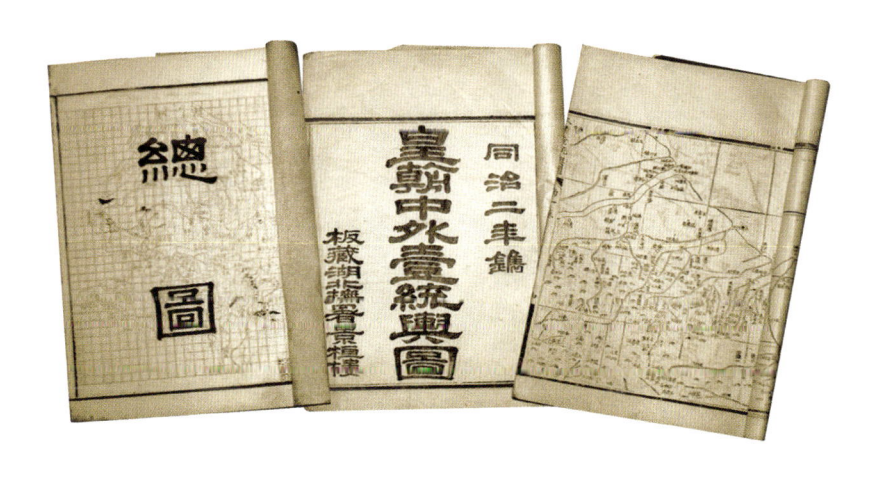

《皇朝中外一统舆图》（又名《大清一统舆图》）。胡林翼在湖北巡抚任内请邹世诒、晏启镇绘制。该图流传广，影响大，自清后期至民国初，一直是中外学者绘制中国地图的依据（胡林翼陈列馆供图）

胡林翼致曾国藩函册页，现藏于台北故宫博物院

1858年,时任湖广总督官文(前排中间)与湖北巡抚胡林翼(前排右一)的合影(摄影师·威廉·拿骚·乔斯林。照片现藏于英国巴斯皇家文学和科学研究所,胡林翼陈列馆供图)

本书主要人物关系图谱

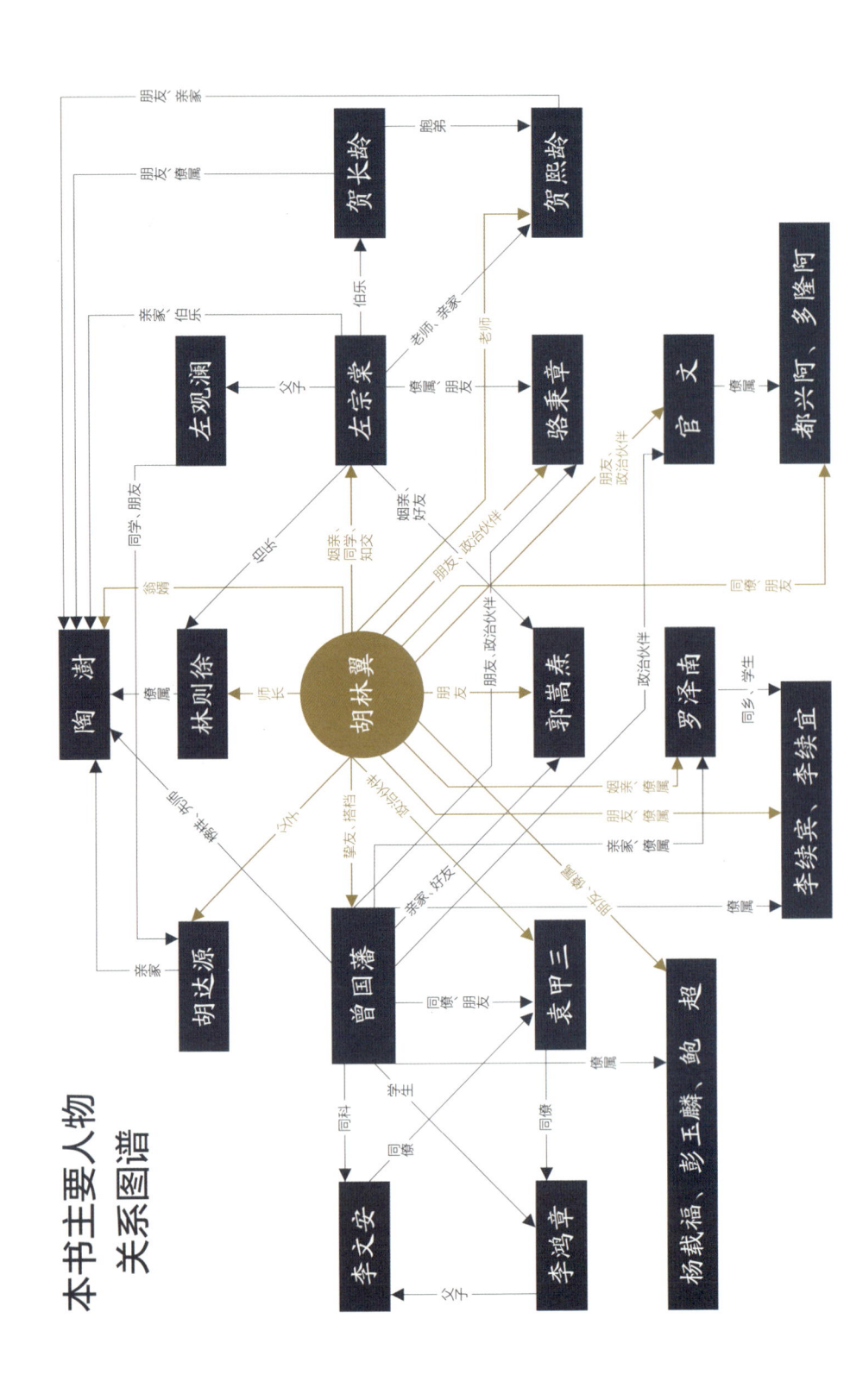

前　言

被忽略的"中兴名臣"胡林翼

同治六年（1867）六月二十日，曾国藩与幕僚赵烈文闲谈。

这一天，曾国藩看上去忧心忡忡，他从朋友口中得知，京师乞丐成群、民风日下，"气象甚恶"，大清"恐有异变"。对此，赵烈文似乎早有料断，说："天下治安，一统久矣，势必驯至分剖。然主威素重，风气未开，若非抽心一烂，则土崩瓦解之局不成。"意思是说，天下大势，合久必分，如果中央集权消失，势必出现藩镇之势，直到寿终正寝。在后来的谈话中，他甚至断定，湘军是近世割据之源："今师 胜而天下靡然从之，恐非数百年不能改此局面。一统既久，剖分之象盖已滥觞。"如今老师的湘军灭洪、杨而为胜利之师，天下闻风响应，趋之若鹜，恐怕这一局面长期不会改变。承平日久，割据之势或滥觞于此。

由此想到后来的北洋乱象，不得不叹服赵烈文目光之锐利。

接着，赵烈文更是以敏锐的直觉，做出一个大胆的预测："以烈度之，异日之祸，必先根本颠仆，而后方州无主，人自为政，殆不出五十年矣。"依我看，将来大清之祸，必先是中枢衰颓，之后各地因群龙无首而割据自立，大清国祚，不会超过五十年。

赵烈文的推测，用一句话概括就是：不出五十年，大清必亡！

石破天惊！

曾国藩蹙额良久，愣了，他内心里不愿也不敢认同学生。在日后的几次聊天中，他盛赞"本朝君德甚厚"，"跨越前古"；夸慈禧"乾纲独揽，亦前世所无"；说奕䜣"貌非厚重，聪明则过人"，甚至认为自己消灭洪氏政权，如"朝廷中兴，犹为不负此举"。曾国藩这些话，目的单纯而朴实——只为证明赵烈文观点之荒诞。作为一个刚把大清从死亡线上拉回来的人，他希望以此校正学生的"偏见"，安慰自己那颗失落的心。

时间是历史的最好见证者。

三十年后，北洋势起；又十五年，清帝逊位，清廷覆亡。

此后十六年间，军阀割据，硝烟四起，华夏大地，生灵涂炭。

从预言到应验，整整四十五年！

以历史旁观者的身份再读赵烈文的话，不禁喟叹。

两个月后的九月初三，两人闲论三国事，煮酒论英雄，从曹操讲到孙权，从孙权讲到权术。接着，赵烈文说："胡咏芝颇得古人家数，金国琛以贫乞返，立馈千金；鲍超母病，时致参药；为子纳罗罗山之孙，以疆臣而为统将之晚辈；先恶刘霞仙，继折节事之。皆英雄举动也。使在开国龙兴之际，李靖、徐勣，明初徐、常之流殆必及之，惜哉不遇时也。"

中国人素以含蓄著称，古人尤其如此。讲完三国，说别人"颇得古人家数"，分明是在骂人。赵烈文的意思很明了，是说这位胡咏芝行事如曹操、孙权等人，权谋多诈，善于牢笼。同时他也不否认，胡是为大局计，当属英雄举动。如果在大清开国之初，李靖、徐勋、徐达、常遇春这些历史上的开国元勋，都未必比得上此人。时也命也，叹只叹他时运不济，生不逢时。

听闻此言，国藩掀髯曰："此吾运气口袋之说也，足下论世真能谛当。"

和赵烈文一样，曾国藩将胡氏之遇，归结于"运气"二字。

或因曾氏在场，或是时代所限，两场交流，赵烈文都没有把话说彻底：如果没有这位胡咏芝和曾国藩、左宗棠、李鸿章等人，也许就没有两个月前的那场谈话，大清国祚得以延长近半个世纪，何尝不是曾、胡、左、李诸人之功？

胡咏芝便是胡林翼，亦字贶生，号润芝（也作润之）。

咸丰十一年（1861）八月，胡林翼病逝于武昌，谥文忠。

谥号制度始自周礼。北宋司马光称，"谥之美者，极于文正"；及至晚清，文忠仅次于文正。一般来说，翰林谥号方能用"文"，终明一朝，文正名额有限，张居正、杨廷和这类人物也仅仅是文忠。清朝谥号文正者，曾国藩以"中兴"之功颇负盛名，而谥号文忠者也不过五位汉臣，除了后来的骆秉章、李鸿章，胡林翼之前，也就一个林则徐！足见其声望之隆。

时人以曾国藩、胡林翼并称，"曾胡"之说一时盛行。对于两人的生前身后名，人们也有不同看法。曾固有不世之功、圣贤之名，胡亦堪称豪杰、枭雄，就事功而言，两人当不分伯仲。故谈者谓："国藩以德著而才略非绌，林翼以才著而德量亦宏。圣贤而豪杰者，曾公也；豪杰而圣贤者，胡公也。"

胡林翼何以与曾文正并论？有评语粗列一二：

王闿运：中兴之业，实基自胡。

刘体仁：胡文忠之才，为中兴诸贤之冠。

李慈铭：老谋深识，烛照不遗，固中兴第一流人。
　　萧一山：湘军能立于不败之地者，皆林翼之功也。
　　郭嵩焘：数十年来封疆大臣，治行才望，莫或逮公。
　　蔡东藩：曾胡二公，文足安邦，武能御侮，清之不亡，赖有此耳。

　　连胡林翼的灵魂搭档曾国藩都称："林翼坚持之力，调和诸将之功，综核之才，皆臣所不逮"，"忧国之诚，进德之猛，好贤之笃，驭将之厚，吏治之精，无善不备，无日不新，同时辈流，固无其匹，即求之古人中，亦不可多得"。在他给咸丰的奏折中，甚至有"胡林翼之才，胜臣十倍"之语。评价之高，可谓罕见。

　　曾胡以军功著声，蔡锷对二人推崇备至。就任云南新军协统时，蔡锷将其治军思想辑录成册，编成《曾胡治兵语录》。他在序言中说："曾胡两公，中兴名臣中铮佼者也，其人其事距今仅半个世纪，遗型不远，口碑犹存。"1924年，蒋介石出任黄埔军校校长，对蔡锷的辑录校订增补，遂成《增补曾胡治兵语录》，作为黄埔军校的官方教材。在增订版序言中，蒋介石写道："余读曾胡诸集既毕，正欲先摘其言行，可以为后世圭臬者，成为一书，以饷同志，而留纂太平天国战史于将来，不意松坡先得吾心，纂集此治兵语录一书。"读完曾胡的著作文集，颇有感触，本打算摘录成册，以飨战友，不料蔡将军先人一步，占得先机。

　　同样作为曾胡的"粉丝"，蒋介石颇有点酸酸的味道。

　　说起来，蒋的醋意不是凭空而来的。爱读书的蒋介石一向对王阳明、曾国藩、胡林翼仰慕有加，《胡文忠公遗集》是其案头必读之书。他曾感言："洎乎民国二年（1913年"二次革命"）失败以后，再将曾氏之书与胡左诸集，悉心讨究，不禁而叹胡润之之才略识见，与左季高之志气节操，高出一世，实不愧为当时之名将。"1922年，他又感触颇多地在日记中写道："看胡集，其言多兵家经验之谈，千古不易之论，非知兵者不能言，亦非知兵者不能知其言之深微精确也。""胡公之言、德、功三者，皆有可传，而曾公独言其进德之猛，……崇拜胡公之心，过于曾公矣！"二十多年后的1948年，戎马半生的蒋介石在与另一位"胡粉"的作战中败北后，认真总结了自己失败的原因——身边无帅才。他不无遗憾地在日记中抱怨道："甚叹今日求一李鸿章、胡林翼、骆秉章之流，而不可得也。"

这位让蒋介石如此刻骨铭心的对手，便是毛泽东。

不巧的是，他蒋介石是"胡粉"，毛泽东也是。说起地利，后者还更占优势，他的老家湘潭与胡氏故里益阳相距不远，或许更早受到胡林翼的影响。1914年，二十一岁的毛泽东走出大山，求学于长沙的湖南一师，在老师杨昌济的推介下读到《胡文忠公遗集》，对胡林翼的钦慕之情油然而生，遂自名"学润"。杨老师点拨道，昔日司马长卿仰慕蔺相如改名相如，既然你仰慕胡润之，干脆改成润之吧。于是，历史上又多了一个响亮的名字：毛润之。

晚清时，曾国藩、胡林翼、左宗棠、李鸿章并称"中兴名臣"。其中，曾、左、李广为人知，唯胡林翼默默无闻。实际上，胡林翼的成就、制行、才望均不亚于另三人，甚至可以说，没有胡，就没有后来的曾和左。《清史稿》称："使无其人，则曾国藩、左宗棠诸人失所匡扶凭借，其成功且较难。缅怀中兴之业，二人所关系者岂不巨哉？"清末沈卓然亦称："世徒知曾、左之贤，而不知胡文忠固在曾、左之前。盖胡公之学与才，实无逊于曾、左。……克奏中兴之业，由此而论，允推功首。"

胡林翼淡出人们视野，究其缘故，多因他推美让功、甘居人后的低调作风。更主要的原因是，他以未竟之功而英年早逝，功业、才具、影响未能尽得展布。从寿数上看，"中兴名臣"其他三人，左宗棠、李鸿章均年过古稀，年寿最短的曾国藩也过六旬，而胡林翼仅四十又九，天命犹未能知。历史滔滔，时间的车轮一路向前，曾灭洪杨，左复新疆，李兴洋务，三人功业彪炳史册，后世广知。胡林翼尚未上台，便已机会尽失。惜哉，悲哉。

纵如此，他四十九年的生命已足够精彩。

一个半世纪过去，有关曾国藩的读物遍布大小书店，曾与之比肩的胡林翼却鲜为人知，功名深藏。关于胡林翼的书籍也罕有见闻，《曾胡治兵语录》《读史兵略》尚有面世，求其人一本传记而不可得，仅有三两组稿的传记小说也是奇货可居。正如《胡林翼评传》的作者刘忆江所言："百余年来，海内外尚无一本像样的胡林翼传记，令人喟叹。"诚哉斯言。

而刘先生写这句话，尚在十年之前。

目 录

第一章 帝国黄昏 ……………………………… 1
　　耕读世家 ……………………………………… 1
　　陶澍惊为伟器 ………………………………… 5
　　胡林翼的经世先导者 ………………………… 10
　　有几分阳明之风 ……………………………… 15
　　经世之才初露锋芒 …………………………… 18
　　从流连风月到折节读书 ……………………… 23

第二章 仕途多舛 ……………………………… 29
　　一时瑜亮：胡林翼与左宗棠 ………………… 29
　　科举连捷，跻身翰林 ………………………… 34
　　赋闲五年，人生低谷 ………………………… 41
　　林则徐伸出援手 ……………………………… 48
　　晚清买官指南：清朝的文官制度和捐纳 …… 53
　　到最贫瘠的地方去 …………………………… 57

第三章 贵州剿匪 ……………………………… 61
　　胡林翼的"龙场悟道" ………………………… 61
　　皇帝点名要见胡林翼 ………………………… 68

与"神童"张之洞的师生缘 …………… 73
世自乱而我心自治 ………………… 78
四荐左宗棠 ………………………… 84
三个湖南人的约定 ………………… 88
暴风雨来临的前夜 ………………… 92
风起于青蘋之末 …………………… 96

第四章 湘军崛起……………………… 103
曾国藩的崛起 ……………………… 103
长沙群英会 ………………………… 112
"湘军之父"罗泽南 ……………… 120
湘军到底牛在哪儿 ………………… 125
北上援鄂 …………………………… 131
曾国藩如虎添"翼" ……………… 136
短暂的龙套生涯 …………………… 140
神秘人物文庆 ……………………… 145

目 录

第五章　鏖战武昌 …………………………………… 149
　　转战江西，遭遇石达开 ………………………… 149
　　兵可挫而志不可挫 ……………………………… 155
　　乱极时站得定，才是有用之学 ………………… 163
　　痛失臂膀 ………………………………………… 168
　　攻城为下，攻心为上 …………………………… 173
　　天下奏牍三把手 ………………………………… 177
　　调和曾左矛盾 …………………………………… 182
　　相期无负平生 …………………………………… 187

第六章　主政湖北 …………………………………… 192
　　联手赶走杨霈 …………………………………… 192
　　成事比面子更重要 ……………………………… 199
　　湖北新政：以一省而应天下 …………………… 207
　　欲正人心，引为己任 …………………………… 215
　　以霹雳手段，显菩萨心肠 ……………………… 219

　　　　成为维系时局的关键人物……………………… 223
　　　　与妻书：知足与不知足的辩证……………………… 231

第七章　东征大计……………………… 237
　　　　下一站，九江……………………… 237
　　　　善守者，敌不知其所攻……………………… 241
　　　　力荐曾国藩出山……………………… 245
　　　　三河之败……………………… 252
　　　　墨绖从戎，以救时局……………………… 261
　　　　一步险棋，兵援湖南……………………… 266
　　　　谋求川督：再拉曾国藩一把……………………… 270
　　　　提携后辈李鸿章……………………… 276

第八章　曾胡联兵……………………… 284
　　　　一次蹊跷的召对……………………… 284
　　　　樊燮案后续：保左行动……………………… 292
　　　　最后一次举荐左宗棠……………………… 298
　　　　亡羊补牢，犹未为晚：解救鲍超……………………… 305

东南剧变：杭州城的陷落 …………………………… 312
　　　罗遵殿身死之谜 ………………………………………… 316
　　　投名状：韦俊的答卷 …………………………………… 322
　　　"落选"两江总督 ………………………………………… 326

第九章　吾谁与归 …………………………………………… 335
　　　火烧圆明园 ……………………………………………… 335
　　　勤王之辩 ………………………………………………… 342
　　　有惊无险，武昌逃过一劫 ……………………………… 355
　　　与曾国藩的最后一面 …………………………………… 360
　　　英王陈玉成之死 ………………………………………… 364
　　　尽吾志而不能至，可以无悔矣 ………………………… 368
　　　公尔忘私，一人而已 …………………………………… 373

胡林翼大事年表 ……………………………………………… 378
主要参考文献 ………………………………………………… 383

第一章　帝国黄昏

耕读世家

农耕时代的望族大多相似，始于佃耕，解放于自耕，历经几代经营，进阶到耕读之家。而从佃耕、自耕到耕读，是一个漫长的进化过程。晚清时期，湖南湘乡的曾国藩家族、河南项城的袁甲三家族、湖南益阳的胡林翼家族，都是这种耕读世家的典型范本。

胡氏一族祖籍是江西泰和县，元朝中期迁至湖南，先到宁乡，再迁益阳。传至胡光璧，已是明末崇祯年间，时值张献忠攻打长沙，他参与守城，最终死于乱军之中。胡光璧无子，过继侄子胡其辙为嗣，四传至胡民典，家族始有腾达气象。民典工书翰，性孝笃，其父去世后，便断了仕读的念头，有《孝经疏义》行世。这说明，从胡民典这一代开始，胡家已经从务农家庭转型为家境相对殷实的耕读之家。

在益阳泉交河畔，胡家世代力田，胡民典有子多珩、多吉。长子胡多珩为人勤朴，好学不倦，苦学毕生而无功名。他有一子显璋，在家中"首开读书先声"，嘉庆六年（1801）被举为拔贡，后来和父亲以教授乡里为业，常年来往于当地书院。胡显璋学宗程朱，曾任本县龙洲书院院长，培养了一批有名的学者，胡林翼的父亲胡达源、授业老师蔡用锡，都是他的得意弟子。胡多珩的弟弟胡多吉，才识倜傥，制行方正，"乡里有争讦者，皆不敢以姓名相告"，在当地也是一位颇有名望的人物。

胡多吉有四子：显巍、显韶、显冈、显岐。和大多数望族一样，显巍排行老大，任家族掌柜，治家颇有法度，是一位理财持家的好手；显韶秀才出身，不治生产，负责家族子弟的教育；显冈、显岐则过着半耕半读的生活。后来，胡显韶的四个儿子分别考中进士、举人、秀才、副贡，其中，长子胡达源成为家族的第一位翰林。二十年后，胡林翼也中进士，得入翰林院。从胡家"父子两翰林"的教学成果来看，说胡显韶授业有道，当是无愧。

其时经世思潮盛行，读书人尤以理学为宗，尊奉"修齐治平"，追求内圣外王。这些数代耕读的家族中，族人以儒家思想为圭臬，敦品励学，范身乡里，发达后胸怀社稷，以匡济天下自命。湖南益阳的胡氏家族也是如此。在这个仕读大家里，和长辈们一样，胡显韶品行端正，恪守孝悌，平时博览经史，非明道经世之书不读。既读经世之书，便授经世之学，目的是致用。这就决定了胡显韶的教育理念与一般家庭不同：不空谈，重实用，"教人以敦本务实为上"。胡显韶的经世思想，对后来的胡林翼影响深远，甚至可以说，他是胡林翼经世思想的奠基人。

胡显韶不但负责家族教育，当地每有修筑城垣、书院等事，必被推为首领，乃至"里有争斗博饮者，片纸谕之即散"。乡里有个大事小事，都少不了他，写个纸条就能化解邻里矛盾。看来，胡显韶不仅博学多才、知晓大义，还是个热心肠，在当地

第一章　帝国黄昏

是一位颇有人缘的意见领袖。也正因如此，胡显韶后来以八十高龄去世，得以入祀乡贤祠，乡里时人、后人尊敬地称他为乡贤公。

胡显韶也有四子：达源、达澍、达灏、达潽。长子名声最著，我们已略知一二，是其家族的第一位翰林。次子达澍博学通经，辞章上亦有造诣，比兄长有过之而无不及。嘉庆十二年（1807）乡试，他以廪生之资高中举人，为胡家开了个好头，后来由县学教谕迁府学教授，一生献给了教育事业。弟弟达澍后来居上，一鸣惊人，让身为兄长的胡达源羡慕不已，视之为楷模。三子达灏学历最低，是一名秀才，成绩虽不突出，但也是不折不扣的知识分子。四子达潽性情厚重，学识宏博，道光十五年（1835），在乡试中发挥欠佳，正榜无名，只考取一个副贡。按当时惯例，乡试正榜录为举人，此外相对优秀的考生录为副榜。虽然是计划外人员，但胡达潽在乡试之前和两位兄长一样，也是一位领着政府津贴的廪生，可见成绩不俗，所谓一命二运三风水，只能叹运气未到。胡林翼后来常常写信的墨溪公，就是他这位叔父。四兄弟个个才华横溢，诗书文章为人称道，在当地传为美谈。

这里要讲一讲老大胡达源。其人字清甫，号云阁，生于乾隆四十二年（1777），嘉庆二十三年（1818）以优贡生[1]参加顺天府乡试中举；次年春闱连捷中进士，殿试一甲第三名，授翰林院编修。一甲第三名，就是全国第三，即我们常说的探花。

这位胡达源，便是本书主人公胡林翼的父亲。

---

[1] 由地方选拔入国子监深造的优秀生员。

科举自隋朝建制，至此已有一千二百多年历史，制度之完善至于顶峰。科举考试分童试、乡试、会试、殿试，逐级通过以取得下一轮考试资格。童试包括县试、府试、院试。通过县试、府试，为童生，方有资格参加院试；通过院试，为生员，即俗称的秀才；生员参加乡试，考举人；举人参加会试，中试者称贡士；贡士经殿试赐出身，为进士。殿试一般由皇帝亲自主持，将考生按成绩分三等，谓之三甲。一甲取三名，赐进士及第，依次为状元、榜眼、探花；二甲取若干，赐进士出身；其余为三甲，赐同进士出身。按照清制，一甲直接授修撰、编修，入职翰林院；二甲以下，成绩优秀者选为庶吉士，相当于"预备翰林"。明清以来，"庶吉士始进之时，已群目为储相"，不是实职，胜似实职。对于二三甲进士来说，想成为翰林，考庶吉士是唯一途径。翰林牛在哪儿呢？"非进士不入翰林，非翰林不入内阁"，对于读书人来讲，其魅力正在于此。成为庶吉士后，入庶常馆深造二至三年，期满参加毕业考试，成绩合格者入翰林院，授以编修、检讨，谓之散馆。

胡达源腾达科场，扬名士林，还曾受到嘉庆帝单独召见。春风得意马蹄疾，一日看尽长安花，不过如是。道光元年（1821），达源任职实录馆，做实录修撰工作，皇帝实录便出自实录馆这些人手中。道光四年（1824），得授国子监司业，相当于清朝最高学府的副校长，兼教育部副部长。道光八年（1828），任云南乡试考官，旋调贵州学政。道光十二年（1832），迁翰林院侍讲，补侍读学士。次年翰詹大考，胡达源成绩出众，擢詹事府少詹事，官四品。詹事府和翰林院一样，亦为储才养望之所。詹事也与翰林类似，素无职掌，虚位一个，只是翰林的升转之阶。

看似一切顺遂，却应了"天有不测风云"那句话。

身为"学霸",胡达源本前途可期,但事不遂愿,命运多舛,这年九月,他因一桩科场失察风波,被降为翰林院侍讲,改侍读。接着,丁母忧,离职回籍。三年后(1836)服阕返京,没等补授官职,又丁父忧,再守丧三年。这一次,年届六旬的胡达源心灰意冷,再无东山再起、闻达仕途的想法,直至道光二十一年(1841),寞然病逝于京师,终年六十四岁。

只是在这时,一切都还未知。

胡达源幼承家学,读书好,三观正,家教严,传有《弟子箴言》一书,对后世颇有影响,曾国藩称此书"天地经纶,百家学术,靡不毕具"。受遗传因子和一脉相承的淳古家风影响,四兄弟学业皆有所成,和他们的父祖辈一样,往来于岳麓书院、城南书院、龙洲书院,或入读,或执教,在益阳乃至湖南,胡氏家族都是正宗的书香门第。胡氏一门雍穆,耕读相承,胡林翼后来又科举高中,创造父子翰林的家族盛况,胡家大院内外"恒数十百人"。

嘉庆十七年(1812)六月初六,胡林翼即降生于此。

陶澍惊为伟器

> 九州生气恃风雷,万马齐喑究可哀。
> 我劝天公重抖擞,不拘一格降人才。

道光十九年(1839),鸦片战争爆发前夕,龚自珍怀着复杂的心情写下这首诗,收录于他的诗集《己亥杂诗》。十年前,龚自珍六赴闱场,终得进士。殿试对策中,他畅言时政,"洒洒千余言,直陈无隐,阅卷诸公皆大惊",足见其才锋。遗憾的是,因楷法不达"官体"[1]标准，未能入选庶常、跻身翰林。龚自珍出身高知世家，孤傲狂放，特立独行，屡以惊世之文讥切时政、触犯时忌，是个名副其实的愤青。彼时的他名震都下，朝贵追捧，具有一定"粉丝"基础，同时他又不受欢迎，常因语惊四座，冒犯群公。龚自珍针砭时弊，下笔辛辣，行文、思想开一代风气，对黄遵宪、梁启超、谭嗣同等近世思想家都有深远影响，任公"初读《定盦文集》，若受电然"。定盦者，自珍之雅号也。

可以说，龚自珍就是那个时代的鲁迅。

龚自珍身在体制，为何有此呐喊？这要说到当时的国情。

嘉庆元年（1796），湖北爆发白莲教起义，横跨数省，历时九年。嘉庆十八年（1813），河南、山东爆发天理教起义，领导人林清一度潜入紫禁城，朝野大震。几乎同时，英国殖民者的触角伸向中国南部，对华鸦片走私日益猖獗。西北边陲，沙俄的魔爪伸向巴尔喀什湖一带的中国领土。道光六年（1826），张格尔在英国的怂恿支持下，滋扰南疆，占领喀什噶尔等边陲重镇……接连而起的农民运动，英国、沙俄的对华侵略，东南海疆和西北边陲危机四伏。道光继位后，不思进取，志在守成，任用奸佞，官员奉行"多磕头、少说话"，朝野万马齐喑。古老的民族面临前所未有的危机，有识之士对国家命运产生极大的忧虑。

泱泱大国，悲风骤至，无可奈何花落去。

从所谓康乾盛世起，历经数十年风雨，大清自嘉庆而衰，道光资质平庸，在位时间又长，国势愈下，及至咸丰朝，已是内忧外患，社稷倾危。事实上，乾隆中叶以后，中国最后一个皇权盛世已告结束，不待道光、咸丰，嘉庆接手的已经是一个烂摊子。

---

[1] 科举考试中约定俗成的"馆阁体"，以端庄方正为特点。

第一章 帝国黄昏

进入道咸时期,帝国的大厦已是摇摇欲坠,将倾未倾。回望历史,宋室偏安江南,乐不思蜀,国势忧患下产生的浙东学派,明末黄宗羲、顾炎武、王夫之思想的盛行,都有鲜明的时代烙印。此时,大清风雨如磐,民族内忧外患,肇始于乾嘉之际的经世思潮从一百年前的涓涓细流,终于汇聚成一股气势磅礴的时代思潮,以不可阻挡之势于道咸年间汹涌而至。

一潭死水的中国思想界终于如火山般,喷发出巨大的能量。

何谓经世?经国济世是也,又称经济之学。因此,经世派也称实学派,特点是反对空谈,主张致用,是一种匡时救世的务实价值观,也是儒林士子"有所为"的精神体现。从一定意义上说,经世是儒家的"修齐治平",是张载的"横渠四句",是马斯洛的"自我实现"。于是,在曾国藩、胡林翼、左宗棠等湖湘经世派出现之前,有了陶澍、龚自珍、贺长龄、贺熙龄、林则徐、魏源等近世第一批经世改革代表。他们之中,无论是达官士族还是失意文人,无论居庙堂之高抑或处江湖之远,作为宋明理学的饱学之士,都在用时代参与者的责任感与使命感,以士大夫未雨绸缪的敏感与焦虑,在大厦将倾的前夜,等待这场三千年未有之大变局的轰然到来。

杜甫曾叹:"古来经济才,何事独罕有?"

胡林翼此时尚在腹中,仿佛正等待历史的召唤。

受中国古代史学传统和迷信思想影响,大凡帝王将相出生,自然界必有异象,再不济也得梦见个什么祥瑞之物,以别于凡夫俗子。张居正出生前,其曾祖梦见一只白龟浮出水面,老爷子如得天示,认定曾孙是白龟下凡,就给他取了个名字叫张白圭。吴佩孚出生前,其父吴可成梦见抗倭英雄戚继光,因戚有一雅号"佩玉",便以"佩"为名,以"玉"为字,为儿子取名佩孚,字子玉。帝王出生的异象和传说就更多了，刘邦出生是其母与龙交媾；朱元璋出生时家里像着了火；再往上追溯，简狄吞玄鸟卵生契，契的后人建立商；姜嫄踩到巨人足迹诞下弃，后来便有了周。翻开二十四史，类似的记载俯拾皆是，不胜枚举。

关于胡林翼的出生，也有个传说。他的母亲汤氏分娩前一天，也做了个梦，梦见一群五色鸟飞集于屋后的丛林中，啄衔芝草，张翼翔鸣，久久徘徊不去。读史人一看便知，有这种出生记载的人物，在《史记》里即使不列入本纪、世家，至少也配得上个列传。

胡林翼出生时，其父胡达源不在家中，胡显韶听闻梦境，抓住了两个关键词——林、芝，便给孙子取名林翼，字咏芝。因农历六月初六是传统的天贶节[1]，胡林翼又字贶生。是年，胡达源三十五岁，他的老婆汤氏三十七岁，在当时绝对属于老来得子，即使放到现在，也足以算是高龄产妇了。

和现在的学子一样，胡达源长期求学在外，二十岁开始在长沙岳麓书院读书，三十八岁那年（1815）与其弟达澍赴京会试不第，旋入国子监深造。父亲长年不在家，胡林翼成了"半留守儿童"。这段时期，年幼的林翼常绕祖父膝下，对孙子的抚养和教育就落在了胡显韶身上。胡林翼自小"不安于室"，爷爷走到哪儿，他就跟到哪儿，胡显韶外出遛弯儿，林翼必牵裾而行，一老一小，其乐融融。吃饭、玩耍、读书，跬步不离，甚至睡觉，祖孙俩都挤在一张床上。

胡林翼一岁时，胡显韶左手抱孙，右手持卷，孙子"视书目不转睛，隐隐有识之之状"；三岁时，林翼"进退居止有常度，

---

[1] 天贶节起源于北宋真宗，意为"天赐好运"，该节日在民间已经消失。

第一章 帝国黄昏

吐词不疾不徐",颖慧异常。胡显韶对家人预言,"此子俊伟,必昌吾宗",言语间满是对孙子的喜爱与期望;四岁时,"示以堂楹联语,室壁图书,辄能记诵不忘";五岁开始认字,学习《论语》。胡达源自北京来信问及儿子情况,胡显韶对孙子赞誉有加,"林翼好,但喜多言",小孩儿挺聪明,就是话有点多。

七岁这年(1819),胡林翼的人生发生了改变。

这一年发生了三件事。先是他正式入读私塾,启蒙老师叫胡泽溥,字星堂,也是一位理学大家;再是父亲胡达源春闱连捷,一举扬名;第三件事对他影响最大:认了个爹。

是日,身为当地知名士绅,胡显韶应邀来到益阳县城,参与县志编修工作,当然,胡林翼也跟了去。恰逢日后的政坛红人陶澍以给事中升任川东兵备道,从老家安化取道益阳赴川,久闻胡家以理学为宗,闻名乡里,胡显韶又贤名在外,便到益阳县志办公室顺访。陶澍比胡达源小两岁,和胡显韶是两代人,但都崇奉理学,有经世之志,交谈自然甚洽。聊天之余,陶澍注意到了胡显韶身边的胡林翼,见此子相貌出众,机灵聪慧,问话亦对答如流,一时"惊为伟器"。两家当即交换生辰八字。胡家是端品之家,胡显韶是远近闻名的乡贤公,胡达源又名列探花,胡林翼更是天资聪颖,仪表不凡。今日际遇,天意至此,岂非一桩难得良缘?陶澍当即大喜道:"吾已得一快婿!"遂合两姓之好,将侧室贺氏所生之女琇姿许配与林翼。胡林翼当场拜见了未来岳父,举止得体,有模有样。是年,胡林翼虚岁八岁,陶琇姿五岁。《胡文忠公年谱》记述了这一桥段:"(陶)见公,惊为伟器,曰:'吾已得一快婿。'遂以贺夫人所生女字之,行问名礼,公方八岁,夫人五岁,拜于堂上,彬彬有礼。"

观胡林翼一生行事,对其人生有较大影响者三人:一是祖父胡显韶，二是父亲胡达源，另一人便是他的岳父陶澍。

相比前两者，陶澍对胡林翼的影响更大。

胡林翼的经世先导者

高阳说过，道光所做的为数不多的一个正确决定，就是重用陶澍。

陶澍赴川第二年（1820），嘉庆帝崩于承德避暑山庄，其次子旻宁继承大统，年号道光。新朝初立，道光帝向地方求言求贤，四川总督蒋攸铦毫不犹豫地推荐了陶澍，力言他在川期间，"治行为四川第一"，乃总督之才。三个月后，陶澍迁山西按察使，被道光数次单独召见。得到道光的信任与器重，陶澍自此青云直上，道光十年（1830）已是两江总督，次年兼署两淮盐政。短短几年时间，陶澍一路升至封疆大吏，秩从一品，掌管全国财赋重地长达九年之久，直至病逝任上。其升迁之快，有清一代，实属罕见。

陶澍，字子霖，号云汀，湖南安化人，晚年是一位不折不扣的美髯公。他自小家境拮据，靠拾柴为生，七岁时跟随父亲陶必铨在长沙岳麓书院读书。陶必铨是个秀才，乡试十次不遇，绝意仕进，以教书为业，美其名曰"舌耕"。后来，陶澍也干起了父亲的行当，半工半读，课徒自给。但他不是一般的乡村教师，而是以济人利物为志，对史志、舆地之学尤感兴趣，主张"有实学，斯有实行，斯有实用"，也是一位经世派人物。

按理说，注重实学的人，成绩都不会太好。陶澍却不一样。

嘉庆七年（1802），年仅二十三岁的陶澍中进士，选庶吉士，散馆授编修。此后，历官四川、山西、安徽、江苏，直至总督两江。在位期间，赈灾荒，修水利，理财政，治漕运，倡海运，革盐政，整治安，办教育，荐贤才，兴利除弊，蜚声朝野，"隐然以一身为江淮保障"，是一位大刀阔斧的改革家，更是一位政绩显赫的政治家，被道光帝誉为"干国良臣"，倚之为股肱。《清史稿》称："陶澍治水利、漕运、盐政，垂百年之利，为屏为翰，庶无愧焉。"他的朋友魏源说，陶澍之功绩，"他人得其一皆足名世，而于公则为绪余"。足见其出类拔萃。

这就是陶澍，一个青年时代就与众不同的陶澍。

既是鹤立鸡群，必有非常之志。其时国家内忧外患，风雨飘摇，学界万马齐喑，满是正襟危坐、漫谈性理的理学朽儒，只会"空衍义理"，只讲"以道善其身"，整天不问国是，空谈些无关痛痒的话题，浑身没有一丝血性。学风影响世风，顾炎武有言，今日君子，妄谈心性，"置四海之困穷不言，而终日讲危微精一之说"。更有学者形容："白面书生，微独无经天纬地之略、兵农礼乐之才，率柔脆如妇人女子，求一豪爽倜傥之气亦无之。"这哪是什么道学家？放到现在，挂上佛珠就是一佛系青年，放到娱乐圈，就是一群奶油小生。

这种风格显然不合陶澍的口味。

在道咸经世派中，陶澍、林则徐、魏源是极具影响力的人物，尤以陶澍影响最为深远。因为同事和属僚关系，三人有着亲密的友谊和交集。

嘉庆十六年（1811），二十六岁的林则徐会试得售，殿试二甲第四名，入选庶吉士，从此踏上仕途。在京期间，他结识了龚自珍、魏源，此后担任翰林院编修、御史等职十余年。道光三年（1823），林则徐外任江苏按察使，任内兴利除弊，吏治清明，百姓颂之为"林青天"。道光十一年（1831）起，历任江宁布政使、江苏巡抚，直到六年后迁湖广总督，才离开江苏。

陶澍、林则徐同在京城任职，初交亦在彼时。后来，则徐任江宁布政使、江苏巡抚，陶澍是两江总督，两人同事达六年之久，在漕务、赈灾、水利、币制、盐政、禁烟等一系列改革中搭档默契，成绩斐然。陶澍长林则徐六岁，职场中为上下级同事，生活中是朋友，陶澍爱护栽培林则徐，林则徐敬重服膺陶澍，两人相互欣赏，私交甚笃。他们共同的朋友魏源描述二人关系："（陶）初督两江……林公由东河移抚江苏，与公益志同道合，相得无间。"

道光十八年（1838）底，林则徐受命查禁鸦片，虎门销烟的壮举，让他成为世人称颂的民族英雄。第二年六月，陶澍病逝于两江督署，林则徐遥寄挽联："大度领江淮，宠辱胥忘，美谥终凭公论定；前型重山斗，步趋靡及，遗章惭负替人期。"所谓替人，即陶澍病重期间，向道光大赞林则徐"才长心细，识力十倍于臣"，力荐他接替自己的两江总督之职。胡林翼后来也说，他曾建议岳父，以林则徐"作两江替人，文毅（陶）深以为然"。

林则徐巡抚江苏时，与一位名士来往甚密，这个人就是魏源。

相比林则徐，陶澍更早认识魏源。两人是湖南老乡，陶澍出仕前，即与魏源的父祖有过来往，当时魏源还是个孩童。成长于学术蓬勃发展的湖南，魏源自幼耳濡目染，受理学影响颇深，对阳明心学亦有研究。十九岁那年，魏源到长沙岳麓书院读书，翌年被选为拔贡，入读京师。在北京，他设馆授课，"数日名满京师，中朝公卿争纳交焉"。魏源的走红不是偶然，这一年，陶澍在京城任御史，读到魏源的诗文，为其深沉隽永、儒雅淳厚所折服，遂向京中好友广为引荐。后来的状元陈沆初识魏源，大赞

"君今甫二十，出语如有神"。因是"旧识"，陶澍对魏源欣赏之余，更有长者的关怀和提携。后来魏源回忆："源自弱冠入京师，及来江左，受公知数十载。"说的就是这段渊源。

魏源以弱冠之年名震京师，成名之早、成名之骤令人咋舌，自有其魅力和光芒。虽然自小接触理学，和一些理学大师还成了朋友，有的还敬为师长，但随着年岁的渐长、认知的成熟，魏源逐渐否定之前所学，开始独立思考。他斥理学家为"庸儒"，视理学为"俗学"，不再与不问世事的理学家为伍，不再认同他们的"非朱子之传义不敢言"，更痛诋理学"上不足制国用，外不足靖疆圉，下不足苏民困"，视之为空谈。

好好的一个才子，转眼又成了愤青。

这让当时同样名冠京城的龚自珍投来赞许的目光。

魏源比龚自珍小两岁，因为共同的志趣和三观，因为同样的卓尔不群，因为科场坎坷的相似遭遇[1]，一对年龄相仿的年轻人走到了一起，虽无英雄相惜之叹，却有相互欣赏之意，自此"龚魏齐名"。道光二十二年（1842），龚自珍去世一年后，龚橙携父亲的遗稿找到魏源，请他作序。在序言中，魏源自称龚氏"执友"，足见两人交往之深。也是在这一年，魏源倾注数年心血写成的《海国图志》出版，一时洛阳纸贵，在思想界引起轰动。

道光五年（1825），魏源受江苏布政使贺长龄之邀入幕，当时的江苏巡抚正是陶澍。陶澍与贺长龄都是湖南人，曾共事于国史馆，交谊甚笃，与其弟贺熙龄又是亲家。两年后，贺长龄调任山东布政使，魏源改入陶幕，与陶澍筹治漕盐、水利等弊政，共事长达十二年。陶澍去世前，向他"托以身后志状"。后来，魏

---

[1] 两人均有六次会试经历，中进士时龚自珍三十七岁，魏源五十一岁。

源为之料理后事，整理奏牍文集，撰写行状[1]、墓志铭，以报知遇之恩。主理两江期间，陶澍、林则徐配合默契，与魏源又"以文章经济相莫逆，凡海运、水利诸大政，咸与筹议"。陶澍在两江推行的改革，如果说林则徐是得力助手，魏源则有谋划之功。后来胡林翼留居督署时，魏源已是陶澍幕中的老人。

陶澍为官期间，大刀阔斧，锐意改革，在道光时代的官场中独树一帜，其经世之举催生了一批以湘籍士大夫为核心的经世人才群体，对后世影响深远。清史大家孟森称之为"湖南政治家之巨擘"，史家萧一山说："不有陶澍之提倡，则湖南人才不能蔚起。"张佩纶说："论道光以来人才，当以陶文毅公为第一"，"实黄河之昆仑，大江之岷也"。即是说，陶澍堪称培养人才的摇篮，如黄河发源于昆仑、长江发源于岷山，是胡林翼、曾国藩、左宗棠等经世巨擘的先导者。

张佩纶评价之高，诚然不虚。史料称陶澍"用人能尽其长"。魏源评价他："为翰林能诗，为御史能言，及备兵川东，摘伏发奸，又为能吏。"近世两位"睁眼看世界"的人——林则徐和魏源，身上都有陶澍的影子和思想光芒。胡林翼身为陶澍之婿，在南京期间得其言传身教。左宗棠更以一介布衣之身，受到陶澍的赏识。曾国藩虽一生和陶澍未尝谋面，却对他推崇有加，研读其著作常通宵达旦，日记中多有阅读《陶文毅公全集》的记录。因此，萧一山又说："曾国藩、左宗棠、胡林翼固皆标榜经世，受陶澍、贺长龄之熏陶者也。"

陶澍在近世的分量，可见一斑。

---

[1] 叙述逝者世系、生平、籍贯、事迹的文章。

第一章　帝国黄昏

有几分阳明之风

嘉庆二十五年（1820），胡达源在翰林院已有一年。这一年胡林翼八岁，墨溪公胡达潛两年后要参加顺天乡试，叔侄两人的学业都不能放松，胡林翼便随母亲、叔父从益阳到北京与父亲团聚，开始了长达八年的京城生活。

在北京，胡林翼的学习初由父亲指导，次年胡达源升任国子监司业，工作繁忙，改由墨溪公胡达潛辅导。一年后墨溪公乡试失利，只身南返。此后五年，陆续有文舒耀（举人）、贺光黼（优贡）、贺熙龄、蔡锦泉、吴赞等人教授胡林翼。其中，贺熙龄与哥哥贺长龄，兄弟俩"翰林双璧"，堪称佳话；蔡锦泉时为翰林院编修，亦一时名儒；吴赞名气虽小，却也是进士出身。赶上教师期满换人，教育空档，胡显韶也会进京看看孙子，指导林翼的学业。

贺熙龄身为宿学名儒，执教颇有特点，"其教诸生，诱以义理经世之学，不专重制艺帖括"。胡林翼十三岁那年，贺熙龄为他讲授《论语》，胡林翼听得聚精会神，冷不丁竟来了一句："今天下之乱不在盗贼，而在人心。"贺老师大为惊异，他甚至想起了王阳明那句名言："破山中贼易，破心中贼难。"这岂会是一个孩子说的话？谁又能相信，眼前竟是一位十三岁的少年？放到现在，也就是小学刚刚读完的年纪。胡林翼的早慧，让贺老师觉得孺子可教，他日或有不世成就。贺熙龄便有心记下了这一幕。

在京城八年，从孩童到少年，胡林翼见识了不少大场面，结识了一些大人物，京中的繁华和人文昌盛更是让他印象深刻，影响着他稚嫩的身心，使他如同到了另一个世界。逢年过节，他会跟随父亲到亲友处拜年串门，京师官员的视野、言论于胡林翼而言,尽是见所未见之景、闻所未闻之论,对他的思想造成了一定影响和冲击。回到家中,胡达源让儿子以日志记之,从中体悟真谛。在给叔父墨溪公的信中,胡林翼描述这段生活:"新年中,父亲偕赴亲友处贺年,获闻名言谠论,至深欣诧。父亲当命逐日记录,一以备遗忘,一以习文字。"

在北京,胡林翼度过了他的少年时代。

八年间,和在湖南老家长大的很多同龄人相比,胡林翼见识更广博,视野更辽远,认识更深刻,格局更宏阔,思考问题的角度、待人接物的气质、行事方式和处世手段,甚至所走的路,自身的人脉资源、朋友圈,都和同龄人大相径庭。在未来的日子里,这些特点差异都会一一彰显。身为官宦子弟,胡林翼在成长中受到的教育和影响是潜移默化的。

道光八年(1828),胡达源外放云南任乡试主考官,旋任贵州学政。学政属于巡职,任期三年,大致相当于现在的省教育厅厅长,大多数翰林的仕途均起步于此。是年秋天,胡林翼府试不第,便遵父亲之意,和祖父一起来到贵州,祖孙三代,其乐融融。他在给墨溪公的家书中说:"千里以外,一堂三代,天伦之乐,无异居家。"在贵阳,胡林翼师从工于诗词书画的浙江籍进士郎葆辰。胡林翼本就极有天赋,九岁时已"读书为文,操笔立就,旁通曲畅,自达其志",历经名师点拨,"志趣蒸蒸日上",进益之猛,颇令父祖欣慰。

两年后,胡林翼已是成人年龄。十年前的婚约,到了眼前。

和现在的小年轻一样,胡林翼公子哥儿当着,不愿过早踏入"围城"。道光九年(1829),在给墨溪公的信中,十七岁的胡林翼明确写道:"有鉴于早婚之有害于学业身体,而兼足以颓丧人进取之心,故必俟血气稍定,学业有成,而后始许以享室家之好也。侄前蒙陶丈赏识，于孩提之时，一见即以爱女相许，知己之恩，拳拳曷已！然年将弱冠，一事未成，问学则之无仅识，言名则一衿未青[1]。遽尔成婚，殊深愧恧。……希将侄意函请堂上，决从缓议，姑俟稍有成就，再行亲迎之礼。"太早结婚容易让人丧失进取之志，不利于学业身心，等功成名就，再好好享受爱情不迟。承蒙岳父的知遇之恩，惭愧的是，至今我一事无成，连个秀才名分都没有，贸然成婚，确实有些不妥。故望婚期从缓，待侄有些成就，再议婚娶不迟。

字里行间，充满了现代年轻人的婚姻观念。

然而，婚姻是一生大事，尤其在官宦人家。父母之命，媒妁之言；不孝有三，无后为大。这些都是应该考虑的问题。何况陶澍从二十岁成婚，一生娶有七位夫人，就是为了要一个儿子。可从原配到妾室，所生六子九女，其中五个儿子均不满三岁而夭，仅存一子保贤（字慧寿），年方七岁，也在两年后因喉疾早殇；翌年四月，生七子佑元，也不幸夭折。截至道光十二年（1832）八月，仍没有个延续香火的男嗣，可谓门庭单薄，支庶不盛。因此，以陶澍之意，胡林翼婚后要入赘陶家，做他的上门女婿，以"效馆甥古事"。精诚所至，金石为开，胡林翼入赘后的第二年（1832）闰九月，五十三岁的陶澍终如所愿，喜得一子陶桄，有惊无险，保住了陶家血脉。陶桄后来育有六子，个个长大成人，终于扭转了家族劣势。

话说回来，胡林翼知堂上已然允诺，"姻事缓期已难如愿"，他虽有不甘，在十八岁这年的夏天，还是跟着祖父从贵州回到了益阳。

---

[1] 青衿为古时学子装束，后代指秀才或功名。

南北辗转，再回故土，胡林翼已是翩翩少年。

这一年，陶澍由江苏巡抚擢升两江总督。天时地利人和，良辰美景，天朗气清，在益阳桃花江畔，陶澍为女儿、女婿举办了相对隆重的婚礼，由乡贤公胡显韶主持，"奢俭适中，乡评至洽"。婚后，胡林翼入赘陶家，与妻子、岳母住在了陶澍在益阳的桃花江别墅。《凌霄一士随笔》中记载一则趣事：据说，婚礼当天有个插曲，洞房花烛之夜，新娘和亲朋遍寻胡林翼不得，后来竟在外面的酒肆找到了他，新郎时已酩酊大醉。结合胡林翼婚前给叔父的信，道尽"堂上业已允诺，侄未敢违抗"的苦衷，以及他功名未就、不愿过早成家的思想，说明他在这宗婚姻中，是保留一定想法，带着一丝苦闷的。

明弘治元年（1488），心学"圣人"王阳明十六岁，到南昌与江西布政司参议诸养和之女完婚。婚礼当日，一切准备就绪，只待一对新人闪亮登场，众人却难寻新郎的影子。原来，结婚当天，王阳明还在专心思考心学，不知不觉闲逛到一处道观，见一道士打坐，两人便忘我地交流起来。直到第二天，家丁在道观找到王阳明，才将他带回府去。

从这件事来说，叛逆少年胡林翼倒有几分阳明之风。

经世之才初露锋芒

在桃花江别墅两年，胡林翼遵祖父之命，在当地理学大儒蔡用锡门下读书。蔡用锡也是益阳人，素谙兵略，讲求实学，是胡达源在岳麓书院时的同窗好友，和同是岳麓校友的魏源关系也不错，以拔贡的身份肄业于国子监，之后科场失意，以游幕为生，至今没有功名。蔡用锡虽过着游幕生活，却极有口碑，在游幕界很是抢手,"当世名卿大夫延至之恐后"。后来胡林翼发达,得以举荐自己的这位老师,蔡用锡遂由教谕迁升内阁中书,不久致仕归里。

既是拔贡,必非庸常之辈。蔡老师之所以科场坎坷,原因大概和他专注的"有用之学"有关。也就是说,蔡用锡治学也是不重辞章,不习八股,讲有用之法,求经世之学。别人都在死记硬背四书五经,而他在看实学,考试能及格那就怪了。也正是这个特点,他教学以身体力行为务,以讲求实用为主,尤重兵略、吏治之事,相对于理论,他更看重实践。受这位蔡老师影响,胡林翼也不习章句之学,而是对《史记》《汉书》《左传》《资治通鉴》及中外舆图地志这类书籍极有兴趣,谈到山川扼塞、兵政机要,更是滔滔不绝,探讨尤力。思想上,胡林翼主张"以紫阳(朱熹)、涑水(司马光)为师";课堂上,别的同学在摇头晃脑背课文,他却在下面看课外书。这样跟蔡用锡学了两年,学识大进,服膺终身。可以预见,他后来主编的《读史兵略》《大清一统舆图》,均得益于这些原始基础。

所以说,遇见一位好老师,是影响一生的事情。

成婚前后,胡林翼参加过几次科考,都以惨淡结局收场,秀才之名尚不可得,内心自有几分失落。结婚不到俩月,他向父亲倾吐了心声,自己"年已弱冠,一无所成,清夜扪心,倍深惭悚","不敢耽于燕婉之私,而赡进取之志"。这或可是他新婚之日酩酊大醉的真正原因。他或许也清楚,科举八股和经世之学是两回事,某种程度上,甚至南辕北辙。那位呼吁"不拘一格降人才"的经世派前辈龚自珍,科场之曲折,何尝不是如此。

道光十一年(1831),胡林翼的经世之才首次得以施展。

是年五月,沅湘流域发生洪灾,益阳一带沦为泽国,饥民聚掠，百姓流离。胡林翼幼承理学陶冶、名儒指导，目睹眼前乱象，认为正是学以致用之时。于是，年方十九的胡林翼挺身而出，慨然曰"秀才便当以天下为己任"，并给益阳知县贾亨晋写了封信，提出一套赈灾计划。此时胡林翼既无功名，又无公职，忽略家族光环，就是平头百姓一个，但在他看来，对于这件事，他义不容辞。

胡林翼的方案便是编户齐民，根据每家的经济情况，将本县百姓分为三等——上户、中户、下户，简单来说，就是富农、中农和贫农。对于解决饥荒，他具体问题具体分析。上户，家中有钱有粮，就别来凑这个热闹了，一两次饥荒对你们也没啥影响，自己看着办就行；中户，有钱无粮，或粮少钱也不多。对这些家庭，政府卖米给他们，除去哄抬物价的因素，以平价或低于市场价出售。下户，就是没钱没粮的贫下农户了。这些家庭是主要的扶助对象，数量也是最庞大的。胡林翼的办法是，对他们免费施粮，为期一个月，以度灾荒。让他们吃好住好，吃有所食，住有所居，不致饿死或引起暴乱，这是主要目的，赈灾的意义也正在于此。

富农和中农好解决，哪里能弄到钱粮给大量的贫下农户？

答案是：让富农出，缓解贫富矛盾。上户捐钱，由政府到外面采购粮食，或直接捐粮，以济灾民。问题来了，自古以来出钱的事最难办，想让士绅们捐钱，无异于让他们放血。再说了，你一毛头小子，想法未免太天真了吧？你身为一个官二代，老爹是探花，岳父是两江总督，让我们捐钱，你自己怎么不捐？劝捐的结果是"无一人赞之"，根本没人理会。

己所不欲，勿施于人，胡林翼也想到了这个问题。为了能起到表率作用，他以身示范，当场豪捐两千两银子！胡林翼一介布衣，胡达源为官清廉，家里也不充裕，哪来那么多钱？当然，钱是他做通老婆的思想工作，由陶家所出，而陶氏也是知书达理之人。陶澍当了九年两江总督，这点钱还是拿得出的。首倡之后，胡林翼接着苦口婆心劝富户掏钱，其过程不啻上演了一幕"演员的诞生"，煽情、诉苦、激将、诱导，乃至恐吓，想尽一切办法，无所不用其极。事后，他用二十个字形容自己的劝捐手段："以至诚感之，以大义责之，以危言动之，以赏劝诱之。"万事以目标为导向，以成事为结果，不论途径，不计手段，不论黑猫白猫，抓住老鼠就是好猫。这也是他一生的办事宗旨，在后来的行事中，这一风格愈加明显。经胡林翼四处奔走、上门劝导，士绅们终于踊跃捐款，"立致数万金"，"散米俵食，（灾民）全活甚众"。至于流民变乱民的顾虑，他发动士绅办理团练，控制聚掠的饥民，维持社会秩序，劫风乃息。赈灾圆满结束。

在给祖父胡显韶的信中，胡林翼描述了事情的经过："此事出于孙之意，见无一人赞之，但沮之者不下十数人。而孙自以为泰山崩于前而不动，麋鹿奔于左而不顾[1]，亦可谓毅然不移矣。"其坚毅、干练和早熟，果敢立断的行事风格，色彩鲜明的领导气质，由此可见端倪。

这就是一个十九岁的年轻人所做之事！

曾国藩说"胡文忠做事有气魄"，诚不虚也。

别人二十岁左右在干些什么呢？不妨以"湘军三杰"中的曾国藩和左宗棠为例。二十二岁，曾国藩和父亲曾麟书正走在赴省城赶考的路上，目标是考上秀才。会试落第那年，他从京师回乡，途中用借来的钱，狠心咬牙买了一套"二十三史"，钻研

---

[1] 典自苏洵《权书·心术》："泰山崩于前而色不变，麋鹿兴于左而目不瞬。"

不辍,乐此不疲。左宗棠比曾国藩的情况好一些,十九岁中秀才,二十岁中举人,也在忙于科考、疲于生计,无暇他事。反观胡林翼,身无功名却心忧天下,一个小年轻竟干了知县都干不来的事。

这就是思维的不同、气质的不同。

也许在这次实践中,胡林翼找到了自己的定位,找到了对待科举的正确态度。

什么是对待科举的正确态度?他将用行动来证明。

道光十二年(1832)春,岳母贺氏前往南京,胡林翼与妻子陪同护送,因此得以留居督署。在两江总督署,胡林翼与陶澍相处近一年,亲见岳丈兴利除弊,复得其言传身教,"精神殊为一变"。在给父亲的信中,他写道:"岳丈公退之余,辄与男长谈。岳丈胸中本极渊博,加以数十年来宦途阅历,上下古今,融会贯通,每及一事,旁证曲引,判断洞中窍要,于男进益,非浅鲜焉。"林则徐时为江苏巡抚,魏源亦在陶澍幕中,与这样的经世派人杰为伍,耳濡目染之下,胡林翼对于施政、改革,对于经世的认知更为直观和透彻。同时,本已在京城生活八载的他,培养了认识社会的宏阔格局和不凡气质,更学会了官场的老辣手段和权谋多智,对官场文化有着更为深刻的理解与洞察。时人说胡林翼善用权术,"颇得古人之风",与他在北京和这段在南京的生活不无关系。这些经历和领悟,都是寻常子弟所未有的。

这时,胡林翼发现了一片新的天地。

第一章　帝国黄昏

从流连风月到折节读书

　　胡达源老来得子，胡林翼家中独苗，胡家名门望族，岳丈两江总督。这样的优渥出身，傲物纵性、纨绔不羁、不食人间烟火是正常的，有冶狎之习亦属难免。何况他自身又一表人才，史载"林翼貌英伟，目岩岩，威棱慑人"。这一点，从照片中可窥一二。如今他来到这金粉之地，天时地利，才子佳人，不放纵一下自己似乎有点说不过去。南京六朝古都，十里秦淮，名胜古迹所在皆是，更多的是声色犬马、脂钗粉黛之所，杜牧有诗云："烟笼寒水月笼纱，夜泊秦淮近酒家。商女不知亡国恨，隔江犹唱后庭花。"初来乍到的胡林翼探幽访古之余，也自觉入乡随俗起来。

　　关于胡林翼年轻时的这点爱好，官史《清史稿》点到为止，说他"负才不羁"；他后来的幕僚徐宗亮在《归庐谈往录》中也说得比较含蓄，"文忠公少年有公子、才子之目，颇豪宕不羁"；朱孔彰的《中兴将帅别传》则相对直白："公少负不羁之才，陶文毅以女妻之。常恣意声伎。"描述不同，三者却提到同一个关键词：不羁。

　　怎么个"不羁"法呢？

　　徐宗亮接着说道："军兴而后，益以名节励世，颇似信国少保。"信国少保即南宋的文天祥，曾受封少保、信国公。两人有何相似之处？说来有些尴尬，这位大名鼎鼎的抗元英雄，早年也是一位公子哥，且颜值与才华并存，从史料描述来看，与胡林翼相比，简直有过之而无不及。《宋史》记载，文天祥"体貌丰伟，美皙如玉，秀眉而长目，顾盼烨然"。更牛的是，年仅二十参加会试，竟一举夺魁，被钦点为状元。最让人"羡慕嫉妒恨"的是，他不但长得帅，有才华，还很有钱："天祥性豪华，平生自奉甚厚，声伎满前。"

于是，我们又发现一个熟悉的字眼：声伎。

比较胡林翼和文天祥，同是风雅阔少，同样功名在身，爱好也相同，一个"恣意声伎"，一个"声伎满前"，更重要的是他们的经历。南宋德祐元年（1275），元军大举南下，宋室危如累卵。文天祥一改旧习，毁家纾难，召集民兵万余，北上勤王。在浩浩荡荡赶赴临安的路上，友人劝他三思后行，勿要以卵击石："君以乌合万余赴之，是何异驱群羊而搏猛虎？"文天祥说："吾亦知其然也。……故不自量力，而以身徇之，庶天下忠臣义士将有闻风而起者。"即是说，他明知不可为而为之，只为起到表率作用，以激后来忠义之士。三年后，文天祥被俘拒降，留下"人生自古谁无死，留取丹心照汗青"的千古名句；又五年（1283），在大都就义，时年四十七岁。

再看胡林翼，似乎这些瑕疵，同样不影响他成为一代名臣。

鲜衣怒马，青楼薄醉。人生快意，管他今夕何夕。

只是在这时，大家还接受不了他的生活作风问题。时日久了，胡林翼"常恣意声伎"的名声不胫而走，腹中有些文墨者还借"潘驴邓小闲"之典，给他起了个不雅的外号，叫"驸驴"，实在不登大雅之堂。更有甚者，两江总督署的僚属中，有同好者出去鬼混也就罢了，还都打着他胡林翼的旗号！这算哪门子朋友？即便不是朋友，"战友"总算是吧？官史上说胡林翼"不羁"，徐宗亮说他"豪宕"，可这是豪宕的事儿吗？且不提他那位探花父亲，这关乎两江总督陶大人的颜面问题！

众人觉得，是时候找这位"不羁"的女婿谈谈了。

不只是他老婆陶氏，连丈母娘都让陶澍赶紧管管。

第一章　帝国黄昏

陶澍身为堂堂从一品疆臣大吏，当然也有耳闻。据黄濬《花随人圣盦摭忆》所述，当打小报告的家丁将胡林翼在外纵情声伎的事儿告诉陶总督时，本以为他会大发雷霆，结结实实教训女婿一顿。孰料老丈人对这件事看得很开，视之如浮云，他微微一笑，对人解释道："润之之才，他日勤劳将十倍于我，后此将无暇行乐，此时姑纵之。"《清朝野史大观》也提到了这则轶事，相比前一个版本，陶澍的话说得更有戏剧性："润之他日为国勤劳，将无暇晷以行乐，今之所为，盖预偿其后之劳也。"我这贤婿乃瑚琏之器，将来必是国之栋梁，比我都牛，届时天天为国操劳，哪还有时间去玩？现在让他放松一下无妨，权当是补偿了。

陶澍此言，倒有些"天将降大任于是人"的意思。

老丈人此语一出，众皆愕然：真是心大啊！

不过，胡林翼后半生也确被言中。陶澍目睹了开始，也猜中了结局。

后世史料每每言及胡林翼，总会拿出这段往事，证明胡林翼豪宕不羁，证明陶澍善解人意、认知独到，与普通人的脑回路不一样。实际上，胡林翼豪宕狂放不假，陶澍的话却终为稗官野史而已。关于陶澍，史料也有记载，《清史稿》指出，"澍见义勇为，胸无城府"；野史中有"公性颇豪，嗜饮善博，虽家无儋石储，不顾也"之语，说他年轻时也是一位豪放派人物，喜欢酗酒赌博，家里没有一点粮食了，他全然不顾，以致原配黄氏主动提出离婚，另嫁他人。照此说来，胡林翼豪宕，陶澍比他还豪宕。不过，即使陶澍如史料所言，性情奔放而少有城府，以其地位，或不致有如此惊人之语。换一种角度说，陶澍的话如属实，实在有些惊世骇俗，和王闿运对女儿说的那句"有婿如此，不如为娼"倒有一比了。

话说回来，岳父让自己"别控制"，胡林翼也当真没见外，一直保留着这个习惯。

于是，《花随人圣盦摭忆》又给我们讲了一个故事。说胡林翼进身翰林以后，跌宕佻薄依然，冶游积习不改。一天，他和湖南善化的老乡周寿昌同去风月之巷，夜不归宿。不料，中途遇上坊卒巡逻查房。这坊卒，相当于现在的城管或片儿警。大概是经验丰富，关键时刻，机警的周寿昌以迅雷不及掩耳之势躲入厨房，"易服而立"，找了件厨子的衣服穿上，得以蒙混过关。胡林翼一时迟缓，被坊卒逮个正着，抓了回去。面对审问，胡林翼因为羞于吐露身份，吃了不少苦头，迫不得已，只好自掏五十两银子破财免灾。从此之后，他认为周寿昌临难相弃，不够哥们儿义气，就与这位老乡绝交了。

话说这位周寿昌也非庸碌之辈，其人字荇农，比胡林翼小两岁，生有异禀，少小能诗，三十一岁中进士，得入翰林院，由编修累迁内阁学士，官至礼部侍郎。光绪初年，以足疾为由辞官留京，专事学问，著作等身，尤谙史学，诗词书画，皆负盛名。

胡林翼机灵，周寿昌更机灵，更有才。

和这样的人共事，能占什么上风？

不被卖了就是万幸。不过，博学归博学，周寿昌有冶狎之癖倒也不虚，而且还是"惯犯"。作为他和胡林翼共同的老乡，对于周寿昌的这点爱好，同在北京的曾国藩也有耳闻。在一封家书里，他以不可思议的口吻写道："同乡周荇农家之鲍石卿，前与六弟交游；近因在妓家饮酒，提督府捉交刑部，革去供事。而荇农、狄舟尚游荡不畏法，真可怪也！"曾国藩这段话，中心思想只有一个：因为结伙冶游，周寿昌又差点被逮起来。

细究此事背景，讲的是曾国藩写这封信的一个月前，即道光

第一章　帝国黄昏

二十八年（1848）十一月初六周母过寿，京中湘籍同乡到周寿昌的家中赴宴。都门畅饮过后，众人意犹未尽，一位名叫鲍石卿的京吏接着去了妓馆，很可能是与周寿昌和另一位名叫凌玉垣的人同行。结果赶上严打，鲍石卿被捉交刑部，革去供事之职。而周寿昌和凌玉垣依然如故，毫无畏惧、收敛之意。

荻舟即凌玉垣，和周寿昌是正宗的同县老乡，也是善化人，官工部主事，其诗词文章极得曾国藩推崇，两人有一定私交。后来凌玉垣去世，曾国藩题有挽联："湖海诗名二十年，身世略同黄仲则；沅湘故国三千里，魂灵归傍贾长沙。"

结合当时风气来讲，曾国藩委实称得上一股清流。

同时也可看出，曾国藩的家境毕竟与胡林翼不同，时刻以理学修身自省，虽不似胡、周两位老乡豪宕，对"京中第一狎客"周寿昌的爱好和作风也是略知一二的。在老乡朋友圈里都出名了，焉能不知？后来曾国藩称胡林翼"进德之猛"，多半也是以此为参照。

晚清时期，青楼业实为一种合法公开的产业，营业执照、上岗证一样不少。虽有明文规定严禁官员狎妓，但京官出入烟街柳巷心照不宣，也是一种约定俗成的不良风气，连同治帝都不能免俗，官员如何洁身自好？八大胡同繁荣不衰，及至民国风气，一多断袖之癖，二有冶狎之习，都与此不无关系。后来，这一陋习被彻底清除。只是在这时，情操高洁的官员毕竟不多，对僚属要求严格的更是寥寥，陶澍即是其中典范，史载："陶文毅督两江，严禁僚属冶游。"

那么，胡林翼是何时戒掉这一嗜好的呢？

《中兴将帅别传》中提到一件事。一日，陶澍大摆筵席，非要请女婿吃饭，还坚持要他入上座，坐主位。胡林翼一头雾水，

27

却还是硬着头皮，依从了岳父的意思。席间，陶澍纵谈古今豪杰，诸如岳母刺字、闻鸡起舞之类，讲主人公如何砥节砺行，终成国家栋梁的励志典故，言语间扬甲抑乙，对女婿的行为进行了含蓄而点到为止的批评。胡林翼受到岳丈旁敲侧击的教育，遂改变作风，幡然醒悟。

这件事有另一个版本。某日，陶澍为女婿饯行，又请大家吃饭。好酒好菜上齐了，人员也大都到场，宾僚毕集，唯独主座空着。大家一脸疑惑：连陶大人都不是主角，试问还有谁？这时，胡林翼风风火火从外面赶来，岳丈"指以首座"，做女婿的也毫不客气，"昂然入席"。陶澍的老伙伴们都惊呆了，陶澍也很尴尬。陶澍一向严肃，酒过三巡，便跟女婿开起了玩笑："人患子婿之不努力，我独望润之莫过努力。"又席书"是何意态雄且杰，不露文章世已惊"一联相赠。陶澍话说得没毛病，听来却别有一番意味。

胡林翼愧然，"由是折节读书，一生谨守文毅规戒，而不负期许"。

事实上，他折节读书的转折点，还在后面。

第二章　仕途多舛

一时瑜亮：胡林翼与左宗棠

道光十二年（1832），胡达源任满由贵州回京，升翰林院侍讲。

翌年，胡林翼偕妻北上。在京城，他遇见了一生的知己，左宗棠。

二月的北京春寒料峭，冰雪刚刚融化，偌大的京城尚有几丝未褪的寒意。年后会试又称春闱，由礼部主持，在北京东南隅的贡院举行。是日，来自全国各地的举人悉集于此，梦想"朝为田舍郎，暮登天子堂"的荣光降临到自己身上。在熙攘的会试考场内，有一位煞是显眼的青年考生，看上去应是弱冠之年。他身材魁梧、衣着朴素、五官粗犷、体态雄阔，鹤立于凛凛朔风之中，虽然只单着一件破旧的夹袄长衫，眉宇间却难掩一股舍我其谁的精悍与桀骜之气，远远观之即让人有一种预感：此子绝非池中物，他日蛟龙必得雨。

如我们所知，这位考生便是日后名震宇内的左宗棠。

左宗棠字季高，湖南湘阴人，与胡林翼同庚，生于嘉庆十七年（1812）。

时光回到二十年前的湖南，这一年六月初六，胡林翼降生在胡家大院；在不远的湘阴县，左宗棠临世于十月初七，比胡林翼小四个月。胡家所在的益阳县靠近资江，左家所在的湘阴县靠近湘江。若干年后，挚友远逝，左宗棠怀旧而悲伤地回忆道："我生于湘，公产于资。岁在壬申，夏日冬时。詹事文学，读书麓山。两家生子，举酒相欢。"文中的"詹事"，即胡林翼之父、官至少詹事的胡达源。"文学"则是左宗棠之父、以教书为生的左观澜。胡林翼、左宗棠出生的这一年，胡达源、左观澜同在长沙的岳麓书院读书，师从乾隆年间进士、岳麓书院院长罗典。两人既为同窗，亦是好友，私谊甚笃，交往甚密。胡林翼后来对左宗棠说："林翼之先人，与先生之先贤交最厚。"左宗棠亦称："胡云阁先生乃吾父执友，曾共麓山研席者数年。"

同时，胡林翼、左宗棠均曾入读长沙城南书院，又都受业于湖湘名儒贺熙龄，两人可谓同学，至少也是同门。胡林翼也称，他与左宗棠"同受业于前御史贺熙龄之门"。后来二人又同属湘军，可谓同僚。还有一个巧合之处，即胡、左均入赘岳家。不同的是，左家境贫寒，是生计所迫；胡出身官僚，家境优渥，成为巨宦之家的快婿，更多是出于陶澍的个人意愿。尽管如此，两人无形之中，又多了一些共同语言。胡、左二人既是同乡、同岁、同学、同僚，同为赘婿，又都是崇尚理学的同道中人，另有一个世交的渊源，即便不提后来的姻亲关系，有此"六同"加上家世渊源，自然一见如故，情谊笃厚。正是有这一层世交关系，此次赴京，左宗棠拜访了父执胡达源。

左宗棠出身寒苦，少时连丧祖父母、父母和长兄左宗棫，与

第二章 仕途多舛

仲兄左宗植同窗苦读，相依为命。左父观澜是个乡村教师，育此三子，个个才俊，在当地"并有时名"。宗械比宗棠大十三岁，天资出众，道光三年（1823）取廪生，二月猝然病卒，年仅二十四岁。左公年谱载："长伯敏，能文，早卒，先公伤之，故课仲、季书不如伯之严。"长子早逝后，左观澜很受伤，辅导老二老三功课便不像对待老大那么严苛了。由此可知，左宗械的英年早逝，和其父有一定关系。左宗植更牛，"以诗古文自豪"，和魏源等三人并称"湖南四杰"，中秀才时才十三岁，简直是神童级别的人物。左宗棠虽排行季子，却字"季高"，隐隐中带着一种倔强与自负。

道光十年（1830）秋，时任江苏布政使的贺长龄因丁母忧，回到长沙。出于对这位经世派前辈的敬仰，左宗棠专程登门拜谒。两人年龄相差近三十岁，却一见如故，相谈甚欢。对眼前的这位晚辈，贺长龄难掩激赏，主动邀请他到自己的书房学习，左宗棠每次向他借书，贺必亲自登梯取递；左宗棠每次还书，贺则问其感悟，与之交流所得，无稍倦烦。如此整整一年，左宗棠获益匪浅，并铭感于心。

欣赏之余，贺长龄将左宗棠介绍给了弟弟贺熙龄。翌年，十九岁的左宗棠入读长沙城南书院，师从主讲书院长达八年的贺熙龄。和很多经世名儒一样，贺熙龄授课同样注重经世有用之学，对自己的这位弟子尤为器重，并以诗相赠："六朝花月毫端扫，万里江山眼底横。开口能谈天下事，读书深抱古人情。"诗下有注："季高近弃词章，为有用之学，谈天下形势，了如指掌。"在《寒香馆诗文钞》中，贺熙龄这样描述："左子季高，少从余游，观其卓然能自立，叩其学则确然有所得，察其进退言论，则循循然有规矩，而不敢有所放轶也。余已心异之。"左宗棠的品行和才学得到了贺氏兄弟的欣赏与肯定,其时左观澜过世不满一年,多年后贺熙龄又不顾门第之见,将幼女介绍给左宗棠长子孝威,与左成了亲家。

来京前一年,道光十二年(1832)乡试,左宗棠与哥哥左宗植同榜中举,左宗棠全省第十八名,左宗植荣登榜首,高中解元。这年八月,二十岁的左宗棠"以贫故,赘于周",与博通经史的湘潭才女周诒端结为伉俪。时隔一年,左宗棠此行本是来参加会试。胡林翼、左宗棠时值弱冠,年少风流,书生意气,挥斥方遒,两个二十一岁的年轻人一拍即合,顿成莫逆。在北京这段日子,两位胸怀天下的青年连床抵足,秉烛阔论,臧否人物,睥睨一世,大有相见恨晚之慨。

道光十三年(1833),天下表面河清海晏,却已是危机四伏,大厦将倾。道光帝才智中平,治国保守,志在守成,在当时官场文化的熏染下,朝野恬嬉,粉饰太平,朝堂上下报喜不报忧,妄言安静。儒林士子们多遵莫谈国事之心,空论心性,这自然勾起两个负才不羁、血气方刚的年轻人的共同话题,于是"每风雨连床,彻夜谈古今大政,论列得失,原始要终,若预知海内将乱者",引为深忧,为国家的前途忧心忡忡。两人指点江山,激扬文字,畅言无忌,斗室纵横,兴之所至,拊掌纵歌,言谈戏谑中多有针砭庙堂、臧否时政之语。

在这方面,他们和龚自珍拥有共同的血性和抱负。

年轻人眼高气盛,言谈无忌,胡达源身居庙堂,多了些明哲保身的中庸世俗,自是加以引导,谆谆诫勉,要两人谨言慎行,以矫轻警惰为务。左宗棠后来回忆起他们这段美好时光,诉之以情地写道:"纵言阔步,气豪万夫。我歌公咢,公步我趋。群儿睊视,诧为迂怪,我刚而褊,公通且介。"正是这一动人场景的真实写照。从此，胡林翼与左宗棠开启了长达二十八年的友谊，直至生命的最后一刻。

同为热血男儿，同样胸怀天下，大丈夫当如是也。

此时，阅历丰富的胡林翼亦非昔日可比，经世思想日趋成熟。年谱载："公既长，精悍之气，见于眉宇，于书无所不读，尤嗜宋五子、司马通鉴、龙门史记、班范前后汉书。"自然与同有经世之志的左宗棠意气相投。谈到所涉书目，两人都如数家珍，所感所悟亦为略同，水平当是不相伯仲。套用左宗棠的卧龙之诩，胡林翼与左宗棠，可谓一时瑜亮。

左宗棠十七岁那年，在长沙书店购得顾炎武的《天下郡国利病书》和顾祖禹的《读史方舆纪要》，回去后认真研读，手不释卷，对书中所载山川险要、战守机宜，了如指掌。时人见其所为，无不言语讥讽，讲一通"读书无用论"。左不为所动，"为之益勤"，依然看得津津有味。可以说，这两本书对左宗棠意义非凡，是他致力实学的开端。

胡林翼幼承家学，五岁读《论语》，出言能诗，有神童之誉。史书言他"负才不羁"，幕僚说他有"才子之目"，他自己的话更狂："平生自谓才大，自幼即狂，谓世人皆无才，因狂而傲，二十、三十岁以前均是如此。"三十岁前，能看上眼的一个没有！

同样，左宗棠四岁入学，五岁习孔孟，"颖悟过人"，十四岁首应湘阴县试，名列榜首，又早于胡林翼三年中举。他一生耿介刚直，桀骜清高，年轻时"好大言"，"喜为壮语惊众"，自许"文章西汉两司马，经济南阳一卧龙"，给朋友写信都自称"今亮"，有时还会加一句"今亮或胜于古亮"。言下之意，以当代诸葛亮自况，甚至认为自己更胜一筹。二十四岁那年，他自题楹联，悬于房门两侧自勉，联曰："身无半亩，心忧天下；读破万卷，神交古人。"读来大气磅礴，气壮山河。

说到这儿，问题来了。

文人自古相轻，武人见面也动不动要讨教几招，何况两人均非等闲之辈。连曾国藩后来都说："季子自命太高，与我性情相左。"曾国藩这柔中带刚的面倭瓜脾气，左宗棠都看不惯，两人一度绝交数年，曾经的纨绔公子哥胡林翼，能入得他"今亮"的法眼？

不然。当两位自命不凡的青年英才碰在一起，撞出的不是飞沙走石，而是友谊的火花。在恃才不羁的胡林翼这里，左宗棠是挚友，是知己；在自视清高的左宗棠这里，胡林翼是兄长，是同道。不仅如此，胡林翼还大赞好友："横览九州，更无才出其右者。"

左宗棠胸负兵甲，经纶满腹，一心想登科入仕，一展经天纬地之志。抱负是有，但土重金埋，仕途不畅，几次参加会试，均告不售，此次赴京，是第一次参加会试，也是第一次败北。两年后，左宗棠再赴会试，又遭不第。次年，他绝意于辞章之学，在醴陵的渌江书院找了份兼职，以为稻粱之谋，同时专心治学，潜心于舆地研究，为日后挥师新疆奠定了基础。

话说至此，胡林翼决计要推好哥们儿一把了。

科举连捷，跻身翰林

君子成人之美，需要机遇，也需要时间。

在北京这两年，胡林翼的学业由胡达源亲自教授。转眼到了科考时间，二十三岁的胡林翼遵父亲之意，回原籍参加这年的恩科乡试。一年前的道光十四年（1834）九月，胡达源出任武会试副考官，因正考官在工作中疏忽，连带失察之责，降补为翰林院侍讲。仕途蹉跌之际，迎来的是祸不单行，三个月后，其大伯胡显巍去世。胡显巍是胡家之长，也是治家的掌柜，一直以来，胡达源兄弟四人及晚辈们读书，皆是这位大伯倾力支持。胡达源常对儿子胡林翼说："吾与汝叔甘垣、春藻、墨溪等，读书不致分心，南北往还费用无虞缺乏者，皆赖伯祖父大人经纪之力。"因此，胡林翼此行，还担负着为伯祖父扫墓致祭的任务。

道光十五年（1835）春，南下路上的胡林翼内心复杂。

时间一年年过去，亲人一个个渐次远离，自己年过弱冠，空负世代书香之绪，至今功名全无，简直一事无成。长辈言之切切，对自己寄予厚望，何以慰藉父祖？从本心来讲，胡林翼对科举是不满的，认为那是"唯以一日之短长，定万人之高下"；他对后来的座师王植说，"学校衰而下无实学，科举滥而士无真才"；叔父墨溪公告诉他，"惟庸人乃斤斤于功名之得失"；父亲也告诫他说，"读书当旁搜远览，博通天人，庶几知上下古今之变，而卓然成家"。道理是这样，然自小读经世之学，没有平台，如何实现抱负？舆图地志、兵政机要之类的书先放到一边吧，眼下最当紧的，是考取科举功名，博得一个进身之阶。对于少有经世之志的胡林翼而言，这才是对待科举的正确态度。

很多时候，敲门砖很重要，起码先上车再说。

聪明的人努力起来是可怕的。更可怕的是，条件比你好，又比你聪明的人，比你还更努力。胡林翼正属于这一类。尽管他上课看课外书，尽管他有放浪形骸的青葱过往，甚至跟着老乡去冶游，事实证明，这都挡不住天赋的光芒。这年六月，二十三岁的胡林翼中秀才，八月中举人；次年（1836）连捷[1]中进士，之后授编修，点翰林，后来居上，一路顺遂，人生如同开挂。虽然起步晚，但效率高，当年他的探花父亲乡、会连捷，为人称道；胡林翼更猛，数月之内，童试、乡试、会试一遍过，更是一件可遇不可求的事。在这场恩科乡试中，墨溪公胡达源也参加了，他虽不像侄子那般正榜得中，也取得了个副榜的成绩。

胡林翼中举这年，左宗棠赴京参加会试，再次落榜。

两人自京师一别，已有两年光阴。是年冬天，胡林翼去了一趟南京。见到陶澍，一生七荐左宗棠的他开始了行动的第一步。

在两江总督署，胡林翼第一次向岳父推荐左宗棠——不管见没见人，先混个耳熟。在陶澍面前，他感叹左宗棠的闱场际遇，赞美知交的学问和人品，感慨老乡的经世抱负，苦于挚友满腹才学，却无英雄用武之地。一席话，吊足了岳丈的胃口，让惜才的陶澍对女婿口中的人物兴趣颇足，记住了"左宗棠"这个名字。后来，胡林翼上表咸丰帝，"臣曾荐（左）于前两江总督臣陶澍……称为奇才"，说的正是这一回。

一年后（1836），两人终于等来了见面的机会。

是时，左宗棠在湖南醴陵的渌江书院担任主讲，相当于书院的院长。恰逢陶澍出差到江西，结束后回安化老家，经萍乡入湖南，路过醴陵。自古官员造访，接待工作必须做到位，一般来说，也有相应的等级标准。正途官员多为饱学之士，有文化，遵古风，懂雅趣，即便是顺访，不必拘泥于形式，但也讲求品味，比如写一副楹联，贴在领导下榻之所，以示恭迎。醴陵县令听闻两江总督要来，提前备好陶澍下榻的馆舍，并请来左宗棠题写

---

[1] 在科举考试中连续及第，称连捷。

楹联。

中国古时的官场文化历史悠久，底蕴深厚，两千年来约定俗成，有一定的规则和技巧。既然是领导视察，作为下级，都要表达一个逢迎拍马的永恒主题。看似简单，但这又是一个技术活，其中大有学问：拍得太明显，不但暴露了嘴脸，还显得格调低、品味俗，境界不够；拍得太隐晦，又怕领导思索半天，达不到直接效果，影响了现场氛围。作为书院主讲，左宗棠很好地把握了创作分寸，引经据典，挥笔而就：

春殿语从容，廿载家山印心石在。
大江流日夜，八州子弟翘首公归。

当然，作为后来人，我们有底气提前给出评价：左公出手，必属精品。既然知晓答案，且不说这副对联好在哪儿，让我们先来看看陶澍的反应。果然，陶总督一到馆舍，对此联大为赏识，强烈要求见一见作者。史料记载："（陶）乃激赏之，询访姓名，敦迫延见，目为奇才，纵论古今，至于达旦，竟订忘年之交。"

陶澍有这么大反应，此联究竟好在哪里呢？

上联"印心石"是有来历的。道光十五年（1835）冬，陶澍入京觐见道光帝，君臣两人一月之中单独谈话达十数次之多，除了工作，还唠唠家常，聊一下童年往事。陶澍忆及故乡的"印心石"和学生时代的书房，对道光如实道来，从寒门学子到"干国良臣"，中间是数十年的苦读生涯。听完陶澍的奋斗史，道光颇受触动，乘兴挥毫，特赐御笔"印心石屋"，为其书房命名。下联"八州子弟"，出自陶澍本家陶渊明的曾祖陶侃督掌八州之典，以示家乡父老对他荣归故里的祈盼。对联意境贴切，气象峥嵘，工整高雅，书法也颇足称道。当然，即使有一点"谀颂"的意味，也完全出自晚辈对陶澍这样一位"干国良臣"的倾慕与崇敬。

陶澍读罢，问询作者姓名，得知是左宗棠，当即提出要见一见他。

见面的情景即如以上史料所述。知县请来左宗棠，陶澍见他器宇轩昂，纵论古今，谈吐、见识、格局均非碌碌之辈，当即大为激赏，"目为奇才"。想不到，眼前这位小老乡就是贤婿提到的人物，胡林翼果然不是谬赞。再一细谈，左宗棠的伯乐和恩师贺长龄、贺熙龄兄弟正是自己的好友。此时，一对熟悉的陌生人越聊越投机，直至通宵达旦，乃"订交而别"。见到自己的偶像，左宗棠也被陶澍的平易近人所倾倒，满怀敬仰与激动之情，他在给妻子的信中写道："督部（陶）勋望为近日疆臣第一，而虚心下士，至于如此，尤有古大臣之风度。"

不仅混个脸熟，两人还"订忘年之交"。

这一年，陶澍五十七岁，左宗棠二十四岁。

两年后（1838），左宗棠第三次赴京赶考，依然不第，南返途中专程到南京拜谒陶澍。陶以上宾礼之，左执意不受，陶澍称："他日君当坐此，名位尚在吾右。"一句客套话，后来竟成现实。在督署数日，陶澍频向幕友亲朋引荐左宗棠，并做出一个大胆的决定：让独子陶桄与左宗棠之女结为连理，以此托孤。此时，离陶澍病逝仅有一年。

这一桥段，《归庐谈往录》与《春冰室野乘》中有类似版本。左宗棠少时家贫，与胡林翼关系很好，一次，胡林翼去南京看望陶澍，左宗棠陪同，陶澍对左很是欣赏。某日，陶澍大摆筵席于堂上,陶澍是主,左宗棠为客,胡林翼是中间人,大家都搞不懂他葫芦里卖的是什么药。几杯酒下肚,陶澍唤子陶桄拜见左宗棠,说:吾老而子幼,有此独子无可托付,阁下情操高洁,志趣不凡,他日将远超于我,有意与阁下结两姓之好,且将以家事相托,还望成全。陶澍以江督之尊,扬人抑己,主动求亲;盛意难却,左宗棠慨然应之。

后来,左宗棠就把长女孝瑜嫁给了陶桄,与陶澍成了亲家。

时隔十九年,陶澍继选中七岁的林翼为婿之后,再次不走寻常路。

从世俗的角度上讲,胡林翼时为书香世家、名门之后,胡达源与陶澍基本同级,联姻实属正常。而左宗棠,此时尚达不到胡林翼当时的条件,甚至有很大差距。但陶澍就是陶澍,像官史里写的那样,豪爽大气,一部堂重臣,一布衣举人,竟成姻亲。说他不计世俗、慧眼独具都力度不够,从胡、左后来的功业来看,陶澍简直就是超级"星探"。因此,《清史稿》含蓄地称赞其识人之明:"左宗棠、胡林翼皆识之未遇,结为婚姻,后俱为名臣。"

亲是结下了,可尴尬也来了。

对胡林翼而言,左宗棠本来是他的好兄弟,现在成了"季丈""姻丈",自己生生矮了一辈。一次算是偶然,胡林翼干脆送佛送到西,又从中撮合,把自己的妹妹胡同芝介绍给了左宗棠的侄子,即左宗植的长子左澨。两人于咸丰六年(1856)九月成婚。

果然是好兄弟!

这下,矮一个辈分的事儿算是坐实了,想翻案都难。

对此,胡林翼表现得相当谦虚,也没打算翻案,一直到最后,信中都称左宗棠为"丈"。左宗棠虽名正言顺,却也不想占这个便宜,依然反过来称胡林翼为"兄",两人各论各的。不但如此，左宗棠还告诫子侄们，即使不称呼伯，"尊之曰先生可矣"，决不能称兄道弟，乱了体统。

一年后的道光十九年（1839）六月，陶澍病逝任上。胡林翼闻讣，星夜赶赴江宁，为岳丈料理后事。忙碌和喧嚣过去，他一个人登上督署后院的小楼，静静坐着，看着满院的物是人非，忆起岳父的音容笑貌，心中涌起无限的沧海桑田之感，不禁潸然。

带着无尽的悲恸和伤感，胡林翼与岳丈的眷属扶柩回籍。

这一年，陶桄七岁。

抵达安化小淹，胡林翼委托好友左宗棠照顾岳丈一家孤寡。同时，身为陶澍的生前挚友，贺熙龄也致信委托学生主持陶家内外事务，兼授陶桄学业。作为胡林翼的至交、贺熙龄的门生、陶桄的准岳父，左宗棠义不容辞。在安化月余，他在家书中写道："吾以文毅平生知己之感，又重以吾师之命，既受重托，保此遗孤，惟凭我一腔热血，尽力维持。"身负陶澍的知遇之恩和师友的重托，左宗棠寄居小淹长达八年之久。八年间，理家课子之余，他读了大量陶澍的著作及藏书，直称"吾在此所最快意者，以第中藏书至富""凡有关海国故事者，无不涉历及之，颇能知其梗概，道其原委，此亦有益之大者"，可谓受益匪浅。

泡了八年"图书馆"，左宗棠专攻舆地、农兵、漕盐之学，陶澍藏书皆遍读之，学力由是日进，一生勋业，悉植基于此。如同武侠小说的主人公跌入山谷，阴错阳差获得武功秘籍，练得一身绝世武功，左宗棠亦是如此。《归庐谈往录》载："文毅多藏书，国朝掌故之类尤备。文襄日夕讨论，遂以成业。"后来，左宗棠在军政、经济上皆有建树，均得益于此。这八年光阴，成为他日后治理湖南、建功立业的原始积累。

光绪七年（1881），陶澍去世四十二年后，左宗棠当真应了他当初那句话，以举人之身累升封疆大吏，总督两江。回想起当年情形，左宗棠无限感慨，筹资在南京建造了一座"二公祠"，以缅怀陶澍、林则徐，表达对两位前辈的追思和敬仰。祠堂内有左宗棠亲题楹联，其中一句"今我复重来"，明确了自己是陶澍的衣钵传承人的身份。

这几年间，胡林翼经常到小淹助理岳丈家事，看望岳母贺氏、妻弟陶桄，拜会好友左宗棠，两人"风雨联床，彻夜谈古今大政，前后十余年"，俨然北京情形再现。

赋闲五年，人生低谷

对胡林翼来说，道光十九年（1839）是痛苦的一年。

两年前，他的祖母刘氏病逝，父亲胡达源回益阳老家守制，他本人留在北京侍奉母亲。道光十九年（1839）六月，岳父陶澍病逝；七月，祖父胡显韶病逝。胡达源降职不满三年，时逢母丧，守制刚满，旋丁父忧，又要再守孝三年。唯一的慰藉是，年初的翰詹大考，二十七岁的胡林翼成绩二等，擢升国史馆协修，颇有红翰林发迹之势。

幸福的家庭是相似的，不幸的家庭却各有不同。

胡林翼是个例外。

道光二十年（1840），他的不幸开始以重蹈父亲覆辙的形式出现。这一年秋天，胡林翼到江宁出差，充任江南乡试副考官，考场就是现在南京夫子庙旁的江南贡院。此科乡试，录取考生一百一十七人，其中有江宁考生汪士铎、江苏甘泉籍考生蒋照，二人后来均入胡幕，成为胡林翼的得力助手。本以为是一次正常的出差，不料，由于主考官文庆工作疏忽，在一份试卷上将"下江"（江苏）误注为"上江"（安徽），苏、皖两省录取名额出现笔误，致使安徽多出一个学额。文庆回京后被人告发，又被查出私带举人熊少牧入闱阅卷，两罪累罚，就地革职。胡林翼亦受牵连，被降一级调用，成了从七品的内阁中书。

四年前，胡林翼和父亲一样，均以连捷仕进，此后步步累升，颇有腾达之象；同样在仕途得意之时，父子俩均因科场失察，株连被贬；接着，两人都丁忧回籍。一切都出奇地相似。再说这胡达源，七年前他在势头正劲时，因一桩失察案遭降职调用，前途不明；旋即家中母丧，丁忧南返；母丧刚满，又丁父忧。接踵而至的厄运，让六十三岁的胡达源时有"天欲亡我"之感。心灰意冷之际，厄运又降到自己儿子身上，两代人上演同一出悲剧。

胡达源连遭重创，心力交瘁，于次年五月溘然长逝。

灵柩从京城运抵益阳，已是道光二十二年（1842）正月。

翌年底，胡达源下葬。同年二月，胡林翼的妾室徐氏病卒。

伯祖父、祖母、岳父、祖父、父亲、侧室，接着是堂弟杭翼殇逝（1845），同年八月底，叔父胡达灏因子杭翼早殇而伤心去世，几年之内胡林翼连失数亲，整个家族的担子落到了他身上。几年前父亲失察遭贬、丁忧南还，现在自己也携眷回湘，前途未卜。陶澍病逝后，眷属从南京搬回安化小淹，余一子陶桄茕茕无依，由左宗棠看护。尽管胡林翼常去小淹，和好友交心过后，回到家依然是一个人面对悲凉与落寞。最可怕的是梦醒后发现无路可走。鲁迅说，你目睹过哪个家庭从小康之家陷入困顿吗？胡林翼就是个例子。

自丁忧回籍，胡林翼浑浑噩噩，转眼已有五载。

守制本是三年，实际上也有二十七个月之久，但仕途的多舛、亲人的离去，让连遭打击的胡林翼对前途已是心灰意冷，甚至有归隐林泉、永不出仕之想。后来，当他的座师潘世恩派学生捎信，让他复出时，他以"愿且耕且读，衣食裁足，为乡里马少游足矣"回复，并说明原因："慈母年高，终鲜兄弟，门祚单寒。"母亲年事已高，我又是家中独子，没人替我照顾他们。"门祚单寒"，说的是自己没有子嗣，当务之急是努力生子，延续香火，以慰家人。正是出于这个原因，胡林翼婚后纳有一妾徐氏，门庭多故之际，又连纳魏氏、王氏两房侧室。跟当初的岳丈一样，他目的单纯，就为了生个儿子，传宗接代。

胡林翼虽有些言不由衷，对潘老师说的倒也是实情。

可以说，他回信时，面带一种尴尬而不失礼貌的微笑。

潘世恩状元出身，时为武英殿大学士，宰相级别的人物，曾任上书房总师傅，历工、户、吏等部尚书和军机大臣，两年后晋太子太傅，已是七十多岁高龄。有生之年，为官五十余载，历乾隆、嘉庆、道光、咸丰四朝，是名副其实的四朝元老，德高望重。有清一朝，"生加太傅者五人，重宴琼林者八人，状元作宰相者八人，唯潘文恭公兼之"，"三百年一人而已"。人臣混到潘世恩这份儿上，基本上到头了。

在益阳老家，胡林翼终日与书卷为伍，以翰墨自娱，并自题斋联："池圃足高卧，图书供古欢。"若逢春秋佳日，赶上好天气，便与几个兄弟一块到乡村散散步，游览山野风光，有时还会与和尚坐禅论经，与老农闲话稼穑，很接地气。年谱称："道旁观者不知其曾践清华也。"完全看不出是一个翰林。

曾经气豪万丈、睥睨一切的年轻人，现在看来，倒像个"佛系青年"。

唐寅"但愿老死花酒间，不愿鞠躬车马前"，大概也是这种感觉吧。

五年时间，青春几何？人生又能有几个五年？这样的生活让他烦闷，让他痛苦，让他度日如年。这是一种精神的折磨。如同尼采所言，每一个不曾起舞的日子，都是对生命的辜负。在给叔父胡达湉的一封信中，他如实吐露了自己的心声："自顾读书三十年，未始不高自期许，今乃以室家多累，迫而为稻粱之谋，既惜志之不伸，亦叹命之不辰矣。惟近来母子妻孥共处一堂，兄弟叔侄近隔咫尺，天伦团集，其乐融融。然对镜则面觉其胖，围腰则带嫌其短，身虽肥而心则疚……有志者固如是乎？"

自小就傲物自负，以为日子尽皆诗和远方，不意如今也体会到生活的苟且。虽然亲人团聚一堂，享尽天伦之乐，但男儿志在四方，在家终非长久之计。眼看年岁渐长，岁月染白了鬓发，光阴磨平了棱角，自己一天天圆润，腰围一日日渐长，连腰带都系不上，整个一油腻大叔形象。赋闲逍遥，蹉跎青春，大好年华浪费于无所事事之中，这哪还像个有志青年？

看来，胡林翼并非不知自己的真实想法。

道光十三年（1833）五月，他还是个二十一岁的年轻小伙，在给堂弟枫翼的一封信中，他说："人生决不当随俗浮沉，生无益于当时，死无闻于后世，可断言者也。惟然，吾人当求所以自立，勉为众人所不敢为、不能为之事，上以报国，下以振家，庶不负此昂藏七尺之躯。"以此勉励堂弟勤敏悦学。十几年过去了，胡林翼还没有完全忘记。

他决定振作起来。

鸡汤文里有一句话：你永远叫不醒一个装睡的人。实际上，更多的情况是，沉睡的人才不容易叫醒，装睡的人你能随时拉他起来，陪你逛街，陪你吃饭，陪你看电影，总之，不让他躺着。

第二章 仕途多舛

胡林翼不属于装睡的人,更没有沉睡,他只是被现实打击得一时迷茫,暂时失去了方向。

道光二十四年(1844),陶澍夫人黄氏去世。翌年秋,胡林翼赴小淹会葬,与左宗棠"晤谈十日而别"。十天里,他"雨夜与公(左)连床,谈古今大政,恒至达旦",时而激烈辩论,时而相互鼓舞,颇有苏轼、苏辙"对床夜雨听萧瑟"的兄弟深情。外面的疾风骤雨拍打着窗棂,更平添几分壮怀激烈的澎湃诗意。一对年过而立的故友,青春不再,激情依然,仿佛回到了少年时代。各自经历生活的挫折后,本都有些落寞消极,但只要一见面,立即能量充盈,满血复活。这种状态,只有他们在一起时才有,这样的火花,只有他们碰撞时才会迸发。

这次长达十日的交流,左宗棠在两封书信中均有记录。在给他们共同的老师贺熙龄的信中,他写道:"润之前在此会葬,盘桓十日而别,深信宗棠相与之诚,而以虑事太密、论事太尽为宗棠戒,切中弊病,为之欣服不已。然其论'出言不宜着边际'之说,似又不然也。"在给哥哥左宗植的家书中又说:"润之丁艰归里,昨来此间区划陶宅各事,因得连床夜话,纵论古今大政,以及古来圣贤豪杰、大儒名臣之用心行事,无所不谈,无所不合。伊颇信弟能以诚心相与,惟以虑事太密、论事太尽为戒,切中弊病。惟云我辈出言不宜着边际,则未免如官场巧滑者流,趋避为工、模棱两可,似非血性男子所应出也。"

由此可知两人谈话的大致内容。胡林翼深知左宗棠品端行正,待人真诚,但考虑事情太过谨慎、缜密,放不开手脚,论事太尽,说话太绝。左宗棠认为"切中弊病,为之欣服不已"。同时,对于老友的有些观点,他也不敢苟同,比如,指出自己"虑事太密、论事太尽"的毛病后,胡林翼发表了自己的看法,说

"我辈出言不宜着边际",说话没必要那么较真儿,有些话含糊过去就行了。左宗棠认为老友之论体现的是官场上偷奸耍滑的不良习气,不应是血性男儿所为。十日里,理想、抱负、做人、处世、为官之道,古今名臣大儒、豪杰圣贤,两人均有涉猎,唯有这句话,左宗棠对贺熙龄和哥哥都有提及,可见其耿耿于怀。

当然,更有不抛弃、不放弃的相互鼓励。

可以说,这段时间,对胡林翼影响最大的人是左宗棠。

最先提醒胡林翼"才堪济世,不宜自甘暇逸"的,是他的师友们。

含蓄地说叫"自甘暇逸",直白地讲,就是说他自甘堕落,以济世之才自暴自弃,破罐子破摔。提到胡林翼的这些朋友,就要讲到科举时代的裙带关系。曾国藩后来编练湘军,主要依据三层关系——地缘、血缘、业缘;到袁世凯时代,新建陆军又增加了"学缘",即北洋军校的同学关系。有同学就有老师,科举入仕者走的是上层路线,通常会认当科考官和阅卷老师为恩师,自称门生。同科中试者又称同学,同时,同科的同籍考生之间,会有一层更加亲密的关系。如此,每一位入仕考生便有一张广大的关系网。胡林翼比一般入仕者更广的人脉在于,他的父亲和岳父也有同学、老师和同僚,有着分布更广的朋友圈,这是一般寒门学子所不可及的。简言之,他是一个官二代。

这时,他的朋友圈开始发挥效用。

谈到胡林翼的朋友圈,必先讲胡达源、陶澍的朋友圈。道光二十五年(1845),经知交故旧介绍,胡林翼拿到了去常德朗江书院、湘阴仰高书院教书的两个职位,未及赴任,他的一位父执但明伦写信,促他"在扬州办理捐复,事半功倍",至于捐官费用,大可不用操心。但明伦时任两淮盐运使,执署扬州,本处肥

第二章 仕途多舛

水衙门，日常又与盐商多有接触，自信搞个众筹应该不成问题。此外，胡林翼的一些门生如汪士铎等人，也对老师的遭遇惋惜不平，认为他才气过人，苟为外吏，必能有所建树，打算筹资助其复出。

但明伦是贵州广顺人，和胡达源一样，与长子但钟良亦有"父子两翰林"之誉，研究《聊斋志异》，不能绕过此人。说到渊源，他与胡达源为同科进士，也是昔日同僚，门户相当，私谊甚厚。史料对两人的关系并无过多着墨，但从胡林翼在信中称但明伦为"丈"可知，胡达源与但明伦或有生前之约，此时两家已有姻亲之实。两年后的道光二十七年（1847），但明伦主持的《广顺州志》出版，胡林翼阅后在自叙中称，父辈二人"谊气相符，重以姻娅"；同年，胡达源一女（胡有六女）春芝年满十四，与但明伦三子培良成婚，印证了这一事实。

但明伦三年前出任两淮盐运使，在扬州逾十年，直至太平军兴、扬州城危，于咸丰五年（1855）以年过七旬之躯病死城中。此后，其广顺老家被太平军洗劫，长子钟良、次子荫良一家一百三十五口全部罹难。但明伦逝后，三子培良举家北上，寓居京师，生活拮据。在京期间，他曾写信给胡林翼，直道"久寓京华，支持颇不易"。两年后，英法联军入京，培良南下投奔胡林翼，后避居益阳。光绪年间，但培良曾任南昌知府，于宣统二年（1910）去世。其人颇有文人雅士之风，生平尤嗜古玩诗画，现今古玩市场上仍可追寻其墨迹。

时光回到六十年前。但明伦眼看亲家兼旧友的后人堂堂一翰林，天天醉生梦死，不干正事，确实有些暴殄天物，浪费资源。可知当时，莫说是翰林、进士，有的人穷其一生，百战不胜，至死也没能博得个秀才，不然那洪秀全也不会揭竿而起了。

47

话说至此，又有一个问题：既然是翰林，已经在体制内，为什么还要走捐纳一途？这可是异途，一般是富家子弟和学渣们干的事儿。

胡林翼当然清楚，他只是不想回去从内阁中书做起，七品小京官，内阁打杂办事员，一年七八十两银子，如何养活一大家子？正是"升途甚迟，无以奉养计"。按七十古稀来算，他人生已经过半，以正常的晋升途径和速度，跟浪费青春也没啥两样。自古以来，读书人讲的是"修齐治平"，追求"为天地立心，为生民立命，为往圣继绝学，为万世开太平"，千钟粟、黄金屋、颜如玉，皆非我所求，"书生报国无他物，唯有手中笔做刀"也不符合国情，既然书生的最高理想是"治国平天下"，去一线才能实现至高的人生价值。缱绻书卷，朝九晚五，做个太平官有什么意思？又谈何经世报国？

既然如此，最快捷的方法是花钱捐个实缺。

道理是这样，可但明伦"挚切若此"，胡林翼一开始也不愿干。除父执但明伦、座师潘世恩，另有多位师友来信相劝，"招隐之书，每岁以十计"。安徽巡抚王植[1]、时任两江总督陆建瀛，均"节次寓书"，敦促最力的是陶澍好友兼老部下，时任陕西巡抚的林则徐。

林则徐伸出援手

道光十九年四月二十二日，公历1839年6月3日，广东虎门海滨看台高筑，台上横一黄绫长幡，上书"钦差大臣奉旨查办

---
1 胡林翼参加的丙申科会试，主考官为大学士潘世恩，时任内阁学士王植为副考官之一。

第二章 仕途多舛

广东海口事务大臣节制水陆各营总督部堂林",林则徐正襟危坐于看台中央,广东大小官员悉数出席,士民将现场围个水泄不通,外国领事、记者、传教士也被邀请到销烟现场,俨若一场大型新闻发布会。随着一声令下,两万多箱计两百多万斤鸦片被当众销毁,"四十余日始尽"。在石灰落水时泛起的腾腾白烟中,依稀能看到林则徐脸上的坚定与凝重。他预感到,事情或许没完,历史正在上演。

果然,道光和鸽派大臣态度摇摆,英国开始报复。

带血的暴利让他们根本停不下来,要以武力打开中国市场。

于是,虎门销烟一年后,英国军舰齐刷刷地出现在广东海面,目的是封锁珠江口,施压于清廷。是为鸦片战争的开始。

林则徐命水师提督关天培整兵戒备,严防死守。正如杨国强先生所说:"中西之间舟船与枪炮的悬殊对比,常会化作无情的压力,逼出血性者的英雄主义,召唤他们在劣境中慷慨一击,肉薄赴死。"这一场战争下来,诞生了忠节、忠愍、壮节、刚节、昭节等一系列颇具悲壮色彩的谥号,忠节公关天培成为近代民族战争中首位殉国的高级官员。

英军沿岸北上,直抵天津大沽口,剑指京师。

道光一向缺乏冒险精神,又有大臣进谗,顿时没了脾气,禁烟的勇气和决心一时荡然无存,只好命直隶总督琦善前去议和,又令两江总督伊里布问问英军动手的原因——为啥招呼不打就开炮?因为做生意,不至于。琦善、伊里布回禀说,听对方反馈,人家看不惯的只林氏一人,罪名是销烟。穆彰阿等人也背后补枪,林则徐成了替罪羊。道光二十一年(1841)五月,林则徐被革职发配新疆,自此开始了长达四年的流放生涯。

且说那位谈判大臣琦善,虽是意志坚定的主和派,但内心并非完全畏葸，一开始更多的是不屑、蔑视，乃至唾弃。在他眼里，英国人等同牲畜，连人都算不上，谓："蛮夷之国，犬羊之性，初未知礼义廉耻，又安知君臣上下？"琦善已经够狠，另一位参与议和的大臣牛鉴说得更绝："彼虽畜类，亦具人形。譬如桀犬狂吠，本不足以论是非，及投以肉食，未尝不摇尾而贴伏。"两人一个比一个狠，压根就没拿西方人当人类看。

当然，这根源于两千年儒学灌溉出来的夷夏之见，根深蒂固，远非西方人一场胜仗所能彻底摧毁。反观后来的崇洋媚外，西方人在国内大行其道，被奉上宾，实在有些矫枉过正，久而久之，奴性也便形成。回过来说，老外们看清廷不拿自己当人，也较上了真，在条约里明文规定：以后不能再叫我们为"夷"。中英《天津条约》第五十一款："嗣后各式公文，无论京外，内叙大英国官民，自不得提书'夷'字。"如此耿耿于怀，令人哑然失笑。

一仗下来，清廷醒了，带着惺忪的双眼。

这种睡眼惺忪又让帝国士大夫们有一种久梦初醒的哀愁与伤感，乃至悲痛欲绝，如丧考妣："二百年全盛之国威，乃为七万里外之逆夷所困，致使文武将帅，接踵死绥，而曾不能挫逆夷之毫末，兴言及此，令人发指眦裂，泣下沾衣。"

从这时起，在国人眼中，"蛮夷"成了"洋人"。

第一次鸦片战争历时两年，英方称之为"英中战争"或"通商战争"，言下之意，重点在战争，在通商，在打开贸易通道。战争的结果是中国割地赔款，沦为半殖民地，自然经济濒于解体。更严重的是一纸《南京条约》和此后上百年的列强跟风。事后，北京依然歌舞升平，时人记述："和议之后，都门仍复恬嬉，大有雨过忘雷之意。海疆之事，转喉触讳，绝口不提。即茶坊酒

第二章 仕途多舛

肆之中,亦大书'免谈时事'四字,俨有诗书偶语之禁。"

历史记住了虎门销烟,记住了林则徐和他慷慨悲歌的四年。

在伊犁,他垦地兴农,以"罪身"履行着一名臣民的本分。

道光二十五年(1845)十一月,林则徐被重新起用,署理陕甘总督。次年三月授陕西巡抚。正是在署理陕甘总督期间,复出的林则徐得知,几年前在两江总督署常见的那位老上司的女婿胡林翼,空负报国之志,一直赋闲在家,不比自己在新疆的日子充实。出于惜才,出于情谊,出于报答陶澍的知遇之恩,林则徐当即"以书见招",敦促胡林翼复出。

壮志未酬的滋味,他在伊犁已经刻骨铭心地体味了四年。

但明伦言辞恳挚,林则徐目光殷切,师友们"劝驾情谊殷至",让胡林翼不能再逃避下去。关于此时的想法,他在给叔父胡达澍的家书中写道:"林翼投闲七载,前数年都中师友招隐之书,每岁以十计,毫无动念,非恝也,以命运蹇塞,姑安贫守拙,督耕以养耳。"所谓"非恝也",即并非真的无动于衷。承蒙师友不弃,这年腊月初九,胡林翼约集亲朋故旧,大摆筵宴,席间慨言其志,决计复出。全于之前打算赴职的朗江书院、仰高书院,一并推辞不就。

胡林翼内心的火焰,终如喷薄而出的火山,被瞬间引燃。

道光二十六年(1846)春节刚过,胡林翼和堂弟保翼同舟北上,赴扬州访谒但明伦,商榷捐纳一事。但天有不测风云,计划赶不上变化,或是一时凑不齐银两,或是其他原因,耗时俩月,几经周折,依然"捐事不谐"。胡林翼自丁父忧回籍,守制早已期满,一直未能如期销假。是年四月,保翼回籍参加乡试;五月,胡林翼自扬州继续北行,拟到京城先行销假,再作报捐。这月下旬,胡林翼抵京,住在时任户部侍郎的湖南老乡郑小珊家中。

时隔五年,再一次到北京,胡林翼有着别样的感受。

短短数载,发生在自己身上的事情太多了,亲人远逝,家道中落,如今又是这般境地,身为一名翰林,沦落到捐纳出仕的地步。此间凄冷,如同七年前岳父去世,他一个人走在总督衙署的大院里,孤寂冷清,凄凉寥落,只能独自坐在小楼的台阶上,暗自垂泪。想起当年在京,父亲以探花步步累升,仕途正旺,自己还是一个八岁的孩子,衣食无忧,前景无限,见惯了都门繁华、官场逢迎,整一个少年不知愁滋味的富家少爷、温室花朵。在南京,新婚宴尔的他鲜衣怒马,驰骋街衢,身为两江总督的东床快婿,却流连风月,逍遥快活,不知稼穑之艰难,不食人间之烟火。如今,一切如过眼云烟,连入京都寄人篱下,唯剩冷冰冰的人走茶凉。也许在朋友眼中,他就是一个笑话,一个落魄的纨绔子弟、落难的公子哥。

甚至在老乡曾国藩那里,他都是一个敏感而尴尬的话题。

想到这些,他只能默默承受,只能暗下决心,幡然改图。

身为湖南籍"北漂",这位郑小珊和曾国藩也很熟,经常出现在曾国藩的日记里。他名叫郑敦谨,号小珊,道光十五年(1835)进士,年长曾国藩、胡林翼近十岁,是两人共同的老乡兼前辈,后来还主编了《胡文忠公遗集》,与曾、胡渊源颇深。曾国藩入职翰林院不久,把父亲曾麟书也接了过去;在京期间,郑小珊因颇通医术,经常到曾家为老爷子把脉诊病,与曾国藩往来亲密。两人关系好,没什么顾忌,平时说话也较随意,一次小珊因一言不合,对国藩口出"慢言",曾国藩当时还没有那么高的修养,当场与他吵了起来。两位翰林完全不顾形象,不但差点动手,还破口大骂,"几于忘身及亲",连骂娘都快用上了,实在有辱斯文。曾国藩精研义理,讲究一日三省吾身,对前辈出口谩骂,事后非常后悔,在日记里反思己过,并亲自到郑家道歉。郑小珊身为"老"翰林,能当众干出和晚辈打架的事儿,也是一位感性豁达之人,没太把这件事放在心上。两人一来二去,喝酒赔罪,最终冰释前嫌。

作为同乡,此次胡林翼赴京报捐,一向与他玩不到一块儿的曾国藩也有提及:"胡咏芝来京,住小珊处。"从称谓来看,他与胡林翼的关系确实不如和郑小珊亲密。

在京期间,胡林翼得知"京官所降之缺年内可补",此时报捐,再等半年即可上任。但考虑到在京"升途甚迟",他放弃了这个打算。按当时条例,报捐有实权的地方官缺,也就知县、知府、道员这些正印官而已。以道光年间的行情,三者明码标价,道员需白银一万三千一百二十两,知府一万零六百四十两,知县三千七百两。最终,由于陕西捐例价格昂贵,胡林翼"承师友许贷万五千金",在陕西捐输案以内阁中书捐升知府,分发贵州补用。

整个过程,由陕西巡抚林则徐"专折奏办"。

晚清买官指南:清朝的文官制度和捐纳

说到科举取士,必然要谈到中国古代的文官制度。清朝文官之来源,《清史稿·选举》中有明确记载:"凡满、汉入仕,有科甲、贡生、监生、荫生、议叙、杂流、捐纳、官学生、俊秀。"科甲,即有做官资格的举人、贡士、进士,但举人不一定就能入仕;贡生、监生是入国子监读书的人员,一般多为生员,即秀才;荫生指由家族庇荫而入仕者;比较少见的是议叙、杂流、官学生和俊秀。被议叙者由官员保奏,经部议授予官职,官衔大小并无常例；官学生和杂流，顾名思义，在官学读书及其他非正途入仕者；俊秀指平民捐纳入监，可归到捐纳一类。可见，清朝入仕门径已非常宽泛。待到"发捻"事起，经济日绌，仕途更为驳杂。《清史稿》称："中叶而后，名器不尊，登进乃滥，仕途因之殽杂矣。"

入仕虽然途广，却有轻重主次，又有正途和异途之分。

何谓正途，何谓异途呢？朝廷说了："科甲及恩、拔、副、岁、优贡生、荫生出身者为正途，余为异途。"质言之，经考试、选拔或荫袭者，方为正途。官方是这么说，可出于真才实学的因素考虑，那些十数年寒窗苦读的莘莘学子有意见，因此，也有大臣建议将恩荫归到异途。

虽然都能做官，可在朝廷中，两者毕竟还是不同的。官方宣称："异途经保举，亦同正途，但不得考选科、道。非科甲正途，不为翰、詹及吏、礼二部官。"并明确道："有清一沿明制，二百余年，虽有以他途进者，终不得与科第出身者相比。"也就是说，异途者学问和礼节不到家，关键部门不用。至于教育部门，更不能用，你一学渣，还是别误人子弟了。

这下科甲出身的官员们心理平衡了。

但在私底下，这群人也有鄙视链，一甲的看不上二甲的，二甲的自认才高于三甲的，科甲出身的一起看不起"非甲"的。史料记载，明初有个叫赵荣的工部左侍郎，副部长级别，由于他不是正儿八经考出来的，"众以荣不由科目，慢之"，大家都不拿他当回事儿，爱理不理。明朝如此，清朝尤甚。异途入仕者受到正途入仕者的鄙视，科甲入仕的庶吉士、翰林更耻于和异途做官者为伍，人家是读圣贤书，正宗的孔子门生，天子亲擢，清史有录，后世有传。你一个卖糖葫芦、摆地摊儿的有俩钱，也捐了个官,人五人六,性质能一样吗?因此,保持一种读书人的范儿,是他们和文盲的最后区别。

但不管是不是捐的,大家都有官做,皆大欢喜。

然而,有一条朝廷必须声明:不管是走正道,还是走旁门左道,有三类人免谈,大清的衙门永远对他们关闭。哪三类呢?第一,从事低贱职业者。如果你有不光彩或"下九流"的职业经历,什么唱戏剃头、修脚按摩,对不起,这号人我们不收,也不准你参加考试——丢我们孔圣人的脸。第二,家奴。如果你是奴才出身,或是富人家的长工杂役,属于"贱籍",你也趁早断了通过科举翻身做主的念想。实话跟你说,这是血统问题。第三,祖父一辈有重罪者。即使你没做过低贱职业,也不是奴才出身,但如果你爷爷犯过罪,你也不能报考,更不能做官。想改换门庭,那就好好挣钱,等你的下一代过了三代限制,再好好读书、科举入仕吧。无论科考还是捐官,当时的政审必须提供三代人履历,正是关系到这一限制。

说完科举和入仕,详细谈一谈前面没讲的捐纳。

捐纳首开于康熙十二年(1674),是清朝文官制度和政治中的一大弊政,包括捐官和捐升[1],目的当然是增加收入,减轻财政负担。虽然当时是所谓的康乾盛世,但有一个关键点——前一年(1673)爆发三藩之乱,之后收复台湾、平定准噶尔、抗击沙俄等内外战争一直没停,所以才有了这么个"众筹"的馊主意。在施行这一政策的前期,捐纳尚有裨益,也确实起到不小作用,解决了不少财政问题。也正因如此,咸丰时太平军起,"军兴饷绌,捐例繁多,无复限制,仕途芜杂日益甚"。

---

[1] 胡林翼的知府即由内阁中书捐升而来。

关于捐纳的根源和原因，《清史稿》中也有提及：其一，"其始固以搜罗异途人才，补科目所不及"。六部含工部，捐纳首开之始是为了搜集能工巧匠，看似勉强说得过去。但从史料来看，捐纳多是财政紧缺时的饮鸩止渴之举，因此这个说法有矫饰意味。其二，"捐例不外拯荒、河工、军需三者"。这才算是句实话，为了补国家财政之不足。

说到这儿，我们恍然明白，所谓捐纳，一句话概括就是：明码标价，卖官鬻爵。

事实上，皇帝们何尝不知，这是在自毁长城、自掘坟墓，置社稷于不顾。因此，大凡立志有一番作为的皇帝，即位之始，总会有诸如大赦天下之类的举措，以示仁政。同样道理，整肃朝风、停止捐纳，也被作为新朝励精图治的宣言，当成新君上任的三把火。有清一朝，自恋如乾隆、节俭如道光、悲催如咸丰、短命如同治，上位之初，都有过庄重而形式大于内容的面子工程。但现实不允许他们搞形式主义，不允许他们"奋发图强"。乾隆、道光、咸丰三人，坚持停捐政策最长者道光（七年），居中者乾隆（三年），最短者咸丰，当年宣布停捐，没等过年即重新开张、恢复捐纳，原因很简单：要打太平军，没钱。着实没有面子。咸丰御极之初，罢免庸臣，整肃朝风，宵衣旰食，广开言路，颇有明君风范，但这不能怪他，怪只怪嘉、道两朝积弊破发，待到太平军起，终是积重难返，无力回天了。

那么，捐纳有哪些规则和流程呢？

并不是交钱就有官当。第一，捐官之前必须查清捐纳人有无欠款，有则还清后方准报捐。第二，户部专设捐纳司，负责收捐。也就是说，所收款项上缴国库，由户部发咨文给吏部，"部予以据，曰执照"，相当于上岗证和营业执照。第三，捐纳人员拿着收据和上岗证到吏部铨叙司报到，吏部再经政审，检查手续和资料，一切齐全无误，方准铨选分发。

一手交钱一手交货的同时，还有一个重要原则：官不能太大。捐纳所得官衔，京官正五品，外官正四品。因此，按照捐纳规定，即使能花钱买官，想在天子脚下上班，最多只能到五品；在地方为官，最多也只能捐到四品。碰见个别土豪想花钱买个宰相干干，不光门儿都没有，连窗户也没有。即使如此，捐纳对当时的文官制度也造成了很大冲击。

到最贫瘠的地方去

读完捐纳细则，胡林翼心中有了目标。既然只能到四品，他一向魄力非常，就打算捐个最大的实缺——知府，少时的经世之学，也好有个用武之地。可等到打听价钱，一向大手笔的他也着实一愣：白银一万零六百四十两！

一万零六百四十两银子，莫说是一般百姓、士绅，即使对于部分年薪百两银子[1]的京官而言，都绝对是个天文数字，不然那身居肥缺的两淮盐运使但明伦也不会一时拿不出全额，商人们也不肯众筹了。最终，胡林翼借款一万五千两之巨，以致他为官半生都没能还完，病危之际还在遗嘱中特意交代，欠岳父陶家、父执但家的银子，一定要记得还上。

尽管如此，师友长辈纷纷解囊，不足一月，一万多两白银还是凑齐了。

这些钱，陶、但两家，门生师友，均有赞助，但明伦一人出

---

[1] 一般会有丰厚的养廉银，是谓高薪养廉。

了六千两。

胡林翼平时放浪形骸，游山玩水，真到关键时刻，朋友、长辈如此之多，似乎蕴藏着一种振臂一呼应者云集的力量。其人脉之广、筹资之巨、速度之快、效率之高，连一直以来与他这种富家子弟保持距离，只在一旁远远仰望的曾国藩也惊叹不已。曾国藩在给朋友的信中，不可思议道："（胡）将在陕西捐输，指捐贵州知府万余金之多。不费囊中一钱，而一呼云集，其才调良不可及，而光芒仍自透露，恐犹虞缺折也。"

不费囊中一钱，而一呼云集。唉，比不起啊。

说是落魄凤凰不如鸡，可人家落魄也比咱阔绰——朋友多。

说到这里，问题又来了。按照当时惯例，花了钱捐了官，去哪里做官可以自由选择，只要脑回路正常，一般都会选择有油水的地方。胡林翼的选择让人们大跌眼镜——他填报的"志愿"是贵州。他的一个湖南老乡李如崑当时也在北京，得知林翼的选择，心中就有这样一个疑惑："今有司之法，输金为吏者，得自择善地，君何独取于黔？"

李如崑问完，大家都一个劲儿点头，满脸不解地看着胡林翼。

是啊，放着富庶之地不去，你为啥偏偏选了贫瘠荒僻的贵州呢？

要知道，当时莫说是捐来的官儿，即便是正途入仕者，都深谙"三年清知府，十万雪花银"这句话背后的含义和奥秘，江南财赋之地收入更高，这是心照不宣的潜规则。更不用说那些捐纳得官者，因为花了钱，投了资，上任之后变本加厉要把本儿捞回来，搜刮民财，中饱私囊。正如胡林翼所言，"输金为吏者，类皆择其地之善者，以为自肥计。"所以，捐纳冲击的不仅是文官制度，更多的是朝廷吏治，是政治风气。政府也懂，但凡有钱，此途不可轻沾，鸦片也。

贵州古称夜郎，时为化外之地，更有"天无三日晴，人无三两银"之说，去那里不是流放就是劳动改造，不啻于一场奇幻漂流。胡林翼自己也清楚："黔，硗瘠之所，边僻之境也，为人所掉首而不顾者。"人一听此地，掉头就走，头都不回。去那儿当官，还花钱？开玩笑！

看众人满脸疑惑，还有人骂他傻，胡林翼条理清晰地解释道：第一，家父生前曾任贵州学政，我随祖父在贵州待过两年，对当地习俗相对了解。第二，对得起朋友期望。此次复出，"资用皆他人助成之"，黔地贫瘠，或可有所作为，"而不致负良友厚意"。他们帮我是让我去做好官，不是让我当本钱去做生意，膏腴之地于我毫无意义。第三，可以勉力报国。"初为政，遇贫瘠之士，当可以保清白风而不致负国"。贵州地贫，正符合这个条件。

言毕，李如崑等人对他肃然起敬。

胡林翼做这个选择，或许还有另一个原因。

嘉庆二十五年（1820），四十二岁的陶澍任职川东兵备道，驻节重庆。当时，重庆私枭出没，讼案积压，治理尤为不易。陶澍每日坐堂视事，有诉立审，剖决如流，数月滞讼一空。他大力整肃吏治、私盐、灾民等政治、民生问题，未足一年，政声大著。四川总督蒋攸铦对陶澍尤为褒扬，大赞他有总督之才。岳丈的这些往事，胡林翼不会不知。

正因如此，他要像岳父那样做一个干吏良臣，到最贫瘠的地方去。

从去年初赴扬州到北上报捐成功，不知不觉，时间又过去一年。道光二十七年（1847）三月，胡林翼南下赴任前，专程回了一趟益阳老家祭祖。跪在父亲和先祖坟前，他许下宏愿，发誓做一个堂堂正正的清官，不使祖宗蒙羞。后来，他在给叔父墨溪公的信中说："侄出山之始，矢志作一清官，设誓于中宪、宫詹墓前，此志至今不渝。"

大家忽然觉得，公子哥胡林翼"成熟"了。

明正德元年（1506），武宗朱厚照继位。这位皇帝行事离谱，思维怪诞，有事没事就往豹房里钻，懒于政事，刘瑾擅权，朝政日非。三十四岁的王阳明参劾阉党，惹怒刘瑾，被下诏入狱，后被贬谪到贵州龙场做驿丞，也就是驿站的站长。龙场苗僚杂居，古时乃烟瘴之地，阳明在恶劣的环境下日夜参悟，得出"圣人之道，吾性自足"的结论，认为人需向内求索，而非向外求理，否定了"格物致知"。这就是王阳明人生中著名的"龙场悟道"，也是他摒弃朱熹学说，创立心学体系的开端。

圣人之道，在于明觉良知，知行合一。从阳明之学而言，胡林翼之蜕变，未必不是"致良知"，更不啻一种"悟道"。他出身书香世家，乃探花之后，科举连捷而跻身翰林，"少以才气自豪，视世俗无当意者"，但命数多舛，人生的低谷让他幡然醒悟。他后来也说，自己年轻时狂傲不驯，"因父严教，即不肯狂，而傲气亦稍稍除矣"。徐宗亮说他"改官黔中，始励治政事。军兴而后，益以名节励世"，曾国藩称他"进德之猛"，正由是开始。

第三章　贵州剿匪

胡林翼的"龙场悟道"

道光二十七年（1847），胡林翼三月回籍，四月启程，六月抵省城贵阳候补，十一月署安顺知府，自此开始了创业之路。这一年，他三十五岁。

时隔十九年，胡林翼再一次来到贵州。

此番南下，胡林翼与堂弟保翼同行。保翼是墨溪公的长子，比胡林翼小四岁，兄弟俩关系甚密。去年初春，两人同赴扬州，如今胡林翼赴黔，保翼亦以府经历[1]同往。不幸的是，二人此去，保翼竟再无归程，几年后胡林翼离黔，他于咸丰五年（1855）署怀仁知县期间病卒，当时尚未到不惑之年。胡公年谱载："二月，闻从弟保翼摄贵州仁怀县卒于官，悼痛累日。"

胡林翼南下前一个月，林则徐调任云贵总督。贵州布政使罗

---

[1] 府经历为知府属官，主管文书事宜。

绕典是湖南安化人，廉洁自律，为官清明，四年后擢贵州巡抚，又两年，任云贵总督。在最初的几年里，这些因素为胡林翼在贵州展布才华提供了条件。

赋闲五年，"跑捐"一年，候补半年，时光流逝，转眼已是中年。

对胡林翼来说，这一天来得太迟。

安顺位于贵州中西部，如今是有名的旅游城市，距离王阳明悟道的龙场镇也不算远。道光八年（1828），十六岁的胡林翼随祖父首次来黔，第一印象是"简陋朴塞，殆犹是秦汉时情形"。相比于省城，安顺更为古朴原始，至今仍有"屯堡之乡""瀑布之乡"的称号。十六岁那年，林翼在贵阳"读书以外，兼好山水"，如今遍地山水，他却无心欣赏。干实事，展抱负，学有所用，不负理想，是他来这里的目的。新官上任三把火，胡知府不来虚的，主打一个务实，小事中着手，细节中见真章，到安顺不久，就做了几件惠及民生的实事。

一是兴修水利。

当地基础设施落后，水利工程为零，河道遇有山洪，房屋被毁，郡城被淹；旱季少雨时，雨止立涸，百姓不得不到远处取水。旱则长途跋涉，涝则流离失所，一年到头几乎没好日子。胡林翼带头捐银五百两，发动士绅筹资，并使善款"不经官吏之手，无可侵渔，功归实际，费不虚糜"，慈善透明，官员失去揩油的机会。一年时间，完成凿泉、筑堰、设闸三项工程。工程竣工时，"各堰皆盈，一片汪洋，澄清如镜"。困扰百姓多年的问题，得到彻底解决。

二是清理积案。

晚清吏治腐败，安顺尤甚，乡民望官衙如溟海，官民如仇雠。一个地方积案严重，首先说明吏治有问题。安顺"历数年而不见一官，历数官而不得一审，往往酿成大案"，这哪是当官，纯粹就是懒政。官员不"出镜"，把案件外包给胥吏，胥吏、衙役刁难索贿，恐吓讹诈；诉讼人没钱，讼案亦不得呈，民怨难伸。所谓胥吏，实则非吏，乃政府编外人员，职能更像现在的中介，属于官长和衙役之间的办事员，是清末官衙的重要组成部分，几乎成了职能部门。身为编外人员，胥吏能这么任性，说到底，还是市场所致。

一个山沟沟里的小城，哪来那么多人打官司呢？

打官司，他们是专业的、认真的、有传统的。

关于当地的风气，胡林翼在家书中提到，"此间人士虽甚朴愿，而性好讼。鼠牙雀角，所争甚微。然激于意气之私，宁挥霍其辛苦得来之钱，以求最后之一胜"，"因之破家者则比比矣"。安顺的老百姓虽然淳朴，但是爱打官司，鸡毛蒜皮的事儿都能告到官府去，不管原告、被告，都不惜成本，宁愿砸上血汗钱给差吏"行个方便"，也要挣回个面子，打赢官司，为此倾家荡产者不在少数，吏治也为之益坏。典型的要面子害死人。

胡林翼坚信政贵安民，认为吏治不修，兵患必起；国家之败，皆因官邪，民乱蔚起，必由官生，腐败是社会动乱之源。因此，裁汰贪劣之余，他亲自坐堂审案，公开透明，即审即结，效率惊人，清理积案凡三百余件，张榜道旁，公示于众，实现了"门无私谒，案无宿牍"，"人自以为不冤"。后来在黎平，他又制订《严禁讼费示》，禁止"铺堂[1]送审取结之费"，并取消一切不

---

[1] 差役为向犯人索取贿赂而设定的陋规。

合理费用,从制度上保障了诉讼公平。

三是解决插花地问题。

所谓插花地,杂错散乱,毫无规划,在安顺,是几百年来的历史遗留问题。胡林翼调查得知,贵州之所以插花地繁多,其故大致有二:一是源于元、明时期的土司制度和卫所制度,二因政府强征苗人之田。土司是少数民族地区的世袭首领,由中央任命或册封,这种政权组织形式即土司制度,民国时被废除。卫所始于元朝,中央在要隘设置军卫,有事出征,无事还所。到了明朝,又汲取屯田经验,守屯结合,寓兵于农,战时打仗,闲时农耕,养兵成本大大减少,如朱元璋所言,有"养兵百万,不费百姓一粒米"之效。

插花地的表现形式为:"府厅州县治所在此,而所辖壤土,乃隔越他界,或百里而遥,或数百里之外。"也就是说,东一块地,西一块地,本境之人,土在他境,他境之人,田在我境;所辖之地或为其他州县所隔,或绵延百里。其弊有三:首先,士子应试,路途遥远;百姓赋役,长途跋涉;平时查个案件,远途百里,等到查清,黄花菜都凉了。再者,案发如在插花之地,等到查案时,毗邻州县相互推诿,甚至以邻为壑,小案久拖不决,以致酿成大案。第三,插花之地责任不清,缉捕困难,盗贼"此邑见捕,归于他邑",两边来回捉迷藏,管理极为不便,故而沦为治安盲区。正是出于这个原因,历史上大多数时期,省际接壤之地往往成为盗匪结会聚集的乐园。

可以说,这是贵州匪盗猖獗的根源。

胡林翼说干就干,扛着锄头拿着绳尺,带团队实地考察,综合地段贫瘠、粮赋多寡等因素,"就疆域之形便而截长补短",对插花地彼此易移,重新规划,粮赋征收也重做核定。同时,绘制地图，拟定章程，以正疆界，以便官民。插花之弊基本肃清。

四是推行文教，旌表节孝。

二十二年前，在贺熙龄的课上，十三岁的胡林翼如开天聪，语出惊人地说了一句"今天下之乱不在盗贼，而在人心"，令贺老师大跌眼镜。这句话决定了胡林翼一生的施政风格，也注定他一生要跟"人心"死磕。随着年龄增长，他越来越相信当年的判断，并对那句话有了延伸，认为"天下之患不在盗贼，而在风化"。正因如此，他注重文教，关注民心，尝谓"治世与乱世不同用，而爱民之心则无不同"，"吾儒读书筮仕，其初念未尝不以爱民为心"，爱民、恤民的民本思想成为他施政的主要特点。

欲正人心，须重教育。通过走访调研，胡林翼认识到"有读书人之村寨易治，而无读书者难治"；同时，教育不平等现象也普遍存在，富贵人家藏书万卷而束之高阁，贫寒子弟有志为学却无书可读。他想改变现状，问题是，当地士民开通者寥寥，"即一二自命有识之士，亦仅仅能读文字而已"。面对一帮文盲，怎么开展活动？

子曰，有教无类。还能怎么开展？办学！

于是，胡林翼在当地广设义学，以树耕读之风，以正社会风气。所谓义学，即由乡里捐资、官方筹款捐建的乡塾，供穷苦人家免费读书，不管大人小孩，统统可以听课，算是义务教育。学校多了，民知向学，民心向善，百姓素质明显提高。劝民向学之余，胡林翼培养了一批业余记者，任务是下乡采风，专门采访好人好事，孝敬父母、和睦乡里、拾金不昧，都是重点关注事件，对那些硬拉老奶奶过马路的人也不放过，回来一体上报，给予大力表彰，作为模范典型。一年下来，民风向好，社会风气明显改善。在安顺知府任上，胡林翼倡义学十数处，采访节孝典型八百人,"安顺二百年有司详报节孝,自公始也"。

出于复杂的地理、政治因素,清末民初匪患最烈者,一在东北,一在西南,在东北者以张作霖及其原始班底为代表,在西南者曾助唐继尧赶走顾品珍,重掌云南政权。贵州地处西南,邻接"金三角"[1],安顺毗邻云南,多深山大泽,交通闭塞,最大的问题是苗、汉错杂,土匪横行,乡民苦其久矣。

因此,胡林翼要烧的最大一把火是——剿匪。

贵州匪盗充斥,聚众劫掠,渠魁称"冒顶",另有"大五""大满""小五"等头目,都有特定的等级和称谓。匪盗有汉有苗,苗人又分良莠,良苗受到莠苗(苗匪)和官府的双重盘剥。良苗终日耕作劳碌,却不得一粟入口,遇上青黄不接,只能以高利贷借钱借粮,由于利息惊人,此粮名曰"断头谷"。盗匪连年劫掠,官兵又指望不上,等到秋冬官府催逼收赋,良苗只好自掘祖坟,拿随葬银饰还债交赋。被逼到绝路上,良苗们有了思想活动:当土匪是死,挨饿也是死,当土匪犯法或许还有点指望活着,挨饿则死路一条。怎样才能不怕土匪呢?有人想了个办法——做了土匪就不怕土匪了,自己人嘛。官匪一家,做了匪,连官差都不用怕,还能不劳而获抢粮抢钱,两全其美,何乐而不为?于是,良民迫不得已,沦为盗匪。

民心思乱,天下何以安定?

胡林翼态度坚决:吏治可肃,匪患亦非治不可!关于治匪之法,他的办法是发动群众。百姓每捕一盗,以银两兑现奖励,首

---

[1] 位于泰国、缅甸和老挝三国边境地区的三角形地带。

盗一名赏银五十两,次盗一名赏银三十两,伙盗一名赏银十两。此外,他还采用"使盗自相捕斩"的策略,分化瓦解盗匪,使之内斗争功,逐个击破。他对时任贵州巡抚的乔用迁说:"惟有以民卫民,而使贼之无可入;以盗捕盗,而使盗之自相疑;添卡哨以巡防,购眼线以追捕,信赏必罚,威信两明,其团练招募,虽有流弊,而势逼处此,不能不行。"这和王阳明在江西对付盗匪的策略颇为相似。

在治匪及后来的军政活动中,胡林翼还擅长使用间谍。

履新伊始,地理未稔,他"延访士绅,寄以耳目",或安插眼线,或实地走访,从百姓处获取情报,绘制地图上百幅,功夫不可谓不深。这段时间,人们经常可以看到这样的画面:胡知府竹杖芒鞋,盘山涉涧,躬身缉捕,废寝忘食,白面书生瞬间变成垄间大汉,穿梭于荒山野岭之间,别有一番吟啸徐行的乐意;有时还亲自采访士绅百姓,匪情线索,一一登录在册。土匪的安寨地点、活动规律,匪首的姓名、年龄、相貌,他都摸得一清二楚,比当地人还熟。后来署理镇远知府期间,他对朋友说:"上年闰四月署事,八月交卸,画图将及百幅,考证察访将盈百人,故于要隘之处、险僻之区,土人所不悉者,弟已尽知之。"

情报工作到位,很快让他获得反馈。一日,胡林翼通过眼线侦知,一伙盗党正在某村聚饮,决定立即行动,一网打尽。时腊月将尽,眼看就是除夕,大家劝他过了年再去,胡林翼不动声色,出发当晚照例宴请僚佐,中途不容分说,率众人于除夕前夜,火速驰往缉拿,令匪盗猝不及防。最终,捕获知名渠魁黄老广、佘饶贵等多人,其党无一脱者。

在安顺年余,胡林翼捕获巨盗三百多名,"一郡肃然,盗贼衰息"。匪患肃清,安顺面貌一新,为"近二十年来未有之奇也"。治理安顺的成功，让他在贵州声名鹊起。翌年（1849）三月，胡林翼卸任安顺知府，闰四月接署镇远，目的一样，还是去治匪。

皇帝点名要见胡林翼

道光二十九年（1849）闰四月初五，胡林翼抵达镇远府，次日清早接篆。工作交接前，关于镇远府县的情况，一位姓冯的前任县令已当面说明。年迈的冯县令拉着他，几近呜咽："予年已逾花甲，家中有一老母，龙钟不堪，有子不肖，以致拼此残躯，在三千里外谋衣谋食。此间人民强悍，匪盗出没无常，抢掠烧杀拒捕等事，司空见惯，不足为异。余老矣，何能胜此重任？以致被撤，撤惩当也，何敢怨？惟此后生活，又将何以维持耶！"

冯县令之言，令人唏嘘。

老冯是浙江人，以花甲之年千里为官，明显力不从心。镇远民风彪悍，土匪抗官扰民，烧杀抢掠，司空见惯。他一年过六旬之人如何应付得来？何况交接之前，库银已"亏空殊巨"，连剿匪经费都没有。据冯县令讲，他在任时也捕过匪，派兵去缉拿时，箐林幽险，峻崖耸峭，火炮不能上攻，攀爬不能自如。相反，匪盗常年活动于此，熟悉地形，矫健敏捷，滚山蓦涧，处处可通，冯每次剿捕，匪盗必拒，每拒辄胜。几次交手下来，匪没剿成，"官兵之威大挫，驯致不敢言捕"，连再去抓捕的勇气都没了。可怜冯氏一老朽书生，要政绩没政绩，要治安没治安，公库的钱也没少花，被省长乔用迁弹劾遭免，丢了工作，生活无着。

冯县令之遇，胡林翼喟然，直叹"宦海中正不知有多少人若此"。

第三章 贵州剿匪

这是胡林翼需要面对的现实,也是冯县令送给他的前车之鉴。

从一部"冯县令剿匪记"可知,相比安顺,镇远匪患更甚,情况更复杂,不是仅靠发动三五民兵就能解决问题的。天地苍茫,前路崎岖,任务艰巨,不求尽如人意,但求全力以赴,无愧吾心。面对这样的现状,在给堂弟枫翼的书信中,胡林翼一副尽人事听天命的态度:"作一日官尽一日力,不敢潦草塞责,亦不敢粉饰欺人,上以贻君父之忧,下以玷先人之辱也。"

所谓牛人,就是能把一手烂牌打得出彩的人。胡林翼在镇远四个月,时间短,任务重,很多举措没能得以展布。上任之初,他已经明确了重点:当务之急,莫如除盗。具体措施是增加巡哨,安插眼线,以民卫民,以匪治匪。考虑到治匪成本,他以民为主,以兵为辅。按照当时的开销,用兵一千,月银六千两。而一千乡民,月费只一千二百余两。与那些兵油子相比,民兵益处有三:朴实肯干,且无征调遣发之烦;乡民保护自己家乡,其情益切,其勇自倍;花费少而实效佳,费半功倍。有此三端,省时省力省钱,一举三得。

对于胡林翼来说,做官既是做事的学问,也是理财的学问。雇民兵省的钱,他用来收买眼线,收集情报。同时,赏罚分明,捕盗者赏,与匪互通情报、沆瀣一气者,不但追究刑事责任,经济处罚也不可少,从而实现财政的开源节流。

事实证明,这些举措立竿见影,成效甚佳。胡林翼兵民合一,多管齐下,"月余,连获移交劫杀奸淫大盗二十名,又另获他案盗匪二十余名"。从四月接篆到卸职离任,总计在任四月,捕获盗贼几百名。平匪之速,成效之显,令人叹服。

这时的胡林翼,成了贵州有名的剿匪专家。

道光二十九年（1849）八月，镇远知府朱逢辛回任，胡林翼于月底卸事回省，到贵阳报到。休息月余，十月，做了一回武举乡试的监考官。剿匪专家当监考老师，不但工作不对口，还让他想起了当年父亲失察被贬的不快往事，更想到自己的类似遭遇。十二月，他又干回老本行，奉命去革夷、山丙、沙邦等地剿匪。因为这个特长，胡林翼开始了长达一年的职业空档期，任务就是到处剿匪。

这年秋天，六十四岁的林则徐因病返乡。

林则徐的离去，让胡林翼有一种莫名的孤独和伤感。不过，很快他又恢复了状态。人生本就是孤独的，本就是一场场生离死别。很多时候，路只能一个人走，走好自己的路，就是对他人最大的回馈和慰藉。

道光三十年（1850）正月初六，胡林翼率兵勇来到黄平。该地毗邻镇远所辖州县，为革夷、山丙、沙邦等匪众聚集之地，属于匪患重灾区。正因如此，各地官员不敢小觑，调集一千七百名绿营兵、一万八千名屯兵和苗兵，展开了一场联合行动。胡林翼担任总指挥，封锁山口要隘，安插良民为间谍，直捣匪穴，连破革夷、沙邦、山丙等匪巢，周围十余匪寨亦被付之一炬。这次行动，捕获各案巨匪二百九十八名。另有数千匪卒自愿剃发摘环，编入保甲，成为打击匪盗的有生力量。

是役，"凡一月而事竣"，多年匪患一举肃清。

一波未平一波又起。同年二月，一个叫李沅发的年轻人闯入朝廷视野。

事情得从一场大水说起。道光二十九年（1849）夏，湘南洪水泛滥，田多被淹，粮价暴涨。灾荒之年多动乱，百姓买不起粮，政府不施粮赈灾，饥民走投无路，终于在湖南、广西交界的

第三章　贵州剿匪

新宁县发生暴乱。起义策划人叫李沅发，新宁县人，是个二十一岁的小伙儿，在湘南一带很有名望，为人义气，朋友也多，十几岁就加入当地的地下组织棒棒会，有"黑社会"背景。凭着丰富的人脉和地下组织经验，李沅发成立把子会，打出"劫富济贫"的口号，迅速拉起一支队伍。为防燎原之患，新宁县令万鼎恩紧急灭火，缉捕了两名社党骨干。李沅发带领会众连夜赶到县衙，杀死万鼎恩，占领新宁县城，之后转战湘黔桂一带，计划与洪秀全的大部队会合。清廷下令严剿，胡林翼、彭玉麟、杨载福均在这次征调之中。

次年二月，李沅发入贵州界，逼近黎平。胡林翼奉命御堵，因成效显著，贵州巡抚乔用迁上表其功，胡以候补道员任用。三月，李沅发在转战中被清军伏击，负伤跌崖，被俘身死。半年后，金田起义爆发。

胡林翼在黔有年，政声大著，在百姓当中有口皆碑，名声在云贵也越来越响，以至"上达宸听"。胡知府红到什么程度呢？湖北布政使劳崇光（湖南善化人，与胡林翼先后师从蔡用锡，有同学之谊）、贵州按察使武棠（山西阳高人，道光二十九年闰四月至三十年三月署理贵州布政使）、陕西布政使常大淳（湖南衡阳人，曾国藩好友）进京时，道光帝都在向他们打听："胡林翼官声何以如此之好？"

道光三十年（1850）正月十四，道光病逝，奕詝继位。上任不到二十日，意气风发的咸丰下诏求贤，令各省督抚在下属官员中保举可堪大任者，举荐名额有限，督保十人，抚保八人。在新任云贵总督吴文镕、贵州巡抚乔用迁的保举名单里，又不约而同地出现了一个名字：胡林翼。

两任总督先后向两朝皇帝举荐同一人，这还了得！

咸丰帝立即下诏："迅速来京送部引见！"

皇帝点名要见胡林翼，贵州巡抚乔用迁又不愿意了。

乔用迁又是举荐又是拉着人不放，瓶子里究竟卖的什么药？

对此，乔省长也不隐瞒。他对咸丰帝说，现在胡林翼还不能走，贵州一向匪患严重，您也知道，胡知府在剿匪方面是把好手，治理地方也不错，廉洁奉公，政绩出众，在老百姓心中声望很高。但目前黔地匪患未靖，安顺和镇远清静了，别的地方还需要他。臣有个请求，暂缓胡林翼离黔北上。

话说到这份儿上，皇帝也不能不给面子——大局为重。

胡林翼只得留下。这一缓，又是三年。

此后三年，胡林翼迎来了断断续续的职业空档期。从道光二十九年（1849）八月离开镇远至次年九月赴职黎平，从咸丰二年（1852）卸职黎平到次年十二月离黔北上，中间整整两年时间，一直在打游击。没有实职，没有定所，只负责到处治匪，偶尔开个讲座，传授用民和缉盗经验，发动群众共同治匪，每到一地，匪患顿息。

等到下半年，他的任务又来了。

这一年（1850）九月，胡林翼署思南府事，在任期间，成功复制了安顺的施政方案，安民生、肃吏治、治匪患、办教育、启民智，所到之处，好评如潮。在思南九个月，史料记录不多，年谱仅寥寥数言："兴学校，捐膏火，在任九月，士民爱戴，为立德政碑。"

次年六月，胡林翼补授黎平知府。这一年，他三十九岁。这是他来黔的第五个年头，也是在贵州的最后一个实职。此前一年，省长乔用迁申请他暂缓入京，时日已过去一年多，胡知府还是胡知府，没有升迁，也没有"送部引见"，只是被调来调去，成了职业的平匪游击队长。

人生总是充满意外。

本来咸丰帝已经下诏胡林翼入京引见，和乔用迁也谈妥了，约好了日子，等忙完就去北京。孰料天有不测风云，一则石破天惊的消息传遍帝国朝野——太平军在广西揭竿起事，拜上帝教蔚然而起，应者云集，教徒甚众，势如暴风骤雨。清军平靖不力，乱势蔓延，城池连陷太平军之手，乔用迁也死在巡抚任上。短短几个月，领导起事的灵魂人物洪秀全纵横广西，永安建制，自封天王，誓与清廷不共戴天，与中央分庭抗礼。一场中国近代史上伤亡最大、持续时间最长、影响最为深远的农民运动拉开了序幕。

从这一天起，咸丰帝的日子再也没有好过。

与"神童"张之洞的师生缘

贵州的盛夏，潮湿的季风气候，让胡林翼有些不适。在广西那场暴风雨到来前，工作闲暇之余，他会和朋友见见面，聊聊天，聊天内容也多是工作。胡林翼一向交游广泛、灵活机变，属于多血质气质类型，但到了黎平，他的朋友并不多。在给朋友曹兴仁[1]的信中，他称自己"在黔八年，交情绝少"。大家眼中的活跃分子，一下变得孤僻内向了。

其实，他只是因为忙。和两点一线的上班族相比，他没点没线，哪里有匪就去哪里。偶尔有一些社交活动，也多是会志同道

---

[1] 四川成都人，道光二十七年（1847）曾任黎平知府。

合之人。在黎平，胡林翼有一个得力助手，名叫韩超。作为一名求才若渴、荐贤成瘾的上司，和后来抚鄂时相比，胡林翼在贵州保举的官员不多，韩超是重点推荐之人。尽管胡林翼小韩超十多岁，却不能掩盖他是一名伯乐的事实。

韩超生于嘉庆四年（1799），直隶昌黎人，相传是韩愈的三十三代孙。他自幼苦读，三十五岁那年，以副贡止步科场。第一次鸦片战争爆发时，年逾不惑的韩超开始发迹，因献策天津海防，奖叙州判，不久被拣发贵州。韩超深明兵略，治匪有方，胡林翼"深倚重之，言之巡抚蒋霨远，超由是知名"。此人最大的优点是刚直不挠，常因意见不合与上司争论，丝毫不因职位高低而面露怯色。这种性格，深为胡林翼欣赏，他也因此被委以练勇重任。韩超文武兼修，练兵有素，很快编练出一支不到两千人的队伍，后来转战贵州，屡能以少击众，频立战功，被称为"韩家军"。

可以说，在贵州，韩超是胡林翼不可多得的左膀右臂。

胡林翼办团期间，还招募了另一位大人物，此人便是朱洪章。

朱洪章名声虽小，战绩却堪留史册——是第一位攻入天京的将领。

与韩超不同，朱洪章是土生土长的黎平人，生于道光十一年（1831），是一位"30后"新生代将领。洪章早年不爱读书，好勇喜斗，属于典型的"学渣"类型。但他生性猛悍，天生就是练武的材料，吃的就该是当兵这碗饭。如果有人对他说："少年，我看你骨骼精奇，一定是武学奇才。"这话绝对不是忽悠，朱洪章就属于这类人。他虽不是读书的材料，却少以习武报国为志，所谓条条大路通罗马，可见朱洪章也是一位有志青年。他有一位堂兄名叫朱达清，与胡林翼有同科之缘，曾在广东任知县。胡林翼担任黎平知府不久，朱达清入附胡幕。经堂兄举荐，朱洪章成为胡林翼帐下勇目，统带黎团，因作战勇猛，深得胡林翼垂爱。咸丰三年（1853）初，镇远府黄平州榔匪兴起，胡林翼率勇前往，嘱朱洪章另募二百人相随。这二百精壮青年，后来随胡林翼北赴湘鄂、转战东南，成为朱洪章发迹的原始班底。

咸丰四年（1854），朱洪章随林翼北上，从武昌到九江，无役不从，以勇武知名。攻打安庆时，归从曾国荃部下，战绩始著。天京一役，曾国荃召诸将签署军令状，朱洪章名列首位，并第一个冲进城内，立下不世之功。朱洪章勇谋兼备，但彼时胡林翼已故，作为湘军中唯一的贵州籍将领，他无人可倚，又耻于钻营，拿下天京后，并未得到应有的待遇。曾国藩向朝廷叙功时，朱洪章仅列第三，众皆为之不平。对此，朱洪章无奈中又带着豁达，说："吾一介武夫，由行伍擢至总镇。今幸东南底定，百战余生，荷天宠锡，已叨非分，又何求焉？"待到朝廷论功行赏，战功远逊于他的将领多擢提督、按巡等职衔，朱洪章身为天京之役的首功勇将，却以一总兵之职终老，闲置地方十余年。同治四年（1865），朱洪章调任湖南永州镇总兵。时永州正闹虎灾，老虎入市伤人的情况时有发生，他率亲兵入山，徒手打死一虎，再次上演了"武松打虎"的传奇。事后，当地人在该处立有一碑，上刻："朱将军打虎处。"光绪二十一年（1895），六十三岁的朱洪章病卒任上。其时，风头正盛的两江总督上疏清廷，再次为之鸣冤，称其"收复南京，功实第一"，洪章得付国史馆，从优议恤。

这位两江总督不是别人，正是大名鼎鼎的张之洞。

张之洞对朱将军之遇耿耿于怀，两人有什么关系呢？

可以说，贵州是张之洞的第二故乡，两人算是半个老乡。这话又从何说起？张之洞的父亲张锳长期在黔为官，和胡林翼、鹿丕宗并称道咸年间的"贵州三贤吏"，交谊甚笃，名扬一方。一直以来，民间所谓"中兴名臣"版本有二：一是曾国藩、左宗棠、胡林翼、彭玉麟；一是曾国藩、左宗棠、李鸿章、张之洞。其实，更科学的说法应是曾国藩、胡林翼、左宗棠、李鸿章，或者仅曾、胡、左三人——李鸿章属于晚辈。然而，在前两个版本中，很多人只知道李鸿章、张之洞替换了胡林翼、彭玉麟，却不知胡林翼正是张之洞的老师。

张锳祖籍直隶南皮，和韩超、鹿丕宗同是直隶人。南皮张氏是当地的名门望族，正宗书香门第，祖辈累世为官，张锳在黔期间，其堂侄张之万状元及第，名扬一时，足见其家风之醇、家族之盛。受这种家风影响，张锳少时读书也很用功，奈何时运不济，科举之路颇为多舛，中得举人后，六次会试不中，以大挑[1]走上仕途。张锳为官公正，政绩突出，在贵州官声颇佳，时人总结其功绩有五：一为官清廉，二善听民情，三治盗有方，四广设义仓，五兴办书院。张锳重视教育，广兴义学，并延请名儒到书院授课，十余年间，培养出进士、举人、贡生数十位，在文教落后的贵州堪称"旷古未有"。

共同的爱好和声望，让胡林翼、张锳、鹿丕宗走到了一起。

此时，三人分任黎平、兴义、都匀知府，均有贤吏之名。胡林翼是湖南人，翰林出身；张锳、鹿丕宗是直隶人，虽非进士，亦是往来无白丁。两人名气虽然不大，他们的儿子却是晚清政坛

---

[1] 从不第的举人中遴选优秀者，委以官职。

上风云一时的一代重臣：张之洞和鹿传霖。

张之洞，字孝达，号香涛，练兵后人称"香帅"，道光十七年（1837）生于贵阳，其时张锳任安顺知府。张之洞聪颖好学，四岁入塾，八岁已熟读四书五经，十一岁为全省学童之冠，名噪一时。十二岁出版自己的诗集，十三岁中秀才，漫说在教育落后的贵州，放眼全国，都是当之无愧的神童。

道光二十八年（1848），张之洞十一岁时，发生了一件不大不小的事。

一日，张锳邀胡林翼、鹿丕宗、韩超聚会，兴之所至，让儿子当堂拜林翼、韩超为师。张锳何以有如此之举？张锳没有喝多，在他的朋友圈里，胡林翼是为数不多的翰林，又有声名在外，可谓"品学兼优"；韩超则和鹿丕宗一样，与张锳有同乡之谊，且为韩昌黎后人。胡、韩两人一直很赏识张之洞，便收下了这个徒弟。咸丰二年（1852），年仅十五岁的张之洞参加顺天乡试，名列榜首，高中解元。得悉学生少年高中，胡林翼在贺信中对张锳说："得令郎领解之书，与南溪（韩超）开口而笑者累日。"欣喜之情，跃然纸上。同治三年（1864）会试，二十七岁的张之洞获慈禧钦点探花。此后，历任山西巡抚、两广总督、湖广总督、两江总督、军机大臣等职，加太子太保、体仁阁大学士，终成晚清一代名臣。

鹿传霖比张之洞年长一岁，同样在贵州出生，性情敦敏，尤擅长书法，学业、品行均不输之洞。鹿、张两家至交，鹿传霖与张之洞既有姻亲，也是童年时期的同学，史载："（鹿）幼与妻弟张之洞同学，以文行相砥砺。"后来，两人踏入仕途、入值军机，互为依偎，朝中交往自比常人亲密。咸丰六年（1856），匪盗攻打都匀府，相持数月，鹿丕宗作为地方官，坚持"城亡与亡之义"。鹿传霖欲侍父从死，被其父派人强掖出城，捡回了一条命。鹿丕宗与夫人自焚都匀城。清军收复都匀后，鹿传霖找到父母的遗骸，背负出城，一路穿过动乱地区，长途跋涉，北归原籍，使得父母灵归故里。年仅二十岁的鹿传霖由此知名。

有此渊源，张之洞、鹿传霖常问业于胡林翼和韩超。

胡林翼病逝二十多年后，张之洞履职武昌，专诚拜谒胡公祠。他在《谒胡文忠公祠二首》中写道："二老当年开口笑，九原今日百身悲。敢云驽钝能为役，差幸心源早得师。"注云："韩与公皆余业师也。"诗中"二老当年开口笑"，指的便是他中举当年，胡林翼写给张锳的那封信中"与南溪开口而笑者累日"一句；"差幸心源早得师"是说，自己很幸运在早年就能得到胡林翼这样的老师教导，可以"心源早得"。"心源"者何？从张之洞后来的施政思想和政绩作为来看，正是胡林翼经世致用的实学思想。

张之洞一生奉行实学，出任湖广总督后，在胡林翼曾经奋斗过的地方，新政搞得热火朝天：兴工业，练新军，办教育，创建汉阳铁厂、汉阳兵工厂及自强学堂（武汉大学前身）、湖北农务学堂（华中农业大学前身）等实业项目和教育基地。武汉成为洋务运动的前沿阵地和晚清新政的城市标本，继天津之后又一个洋务基地和工业重镇。

而此时，张之洞还在路上。

世自乱而我心自治

咸丰元年（1851）六月，胡林翼出任黎平知府。

与安顺、镇远、思南不同，黎平界连楚粤，北接三湘，位于黔湘桂接壤的"三不管"地带。这种地理位势和插花地相差无几,官进我退,官退我进,官来我闪,左右逢源,历来是会党匪盗的天然港湾,兼有汉、苗杂居的缉捕困难,以致"久为盗贼出没之薮"。

既是总部老巢,必有非常之处,尤其是盗匪头目黄浪子,更非浪得虚名。黎平会匪最盛,匪众纵横,匪徒有三种:一曰土匪,一曰苗匪,一曰外来游匪。数百为群,聚散无定,"或一日连劫十余家,或一家惨杀三五命,妇女污辱,鸡犬一空"。此等案件,在黎平不足为奇,一位本地士绅直叹"三十年来,地方遭匪众蹂躏,暗无天日"。果然是一群狠角色。

令胡林翼不解的是,匪患如此猖獗,他的前任竟玩忽职守,讳盗成瘾。

所谓讳盗,即知情不报,粉饰太平,表面风平浪静,暗地风起云涌。

有了案情不报,还隐瞒纵容,这跟能力无关,而是职业道德问题。

正如胡林翼所言,做一日官,尽一日力,"潦草固为罪,粉饰尤大罪也"。

当然,前任知府也是迫不得已,黎平不比他处,不但匪多,还是一群悍匪。

专业剿匪,就要有专业队伍,也就是正规军。大清正规军包括八旗和绿营。八旗军入关后,分为禁军和驻防军,精锐集于京畿,成为禁军,平时拱卫王室,有事方调集出征。此外,禁军中也有小部分绿营军,虽驻紫禁城,但性质多为巡捕营。其余八旗军驻防在全国各地,一般为军事重镇或战略要隘。全国绿营军约有六十万,完全由汉人组成,初以标、协、营、汛四种编制分布大小城隘。而这六十万汉军，则由少数八旗军驻防监视，对地方有一定的监督和威慑作用，此类驻地多属军事重镇、交通要冲。如此，从中央到地方，形成一个严密的控制网。

然二百多年过去，八旗军早已不是那个马背上的八旗军。

此时的大清帝国，承平日久，文恬武嬉，军务废弛，积习已深。国家老态龙钟，旗籍子弟养尊处优，除了提笼遛鸟，正事没有；曾经的八旗劲旅，列名行伍，却不识弓弩为何物。绿营也好不到哪里去，士兵怯战恬不为怪，每临战事，花钱雇人冒名顶替，以致闻风先逃，接仗即溃。胡林翼有一个中肯的评价："官兵数万，已成废器，即令千人为营，而十贼可破。"这样的兵，除了浪费粮食，还有何用？兵差打不过盗匪，欺负百姓却是行家，名为捕盗，遇盗即抛弃军械，掉头先逃，兵差不能捕盗，反而安拿良善。曾国藩痛陈绿营军这一欺软怕硬的现象："无事则游手恣睢，有事则雇无赖之人代充，见贼则望风奔溃，贼去则杀民以邀功。"这样的兵哪里还是兵，分明是杀人的强盗，比土匪还土匪。

八旗、绿营没落至此，岂能不让士大夫们喟然长叹？

工欲善其事，必先利其器。营兵已然废弛，屯兵尤不可恃，胡林翼认为，非立诛三五贪劣将弁，劾去三二十人，则不能重振士气。兵丁和差役得过且过，当一天和尚撞一天钟，悍匪个个勇猛，这些体制内的绿营衙役，早已是寄生之蠹虫，能有什么指望？

胡林翼决定：走群众路线，团结一切可以团结的力量。

黔地林密箐深，高山峭厉，盗匪翻山越涧，矫健如飞，或分或合、忽聚忽散，官出盗逃、官归盗聚，堪比一支飞虎游击队，缉捕极为不便。胡林翼决计不按套路出牌，认定保甲团练为治匪之良策，值得推而广之。保甲是一种古老的编户制度，以家庭为单位，若干家编为一甲，若干甲编为一保。胡林翼因地制宜，根据当地百姓分布情况，以若干村寨为单位，简化程序，易于管理。方案是：各单位选乡正、团长、牌长，实行长官负责制，让百姓自己治匪，使家家有捕盗之责，人人有缉捕之权。某寨有人为盗，负责人缉拿该匪；某寨有盗入境而不缉捕，玩忽职守，负责人罚款充公，作为本寨备用基金。如此，不用营兵捕匪，民可自治。

保甲推行后，着手招募团练。胡林翼亲自挑选壮勇三百，改良戚继光《纪效新书》《练兵实纪》之法加以训练。这就是黔勇的前身和雏形。江忠源的楚勇、罗泽南的湘军，都是这一性质。

其时太平军风起云涌，广西各县蜂起以应，直逼黎平境内。结合当时情形，胡林翼认为，妄战不如坚守，用兵不如用民。以民力而自卫，莫若以地利而卫民。修筑碉卡，坚壁清野，所费有限，收效必宏。咸丰元年（1851），左宗棠致书胡林翼："防剿并危之时，则用团练，断宜参用碉堡。"胡林翼深以为然，命各村寨广设卡房，选精壮百名，昼夜巡防。

在这段日子，胡林翼口讲指画，现场指挥，一出差就旬月不归。即使回家，也是忙于公务，"终日手不停披，口不绝音"，宵衣旰食，毫无休息之暇。关于这几年的治匪生活，他在忙碌中感到莫大的充实与欣慰："此次出山，利心全无，家中本有饭吃也。官声颇隆，舆情尤爱戴之至，每到一处，必先办强盗棍徒劣生数人，然后兴学校，修水利，举孝节，勤农桑，凡心中有志，必日夜办之，做官无一刻闲暇也。"

长期的超负荷运转，付出的是健康代价。

贵州地处亚热带季风气候区域，古为瘴疠之地，长期的奔波劳碌，让正值壮年的胡林翼患上了肺疾，后来又经军旅生涯的风餐露宿，埋下健康隐患。即使如此，他仍以"凡事尽一分心力，必有一分功效"自勉。从传统士大夫的价值观来讲，他确实做到了"鞠躬尽瘁，死而后已"。

胡林翼外行团练，内用保甲，士民参与，全民皆兵。行之年余，捕获盗匪三百余人，办团练一千五百余寨，设碉楼卡栅四百五十余座，连屯相望，每卡派民夫分班轮守，严扼要隘，周而复始，效果显著。匪首黄浪子再也做不成浪子，其他匪目也被次第剪除。黎平一府，"二三十年不见天日之区，始获安堵"，自此外寇不入，境内晏然。据《黎平府志》记载，直到胡林翼离开黎平三十多年后的光绪年间，他的很多措施还在沿用。

咸丰二年（1852）十月，胡林翼卸任黎平知府。

宦黔七载，他政声大振，官声鸣好，事业如日中天，百姓感恩爱戴。对此，他颇感欣慰："行旅妇孺莫不知感，每于巡查之便，小驻村落，则左右前后，必有千数百人跪伏环侍，声称感恩不小。"从这一角度来说，胡林翼做官无疑是成功的。

忠孝不能两全，得失相辅而生，除了健康，牺牲的还有对家人的陪伴。个中苦楚，他只能以"吾人以身许国，即难进退任情"自励，也只有对妻子倾诉，"只恨生前未尽孝养耳"。千里为官，为名？为利？还是为了家产私财？在胡林翼眼里，这些都是浮云，他为的是心中理想，为的是不负家国，为的是读书人与生俱来的天然价值观。他对妻子说："此时心中无一毫私欲室家之念"，"其勉力自修者，谨守礼法，追思先人教训，一言不妄发，一步不妄行，世自乱而我心自治，斯为正道"。

"世自乱而我心自治。"这正是他力量的源泉。

七年中，胡林翼辗转安顺、镇远、思南、黎平四府，长则年余，短则数月，任内均有善政，口碑极佳，在安顺一年四个月，百姓为他立生祠十余处。《黎平府志》载，胡林翼在黔数年，"劳绩更不胜书"，"为国为民之心，昭然若揭"。

天下唯庸人无咎无誉。道理放之四海而皆准，胡林翼也做不到让所有人满意。榜样树久了，同行们也会产生审美疲劳。年谱载："公连月奔驰，蒙犯瘴疠，囚神瘁形，迄不得息，而官场流言，至有讥公为贪功擅杀者。"这让他感到心灰意冷。事后总结这段岁月，他感触良深地自嘲道："八年黔中，险阻备尝。握印不满四年，带兵将及三年，犬马之力惫矣。然终以小人目我，又何乐久为此小人哉？去志已决，万不可回。"

更让他无法坚持下去的是，由于经常自掏腰包补贴公用，他的财政也出现了问题。在给友人曹兴仁的一封书信中，他讲述了自己在贵州为官七年的清贫："林翼久无利心，黎平二年，私计久绌，家丁清苦尤甚，散去者五六人，尚有二三廉谨者亦将引去。……刻下已计一千八百，市卖皆穷，借贷亦难。……弟之不求财，是本心也。"此种情景，验证了咸丰六年（1856）正月他在信中对妹夫但培良所言："吾妹久悉家中之况，自作知府以来，家中无分文之余，此亦惟黔中人知之耳。"外债高筑，借不到钱，因为无银奉养，家丁也递交辞呈。

显然，就当时官场来说，胡林翼是一位非主流官员。

从世俗意义上讲，家丁都养不起的官员，不是成功的官员。

相比李鸿章、盛宣怀这些大佬的巨额财富，胡林翼无疑是一个"失败者"。晚清的政治与世风世相，他不是没有明晰的洞察与认识，为官期间，他看到"近年嗜利之人，岂惟官哉？凡在官之人，皆如是也。即在野之人亦然"。家里日子过成这样，他依然不忘自勉，"艮钱财帛，首饰玩好，皆害人之物"，"一切珠玉玩好，凡世间可歆可爱之物，我视之如粪土也"，乃至"于世味无所嗜好，利钝成败，升沉祸福，皆不计"。他对百姓说："求做官者未必思有济于民，不过利念多耳，与其以官害民，不如为士为农，尚不失祖宗元气。"听完胡林翼对做官的理解，再读他的"世自乱而我心自治"，让人瞬间顿悟。所谓人浊我清，所谓出淤泥而不染，不外如是。

三人成虎，人言可畏。纵是这样一位官员，仍难逃谤议。

种种烦心事淤积心头，胡林翼离黔之念愈发滋长。

四 荐左宗棠

太平军纵横南国之时，左宗棠还在湖南做农民。

自当年和陶澍南京一叙，已逾十年光景，在小淹也有八年。八年间，陶桄已经从七龄之童成长为英朗少年，学识也精进不少；长女左孝瑜也已长大成人，到了成婚的年龄；八年寒来暑往，冬去春来，更目睹太多风云变幻，世事沧桑。对于步入中年的左宗棠来说，这八年，是充实自我的八年，是韬光养晦的八年，是无可奈何的八年，更是心急如焚的八年。对于胡林翼来讲，与左宗棠抵足夜谈的那些日子，依然是他下班后内心深处最快乐的珍藏。

八年，弹指一挥间。八年，沧海已桑田。

道光十六年（1836），左宗棠在醴陵渌江书院担任主讲，初见陶澍，两人结下忘年之交。两年后，左宗棠三赴京师，落第而返，辗转江宁拜谒陶澍，两人竟订姻亲。此次不第，左宗棠便断了科举入仕的想法，"决计不复会试"。他给妻子写信："榜发，又落孙山。从此款段出都，不复再踏软红，与群儿争道旁苦李矣。"虽然有些吃不到葡萄说葡萄酸的语气，但从这一天起，他毅然摒弃辞章之业，转而留意农事。后来，他还在湘阴柳庄买了地，盖了房，养蚕植桑，播谷种稻，扛起锄头，干得热火朝天，俨然一个创业之初的农民企业家。更接地气的是，一向清高孤傲以"今亮"自诩的左宗棠还喂猪养鸡，搞起了养殖业，别有一番乐意。采菊东篱，躬耕农桑，这种生活正是他此时所想，甚至他还将实践与理论相结合，写了一部农学专著叫《朴存阁农书》。这时，左宗棠有一个响亮的名号：湘上农人。

左宗棠是谦虚吗？

他正低诵着那句"臣本布衣，躬耕于南阳"呢——还是以诸葛亮自许。

作为左宗棠识于微时的好友，胡林翼是什么情况呢？

时光回到道光二十五年（1845）秋，胡林翼到小淹与左宗棠晤谈十日。遥想当年，两人初遇于京师，指点江山，年少轻狂。多年过去，此时的一对好友，都有了自己的心事，当年的气吞万里如虎固然尚存，却都略有收敛，更多的是各自慨叹。左宗棠长居小淹，主持家政，浇粪种田，听取蛙声一片；胡林翼仕途正顺，却中道而阻，长居乡里，数亲撒手人寰。令人稍感欣慰的是，交谈中，听说胡林翼有意捐纳复出，左宗棠也为好友感到高兴。

第二年，左宗棠和周氏的长子孝威出生。再一年（1847），次子孝宽出生。同年八月，按照和亲家生前的约定，长女孝瑜和准女婿陶桄成婚。三十五岁的左宗棠，赶着鸡鸭喂着猪，时而下地锄草种田，时而抱着儿子遛弯儿，心酸之余，自嘲是人生赢家。

此时的胡林翼，驰名贵州，政声和名望传到了京城。

曾经连床抵足的两少年，距离开始越来越远。

道光二十八年（1848），左宗棠结束了寄居小淹的八年时光，搬到了湘阴柳庄。这一年，连年干旱的湘阴又逢大水，遍地饥馑，禾苗被淹，左宗棠的家人也多染时疫。在与友人的书信中，他一诉生活不易、民生多艰：生平境遇最苦者有二，一是这年的淫雨之害，二是全家十二口无有不患病者。此时的左宗棠，也会拿杜甫的《乾元中寓居同谷县作歌》自况，戏言"男呻女吟四壁空"。时逢洪疫，家中惨状如此，他依然走出柳庄田垄，劝导士绅们慈善捐款，赈济乡邻。

左宗棠久不得仕，胡林翼又开始不遗余力地举荐。

时隔十三年，胡林翼二荐好友于云贵总督林则徐。遗憾的是，家乡正逢涝灾，家人生病在身，左宗棠虽感激林则徐"爱士之盛心，执事推荐之雅谊，非复寻常所有"，却没能赴林幕任事。不久，他来到长沙开馆课徒，女婿陶桄随同。左宗棠因事未任，林则徐却记在了心里。翌年（1849）十一月，林则徐自云南引疾还闽，途经湖南，特遣人到柳庄邀左宗棠一叙。此时，林则徐虽自请开缺，却自带名臣光环，属于民族英雄、国民偶像级别的人物。左宗棠身为教书先生，一介白衣，也是林则徐的拥趸。在停泊于湘江的舟舫上，两人有了这场湘江夜话。岳麓山下，湘江之上，窗外竟夕有声，二人纵谈古今，"宴谈达曙乃别"。这是他们初次和唯一一次晤面，也是最后一次见面。次年（1850）十月，林则徐病逝，左宗棠悲恸不已。

这也是继十三年前受知于陶澍之后，左宗棠第二次被点名约见。

咸丰元年（1851），左宗棠一直居住在湘阴柳庄，过着他的田园小日子。咸丰即位，开孝廉方正特科，广纳贤士。老友郭嵩焘推荐他应举，左宗棠推辞不去。这年九月，他的三女左孝琳许配给了湘潭进士黎光曙的五子黎福昌。

这时，柳庄之外的世界，已经天翻地覆。

这一年，洪秀全在广西揭竿反清，建立太平天国。

这一年，湖南人江忠源在家乡招募壮丁，编练"楚勇"。

不久，丁忧南还的曾国藩也以在籍侍郎身份，奉命办理团练。

林则徐自请回籍后，云南巡抚程矞采继任云贵总督。在此之前，两人督抚同城，林则徐常对他讲：云贵官员大才有两个，一是张亮基，二是胡林翼，程深为赞同。道光三十年（1850）初，程矞采调任湖广总督，云南布政使张亮基擢云南巡抚，兼署云贵总督。程矞采赴鄂后，赶上太平军起，遂邀胡林翼北上襄助军务。胡林翼有务在身，在深表歉意的同时，屡次向其力荐左宗棠，称"左孝廉才学识力，冠绝一时"，"左孝廉品高学博，性至廉洁，……当为近日楚材第一"，"湘阴孝廉左君宗棠，有异才，品学为湘中士类第一。林翼曾荐于林文忠（则徐），……称为不凡之材"。信写了一大堆，程矞采兴致平平，左宗棠也"志有不屑"，不愿出山。

咸丰二年（1852）初秋，太平军逼近长沙，张亮基调任湖南巡抚。和程矞采一样，他久宦西南，深知胡林翼大才，力邀其赴湘帮办军务，获得了清廷批准。胡林翼时署黎平，自己也想走，可贵州士绅听说张亮基点名要胡离黔北上，联名呈留，咸丰帝只得应允。胡林翼自觉"虚负中丞（张）知己之谊"，愧疚之余，于这年初推荐了身在湘阴的好友，是为四荐左宗棠。

此时张亮基尚未到职，对左宗棠的大名略有耳闻。左宗棠名扬湖湘，与陶澍、林则徐的美谈佳话远扬一时。两年前，太平军蔚然而起，天下似有大乱之势，左宗棠与郭嵩焘周历湘阴、东山，作避地之约，经实地调研，最终选址白水洞，欲隐迹名山，以避乱世。这年（1852）八月中旬，左宗棠举家从柳庄搬到了湘东白水洞，伐木筑屋，与郭嵩焘比邻而居，有离尘绝世、决然遁迹之想。因此，对老友胡林翼的举荐、湘抚张亮基的邀请，他并未放在心上，婉言谢绝。

三个湖南人的约定

书函往返，转眼几个月过去。在与张亮基探讨团练、交流心得之余，胡林翼又不忘提起左宗棠这茬儿，并将好友与林则徐相比，不吝美言："左公高隐，尚不知雄才大略，是文忠公一流人物。"可以说，无论在长辈陶澍、林则徐、程矞采面前，还是面对年龄相仿的张亮基，胡林翼对好友的举荐均是见缝插针，不失时机，甚至不厌其烦。

对左宗棠，张亮基表现出极大的兴趣，两次派人备礼到白水洞相邀，均被拒之门外。左宗棠虽有经世之志，也自觉整天以读书人自许，胸怀经略天下之志，实际上和一只空言的鹦鹉并无区别，但真要出山，左宗棠也有条件，他说："若真以蓝顶加于纶巾之上者，吾当披发入山，誓不复出矣。"意思是说，芝麻小官，我左宗棠根本看不上，还不如回家种地。退一步讲，即使是无官无衔的秘书，他一向自称卧龙，没有三顾茅庐怎么行？自古以来，这都是隐士的一种范儿。

做好了张亮基的思想工作，左宗棠这边也要做。

知老友清高，胡林翼又好言相劝，说张中丞"才智英武，肝胆血性，一时无两"，这人确实不错，值得追随，"先生最敬服林

第三章 贵州剿匪

文忠，张中丞固文忠一流人物也"。你不是最崇拜林文忠公吗？这么说吧，不但你左宗棠是林则徐一类人物，人家张亮基也是！

夸完张亮基，接着对左宗棠做最后的努力：先生究心地舆兵法，经世之学搞得不亦乐乎，但你想过没有，自古圣贤豪杰无不以济世利人为本，不像你这么纸上谈兵，专攻理论。"先生高则高矣"，"虚生此独善之身"，不去兼济天下，有何意义呢？况且现在风云变幻，正是报效桑梓之时，你这名士的隐逸之举似乎有些不合时宜，如果家乡陷于敌手，柳家庄、梓木洞岂能独免？再说了，你若不屑名利，出山后完成使命，大可"功成不受赏，长揖归田庐"，继续归隐林泉，保持你的名士范儿。希望我的话你能听进去，不要"自遗后悔"。

可以说，胡林翼把话已经说到绝地。

时值太平军兵临长沙，大举围城，形势岌危。张亮基三番两次去请，胡林翼苦口婆心地劝，左宗棠依然不为所动。劝到最后，不唯胡林翼，与左齐年的同乡江忠源、老友郭嵩焘都出来助阵。面对倔驴左宗棠，郭嵩焘说道："公卿不下士久矣。张公（亮基）此举，宜有以成其美。"两人是好友，又是姻亲[1]，郭嵩焘的话自有一定分量。除此几人，哥哥左宗植、夫人周诒端也加入"劝驾"阵营。左宗棠终于松口，登城入幕张亮基，由此开始了传奇之路。

左宗棠一生的功名与勋业，也从这场长沙保卫战开始。

由于左宗棠出山之际，正值太平军打长沙，于是，这一段千呼万唤始出来的戏码在坊间有了另一个说法：左宗棠曾向洪秀全

---

[1] 左宗植之子左浑，为郭嵩焘之婿。

献策攻城。谭伯牛先生提到，萧一山的《清代通史》、范文澜的《中国近代史》，都曾明确指出。在他们之前，日人稻叶君山的《清朝全史》虽没有指明，却也称一个"书生"曾向太平军献策。三人的说法有一个共同点：左宗棠的建议没被采纳。对这一传闻，前两位史学大家言之凿凿，最早在著作中有此说法的稻叶君山却语焉不详。往前追溯可知，稻叶引用的是1905年黄兴、宋教仁在日本创办的《二十世纪之支那》刊物。当时的政治背景是"驱逐鞑虏，恢复中华"，洪秀全被奉为反清偶像，而这些志在覆清、自称洪氏事业继承人的热血之士，和黄兴、宋教仁一样，主要骨干就是湖南青年。作为湖南前辈，作为收复新疆的民族英雄，早在他们之前，左宗棠已经迈出了推翻清朝的第一步。这样没有"政治污点"的事业先师，难道不值得我等尊崇？

理顺了逻辑，问题迎刃而解。

七年前，左宗棠支持胡林翼出山；七年后，胡林翼力荐左宗棠出山。一对志同道合的好朋友，终于又开始朝同一个目标迈进。

同时，另一个湖南人也和胡林翼熟络起来，此人正是曾国藩。

曾国藩其时正丁忧在籍，不料太平军星火燎原，咸丰帝一纸诏书命他在家乡募勇练团，京城都不用回了。曾母病逝，胡林翼传书吊唁，曾国藩的回信和张亮基、左宗棠一样，谈的也是工作，也是在交流团练心得。只是有一点不同，曾国藩正处于创业期，是来向胡林翼请教的，诚言"倘肯授我方略，时示成法，实为厚幸"，字间既有自谦，也有难掩的钦佩。

萧一山说曾、胡、左"标榜经世"是受陶澍熏陶，指明了三人与陶澍的渊源，也预示了三人未来的缘分。早在道光十六年

(1836),曾国藩在北京会试落第,转道金陵,专程拜访陶澍。在此之前,朝野已有左宗棠一介布衣结交两江总督的佳话。同样是陶澍的拥趸,同样受其影响,不料事情到了曾国藩这里,际遇却大不一样——因门客所阻,曾国藩访陶不遇,未能与陶澍有一面之缘。尽管如此,作为一个铁杆"粉丝",他对偶像的崇拜和景仰丝毫未减,视之为楷模。

多年来,他们各自走在孤独漫长的路上,上下求索,任路灯拉长身影。

终于在这一年,三个不同出身、不同命运的湖南人,轨迹有了交集。

三个年轻人,因为天下大势,因为理想使命,开始并肩而行。

七年时间,白驹过隙。遥想当年,三十五岁的胡林翼南下前,在父祖墓前发誓做一个清官,至死不渝。出仕贵州之初,他对妻子说:"我一心一力全办国事,凡人要做成不朽事业,成败听之于天,而此心此志,断不做庸碌人也。"对墨溪公说:"侄一味恬淡,绝无妄求,一味忠诚实意,为国为民耳,他非所想。"在黔七年,他没有食言,交出了一份令人满意的答卷。在给妻子的信中,他问心无愧地写道:"自从政以来,未尝以一文寄家,家中苦况,何尝不知,惜不能助,且不可助。家中窘时,可以田为质,即罄产何足惜!"

做官做到变卖家产的地步,也算是官中"奇葩"了。

"以做百姓之心做官,以治私事之心治官事。"一直是他的座右铭。

晚清以吏治败坏为著,时有一京官名唤沈垚,居京六年,求一不爱财之人而未遇。当然也有"异类",除了胡林翼,与他曾同在京师为官的老乡曾国藩，尝谓"予自三十岁以来，即以做官发财为可耻，以宦囊积金遗子孙为可羞可恨，故私心立誓，总不靠做官发财，以遗后人。神明鉴临，予不食言"。从后来的情况看，曾国藩也确实严守如一。

胡林翼初到贵州时，在家书中向堂弟表决心，"苟有以一钱自肥者，神明殛之。耿耿此心，度亦为诸弟所鉴及者"，并开玩笑说，"勿谓阿兄已做官，用途不妨阔绰也"。此后的工作，他清廉自守，不好利，不营私，做官不余一钱，乃至"位至巡抚，将兵十年，于家无尺寸之积"。他自己也说："吾辈既忝颜而居士民之上，便不当谋利。如欲谋生，则天下可以谋生之途甚多，何必借官而谋及其私？"曾经吹过的牛、发过的誓，他做到了。

贵州四境晏然，隔壁的广西，变天了。

暴风雨来临的前夜

道光二十三年（1843）春，广州贡院门口人山人海，围满了参加府试的学子。对于考生来说，出案张榜的时刻总是激动人心，扣人心弦。人海之中，一名考生将榜单从头看到尾，愣是没找到自己的名字，顿时头昏眼花，精神恍惚。显然，又是一个失意之人。问世间情为何物，直教人生死相许，科场何尝不是如此？多年以后，他仍旧会想起这个春天，对于他来说，这不仅是一个贫寒学子、升斗小民的精神坍塌，更是梦想之火的引燃。

这个失意青年，就是后来的太平天国一号人物——洪秀全。

三十而立。按照古人计算年龄的传统，这一年，他虚岁三十。

这时他还想象不到，在此后的二十年内，他朝思暮想的前呼后拥、富贵荣华都将一一实现。在那个虎踞龙盘的古都，他将改元建制，创立天国，自称天王。在他的"小天堂"，十余年间他从未迈出一步，直至病逝。在他的记忆中，只有一次出城，是乘坐六十四人抬着的大轿出宫，去看望他又爱又恨的老战友杨秀清。那时的他振臂一呼，应者云集，有着金碧辉煌的天王府和数十万名将士；那时的他身穿黄袍，头戴金冠，"所有少妇美女俱备天王选用"；那时的他骁将如云，异才荟萃，军队驰骋于大半个清帝国；那时的他拥有半壁江山，势力纵横十数个行省，打下六百余座城池，给病入膏肓的大清帝国以最有力的致命一击，在长达十四年的硝烟弥漫中与清政府分庭抗礼。

这是洪秀全的第四次落榜。断断续续考了十六年，莫说是秀才，连府试都没过，至今连童生都还不是，遑论举人、进士，更别提入阁拜相、光宗耀祖了。当洪秀全认识到这个血淋淋的现实时，他反而释然了，十六年了，该歇歇了。对着贡院门口的榜单，他不无失落而又如释重负地说了一句读书人鲜有的"粤骂"。既如此，老子从此不复踏入闱场，将来我自己来开科取天下之士吧！对他来说，生命中的量变已经足够，质变即将发生，大清帝国二百多年的根基开始在一场血雨腥风中摇摇欲坠。

洪秀全压抑已久的梦想和欲望，爆发了。

钱穆先生说："农民骚动主因，必由于吏治之不良，再促成之于饥荒。在官逼民变的实况下，回忆到民族的旧恨，这是清中叶以后变乱的共通现象。"是时广西连年大旱，百姓食不果腹，多数挣扎在死亡边缘。一切水到渠成，一切如同天定。

咸丰元年（1851），洪秀全在广西揭竿起义。接着，攻陷永安，封王建制。次年攻桂林不克，自全州北上。行至蓑衣渡，太平天国奠基者、南王冯云山战死；八月抵长沙，西王萧朝贵中炮身亡。长沙久攻不下，转克岳阳；一个月后，克陷第一座省会武昌，队伍达五十万之众。太平军浩浩荡荡，帆樯如林，遮天蔽日，不到两年时间，占领重镇南京。之后，洪秀全以此为都，易名天京，改正朔，易服色，定章程，开科举，制度建设搞得不亦乐乎。

金田起义前一年（1850）春节，道光帝病逝，十九岁的奕詝继位。

国家风雨飘摇，朝野百弊丛生，咸丰帝决意做出一番成绩。其时穆彰阿"门生故吏遍于中外，知名之士多被援引，一时号为'穆党'"，这让咸丰帝如鲠在喉。影响殊为恶劣的是，太平军未萌之际，广西大规模民乱十余起，广西巡抚郑祖琛经穆彰阿点拨，匿情不报，矫言粉饰，致使洪、杨势起，国势倾危。道光时代的弊病，做儿子的心知肚明，太平军之势坐大，这帮人岂能自清？谄臣、权臣、庸臣、佞臣不除，何以中兴？

意气风发的咸丰帝决定，先拿穆彰阿开刀。

这年十月，咸丰帝以"保位贪荣，妨贤病国""伪言荧惑，使朕不知外事"等罪名，将穆彰阿革职永不叙用。同时被黜的，还有鸦片战争时的主和派耆英，故而这封诏书叫《罪穆彰阿、耆英诏》。咸丰帝这一把火也委实烧出了效果，"诏下，天下称快"。

新朝新气象，群臣鼓舞。

是时，太平军声势日炽，两淮捻军复起，咸丰帝广开言路，鼓励"据实直陈"。诏旨甫经下达，奏章纷至沓来，长期以来的内幕和隐情被一封封奏折无情地揭开，咸丰帝看到了一个真实而又触目惊心的大清。太平军第一次赤裸裸地暴露在中央面前。

朝野震惊。

第一位南下靖乱的钦差大臣是林则徐。林则徐这一年六十有五，自请开缺本为养病，国家用人之际，他不顾年迈病体，义无反顾地从家中星夜启程，一路上舟车劳顿，还没到广西境内，行至广东普宁便溘然长逝。噩耗传来，满朝皆悲。随后，前两江总督李星沅、铁血老臣周天爵、六朝元老赛尚阿陆续出战，咸丰帝亲授遏必隆腰刀壮行，以斩畏葸不前之人。可以说，咸丰帝派出的首选阵容，个个是声名赫赫、老成持重的重量级大腕。

尤显皇帝苦心的是，赛尚阿到广西后，咸丰帝还作有《盼信》一诗相赠，随谕旨一同送往前线，可见寄望之深。结果，三人到广西遛一圈，周天爵被革职查办，李星沅病死军中，赛尚阿被革职抄家，三个儿子也惨遭株连。八旬老翁周天爵再度出山，也以年迈之躯病死沙场。

咸丰帝终于正襟危坐：这到底是一群什么样的角色？

天地会、三合会、拜上帝会，广西反清运动一时风起云涌，中央却似乎一无所知，抑或置若罔闻。《清实录》等史料记载，很长一段时间，朝廷都搞不清对方的名字，自说自话般，直称"会匪韦正，系属渠魁"，"洪泉，西洋人传天竺教者……洪非其姓，乃排辈也"，又称"广西剿匪，以韦正、洪秀泉等大股为最急"。直到兵科给事中袁甲三参劾广西巡抚郑祖琛"欺饰弥缝""工于粉饰"，南下的大臣又个个铩羽而归，举朝震惊，中央这才急了。正如胡林翼后来所言，太平军之所以坐大，"实由广西文武欺饰捏报，冒功幸赏，以致蔓延数省，流毒至今，莫能收拾"。

待到咸丰元年成为"太平天国元年"时，天色已然大变。

年轻的奕詝终于意识到，问题出在庙堂。

准确地说，是因为他爹道光。

风起于青萍之末

清朝诸帝中,资质最平庸的要数宣宗道光了。

提到皇帝这个职业,史书上多是奢靡的字眼,道光是个异数。

道光元年(1821),即位之初的旻宁下了一道《御制声色货利谕》,立誓要大干一场。在他眼里,治大国不如烹小鲜,凡事须从作风和细节抓起。和未来儿媳慈禧的膳食标配相比,道光的生活条件实在寒酸得可怜:一顿饭只有两三个菜,还都是素的;皇后生日,每人一碗打卤面;有时不想动用御膳房,干脆让太监到宫外买烧饼充饥(往往数倍于市价);过年总该吃顿饺子吧,别急,在他这儿也有标准——四菜一汤,外加主食窝头正候着呢。据整个道光朝实录记载,凡有重大活动或典礼,"停止筵宴"的字眼多达八十余处。

道光以身示范,提倡节俭,整个后宫都跟着大搞素食主义,敢怨不敢言。再看皇帝本人,从画像可知,其面容清癯,形体消瘦,体格羸弱,一看就是营养不良。不唯在清朝,在中国历史上的所有皇帝中,道光的节俭都是出了名的,乃至达到抠门的境界。什么隋文帝、汉文帝、汉景帝这些楷模,在他面前,都是小巫见大巫。

不唯如此,衣食住行,道光哪一行都是模范。

最负盛名的是他的补丁。道光是个老戏骨,出于演员的素养和爱好,他的衣服也饱含戏精成分。衣服穿破从来不扔,而是在洞上打个补丁,曰"打掌"。老板带头穿破洞装,大臣自觉效仿。《清稗类钞》中记载了一则趣事。一日,道光惊喜地发现爱臣曹振镛的衣服也有补丁,一时如遇知己,君臣之间便交流起过日子

第三章 贵州剿匪

的心得来。道光问：你也打掌？曹对曰：新衣服太贵，故臣也打掌。道光顿时对曹振镛的俭朴有欣慰之意，又问：你打掌几何？曹答：需银三钱。听完曹振镛的报价，道光感叹道：外面物价真便宜啊，内务府需银五两。

一个补丁，曹振镛说三钱已是大过，没想到道光还嫌便宜，内务府需银五两，报价相差十数倍。难怪咸丰会有感叹："为人君者俭犹不可，而况奢乎？"大概是对父亲的行为有些想法。当然，皇帝长于深宫，不知柴米油盐、不食人间烟火自是通病，不察稼穑之艰辛亦在情理之中。高阳在著作中提到一个故事，说圣祖康熙二次南巡至苏州，时值春日，油菜花结实成子，满目金黄，皇家仪仗、随行大臣行走在田边小径。道旁张灯结彩，人山人海，为的是一睹天颜。眼看要酿成踩踏事件，康熙不识油菜为何物，大声告阻臣民：你们不要踩坏了田中麦子！左右回奏：禀圣上，此为油菜。上命左右取一枝来细看，问道：何用？臣答：打油。圣祖恍然。

圣祖尚不识油菜为何物，而况于道光乎？

话虽如此，但家天下的皇权专制下，自古君臣关系最是微妙。

千百年来，普天率土之论，早已深入人心。堂堂一国君主，富甲天下，自己穿的都是旧衣，让别人还怎么活？于是，朝野上下顿时掀起一股俭约之风，甚至成了一场心照不宣的政治竞赛。大臣们一个比一个寒酸，一个比一个命苦，谁敢在道光面前示以新衣，绝对不只是炫富的问题，那等于犯了皇帝忌讳，拂了皇帝的逆鳞。实在没有破衣服，新衣做旧再穿，或者直接去市场上以新换旧。久而久之，裁缝铺、估衣铺里的旧衣价格陡升，即便如此，仍一度脱销。于是，破洞装不再非主流，补丁装成朝堂时

97

尚，哭穷替代了寒暄，演技被纳入作风和工作的考量。整个大殿上站着的不是丐帮，而是一群奥斯卡最佳男主角。

只节流，不开源。显然，道光不是一个好老板。

事实上，道光也不想做一个好老板。看好祖宗打下的江山，无咎无誉，安安稳稳做个守成之君，这就够了。我天朝物阜民丰，百姓安居乐业，夫复何求？

于是，"守成"又成了引领潮流的庙堂文化。

臣子们的这种"守"，"临床症状"表现为：谦恭圆滑，唯诺附和；不求有功，但求无过。正如苏东坡《洗儿诗》所讽："惟愿孩儿愚且鲁，无灾无难到公卿。"这种明哲保身的为官之道，大臣们美其名曰：政治智慧。刘师培曾以明清之学对比："清代之学，迥与明殊。明儒之学，用以应世；清儒之学，用以保身。明儒直而愚，清儒智而谲。"

一针见血。

将这种文化演绎得淋漓尽致的是大学士穆彰阿。

穆彰阿，出身满洲镶蓝旗，道光晚期的头号红人。相比之下，他不算一个"合格"的佞臣，不贪不腐，在旗人中学识也足够渊博，一生干得最多的事，是当各种考试的主考官。这样一位大儒，唯一的缺点是遇事打哈哈，不发表意见，"以欺罔蒙蔽为务"。更高明的是，在道光帝面前，他练得一身炉火纯青的读心术，擅长"揣摩以逢主意"。一般来说，此类本领多属于太监的特长，穆彰阿身为旗人中罕见的翰林，何以有如此本领？不单是一个穆彰阿，在长达三十年里，整个清廷官场，都流行这种欺上瞒下的风气，太平军能短时间成燎原之势，与此大有关系。这也正是咸丰帝一上台，就立诛穆彰阿的原因之一。

这种风气的形成，得益于穆彰阿的前辈——曹振镛。

第三章 贵州剿匪

曹振镛出身翰林，寿逾八旬，一生历事乾隆、嘉庆、道光三朝，为官五十余年，入主军机三十载，位至首辅，荣至太傅。尤其在道光朝，曹振镛被视为"股肱心膂之臣"，"恩眷之隆，时无与比"，由谥号文正可见，其在当时绝对属于国宝级人物。生晋太傅，卒谥文正，是古时文官的最高荣誉，清朝两百多年，谥号文正者不过十人，曹振镛是其中之一。

从道光帝一生近乎苛刻的躬行节俭来看，其人虽为才智中平的庸君，却尚算不得昏聩。既然如此，曹振镛是如何博得这位帝王的宠遇的呢？事情要从道光帝继位后的一次政潮说起。

在金庸先生的作品中，乾隆的身世在民间一直是未解之谜，为市井坊间的百姓所津津乐道，成为茶余饭后的谈资。嘉庆驾崩后，道光继位未足俩月，军机大臣托津、戴均元等人草拟遗诏，文中提到乾隆的身世问题，说他出生在热河避暑山庄。

遗诏拟好后，别人没注意，与托津有隙的翰林刘凤诰看出了问题。

自己人微言轻，又无面圣言事之资，意见不能上达天听，刘凤诰便告知了体仁阁大学士曹振镛。和刘翰林的情况类同，曹振镛早就想对军机大臣戴均元取而代之，于是乘此良机，将此事告诉了道光帝，并指出遗诏纰漏：高宗并非生于避暑山庄，而是生在雍和宫，即雍正继位前的雍亲王府。

一个出生地虽事小，却关系到乾隆的生母，以及其生母的身份和名誉问题。再大点说，是皇室血统纯正与否的大问题，关乎大统，关乎社稷。道光是乾隆的孙子，对于民间传言也有所耳闻，正因如此，他才会对祖父的血统高度重视，说自己的祖父身份不明、来路不正，他当然不同意。

结果可想而知，道光龙颜大怒，便将这几名"渎职"的军机大臣逐出军机处，戴均元、托津被降级调用，曹振镛得以补入军机，出任领班，如愿以偿成为首辅。

替道光维护家族荣誉只是开始，入主军机后，曹振镛常给道光出谋划策。道光虽资质平庸，但嗣位之初，每天宵衣旰食，披览奏折，立志要做个明主。看皇帝营养跟不上，又日理万机，曹振镛献上一计："今天下承平，臣工好作危言，……皇上毋庸遍阅，但择其最小节目之错误者谴责之，则臣下震于圣明，以为察及秋毫，必无敢恣肆者。"意思是说，皇上批阅奏折大可不必那么认真，臣有一计，具体操作可归为九个字：抠细节，挑错误，树君威。

道光觉得言之有理，照他的方法做了。

上折言事的大臣们一次碰钉子没经验，几个回合下来，逐渐摸清了道光的套路：不看中心思想，专从小处着手。换句话说，抓细节挑刺儿。时间长了，奏事大臣们也有了心得，舍本逐末注重起了细节，管他什么大事，奏折挑不出毛病就是大事。

从后面的结局来看，曹振镛这一个馊主意，贻害大清整整三十年。上有所好，下必甚焉。奏折都不按套路来，皆"矜矜小节""语多吉祥"，以无事为宗旨，以阿附为目的，以顺承旨意为准则，以风平浪静为政绩，正如曾国藩所言，"但求苟安无过，不求振作有为"。整个道光朝，乃至咸丰初期，诚信荡然，虚伪盛行，欺上瞒下，粉饰太平，下情不能上达，谎言蒙蔽圣听，朝堂形式主义、虚无主义畅行，酿成一股惰政无为、柔靡泄沓的政治风气。

如此看来，说道光是庸才，也不过分。

然而，"庸"这个字并不适于曹振镛。和穆彰阿一样，他也是当了一辈子主考官和实录、会典的主编，以学问渊博著称。道光九年（1829）主持殿试，以"楷法不中程，不列优等"之由，将龚自珍列入三甲而不录翰林者，正是此公。保守是政治态度，其学问却无可置疑，不说别的，只看曹振镛的两位门生代表就知道他有多牛——此二人即是潘世恩和林则徐。

曹振镛学识渊博，有件事可以证明。一次，翰林院例考，诗题为《巢林栖一枝》，翰林们均不知出处，无一作答。道光阅卷大怒，次日向曹振镛问及此题，曹"以不知对"。道光便觉得错怪了翰林们，感慨良深地说："汝亦不知，无怪若辈也。"事后，有大臣问曹振镛："昨公背诵全诗不失一字，今奏对何以言不知耶？"曹答："偶然耳。若皇上再以他题询，其能一一对耶？"其实，早在当日考试完毕，有人问曹振镛诗题出处，他立即说明，"此左太冲咏史诗也"，并背诵全诗，一字不差。左太冲者，西晋文学大家左思，其作品《三都赋》为洛阳市民争相传抄，风行一时，以致纸张供不应求，货奇而贵，"洛阳纸贵"正出于此。左思所作咏史诗共八首，曹振镛以垂垂老者，能一字不差背诵，足见功力。

由此可见，曹振镛确如道光所言，肚子里有货。

道光了解曹振镛，曹振镛更了解道光，所以他善揣圣意，仕途风生水起，久盛不衰。曹振镛恩遇恒隆，声名俱泰，便有门生向他请教做官之道。本以为是多难的学问，孰料曹老师却稀松平常地说："无他，但多磕头少说话耳。"结合他向道光所献之计，及大臣们的上行下效，这也确是曹振镛的经验之谈。身为宰辅，不言国是，不计社稷；身为翰林，不图为书生师表，而谨记"多磕头少说话"，多一事不如少一事。朝廷用人一如此风，黄钟毁弃，瓦釜雷鸣。如此国势能好到哪里去？不出现长达三十年的庸才时代才怪！龚自珍那声"我愿天公重抖擞"的呐喊，魏源那句

"不知人材为何物"的痛斥，何尝不是有感而发？

曹振镛死后，穆彰阿继承了他的衣钵。师傅领进门，修行在个人。曹老师已经点明了成功经验，再领悟不透就是个人原因了。穆彰阿属于聪明的那类人，谨遵老师"多磕头少说话"六字箴言，"用人行事，一遵其辙"，在道光面前屡试不爽。道光掩耳盗铃，闭目塞听，臣下投其所好，谎称太平，道光打个喷嚏，下面马上一片歌功颂德之声，引用雍、乾时期孙嘉淦的一句话说就是"出一言而盈廷称圣，发一令而四海讴歌"。这种病态的政治文化持续了整个道光朝，直到旻宁去世。

陶澍、龚自珍、魏源等晚清经世人物的出现，正与此有关。

太平军能星火燎原，迅速崛起，亦由是而发。

第四章　湘军崛起

曾国藩的崛起

咸丰帝新朝初立，意气风发。太平军星火燎原，势如破竹。

洪秀全、杨秀清等时代主角们悉数登场，这时的"湘军三杰"，胡林翼尚在贵州，一时无法抽身；左宗棠避居柳庄，一心做着他的"湘上农人"；身为领衔主演兼最佳男主角的曾国藩现在何处呢？答案并不难猜，他正在京师苦心研究理学，立志在学术上有一番作为。

理学兴于两宋，代表人物有周敦颐、程颢、程颐、朱熹。其中，朱熹四传于程颢、程颐兄弟门下，"二程"又师承于周敦颐，因朱熹是理学之集大成者，故称"程朱理学"。与朱熹的"存天理，灭人欲"相对的，是南宋陆九渊的"心即理"之说，及至明朝，王阳明在此基础上发展"心学"，形成影响深远的"陆王学派"。唐鉴、倭仁、曾国藩研究的理学，即程朱理学，同时追求"知行合一"，属于宋明理学其中一派。不同的是，陶澍及曾国藩、胡林翼、左宗棠等湖湘学派的理学，又注重经世致用的内涵。

嘉庆十六年（1811），曾国藩生于湖南湘乡一个富农之家。其祖父曾玉屏早年放荡游惰，不以读书为意，随着年龄增长，"引为深耻"，决心改换门庭，并把希望寄托在长子曾麟书身上。曾玉屏望子成龙，曾麟书的天赋却担不起老父厚望，尽管他很努力，但天资有限，从十几岁开始，十六次院试都名落孙山，个中滋味只有洪秀全能深刻体会。所谓君子见机，达人知命，曾麟书功名不达，自知才短，第十七次考上秀才后，就心安理得当起了乡村老师，并像他爹一样，把希望寄托到自己儿子身上，发愤教督诸子。

接过父亲的接力棒，同样的使命又落在曾国藩肩上。

遗传基因的强大，有时会让人灰心丧气。曾国藩不止一次地应验着这个真理，体会着这种无可奈何、投诉无门的沮丧。曾国藩资质愚钝，超出常人，这一点，他自己也不否认，还说得直白形象："余性鲁钝，他人目下二三行，余或疾读不能终一行。他人顷刻立办者，余或沉吟数时不能了。"别人一目十行，自己十目一行，这还算快的；别人跑远了，他才刚上路；别人讲个笑话，他回到家洗洗睡了，才找到笑点；如果哪天他说自己外出赶集，不用看，半个小时过去，准能在家门口看见他——还在收拾东西。这种让人气不打一处来的人，想必大家也遇到过，典型的黏液质人格，谁碰见都没辙。无论学习、做事、打仗，这个特征在曾国藩身上都表现得淋漓尽致。作为同时代的名臣，左宗棠在与友人的通信中，也经常说曾国藩"才太短""欠才略""才亦太缺"，拿他的智商说事儿。梁启超也说："曾文正者……在并时诸贤杰中，称最钝拙。"看来，曾国藩的"笨"，朋友圈内已成公论。

第四章　湘军崛起

古之立大事者，不惟有超世之才，亦必有坚忍不拔之志。

天赋不行，但天道酬勤。以勤补拙，补得好，能量依然守恒。

有一点可以肯定，这类人有韧劲儿，笨鸟先飞，毅力惊人，什么事都喜欢稳扎稳打。天资愚钝凭勤奋，事倍功半终有成，长此以往，也能取得不错的效果。用曾国藩自己的话说，这叫"守拙"。在他眼里，这甚至是个优点，他尝言"事以急败，思因缓得""天下之至拙，能胜天下之至巧"。在他的领导下，湘军打仗，第一步就是安营扎寨，制胜从来不靠出奇，曾国藩称之为"结硬寨、打呆仗"，他还颇为自豪："十余年来，但知结硬寨、打呆仗，从未用一奇谋、施一方略制敌于意计之外。"对此，王安定在《湘军记》中对曾国藩提出书面表扬，说他打仗"坚决不动摇，排众意而孤行己意，其成功亦卒以此"。蔡锷也对曾国藩的"打呆仗"表示叹服，称其为"近世兵家所不及道者"，直接上升到了哲学高度。

世上哪有什么捷径？死磕就是成功的秘诀。

道光十八年（1838），曾国藩第三次赴京参加会试。这一次，他终于如愿登第。殿试以三甲赐同进士出身。朝考选庶吉士，入庶常馆深造。两年后散馆，授翰林院检讨。自此，曾国藩开始了十四年半宦半读的京官生涯。

当时的学术，无非四门功课，不像现在划分精细、门类庞杂。按曾国藩的总结："为学之术有四：曰义理、曰考据、曰辞章、曰经济。"他所研究的就是"义理"，即宋明理学。京城名士荟萃，学风浓厚，学问亦能一览众山，高屋建瓴，这时曾国藩的圈中师友有理学大师唐鉴、倭仁、吴廷栋等名流。在唐鉴、倭仁的影响下，曾国藩学业大进，"剖析义理，宗旨极为纯正，其清修亮节，已震一时"。这时，他的志向也有所升华，发誓精进理学，立圣人之志。

也就是说，他要做圣人。

两千年前，《大学》已经为儒生们选好了奋斗方向：格物、致知、诚意、正心、修身、齐家、治国、平天下。按照这一进阶之路，曾国藩的修身计划也提上日程。所谓修身，也就是克服人性的弱点。在这方面，曾国藩起点甚高，他对人说："君子当以不如尧、舜、周公为忧，当以德不修、学不讲为忧。"并近乎苛刻地要求自己，"不为圣贤，便为禽兽"。对自己果然够狠。后来，他省身又有所升级，甚至到了病态的地步：说话口气太大，"妄语"；不能早睡早起，"可耻"；与官员套近乎，"鄙极丑极"；和朋友讲有色段子，说明"闻色而心艳羡"，"真禽兽矣"。

最难过的一关是好色，爱看美女。

这个爱好，简直是曾国藩的软肋。按理说，人皆有爱美之心，七情六欲亦属正常。但到了曾国藩这里，竟成了邪念。据不完全统计，因为去好友家串门，无意间多看了两眼美女，曾国藩做"禽兽"不下三回，回来后他自我检讨，边写日记边骂自己"直不是人"。

在与人性和自检自律的斗争中，曾国藩进行着艰难的克己修身之路。

所谓近朱者赤、近墨者黑，曾国藩常与唐鉴、倭仁这些人打成一片，在收获学问的同时，更赢得了声望，俨然一名冉冉升起的理学新秀。曾国藩幕府"曾门四子"之一黎庶昌称："始公居京师，从太常寺卿唐公鉴讲授义理学……名称重于京师。"曾国藩自己也称，"昔在京中颇著清望"。当时李鸿章赴京参加科举考试，专程拜访曾国藩，在家书中写道："各地应举文人，组织文

第四章　湘军崛起

社于九条胡同三号。慕曾涤笙夫子之名，请渠出任社长。"

这些积累，为他的迅速发迹和崛起奠定了基础。

下一步，就是得到命运和机遇的垂青。

曾国藩的这位贵人，正是穆彰阿。

两人的交集，始于道光十八年（1838）的会试。那一年，曾国藩中进士，考官正是穆彰阿，二人遂有师生之谊。在翰林院期间，曾国藩拔萃于京中士林，颇有清望，被穆彰阿视为得意门生，甚得其赏识。自此，曾国藩年年升迁，青云直上。道光二十七年（1847）擢内阁学士兼礼部侍郎；两年后授礼部右侍郎，此后又任兵、工、刑、吏等部侍郎，成了侍郎专业户。十年内，曾国藩一跃而成二品大员，跻身省部级官员，用他的话说是"十年七迁，连跃十级"，堪称官场奇迹。曾国藩升发之快，创造了道光一朝的纪录，连他自己都有忘形之意，自称"湖南三十七岁至二品者，本朝尚无一人"。

在道咸时期，曾国藩成为汉官中一颗耀眼的新星。

既然要内圣外王，修身齐家完成后，就是治国平天下了。

恰恰是这个原因，曾国藩虽仕途顺遂，却没那么开心。有时他甚至想回家种地，"时时有归家奉养之志"。曾国藩一心仕途，如今天遂人愿，何以有如此之想呢？因为当时的政治环境。道光朝的官场文化我们早有耳闻：皇帝因循疲沓，苟且偷安；朝臣欺君罔上，得过且过。这和曾国藩遵奉的"横渠四句"和义理之学是背道而驰的。在给亲友的书信中，他同样道出了内心的所想所惑："吾近于宦场，颇厌其繁俗而无补于国计民生，惟势之所处，求退不能"，"官牵私系，遂成废物"。一言以蔽之，在追求理想和自我实现中遇到了瓶颈。

当初，咸丰下诏求言，鼓励大臣直陈时弊，朝野为之一振。

曾国藩难掩兴奋，良知驱使他决心做一代诤臣，老师穆彰阿的倒台，也需要他自证"清白"。于是，咸丰诏令刚下，大臣们上呈奏折百余道，曾国藩也上了一道《应诏陈言疏》，痛斥道光以来的朝野之弊，呼吁改革。咸丰口号虽好，行动却不甚给力，疏多石沉大海。曾国藩在给朋友的信中抱怨，自去春求言，朝臣呈折多被束之高阁，或者简单朱批一句"毋庸议""知道了"，辜负了"书生之血诚"。压根就是做个样子。

现实和理想的差距，让曾国藩消极悲观，萌生退意。

同时，因为穆彰阿的遭遇，他变得有些畏首畏尾，不像以前那么率直，甚至有一丝迷茫和困惑。曾国藩的表现，朋友们看在眼里。所谓诤友，雪中送炭的方式不一定是安慰，还有诘责式的激励。批评曾国藩言辞最烈的，是刘蓉和罗泽南。刘蓉是曾国藩的同乡好友，后来骆秉章奉旨督办四川军务，奏请带刘蓉入川，作为自己的政治助手。咸丰问询胡林翼的意见，胡回复说："臣查刘蓉，器识远大，兼知兵事。如蒙天恩逾格简用，畀以封疆藩臬之任，尚能独当一面，不负职守。"可见此人也非碌碌之辈。

在信中，刘蓉先抬高曾国藩是"今世所谓贤者"，然后说既然身居高位，"则当行道于天下，以宏济艰难为心"。你曾国藩既然有那么高的名望，应该"言人所不能言、不敢言"，以拯救国家危亡为己任。你之前那几封奏折，关乎社稷，切中时弊，说了很多别人不敢说的话，有勇气，也很犀利，我觉得就很不错。但不能因为没起到什么作用，而罔顾臣子的责任不再去做。你应该有"匡主济时"的胸襟和格局，像范仲淹那样，有"先忧后乐之怀"，主动担起天下重任，以"慰天下贤豪之望，尽大臣报国之忠"。

刘蓉的话还算委婉，罗泽南则没那么客气，直白地说他担心

第四章 湘军崛起

因敢言直谏，冒犯了皇帝，而失去那顶官帽，这便是贪位。身为臣子，食君之禄，你曾国藩倒也机灵，于是舍本逐末，隔靴搔痒，不谈本质问题，净说些没用的，这是典型的苟且之学。贪居高位，能言而不言，失去良知，忘了初心，知行不一，又是理学又是修身的，有什么用？

一个"贪位"，让曾国藩这个读书人无地自容。

被两人数落一通，曾国藩重新燃起了做勇士的愿望。

咸丰元年（1851）四月，曾国藩迎来了他官宦生涯的代表作。

一道《敬陈圣德三端预防流弊疏》让他立于政治的风口浪尖，站到了朝堂的聚光灯下，一时风头无两。所谓"陈圣德三端"，即指出皇帝的三个问题，以防流弊。从题目看，这是一道犀利的奏疏。犀利在哪儿呢？矛头直接对准咸丰帝。

在曾国藩的一生中，这应该算是他的高光时刻。曾国藩究竟说了些什么呢？在奏折中，他悉举朝弊，建议咸丰帝杜绝不良习气：第一，"防琐碎之风"。"谨于小而反忽于大"，精于小节，疏于大计。换一种说法就是，有小聪明，没大智慧。第二，"杜文饰之风"。批评庙堂徒尚文饰、不务实际，"是鲜察言之实意，徒饰纳谏之虚文"。嘴上说广开言路，大家也积极响应，但百余道奏折呈上，回复却是没有营养的寥寥片语，典型的表面文章、形式主义，有作秀嫌疑。想招才纳谏就来点实际的，不能只喊喊口号，更不能沽名钓誉，赚个圣主明君的虚名。第三，去"骄矜之气"。指出咸丰饰非拒谏，刚愎自用，出尔反尔，不符合皇帝人设。

果然犀利！

不但犀利，简直有对皇帝人身攻击之嫌。

109

曾国藩也清楚，这不是一道寻常奏疏，是他提着头上奏的。

在有着两千年政治传统的一言堂上，曾国藩此举简直是一场与狼共舞的冒险。对于这些，他一开始就很清楚："折子初上之时，余意恐犯不测之威，业将得失祸福置之度外矣。"之所以这样大胆，不是因为看皇帝不顺眼，相反，是因为自己"受恩深重"，"若于此时再不尽忠直言，更待何时乃可建言"。因此，骂完咸丰，曾国藩也结合刘蓉、罗泽南此前对自己的批评，强调了他的初衷："现在人才不振，皆谨小而忽于大，人人皆习脂韦唯阿之风。欲以此疏稍挽风气，冀在廷皆趋于骨鲠，而遇事不敢退缩。此余区区之余意也。"良药苦口，忠言逆耳，抛砖引玉，以图朝廷振作，一扫长期以来的阿谀之风，这才是我的本意。

看来，曾国藩对咸丰帝是抱有一定希望的。

事实证明，他还是高估了咸丰帝。

大臣对当今皇帝出言不恭，这还得了！效果真如他在家书中所料，奏折呈上，咸丰阅览未毕，"怒掷其折于地，立召军机大臣，欲罪之"。一个"怒掷于地"，让咸丰的反应跃然纸上。幸有祁寯藻、季芝昌求情，"帝意乃解"，曾国藩才免于一劫。

祁寯藻是一代大儒、三朝帝师，官至体仁阁大学士、太子太保，同时，这类人又多是官场资深老油条，深谙庙堂文化和皇帝性情喜好。咸丰龙颜大怒，祁寯藻没有在对错上纠结，而是说了四个字："主圣臣直。"皇帝圣明，才会有敢于直谏的臣子。

一箭双雕，两位都被拍得很舒服，皆大欢喜。

这就是语言的艺术。

咸丰气消，也要给曾国藩一个面子，以示容人之德，不跟他一般见识。圣主嘛，就该有点明君的器量和表率。对这封公开辱骂自己的奏折，咸丰的官方意见是："虽迂腐欠通，意尚可取。"

第四章　湘军崛起

牵强附会，勉强扳回一局。这件事之后，曾国藩不但没有受罚，还由礼部调任刑部侍郎，等于升了官。事后，曾国藩还致信罗泽南，对他的那封批评信表示感谢。

一战得胜，在接下来的两年里，曾国藩"好与诸有大名大位者为仇"，屡屡挑战当朝大佬，风头频出，乐此不疲。俨然愣头青一个。出头鸟做久了，曾国藩成为官场异类，"诸公贵人见之或引避，至不与同席"。他本人也有自知之明，"余初为京师权贵所唾骂"。时太平军起，祸乱方兴，更让他滋生"补天倘无术，不如且荷锄"之叹，他不止一次在信中表示："时事多艰，无策以补救万一，实为可愧！明年拟告归，以避尸位素餐之咎。"

风雨如磐的国势，壮志难酬的失落，人际关系的危机，让他陷入沉思。

在感到快要窒息时，曾国藩获得了一个透气的机会。

咸丰二年（1852）六月，曾国藩充江西乡试正考官，获准事后回乡省亲。行至安徽太和县小池驿，闻讣其母江氏去世，遂由九江乘船西上，回籍奔丧。途经武昌，老乡兼好友、湖北巡抚常大淳来晤，始知太平军兵围长沙，道路阻塞，行旅不通，不胜悲痛焦灼。曾国藩从武昌舟行至岳州，改行陆路，绕道湘阴、宁乡，辗转回到湘乡故里。

张亮基时为湖南巡抚，与江忠源、罗泽南、王鑫诸人据守长沙。三个月后，咸丰下诏，令曾国藩帮办湖南团练。不久，武昌城破，常大淳举家自杀。常大淳与曾国藩关系甚密，几年前两人还一度打算结为亲家。如今常省长守城失职，自缢于城门之上，一家老小十六口集体自尽，次子和儿媳也被太平军掠去。曾国藩闻讯惊悼："恐常氏遂无遗类矣，惨哉！"

接到诏旨，他当天起草奏折，恳请在家终制，打算交给张亮基代奏,"力陈不能出之义"。曾国藩正要出门,碰到前来吊唁的郭嵩焘。两人少时就读于岳麓书院,是同学,也是好友,相知甚深。四个月前,太平军攻打长沙,左宗棠一意幽隐,郭嵩焘一阵好劝,左宗棠才愿意出山。四个月后,赶上曾国藩要辞办团练,郭嵩焘又开始发挥作用,颇有激将意味地说道:你曾国藩一向有报国之志,在朝时因施展不开,还想辞职不干、回家种地,难道以前是虚伪吗?现在机会来了,你却临阵退缩,置朝廷圣恩于何地?何况戴丧出征,是为移孝作忠,古时也有先例。

听了郭嵩焘一席话,曾国藩乃毁前疏,四日后自湘乡出发,路上走了四日,抵至长沙,与张亮基、左宗棠、江忠源等人商讨团练之计。后来,郭嵩焘又倡议曾国藩创立水军、开设厘局,为之建言献策,出力颇多。因此,他晚年在自述中说:"文正、文襄一时元勋,发端亦由鄙人(郭自称)。"李鸿章也称:"(曾、左)二臣之起,则该侍郎(郭)实推挽之。"

从这时起,大清帝国的未来正式交到了汉人手里。

长沙群英会

咸丰二年(1852)腊月二十一日,曾国藩来到省城长沙。

在长沙,他第一次见到了名满湖湘的左宗棠。之所以说左宗棠名满湖湘,是因为在此之前,左宗棠相继受到两江总督陶澍、云贵总督林则徐的点名约见,前者"一见目为奇才","竟夕倾谈,相与订交而别";后者"一见倾倒,诧为绝世奇才,宴谈达曙乃别"。两位当世之偶像级名臣,如此礼遇一介布衣举人,这是何等的荣誉?左宗棠自比"今亮",倒也确有一代山中名士的范儿。对于这些美谈佳话,曾国藩早有耳闻。与之相比,曾国藩

第四章　湘军崛起

在京中有名望、敢直谏，弹劾琦善、赛尚阿也是名扬一时，是朝堂上一股难得的清流，又是有清一朝湖南"三十七岁至二品者"第一人。两人均非泛泛之辈，虽是在朝与在野，倒也王牌对王牌。

对于牛人来说，每个人都有属于自己的一部奋斗史和励志剧，在剧中，他是唯一的主角。当两个主角碰在一起，拼的是实力，火花不可避免。这次晤谈，曾国藩、张亮基、左宗棠、郭嵩焘、郭崑焘、江忠源、罗泽南、王鑫、刘蓉诸人共聚一堂，面商戎机，堪称风云际会。几人之中，曾国藩是吏部左侍郎，组织部副部长；张亮基是湖南巡抚，一省之长；郭嵩焘以进士而丁忧在籍；江忠源刚取得蓑衣渡大捷，也有道员之衔；除罗泽南、王鑫、刘蓉、郭崑焘几位不怎么出风头的，唯左宗棠一介举人，非官非绅，只是个省长幕僚、秘书助理。但谈论起大政，省长还没说话，他倒先开口了；省长长话短说，他倒成了主角，连初来乍到的曾国藩都插不上话。

这不是左宗棠的第一次"表演"。

蛰伏小淹期间，他日习舆地、农兵、盐漕之学，为以后的政治生涯打下坚实基础，一出山就展现出惊人的经世才干，大小政务"无不布置井井，洞中机要"；后来挥师新疆，更是畅达其志，立下不世之勋。钱锺书的父亲钱基博赞道："历古以来，书生戎马，而兵锋所指，东极于海，西尽天山，纵横轶荡，未有如宗棠者也。"《清史稿》中也说："宗棠有霸才，而治民则以王道行之。"入张亮基幕府后，作风强悍的左宗棠包揽一切，理所当然成为主角，"终日劳神案牍，竟无片刻之暇"，"批答咨奏，皆公一人主之"，确实够拼。他自己也不谦虚："制军（张）于军谋一切，专委之我；又各州县公事禀启，皆我一手批答。"

后来张亮基调离湖南,骆秉章抚湘,左短暂归隐,复入骆幕。

不单在张幕,在骆秉章幕府,左宗棠同样"越俎代庖"。

如果说张亮基对左宗棠是信任,骆秉章对左则是"放纵"。

左宗棠入骆幕第一年,骆省长还会暗中留意,事事过问。随着时间推移,他发现左宗棠确实才干出众,耿介正直,有能力有操守,关键还精力旺盛。骆秉章这才放心,对他听之任之,倚之如左右手,凡察吏、治军,唯其言是听。用左宗棠自己的话说:"所计画无不立从。一切公文,(骆)画诺而已,绝不检校。"胡林翼也称:"骆之办事,全在左卿。"有时左宗棠与几个幕友聊天,骆秉章在一旁也不说话,只是笑眯眯地看着,听他侃侃而谈,一副"粉丝"见到偶像的表情。《归庐谈往录》提到一事,说左宗棠在骆幕包揽一切,骆秉章无事可做,每日与家人宴饮为乐。左宗棠就拿老板寻开心,说:"公犹傀儡,无物以牵之。何能动邪?"文忠干笑。身为幕僚,当面说主子是傀儡,主子还不生气,可见二人关系。

只能说,张亮基、骆秉章懂得知人善任、从善如流。

这显然不是嫉贤妒能、心胸狭窄的庸常官员能做到的。

在林则徐眼中,张亮基和胡林翼并称大才;骆秉章身为"傀儡",亦非无能之辈。时人言他"于舆地之学最讲求",也就是说,骆秉章也是一位致力实学的官员。左宗棠虽当面拿骆秉章开涮,对他却非常敬重,其时坊间流言物议,说骆公无才,很享受做傀儡,有损职业道德。对此,左宗棠回应,我俩"形影相共,惟我知公,亦惟公知我",可见把他当成知己。后来,毛鸿宾继任湖南巡抚,左坦言:"公(毛)今开府吾湘,涤、润两帅均谓公才、公望将有远迈籲公(骆)者,宗棠不敢为雷同之论。"毛

第四章　湘军崛起

鸿宾继任湘抚,尽管曾、胡二公都说他才望远在骆公之上,依我看,未必如此。左宗棠说骆秉章德才兼备,倒也不是虚言,从百姓口碑中可窥一二:"及其(骆)殁,巷哭罢市,遗爱之深,世与汉诸葛亮、唐韦皋并称云。"

非常之人,做非常之事,至于其他小节,能省则省可矣。

这次长沙会议,确定了团练的基本方案,胡林翼虽不在场,却成为焦点之一。数日后,曾国藩在信中向他提及当时的情景:"二十一日驰赴省垣,日与张石卿(亮基)中丞、江岷樵(忠源)、左季高三君子感慨深谈,……无日不屡称台端(胡)鸿才伟抱,足以救今日之滔滔,而恨不得会合,以并纾桑梓兵后之余虑。"信的结尾,又和胡林翼探讨团练机要:"闻台端划除强暴,不遗余力,……倘肯授我方略,时示成法,实为厚幸。"都说你有能力有抱负,团练也干得好,要是能教我两招,那就更完美了。几人畅论天下大势,提到胡林翼的雄才伟略,对挽救今日之颓势大有裨益,"恨不得会合",与之大干一场。

经此晤商,曾国藩不再如当初那般排斥团练,从几位实干家身上,他看到了些许曙光,心中略有一丝安慰。他在家书中说,"张抚台(亮基)至明决,勇于任事,乡绅亦多信吾之言,或可办理得宜",前景还是很光明的。

方案既定,不日,曾国藩上奏:"今欲改弦更张,总宜以练兵为务。臣拟现在训练章程,宜参访前明戚继光、近人傅鼐成法。"可以说,这道奏折是他建立湘军的起点。不过,曾国藩话中有话,字里行间暗藏蹊跷,不说是文字游戏,也算是他的一个障眼法。需要说明的是,戚继光是练军,傅鼐是办团。曾国藩把傅鼐列出来,也就是打个掩护,混淆视听,分散咸丰的注意力,他真正的目的是建一支军队。换一种说法是,曾国藩在明办团练，暗练新军。八年后，他自己也对这一小心机直言不讳："臣自咸丰二年奉旨办团，初次折内即奏明自行练勇一千，是臣所办者乃官勇，非团丁也。"

不巧的是，在曾国藩上奏的三天前，张亮基也有一折："委明干官绅，选募……乡勇一二千名，即由绅士管带，仿前明戚继光束伍之法行之。"不难发现，这里有一个共同的关键词——"仿前明戚继光"。显然，这是张亮基、曾国藩、左宗棠、罗泽南等人商谈达成的共识。郭嵩焘在为罗泽南编纂的遗稿中提到："公（罗）仿戚氏法部署其众，教之击刺，勖以忠义，纪律肃然。"罗泽南最早编练湘勇，后被张亮基调至长沙，说明在此之前，张亮基对他的方法也有所了解。

这就是在长沙"英雄会"中，几人创办湘军的最初设想。

对于这次会面，尤其是对曾国藩的第一印象，左宗棠也有记录。在给朋友的信中，他说："曾涤生侍郎来此帮办团防。其人正派而肯任事，但才具稍欠开展。"在当时官场中，曾国藩确如一股清风，谦逊自矜，朴实低调，"向无大僚尊贵之习"，书卷气十足，一看就是学者型官员，又没什么官架子，左宗棠这才觉得他"正派而肯任事"。同时，曾国藩不是像左宗棠那种"一见目为奇才"的人，相反"望之如一老教师耳"，于是左宗棠说他"才具稍欠开展"。官是个好官，就是智商有待开发。这个"三秒钟印象"，跟随了曾国藩一生，也成了左宗棠的执见。后来左宗棠在给胡林翼等人的信中提到曾国藩，总会有诸如"涤公才短""才略太欠""此公才短气矜""方略本不甚长""于兵机每苦钝滞""其将略未知何如"等贬抑之语，随阅可见，不胜枚举；甚至嫌弃曾国藩的形象，"乡曲气太重"，土包子一个。发展到最后，两人书信往来，左宗棠"不肯稍自谦抑"，言辞亢厉，语气

第四章　湘军崛起

强势，令人很不自在。曾国藩有时也会向他们共同的朋友胡林翼倾诉，说左"遇事掣肘，哆口谩骂"，完全没有风度，让人伤透了脑筋。曾国藩没有想到，从第一次见面开始，两人的矛盾将会伴随他们一生，甚至一度达到绝交的地步。

总之，初见自诩"本朝第一人"的曾国藩，左宗棠给了个差评。

好在曾国藩在北京练过"三省吾身"，重修养，懂自省，知道从自身找答案。于左宗棠而言，这些是欠缺的，《清史稿》说他"内行甚笃，刚峻自天性"，自是自负、自大自卑，情商低，刚直无饰，高己卑人，这正是他的性格和际遇所致。左宗棠一生狂傲，虽是落第举人，内心却有着化解不开的科举情结。越是如此，他越对科甲中人嗤之以鼻，声称"八股愈做得入格，人才愈见庸下"。这一说法，类似现在的"读书无用论"，也不排除有酸葡萄心理。

左宗棠真的对功名没有兴趣吗？当然不是。

时间来到二十年后的同治十三年（1874），适逢京师会试，高居陕甘总督的左宗棠还在上奏朝廷，要求到北京参加考试。是时，他已六十二岁高龄，几乎可以刷新赴试举人的年龄纪录。看到左宗棠的奏折，垂帘听政的慈禧哭笑不得，一口老血差点喷出来。左宗棠的心结，圈内众人皆知，慈禧当然也有所耳闻，更明白左宗棠的小心思，便善解人意地圆了他的心愿——当即颁下谕旨，破例特赐左宗棠同进士出身，擢东阁大学士。自古大学士多为翰林，至少也要是个进士出身。不说有清一代，遍览史册，举人出身的大学士，估计也就他左季高一人。

这么说来，左宗棠又创造了一个历史。

初次见面，左宗棠对曾国藩评价一般，在曾国藩心中，左宗

117

棠却是难得之才，直称"今日办事之人，惟胡润之、左季高可与共事"。至于"毒舌"、难相处这一点，左自知"与世多忤"，胡林翼也说他专揭人短，从不客气，还是当面打脸，因此得罪了很多人。多年以后，功成名就的左宗棠自己也承认："吾以婞直狷狭之性，不合时宜，自分长为农夫以没世。遭际乱离，始应当事之聘，出深山而入围城。初意亦只保卫桑梓，未敢侈谈大局也。"我性格偏激，狭隘狷介，不适应社会，本打算一辈子做个农民。谁知遇上乱世，应邀出山，误打误撞走到今天这一步。

曾国藩对左宗棠印象还可以，并不能推翻两人性格不合的事实。

钱基博援用胡林翼的话，比较二人异同："涤帅德高而谨慎之过，季高才高而偏激之过，咸性情之所独至，不能易也。涤公之德，吾楚一人；而季高谋人忠，用情挚，特伤于偏激；如朝有忠臣，室有节妇，平时尝小拂意，临患难乃知其可恃也。"

虽然性格有些小瑕疵，但人品还是绝对值得肯定的。

这句"临患难乃知其可恃"有何佐证呢？曾国藩逝后，曾家清贫如故，其子纪鸿无钱给家人治病，找左宗棠帮忙。因是故人之子，左"以三百金赠之"。其时，左宗棠在家书中谈及他与曾国藩长期以来的罅隙，称："吾与文正交谊非同泛常，所争者国家公事，而彼此性情相与，固无丝毫芥蒂，岂以死生而异乎？栗诚谨厚好学，素所爱重，以中兴元老之子，而不免饥困，可以见文正之清节，足为后世法矣。"又对朋友说："弟与文正论交最早，彼此推诚相与，天下所共知，晚岁凶终隙末，亦天下所共见。然文正逝后，待文正之子若弟及其亲友，无异文正之生存也。"既解释了两人的矛盾性质，又感叹勋臣之子不免窘困，钦佩曾国藩清节。同时也声明，自己虽与曾公有过矛盾，但曾公去

第四章　湘军崛起

世后，他待故友之子如自己亲人一样，不存在人走茶凉的现象。

可见，左宗棠自认公私分明，对自己的表现还是满意的。

尴尬的是，初次会晤仅仅过去半年，两人就有了直接冲突。

湘军创立之初，粮饷紧绌，军队开支难以为继。曾国藩一到长沙，就找大户"劝捐"——名义上是劝，实则勒捐，自己曾经的偶像陶澍之子陶桄，也在勒捐之列。曾国藩到陶家"劝捐"，陶家高低不给，曾国藩一怒之下抓了陶桄，说他为富不仁，世受国恩却无爱国意识，没准与土匪也有牵连。

走到这一步，曾国藩也是被逼无奈。他清楚陶桄的身份：前两江总督陶澍唯一的遗子，胡林翼的妻弟，当今湖南抚署的二把手左宗棠，是他的岳丈。但人走茶凉，何况曾国藩与陶澍甚至无一面之缘，是不是因为之前的闭门羹而公报私仇亦未可知。陶桄向巡抚衙门上诉无果，暴脾气的左宗棠亲自出面，曾国藩依然不肯让步，非交钱不可。陶桄抗拒不过，只好破财免灾。

因为这件事，曾国藩与左宗棠的关系愈加恶化。

不唯曾国藩，李鸿章自始至终对左宗棠态度冷淡；曾国藩的好友刘蓉对左宗棠也没兴趣，说他"立功一时，而流毒于十数年之后"；和左宗棠打过交道的翰林张集馨，说他的信"满纸语句，摸之有棱"，谓其"存心阴险，极不易交"；曾、左共同的老友兼亲戚郭嵩焘，后因左宗棠弹劾而去职，两人自此交恶，直到晚年，左宗棠亲自到郭家赔罪，都没能得到原谅。直到光绪十一年（1885），七十三岁的左宗棠在福州去世，郭嵩焘在日记中写道："自昨日闻恪靖侯左相之丧，伤感不能自已。计数二四十年情事，且伤且憾之。伤者，生平交谊，于国为元勋，所关天下安危；憾者，憾其专恃意气，可以为一代名臣，而自毁已甚也。凡其所以自矜张、自恣肆，皆所以自毁也。"把左宗棠的性格问题

119

说成"自毁",可见多么痛恨,人死犹不能释怀。

在左宗棠的朋友中,唯有一个胡林翼"幸存",左宗棠也有微词:"润之喜任术,善牢笼,吾向谓其不及我者以此。"若非早逝,左宗棠和他唯一的这位铁哥们儿,不知两人的友谊小船会否安然无恙。胡林翼早年也很狂傲,但随着年岁渐长,"晚岁名益高,气益敛",如他自己所言,"不似早年怒发冲冠矣"。有时胡林翼也会规劝好友不要锋芒毕露,"此时此世,惟让美可以免祸",从后来的发展看,左宗棠依然故我。待左宗棠认识到"我刚而偏,公(胡)通而介",他这位唯一的好友已经病逝。

成大事者不拘小节。也许左宗棠是这样认为的。

直到七年后(1859),他第一次为自己的性格缺陷买单。

"湘军之父"罗泽南

群英会上的讨论,让初到长沙的曾国藩对未来充满信心。

让人措手不及的是,计划赶不上变化。会议仅过去四天,正当他要大干一番时,清廷调张亮基署理湖广总督,年后赴任。咸丰三年(1853)正月十一日,张亮基启程北上,江忠源、左宗棠随往。史载:"至是,深惜公(张)去湘之速,偕罗忠节(泽南)、王壮武(鑫)、刘武慎(长佑)、江壮节(忠济,江忠源之弟)、李忠武(续宾)、李勇毅(续宜)随军远送,临岐殷殷握手,互勉为国效力,相约日通消息以觇南北贼情。"张亮基的缺席,让会上创办湘军的构想留给了曾国藩一人,仅仅过个年的工夫,"帮办团练"的任务变成了"主办"。在此背景下,晚清史上盛名一时的湘军在曾国藩手下诞生了。

说到湘军,其实"湘"一开始指的并非湖南,而是湘乡。

第四章　湘军崛起

此"湘乡"也不是曾国藩的湘乡，而是罗泽南的湘乡。

罗泽南，字仲岳，号罗山，也是湖南湘乡人，曾就读于长沙城南书院，和曾国藩、胡林翼、左宗棠并称湖湘学派代表，也是程朱理学的铁杆拥趸。和那个时代的所有经世派一样，钻研洛闽之余，他还究心匡时济世之略，天文地理，无不探其原委，诸子百家，无不潜心研读。罗家世代耕读，却无一人仕达，其祖父罗拱诗也没读过什么书，平生深以不学为憾，清苦自励，勤劳重教，对罗泽南影响最大。有人建议他说，读圣贤书没多大用，还不如让你孙子学门手艺傍身，将来也有个吃饭的门路。罗拱诗严词拒绝："吾不能以田地贻子孙，独不能以书贻之乎！"罗泽南长大后，深刻体会到祖父的良苦用心，感慨道："先大父之所以贻我后人者至矣。勤俭自持，乐善不倦，以生平未学之故，欲竟其志于后嗣，不以困苦易其心。"祖父一生吃了不识字的亏，便把自己未能实现的愿望寄托在后辈身上，不因家境艰苦而动摇其志。

和罗拱诗一样，其子罗嘉旦在读书上也没什么突破，生孩子倒突破不小，育有子女六人，罗泽南排行老二。罗泽南少时聪颖，相传读书可过目成诵，日达千言，十几岁就喜读理学著作，"胸所蕴蓄过人远矣"。奈何从四岁识字、六岁入塾，十四岁熟读《左传》，十九岁设馆课徒，寓学于教，直至三十二岁那年（1840），他以长沙府第一名的成绩考中秀才，才取得生员资格。罗泽南身负祖辈期望，立志以科举显达，不料磕磕绊绊十数载，年过而立取得如此成绩，不禁"泫然泣下"。

在罗泽南的成长道路上，外祖父萧积璋、母亲萧氏对他也有较大影响。萧积璋是一个传统的乡村知识分子，饱读诗书，为文雄浑，潦倒科场数十年，终未博一秀才功名，年近八十，对朱熹著作尤手不释卷。萧老夫子无缘科场，看人倒是挺准，罗泽南小时候，他就对女婿说："此子不凡，虽极不给，必资之读。他日大门闾者，必是子也。"虽然没钱，也一定要好好供罗泽南读书，将来光耀门楣就靠他了。萧积璋身体力行，对外孙的教育极为重视，一见到罗泽南就拉着他讲历史，细授历代兴亡得失。萧氏课子有方，也常以父亲为榜样，将萧积璋的原话转述泽南，教育儿子做人道理，并要他看淡功名："人之见重于世者，原不在乎科名，尔曹当有以自立也。"从学前教育来看，罗泽南也成长在一个书香家庭。

罗泽南精神富足，物质财富却极为匮乏。

和那些映雪夜读、凿壁借光的励志主人公一样，罗家四壁萧然，罗泽南贫不能读，家里买不起灯油，他常借月光看书。钱基博描述其艰难："泽南溺苦于学，夜无油炷灯，则把卷读月下，倦即露宿达旦。"映月读书，望天度日，吃完上顿没下顿，成为罗泽南和家人的生活常态。罗拱诗有一件布袍，是家里唯一值钱的物件，全家生活难以为继时，罗泽南就把祖父这件布袍拿去典当，换些小钱度日，有钱了再赎回来。前前后后，一件布袍典当六七次，罗泽南也成了当铺的熟客。多年以后，他回忆早年生活：幼时家贫，连吃饭都成问题，"典衣质物易食之，大父一布袍，亲持入典肆者六七次"。

人言贫贱之家百事哀，更苦的还在后面。

道光五年（1825），罗泽南刚成年，其母去世；此后五年，祖父、兄嫂去世；道光十二年（1832）至道光十五年（1835），长子、次子、三子连殇；在此期间，他的妹妹、侄子也相继病死。十年内，"前后死者计十人"。这段时期，罗泽南有《哭丙儿辛儿》《壬辰五月先祖忌日述痛》《试罢还家哭儿兆杰》《哭侄庚儿》《殇侄殇子哀辞》《儿亡后妻目双瞽兼病疫》等哀作，言辞凄怆，令人心酸，仅看标题，已深感其不易。某年末，隆冬夜寒，前路漆黑，罗泽南考完试，徒步返乡，到家已至夜半，拍开门看到妻子的那一霎，顿时悲不自胜——门庭多故，接连丧子，妻子因悲伤过度，哭致眼睛失明。举目四望，罗泽南深感苦难的生活漫长无期。

每读至此，那个徒步夜归、饥寒交迫、夜半敲门的男子形象便会呈现眼前，不禁掩卷慨叹，怆然生怜。圣人有云："天将降大任于是人也，必先苦其心志，劳其筋骨，饿其体肤，空乏其身，行拂乱其所为，所以动心忍性，曾益其所不能。"如此说来，命运对罗泽南的考验也过大了些。

古人云三十而立，这就是他当时的人生状况。

翻遍二十四史，如此境况的也是屈指可数了。

然而，罗泽南之所以鹤立鸡群、拔俗入圣，原因就在于他心怀家国的情操与格局。家庭的祸不单行，本已不堪重负，他却"强自支持，颇不为世俗所动"，每以"何妨年少历艰辛"自励，不坠青云之志。他心中有更高的追求，"胸怀天下"从来不是单纯的四个字，说的正是罗泽南。二十年后，曾国藩用"益自刻厉"评价他对待磨难的态度，并用三十一个字概括了他的一生："不忧门庭多故，而忧所学不能拔俗而入圣；不耻生事之艰，而耻无术以济天下。"情操高洁如斯，拔俗入圣如斯，可望而实不可即。左宗棠的"身无半亩，心忧天下"，范仲淹的"先天下之忧而忧，后天下之乐而乐"，何尝不是这种一览众山的襟怀？

这就是信仰的力量，是一个书生以天下为己任的格局与抱负。

高山仰止，景行行止。不过如是。

道光二十七年（1847），罗泽南考中廪生，获得国家补助，日子稍有好转。学养渐深、名望愈盛的他，因品行高洁、才识兼优，四年后以廪生举孝廉方正。有了更高的声望，泽南开馆讲授理学，开始了课人自给的日子。因为口碑好，"从之游者数百人"，堪称桃李满天下。

在罗老师的课上，除了慕名而来的乡里青年，曾国藩的六弟国华、九弟国荃亦在其列。道光二十四年（1844），曾国藩在家书中写道："六弟、九弟，今年仍读书省城，罗罗山兄处附课甚好。"除曾氏兄弟，后来投身湘军而留名史册者二十余人，其中，王鑫、李续宾、李续宜、蒋益澧、刘腾鸿等人均为当世名将。十五年后，左宗棠辞幕从戎，即以王鑫的老湘营为骨干组建了楚军，训练、行军、打仗之策亦沿旧法。后来，蒋益澧也得左宗棠重用，屡立奇功。民国《湘学略》评价说："湖南之盛，始于湘军，湘军之将，多事罗山。"曾国藩也称："兵事起，湘中书生多拯大难、立勋名，大率公（罗）弟子也。"

咸丰二年（1852），太平军北犯湖南，受湘乡知县朱孙诒委托，罗泽南与弟子王鑫在家乡练团募勇，投笔从戎，王鑫和李续宾、李续宜兄弟成为最早的一批老湘军骨干。不久，长沙被围，罗泽南应湖南巡抚张亮基之请参加长沙保卫战，遂归曾国藩麾下。

此时，曾国藩还是一名在籍侍郎，湘军尚在襁褓之中。

同样在曾国藩之前，湖南新宁人江忠源练勇更早，太平军兴，他带领五百楚勇奔赴广西，蓑衣渡一战，冯云山也死于其炮火之下。和罗泽南不同，江忠源转战两湖、江西，他去世后，"楚勇"又归其弟江忠济统带，始终独立于湘军。此外，还有塔齐布在宝庆招募的"宝勇"，林源恩在平江招的"平勇"，均是同样性质。

曾国藩募练"湘军"后，罗泽南部成了老湘军。可以说，湘军就是以他的一千多名湘勇为基础发展而来的。郭嵩焘说："曾文正公初募湘军，专倚罗泽南、王鑫。"曾国藩后来在为李续宾撰写的墓志铭中也称："湘军之兴，威震海内，创之者罗忠节公泽南，大之者公也。"

从地域和时间角度看，罗泽南是真正的"湘军之父"。

钱基博在《近百年湖南学风》中说："时为之语曰：'无湘乡，不成军。'藉藉人口。而不知无泽南，无湘军。"时有"无湘不成军"之说，"湘"指湘乡，"军"者湘军。此处"湘军"，即指罗泽南带领湘乡青年组织的乡勇团练。这个长沙附近的小县城，"以百里之地荟萃群才""以一县之兵，征伐十八省"，延续了清王朝长达半个世纪的国祚，在中国近代军事史上写下浓墨重彩的一笔，成为史学家们钻研不辍的一个独特现象。

后来，曾国藩、张亮基、左宗棠长沙会晤，复制了这一设想。

湘军到底牛在哪儿

湘军以会谈构想为蓝本，仿戚继光《纪效新书》《练兵实纪》练军之法，采用营、哨、队三级编制，分陆师、水师，后来又在胡林翼、左宗棠的建议下，编练了马队。在长沙，有罗泽南、王鑫的一支团练，曾国藩将之编为陆师两营。后因意见不合，王鑫率部退出，留守湖南。次年（1853）春，湘军陆续募勇四营，分别由邹寿璋、曾国葆、储玟躬、周凤山统领。此外，曾国藩对长沙绿营军加以筛选，奏请塔齐布兵勇加入，编为湘军两营。如此，湘军在长沙已有八营陆师。

一支威武之师从零到一，有哪些招募规则呢？

招募范围，限湖南一省，最好在湘乡本县。曾国荃后来更甚，只招十里以内的老乡，连老哥曾国藩都说"沅浦不独尽用湘乡人，且尽用屋门口周围十余里内之人"。招募对象，以贫农为宜。招募标准，一个字：土。年轻力壮，憨厚朴实，越土越好，越糙越好。相反，油头滑面者，衣着华美者，有市井气、衙门气者，一概不收。招募方式，先择将，后募勇。这样做的好处是，凡兵勇皆服原募之人，如果把军队比作一棵树，统领是根，由根生干，由干而枝，由枝而叶，一气贯通，如此"上下相维，喻利于义。将卒亲睦，各护其长"，一除绿营军指挥不灵、战斗力低下之积弊。正如曾国藩所言："勇丁感营官挑选之恩，皆若受其私惠，平日既有恩谊相孚，临阵自能患难相顾。"他将这归结为"湘军之所以无敌者"的原因。事情都有两面性，正是曾国藩引以为豪的这些优点，谈到湘、淮两军对近代兵制的影响，史家称，两军在兵源、筹饷等方面过度私人化，导致国有军队变成私人武装。更深远的影响，又如赵烈文所说，"一统既久，剖分之象盖已滥觞"，清末民初军阀割据的局面正滥觞于此。

队伍重团结，更重意志。作为一名日谈义理的儒生，曾国藩干不出别的花样，当然以伦理纲常对湘军进行训示洗脑，强调家国概念，宣贯三纲五常，明示君臣、父子、兄弟和上下级关系，"将领之管兵勇，如父兄之管子弟"。同时，和那些喜欢给员工画饼的老板不同，曾国藩将优厚的待遇落到实处，饷银月薪远高于当时的绿营，另有抚恤金、赏银等物质奖励。吃得好，住得好，工资高，不用怎么教育，一支自打鸡血的初创团队由此诞生。

从湘军看湘系集团，可发现一些特点。结构盘根错节，复杂

第四章　湘军崛起

多样：他们多为同籍，有同样的政治认同，又通过师生、联姻来组建关系网。政治上，彼此目的一致；私谊上，大家利益攸关。一是师生关系，如罗泽南的部将李续宾、李续宜、王鑫等人，是他的学生。曾国藩认李鸿章、彭玉麟、李元度为门生，胡林翼也尊称罗泽南为老师。另一种联谊形式是姻亲，左宗棠和胡林翼是姻亲，胡认罗泽南为姻亲，罗又与曾国藩是亲家，曾与李续宾、李元度是姻亲，又与郭嵩焘是亲家。所有人彼此又是朋友。如此，便形成以同乡、同学、师生、亲友为纽带的湘系群体。这种联系紧密的政治团体足以团结一致，与太平军的教会组织相抗衡。

曾国藩一到长沙，就表现出雷厉风行的铁血风格。

皇帝给他的任务是"帮同办理本省团练乡民，搜查土匪诸事务"，曾国藩也毫不含糊，刚到长沙就自设一个审案局，相当于湖南治安管理办公室，立志严抓全省的社会治安工作。如何严抓呢？审案局不走正常程序，闻信即提，"即时讯供，即时正法"。即是说，有举报就抓，抓来就审，审完就杀，效率惊人。不但自己杀，还鼓励下属不必一一报官，也不必拘守常例，抓人要快，办案要多，剿匪要快准狠。几个月下来，审案局就杀掉二百多人——仅仅是维护社会治安。

湖南风声鹤唳，长沙市民人人自危，曾国藩形同酷吏，无意间得到一个"曾剃头"的绰号，在史料上也被贴上一个"刽子手"的标签。正如章太炎所言："誉之则为圣相，谳之则为元凶。"对于一个读圣贤书、立圣人志、日论义理的儒生翰林来说，这似乎是背道而驰的，甚至形象受损、人设崩塌。对此，曾国藩不是没有想到，也自觉问心无愧，他在给咸丰帝的奏折中说："臣之愚见，欲纯用重典以锄强暴，但愿良民有安生之日，即臣身得残忍严酷之名,亦不敢辞。"对朋友兼搭档江忠源说:"不复敢言阴骘。书生好杀,时势使然耳。"在曾国藩看来,自己是迫不得已。

曾国藩越俎代庖的严打,让长沙城"文法吏大哗"。

历史经验表明,爱出风头的人往往因激进而成为政治牺牲品,曾国藩一系列草木皆兵的铁血政策,得罪了长沙的文武官员,乃至好朋友郭嵩焘、李瀚章、朱孙诒、欧阳兆熊都看不惯他,纷纷写信告诉曾国藩,在别人地盘上,作为一个新人,要低调,要收敛,不要锋芒外露。朋友可以包容,同僚就不惯着他了。从一定程度上讲,曾国藩的严打等于动了同事的奶酪,触碰到了他人的利益,湖南巡抚骆秉章、绿营提督鲍起豹,都对他颇有微词。骆省长协调全省,还顾及点面子;鲍提督行伍出身,是粗人,几次要和曾国藩直接开干。曾、鲍两位头儿不和,湘勇和绿营自然摩擦不断,相互不服、辱骂群殴、擦枪走火的事儿不可避免。

八月初,两队兄弟因一点小事,话说不到三句,又要开始群殴。

由于是绿营军造衅在先,曾国藩给鲍起豹发函,要求严惩带头闹事的营兵。同事嘛,也不好当面搞得太僵,鲍起豹就明面上将肇事者捆送给他发落,暗地里安排士兵起哄闹事。曾国藩还没审问,营兵已经将他的办公处团团围住,要求无条件放人,不然就来硬的,气焰颇为嚣张。还好,曾国藩的办公室就在抚署隔壁,他便找邻居骆秉章调解。骆省长对曾国藩本没啥兴趣,职责也不在此,就以该事不属巡抚管辖范围为由,表示爱莫能助。待事态升级,动了刀子,冲突演变成流血事件,曾国藩的自身安全受到威胁,他再次去隔壁求救。骆省长以一脸"让你自作自受,

第四章　湘军崛起

活该"的表情说，还能怎么办？放人吧。曾国藩只好放人。

一向牛烘烘的"曾剃头"被人剃了头，好没面子！

尊严受到践踏，权威遭到挑战，颜面扫地，威信不再。在自家兄弟这儿也就算了，问题是：将来如何与同僚们共事？在长沙还怎样混下去？曾国藩决定：走为上策，去一个历史空白的地方，重新开始。八月中旬，曾国藩率湘勇抵达衡阳。在郭嵩焘、江忠源的建议下，十月底设厂造船，十二月招募弁勇，开始在衡阳、湘潭两地编练水师。短短一年，湘军从初创到成军，迅速形成一支拥有水陆师各五千人、全军约计一万七千人的军事力量。

就是这支毫不起眼的农民队伍，将清廷从死亡线上拉了回来。

湘军编练之时，太平军势如破竹，一路打到南京。接着，杨秀清指挥北伐、西征：林凤祥、李开芳率太平军最精锐的两万多名"老兄弟"[1]大举北伐，剑指燕京。两万余人的精锐之师自扬州出发，经安徽、河南、山西、直隶等地，逼近天津，京师震动；另一路大军战船千余、兵员三万，自天京溯江而上，沿途西征安徽、江西、湖南、湖北数省。是年秋，太平军涌入两湖境内。曾国藩派储玫躬援宁乡，骆秉章派王鑫出湘阴。结果，储玫躬战死，王鑫在靖江大获全胜，一举成名。是时，太平军克汉口、汉阳，由湖北一路南下。湖南大震。

养兵千日，用兵一时。湘军立功的时候到了。

咸丰四年（1854）正月，曾国藩率湘军浩浩荡荡，径赴长沙。

起兵前一天，他连夜创作一篇《讨粤匪檄》，沿路贴发，以

---

[1] 广西最早一批参加起义的太平军，以强悍著称。

维护名教之名讨伐洪、杨，声势颇盛。句云："举中国数千年礼义人伦、诗书典则，一旦扫地荡尽。此岂独我大清之变，乃开辟以来名教之奇变，我孔子、孟子之所痛哭于九原，凡读书识字者又乌可袖手安坐，不思一为之所也"，"誓将卧薪尝胆，殄此凶逆"，"慰孔孟人伦之隐痛"。

曾国藩隐痛未平，檄文墨迹未干，太平军攻克汉口、汉阳两镇，之后分兵南下，破岳州、靖港、湘潭等镇，对长沙造成南北夹击之势。

此时，署理湖广总督的张亮基调抚山东，左宗棠再次归隐白水洞。

曾国藩与左宗棠有一面之缘，对他的才华谋略印象深刻，左宗棠既已不在张幕，正是罗致的绝佳时机。咸丰三年（1853）十月，曾国藩书信一封，诚邀左宗棠加盟。因为见识过左宗棠的性骄气傲，曾国藩心里也没底儿，特地高人卑己，自降身段，信写得非常谦虚，甚至委曲求全："弟智虑短浅，独立难撑，欲乞左右，野服黄冠，翩然过我，专讲练勇一事，此外概不关白于先生之前。先生欲聋两耳，任先生自聋焉，吾不得而治之也，先生欲盲两目，任先生自盲焉，吾不得而龤之也。"曾国藩比左宗棠大一岁，自称"弟智虑短浅"，别的不说，态度就很诚恳。信的大意是说，弟弟我能力有限，难支大局，想邀请您来做个高级顾问，顾得上就问，顾不上不问也行。这工作自由，条件优厚，琐碎之事不敢劳您大驾，您就一旁杵着，动动指头，给小弟指点一二。总之一句话，只要你人到，啥都行！

曾国藩这条件，何止委曲求全，何止不计一切，简直失去原则。

俗语说见面三分情，两人有一面之缘，条件又开得这么优厚，本来曾国藩自我感觉还行，以为左宗棠念及缘分能出山襄助，不料左宗棠第一印象就对他没什么感觉，又一向目高于顶，自视极高，岂能甘居曾国藩之下？对他"才具稍欠开展"的评价又岂是轻易改变的？何况曾国藩只是个在籍侍郎，地位尴尬，财权两空，跟他混能有什么出息？从后来湘军在江西的窘况看，左宗棠的判断是对的。

结果不难想象。左回应冷淡，傲慢拒绝。

拒绝了曾国藩，他还跟朋友提起这件事，谈论曾国藩的智商："涤公正人，其将略未知何如。弟以刚拙之性，疏浅之识，万无以仰赞高深。前书代致拳拳，有感而已。"正是"你伤害了我，还一笑而过"，让曾国藩十分难堪。

良禽择木而栖，良臣择主而事。不跟他曾国藩，不代表不跟别人。比曾国藩下手还早的是湖南巡抚骆秉章，他早就在密切关注着左宗棠的动向。得知左宗棠从张幕再度归隐，大才不用，岂能让他闲置？太平军时陷岳州，南距长沙七十里，"扬言将入山索公（左）"，左宗棠的人身安全受到威胁。骆秉章抓住机会，"三遣使币入山敦促再出"，开出的条件比曾国藩更优厚，诚意更足，堪称三顾茅庐。左念时事孔棘，"不得已勉为一行"，于三月入幕骆秉章。

左宗棠此举，让曾国藩很没面子，又有些伤心。

北上援鄂

咸丰四年（1854）正月的两湖大地，风声鹤唳，硝烟弥漫。

从常德府龙阳县码头远远望去，寒气袅袅的水面上有一列船队正徐徐驶来，船首临风而立一位官员模样的中年人，时不时朝着码头的方向张望——来者正是胡林翼。不待胡林翼上岸，墨溪公胡达源及次子棐翼已候多时，自当年一别，至今已有七载，再见却是这般光景，有家不能同还，相聚不能长叙。甲板之上，叔侄俩喜极而泣，之后汤太夫人和家眷由墨溪公父子接送回乡，胡林翼则与六百勇士继续前行，取道岳州，赴援湖北。在新的战场上，他将面对的不再是三两匪盗，而是有组织、有纪律的数十万太平军。

胡林翼人在贵州，何以此刻现身湖南？镜头回到两年前。

张亮基抚湘后，第一件事就是挖胡林翼到湖南。虽然这时贵州巡抚乔用迁已死，但布政使吕佺孙、按察使孔庆镠不同意，太平军方兴未艾，新任巡抚蒋霨远更不想失去一个治匪专家，以"士民失望，关系匪轻""事关全省大局"为由，博得了咸丰帝的支持。士民如何失望呢？胡林翼的朋友、贵州籍的唐树义在信中告诉他：听说他要调离黎平，"绅士百姓皇皇如婴儿之失慈母"，为了不让他走，竟联名请愿，"闻使车仍留吾黔，始各欢欣跃舞"。

这件事，胡林翼在给左宗棠的信中也有提及："八月十三同日奉旨赴楚，……简料戎衣，计日待发，且已物色壮士百人，挟之以趋。而黔中八月十四驿奏请留，言士民失望，关系匪轻，又言事关全省大局等语。奏词过分，林翼决不能如此，然势必留黔，虚负中丞（张亮基）知己之谊，东望枌榆，我心如结。"队伍整装待发，自己也轻装简从，准备就绪，可上面有指示，想走却走不得，我能有什么办法呢？

在这种情况下，胡林翼便向张亮基推荐了左宗棠。

第二年（1853）正月，张亮基署理湖广总督，与时任湖北巡抚的骆秉章联名再奏胡林翼援鄂。考虑到贵州局势，当地又不放

第四章　湘军崛起

人，咸丰"以林翼熟悉黔省情形，调往他省，转恐人地未宜，不允行"。胡林翼又没走成。接下来的半年时间里，太平军以不可阻挡之势建都南京，继而大举西征、北伐；琦善、向荣建立江北、江南大营。九月，太平军西征之师攻克九江后，溯江而上再犯湖北，连下田家镇、蕲水、黄州；十月，庐州失陷，名将江忠源投水自尽；十月下旬，再失汉阳，武昌二次被围。安徽、两湖阴云密布，一派萧肃之气。

在此期间，胡林翼一度咨请北上，又被领导拦截。为了让这位治匪专家安心待在贵州，经省府呈奏，胡林翼以功升任贵东道，但他去意已决，不以为意。

同年九月，张亮基移调山东，吴文镕接任湖广总督。

吴文镕原是云贵总督，作为地方领导，他和程矞采、张亮基一样，在任期间就听说胡林翼在云贵一带的名声，深知胡氏之才，只叹罗致无门。此时，御史王发桂以胡林翼知兵、可堪大任等辞，力奏其北上。

吴文镕株守孤城，千钧一发，急奏胡林翼赴鄂。

时不我待。咸丰帝终于准奏，贵州当局只能放行。

离开贵州前，胡林翼望着工作了七年的地方，感慨万千却又忧心忡忡："窃恐此方之事，前盗已死，后盗又生，不过一年，又当复炽，事不可为。"野火烧不尽，春风吹又生。贵州如此，湖北何尝不是这样？天地苍茫，明日又在何方，大清将往何处，谁又能知晓？对此，他只能在消极中自励，天下事知其不可为而为之，即使无力改变，也要尽力补缀乾坤。他心中还有理学，还有读书人的人生观与价值观。十年寒窗，苦读圣贤之道，为的就是实现人生抱负，别无他途。后来位至鄂抚，他表达了同样的看法：时事艰难，才力短长，事境顺逆，唯有努力干去之一法。凡

133

事之难为者，天也；其不可不为者，人也。

尽人事，听天命。读圣人之言，学圣人之道，当是如此。

咸丰三年（1853）十二月，胡林翼偕朱洪章及黔勇三百，自镇远府启程，途中续募壮丁三百，奔赴湖北，正式结束了其在贵州的七年宦游生涯。

胡林翼日夜兼程，赶至武昌城外之簰州，吴文镕败死。

广西事发之初，吴文镕就有预测，太平军"若窜湖南，不可制矣"。果如其言，对方一路攻城略地，作战特点是克而不守，拿下南京后，一个回马枪，又杀到武昌城下。吴文镕身为湖广总督，誓与武昌共存亡，声称敢有异议者，必先手刃此人。他亲自坐镇，吃住、办公都在城楼之上，与守城官兵生死与共，昼警夕惕。如此誓以死守，衣不解带两个月，人心稍定。与之相反的是，湖北巡抚崇纶一心想着到城外"扎营"，实则打算乘机出逃。对此，吴文镕一目了然："抚臣之必欲出城扎营者，意将乘机逃避，借口于本在城外，可免失陷城池之罪耳。"由是督抚相讧。

待到太平军大举围城，崇纶以文镕畏葸不前、闭城株守劾之；咸丰心急躁进，听信佞言，命文镕出城督战，疾赴黄州，以崇纶留武昌布防。吴文镕出身翰林，曾国藩中进士时，他是考官之一，两人有师生之谊。得知老师被令出城，曾国藩力劝"如尚未起行，伏望审慎三思，仍驻鄂垣，专重防守"。但吴文镕不是曾国藩，也没有与皇帝抗辩的勇气，毅然移军黄州。与此同时，他急奏胡林翼北上。不待胡林翼赶到，吴文镕投水自尽，命丧黄州。

这位满臣崇纶，也没有落得好下场。吴文镕投水后，崇纶"主动请缨"，咸丰知道他的心思，没有批准。崇纶一心打着逃跑的主意，恰逢家丧，便称病辞职，打算一走了之。及至武昌失

第四章　湘军崛起

陷，崇纶弃城出逃，一口气跑到了陕西。曾国藩看准为师报仇的机会，一纸劾书呈上，咸丰震怒。最终，崇纶服毒自尽，出于身后哀荣，官方称之为病亡，《清史稿》含蓄地指出："以病故闻。"

吴文镕已死，胡林翼像断了线的风筝，与湖北按察使唐树义会合。

唐树义是贵州遵义人，曾在湖北任职，道光二十九年（1849）以病告归。这一年他年过六旬，本已称病还乡，因为咸丰的一道诏令，不得不拖着老迈之躯在家乡办起了团练。太平军西征，经张亮基、骆秉章推荐，他复返武昌，以湖北按察使帮办军务，被吴文镕倚为左右手，与胡林翼亦是旧识。此时唐树义已撤出武昌，两人会晤后，胡林翼移军北上，唐则被崇纶算计，其部被调归他人，身边仅剩数十兵勇布防金口。时逢乱世，儒生们"无事袖手谈心性，临危一死报君王"，视生死大事为气节，守城官员也讲究"人在城在，城破人亡"。唐树义也是书生带兵，和江忠源、吴文镕等人一样，战败之际，选择了投水而死。

汉阳已陷，汉口易主，武昌被围。

胡林翼进退失据，和他的六百名壮士站在了十字路口。

继续留在湖北，势单力薄，或步吴文镕、唐树义后尘，即使生命无虞，也会为崇纶排挤；返师贵州，无官无职，回去又算什么身份？如今狼烟遍地，家乡置于虎口，再退回贵州一隅，且有不甘之念；解散乡勇，撂挑子回益阳老家，更是无颜见乡里父老，也不符合他的个性。着实进退两难。

权衡再三，胡林翼想到了曾国藩。

曾国藩如虎添"翼"

在北京那两年,两人还是有交集的。曾国藩会试二次落榜那年,胡林翼中进士;曾国藩做庶吉士,胡林翼得授翰林院编修。于曾而言,两人年龄相仿,胡既是同乡,又是前辈。曾国藩后来写信给胡林翼,称"润之宫保老前辈大人阁下",虽有客套,倒也属实;后来二人均入翰林院,又可谓同学、同事。

尽管如此,在京期间,两个人来往并不多。

湘中名士王闿运是曾、胡二人的老乡,此人狷介不羁,践踏世俗,行事任诞奔放,颇有魏晋之风,自诩史学造诣胜于陈寿,力追班固、司马迁,清末民初时袁世凯的座上宾杨度,便是他的得意高足。王闿运有代表作《湘军志》,耗时六年而成,写作期间,他翻阅了大量奏章案牍,经常夜读曾、胡书信公文,作为创作素材。烛光之下,王闿运越读越感慨,于日记中写道:"作《胡军篇》,看咏芝奏牍,精神殊胜涤公。有才如此,未竟其用,可叹也!""曾不如胡明甚,而名重于胡者。……今乃知胡之不可及,惜交臂失此人也。"

随着了解加深,王闿运对两人又作对比研究:"曾起农家,胡称贵胄,诸所措置,曾不及胡,而同时名人希与胡接。……使曾有胡材略,胡有曾声望,则豪俊效用,规模宏远。中兴之业实成自胡,而外议不知所由,或谤或谀,皆非事实。"大意是说,由于家庭出身和成长环境的差异,曾国藩在格局、气量、手段和行事风格上,比不上胡林翼。在众人眼中,曾长于声望,胡重在才略,两人若是合作互补,则大有一番作为,天下或许也不是现在的样子了。此时,胡林翼已去世多年,所以王闿运会有这样的感慨。

第四章　湘军崛起

除了这些差异，自小成长的环境也造成两人在生活习惯上的不同。身为胡林翼的幕僚，徐宗亮对其生活非常了解，他比较曾国藩、胡林翼、左宗棠三人的饮食习惯：胡林翼在吃饭上相对讲究，要求比较高，不像曾、左那样清苦，几乎三天一小宴，饭菜十分丰盛考究；而曾国藩吃素也吃得津津有味，幕僚门客只能陪着，叫苦不迭，颇有在道光后宫的感觉；左宗棠更不讲究，忙完公务回到家，拿双筷子胡塞一通，填饱肚子就行。

生活归生活，道理归道理，实践和理论有时是两回事。

为何这么说呢？

道光二十八年（1848），胡林翼身在贵州，他在信中教育家人，要崇尚俭朴、慎勿放逸。其中有一句"食仅求其饱"，颇有左宗棠的饮食风格。为什么胡林翼前后会有如此反差？难道都是些纸上文章？

其实不然，正因胡林翼时在贵州之隅，民贫地瘠，他官阶只在知府，又把饷银积蓄多投入在公事中，生活质量确实跟不上。而后来位居湖北巡抚，俸禄、养廉银都相对充裕；同时，在贵州常年奔波落下了病根，经医生嘱咐，又有身体上的营养需求。因此，自小养成的习惯、月薪收入的提高、饮食对健康的保障，让胡林翼后来的口体之奉优于曾、左二公。

总之，他的人生与曾国藩、左宗棠截然不同。

在曾国藩看来，同样有太大落差横亘在他们之间：他出身农家，胡林翼是官宦子弟；他祖、父是文盲和小知识分子，胡林翼的父亲则出身探花，岳丈陶澍更是一代名臣；他立志于理学研究，衣食俭朴，时刻检身自省，胡林翼却青楼买醉，放纵不羁，纨绔子弟一个；他天生儒缓，内向谦和，资质平庸，只有苦读补拙，笨鸟先飞，胡林翼却外向敏捷，恃才自傲，睥睨天下，对那

137

种别人喝咖啡的时间都用来读书的人,有一丝机会都当作救命稻草而死死抓住的许三多类人物,总有一种"何不食肉糜"的不解与疑惑;更可怕的是,比你聪明的人,家境比你优越,实力比你强,运气也比你好。曾国藩初入翰林院,只是个从七品检讨,毫不显眼,甘居角落;胡林翼从编修干起,却一派红翰林势头,俨然种子选手、政坛新星。性格、背景、起点和思维都不同,有什么共同语言?因此,虽然同在北京,曾国藩和胡林翼打交道并不多,甚至对他敬而远之。用现在的话说是:圈子不同,何必强融?

道不同不相为谋。在曾国藩心里,他们压根就不是一路人。

既然没有雨伞,和官二代、富二代相比,他只有努力奔跑。

因此,闻知胡达源仙逝京师,曾国藩出于同乡礼节,前去吊唁慰问,在日记中有"走内城云阁先生处吊唁"的记载。一个多月后,又去询问胡父归葬一事,胡林翼以陶澍的文集相赠,曾回来又写道:"至胡润芝处,问伊扶榇归葬事宜。胡送余《陶文毅公全集》二部。"数日后,胡林翼归乡守制,扶柩南还,曾国藩特来相送,一直送到东珠市口:"早起,走送胡云阁先生柩殡出京,至东珠市口而返。"益阳人姚绍崇曾在胡幕,其《论语衍义》记载,胡林翼后来曾谈到他与曾国藩这一时期的交集:"予自京邸得晤曾公涤生,爱之慕之。迩年东南用兵,曾公知人善任,予自视瞠乎其后矣。"当然,这大概也是他作为同事和战友的冠冕之辞了。同在北京一年多,又都在翰林院任职,两人确切的交往记录寥寥,可说是出于礼节上的需要。

曾国藩和胡林翼玩不到一块儿,反之,胡林翼当时也看不上曾国藩,不然他就不会出去逍遥时不找曾国藩,而是找另一位老乡周寿昌了——一句话,志同道合。

第四章 湘军崛起

所谓"三十年河东，三十年河西"，胡林翼仕途正蒸蒸日上，却因科场失察被贬，又值至亲连丧，丁忧在籍，前后赋闲长达五年。直到捐官贵州，从头再来，胡林翼宦黔七年，声望至于顶点，迎来事业的第二个春天。

胡林翼蹉跎的那几年里，正是曾国藩仕途上的黄金时期。

十年七迁的官场神话，蕴含着曾国藩一步一个脚印的踏实与努力。当胡林翼的声誉传到北京时，曾国藩已是二品侍郎，官至副部级，而胡林翼只是一个地方上的知府。官位弥补了落差，境遇缓解了自卑与尴尬，同时，胡林翼在贵州的作为和声望也扭转了曾国藩的成见，赢得了曾国藩的好感。曾经那个出入烟街柳巷的纨绔少爷哪里去了？几年不见，一个养尊处优的公子哥能幡然醒悟，有如此惊人之举，其进德之猛，着实令人诧异。

同样，胡林翼对曾国藩的看法也有改变。

曾经那个呆板无趣的老乡，短短几年，一跃成为都门风云人物，再也不是当初那个只知道死记硬背的书呆子。当年那个坐在最后一排默默无闻的学渣，大学考得一般，此时竟考取了中央公务员。更让人刮目相看的是，几年过去，那个只知道努力奔跑、没有一点幽默感的男同学，还一改他刻板死学的呆萌风格，成了一个儒雅幽默、谈笑风生的魅力男士。时光不只是一把杀猪刀，还是一块磨刀石。曾国藩在京中士林的声望，在任上一扫朝堂萎靡之气，弹劾琦善、赛尚阿的谏臣之勇，展现的正是可贵而罕见的文人风骨。甚至，他冒着触犯天颜的危险，还要上那道轰动朝野的《敬陈圣德三端预防流弊疏》，针砭时弊，献策建言，其才识、胆识、见识，凛凛正气，棱棱风骨，不管哪一点都让人肃然起敬，望犹不及。

士别三日，当刮目相看。

彼此印象的转变，认知和认同的统一，为两人的合作打下基础。

再说说现在，曾国藩自接到团练任务，一年之内迅速建立起一支湘军，水陆两栖，一万七千之众，麾下有罗泽南、塔齐布、杨载福、彭玉麟等人，猛将如云，军容甚盛，成为大清帝国一支举足轻重的军事力量。

念及于此，胡林翼决定修书一封，向曾国藩探示行止。

千军易得，一将难求。莫说六百壮勇，六千勇士也抵不过一个将帅之才。不看那六百民兵，冲着胡林翼，曾国藩当然求之不得。接到书信，他即与湖南巡抚骆秉章相商，骆亦久闻胡林翼大名，立即派人资助粮饷。曾国藩则密疏论荐，奏请胡林翼暂驻岳州，相机行事，以防太平军南下，并在奏折中不吝美言，有"胡林翼之才，胜臣十倍""于大局必能有济"等语。和胡林翼的爱好一样，曾国藩也以爱才著称，动辄向清廷举荐人才，在以后的日子里，他在保举胡林翼的奏折里，充满"所至皆惬民望""胆识绝人，威望夙著""识略冠时""才大心细，为军中万不可少之员"这样的字眼。曾国藩此言，实非溢美，在治军和基层经验上，胡林翼宦黔有年，深入民间，摸爬滚打，论经验，确比居京为官的曾国藩丰富。

自此，胡林翼开启戎马征程，"湘军三杰"站在了同一起跑线上。

短暂的龙套生涯

太平军西征以来，一路进攻皖北，另一路沿九江溯流而上。咸丰四年（1854）春，西征军至武昌兵分两路，进军湖南、鄂

第四章　湘军崛起

北。南路军由石祥祯、林绍璋指挥，直指长沙。及至湘境，克岳阳、湘阴、靖港，之后石祥祯扼守靖港，林绍璋走陆路绕道宁乡，于三月底奇取湘潭。太平军此举意图明显，拟上下两路夹攻长沙。

省垣岌危，曾国藩率湘军及时赶到，筹划着一场长沙保卫战。

经商议，以塔齐布率陆师八营、彭玉麟率水师五营，南攻湘潭。曾国藩亲统剩下水师五营、陆师二营，打算次日跟进。方案既定，塔齐布、彭玉麟已在路上，事情却出现了变数。

是夜，曾国藩睡得正香，一位长沙乡团代表求见，声称有小道消息，机不可失。来者谓：靖港距长沙不足六十里，尽得水陆之便，一旦南下，省垣瞬息而至，唾手可得。大帅您明日一走，靖港之敌来犯，长沙城防空虚，不攻自破，故而市民人心惶惶。但也有一个利好，靖港屯敌仅有数百，不若我军之盛，驱之易如反掌。曾国藩觉得有理，不能把鸡蛋放到一个篮子里，既然靖港太平军人手不多，不如先消除北路之患，乃临时变计，改攻靖港。

翌日，曾国藩出动战船四十艘、陆师八百人，直向靖港杀来。不料中午南风骤起，水流湍急，湘军战船顺风而行，身不由己，只能靠纤绳前行，以致遭对方炮火痛击，顿时乱作一团。太平军以小船灵活攻击，湘军弃船上岸。曾国藩急令陆师增援，士兵见前线溃败，锐气大挫，掉头反奔，桥力不支，一时造成浮桥垮塌事件，死者百余人。曾国藩拔出佩剑，亲自督阵，大家却不拿他当回事，依然逃命要紧。眼睁睁地看着溃兵从面前穿过，曾国藩一筹莫展。《湘军志》描述："国藩亲仗剑督退者，立令旗岸上曰：'过旗者斩。'士皆绕从旗旁过，遂大奔。"脑补当时场景，令人忍俊不禁。

说曾国藩"用将则胜,自将则败",不无实据。

首次督战,出师不利,败得如此彻底,如此滑稽。羞愤之下,曾国藩自投水中,被章寿麟及时救回岸上。之后两次投水,皆被左右救起。

话说这位救人的章寿麟,从水里捞起曾大帅,本有救命之恩,却没得到什么实惠,心中颇有落差。多年后曾公已逝,章先生再经铜官渚,不禁触景伤怀,便找人画了幅画,命名《铜官感旧图》,讲的就是他在铜官渚营救曾国藩的事,并请湘军旧部题跋,似有让大家评理的意味。找到左宗棠,算是找对了人,左宗棠一向不服曾国藩,对这件事的看法是:"公不死于铜官,幸也。即死于铜官,而谓荡平东南,诛巢馘让,遂无望于继起者乎?殆不然矣。"意思是说,曾国藩这回没死是万幸,不过话说回来,就算他在铜官渚淹死了,荡涤南京,别人就干不了吗?我看不然。左宗棠这话,说的明显是他自己。

曾国藩兵败靖港,一时腾于众口,京中同僚、湖南官绅多有讥讽者,让他无地自容,屡有寻死倾向。在曾国藩最不得意的时候,一向看不惯他的左宗棠从长沙缒城而出,风尘仆仆来到铜官渚。左宗棠雪中送炭的慰问,让他大感意外,垂头丧气之余,又有鼻子一酸的感动。

据左宗棠回忆:他来到船上看望曾国藩,见曾一蹶不振,长衫上还沾有投水留下的泥渍,痕迹犹存,于是做起了曾的思想工作,说人生总会充满挫折,一次败仗就自绝于世,非明智之举,况且"事尚可为",还能重整旗鼓,还有很多事要做。曾国藩闭目不言,万念俱灰,让人拿来纸张,上有军火清单,让左代为查点。他这是交代后事,还想着寻死。

第四章 湘军崛起

看曾国藩一条路走到黑，左宗棠从袖子里拿出一封信。信是曾国藩的父亲曾麟书写的，老爷子口气比较严厉，说：儿子你此次出征，不单是为保卫桑梓，还为了长驱东下，杀敌报国，这才是你的定位和格局。如果在省外战死沙场，那才是死得其所，全家都为你感到自豪。你若是在家门口自寻短见，干这种没出息的事儿，你爹我都不会为你掉一滴眼泪，曾家也没你这样的子孙！

但以曾国藩这种犟脾气，不会轻易改变主意，除非看到希望。

对于父亲的劝诫，他依然无动于衷；对于老友的关怀，他感动得也有些早。左宗棠看似情至意尽，实情并不尽如他回忆的那样。据《药裹慵谈》所述，急性子的左宗棠曾当面说曾国藩是"猪子"。这一细节王闿运也有旁证，说"左生狂笑骂猪耶"。从语境来看，类似现在随口说的"笨蛋"，似有怒其不争之意。其实，左宗棠心底还是看不上曾国藩，大道理说完了，鸡汤煲好了，临走还不忘骂曾国藩一句"笨得像猪"。

兵败靖港，曾国藩退守长沙，驻军城外的妙高峰。直到这时，他依然想着自杀，并连夜写好两千字的遗嘱，安排好了自己的后事。在他最痛苦绝望的时候，曙光闪现：次日，捷报传来，塔齐布、彭玉麟在湘潭打了胜仗！

曾国藩转悲为喜，精神为之一振：终于可以不用死了。

其实，湘潭大捷和靖港兵败发生在同一天，只是传到曾国藩耳中，已是次日中午。这是湘军取得的第一个胜利，战事不大，意义不小——打破了太平军南北包抄长沙的计划，湘军进入反攻阶段。同时，救了曾国藩一命。

曾国藩重拾信心，找来了驻守平江的胡林翼面商军机。

相比左宗棠，胡林翼与曾国藩阔别十三年的重逢要温馨许多。妙高峰上，故旧重聚，受靖港事件的影响，时机虽有些尴尬，倒也不影响整体氛围。林翼本驻岳州，太平军沿长江先克安庆，再围武昌，不日舍城南下，攻陷岳州，兵锋直指长沙。平江是通往长沙的要冲，曾国藩这才让他驻军于此，以侧翼防卫省城。时有安化一带土匪乘机滋事，匪众万计，群起响应，百姓多受其扰。四月，胡林翼应曾国藩之命前去查办，联合当地士绅，计擒黄国旭、刘盛治等魁首，押往省城审问。五月，胡林翼擢四川按察使，仍驻湖南襄助军事。

此后一年，胡林翼的仕途开启了火箭模式。

太平军湘潭失利，转战湘北。骆秉章调李辅朝、赵启玉部两千人，曾国藩拨周凤山部一千人，随胡林翼赴常德防剿。胡林翼一无太高的品阶，二为外来户，嫡系只有六百黔勇，周凤山、李辅朝自然不把他放在眼里，不服节制，擅自行动。胡林翼未到常德，半路就被打得丢盔弃甲，很是狼狈。这年七月，曾国藩决意东征，本打算让胡林翼随行，奏折都写好了，皇帝也同意了，骆秉章却表示拒绝。这是为什么呢？原来，左宗棠知胡林翼仅有数百黔勇，不忍铁哥们儿以卵击石，便说服骆秉章请奏中央，胡林翼得以移防岳州。八月，胡林翼调补湖北按察使，移军鄂南。翌年（1855）正月，擢湖北布政使。两个月后，署湖北巡抚，成为首个获得督抚之权的湘系人物。不到一年，胡林翼从四品道员升至封疆大吏，官阶直逼老大曾国藩。

这就是传说中的人生开挂。

讲到这里，我们会有一个疑问。胡林翼虽有盛名，但北上以来，由于兵少力薄，另有左宗棠处处袒护，前期几乎没有参与到正面战场。也就是说，在湖南，他担任的多是跑龙套、打酱油的角色，凑个人场，无足轻重。上不了主战场，也就没有机会，没机会也就无大功可录,由此常被湘军将领轻视。可恰恰如此,短短数月,胡林翼竟平步青云,接连升迁,委实让人诧异。

神秘人物文庆

世上没有无缘无故的爱,天上掉馅饼的事也不会频频发生。

实际上,胡林翼身后除了左宗棠,还有一位他意想不到的人物——文庆。

文庆的角色如何定位呢?打一个比方,如果说胡林翼正和人下棋,他旁边除了有好哥们儿左宗棠时不时插几句嘴,大伙正看得入迷,忽然发现不知何时旁边还站着另一人,这个人就是文庆。有观棋不语的吃瓜群众纳闷,现场采访他为什么要帮胡林翼支招,文庆一脸忧伤地眺望远方,想起了十五年前的往事。

道光二十年(1840),胡林翼赴江宁任江南乡试副考官,主考官便是文庆。那一年,胡林翼二十八岁。对于一个红翰林来说,正值大好年华,前途一片光明。时值盛夏,江南雨水不断,两人八月初抵达江宁,夫子庙旁的江南贡院还被水淹着。考试延期一个月,等到开考,文庆却病倒了。之后胡林翼一人承包了全部工作,"竭三十余昼夜之力,独阅一万四千余卷",任劳任怨。回京复命时,文庆案发,胡林翼非但无功,反倒白捡一份失察之过,被降级调用。然自始至终,胡林翼没有一句怨言,没有一句申辩,默默承受了一切。

文庆既已被贬,为何此时又站到了舞台中央?简历说明一切。

文庆,满洲镶红旗,道光二年(1822)进士,历任翰林院编修、左副都御史、内阁学士。道光十二年(1832),授礼部侍郎兼副都统，此后又调任吏部、户部侍郎。案发那一年，正是他官运亨通之时。在养尊处优的旗籍官员中，文庆绝对鹤立鸡群，是三观极正、正能量满满的饱学之士，翰林文凭即是一证。正因他在旗人中出类拔萃，又谨持大体，"宣宗、文宗知之深，屡踬屡起，眷倚不衰"，成为道光、咸丰两朝的军机大臣。

失察被贬两年，文庆被重新起用，出任库伦办事大臣。第二年被召回京，连擢左都御史、兵部尚书。道光二十七年（1847），任军机大臣，负责内务府事务。不久，署陕甘总督。次年授吏部尚书，兼步军统领、内务府大臣。咸丰即位后，擢户部尚书、翰林院掌院学士，成为翰林院的院长。咸丰五年（1855）升大学士，加太子太保，拜文渊阁大学士、晋武英殿大学士，任上书房总师傅，生前荣誉至于顶点，圣眷隆于一时。

可见，文庆是当时少有的不靠旗籍而凭真才实学得宠的满臣。

论其才识，更有见地的还在后面。

曾国藩的四大幕僚之一薛福成披露："公（文庆）尝与胡公（林翼）语，奇其才略，由贵州道员，一岁间，擢巡抚湖北，所请无不从者，公实从中主之。"文庆平时奏对，常请破除满汉樊篱，不拘资地用人，还尝言："欲办天下事，当重用汉人。彼皆从田间来，知民疾苦，熟谙情伪，岂若吾辈未出国门一步，懵然于大计者乎！"

另据《清史稿》记载："曾国藩初任军事，屡战失利，忌者沮抑之。文庆独言国藩负时望，能杀贼，终当建非常之功。曾与胡林翼同典试，深知其才略，屡密荐，由贵州道员一岁之间擢至湖北巡抚，凡所奏请，无不从者。又荐袁甲三、骆秉章之才，请久任勿他调，以观厥成。在户部，阎敬铭方为主事，当采用其

第四章 湘军崛起

议,非所司者亦谘之。后卒得诸人力以戡定大难。端华、肃顺渐进用事,皆敬惮其严正焉。"

说到这段"似曾相识"的叙述,还要提一下《清史稿》的成书背景。民国三年(1914),袁世凯成立清史馆,组建一支一百多人的团队,以赵尔巽为主编,负责清史纂修工程。全书历时十四年草成,因时局动荡未及修正,遂以书稿之名刊印出版。因此,从成书时间和《清史稿》这一段的描述来看,内容明显参照了前人薛福成之言。

总之,文庆不但有才,而且有见地,有胸怀,有格局。

自入关以来,清廷提防汉人如同防贼,军政大权从不放手于汉臣,生怕自家江山被抢,上演明朝的悲剧。正如后来胜保对皇帝所言:"我朝自列圣以来,从不以重柄尽付汉臣,具有深意,不可不深思而远虑也。"每临变乱,皇帝都会特派钦差驰往督办,所谓"会办""帮办",皆王公亲要,鸦片战争时的奕山、赴广西靖乱的赛尚阿,都是典型代表。直到太平军势起,派去的满臣一个个沉沙折戟,清廷才开始转变思维,汉人渐有出任督抚者,汉臣由此崛起。

文庆不一样,他常建议皇帝跨越种族之见,不拘一格重用汉人,如前所述,曾国藩、胡林翼、袁甲三、骆秉章、阎敬铭,都得其举荐。端华、肃顺虽得势一时,对他也比较敬畏。后来的事实证明,其荐举之人也大都成为中流砥柱,扶大厦于将倾。《咸同将相琐闻》称:"未及数年,曾、李、左诸公,联翩大用,遂以削平群寇。……盖文文端公之力为多。夫宰相以荐贤为职,荐一世之贤,平一世之难,其功固不浅。若所荐不仅一世之贤,而移数百年积重之风气,非具不世出之深识伟量,其孰能之?"文庆之功并不止于荐贤,更重要的是改变了"数百年积重之风气"。

因此,"谓中兴之先论相业者,必以公为首焉"。

如此看来,所谓中兴之业,文庆的作用实在不容小觑。

除文庆外,当时清廷出现了一批具有真知灼见的宗室满臣,如肃顺、奕䜣、文祥等人,在洒满帝国余晖的朝堂之上,简直是满人中的一股清流。尤其是肃顺,多次建言"非重用汉人不能已乱",对曾国藩、胡林翼"知之已深,颇能倾心推服"。可见当时满臣并不尽是颟顸之辈,一味排汉的思想也开始动摇。放眼三十年后的洋务运动,彼时肃顺已退出历史舞台,地方上有左宗棠、李鸿章、张之洞等人负责一线操作,在中央力主改革、推行洋务的,正是奕䜣等人。

咸丰五年(1855),已至暮年的文庆正荣极一时。

在病逝的前一年,他总会想起灯火下独自阅卷的胡林翼。一次共事他已了然,那是一个才华横溢的有为青年,处事果敢精明,人品亦无可挑剔。生病期间,他对自己无微不至的照料;昏暗的烛光之下,他通宵达旦,认真阅卷的孤独背影,哪怕后来牵连受过,断送了自己的大好前途,也毫无怨言。文庆觉得自己对胡林翼有一份亏欠,那是他多年的一个心结、一份愧疚,十数载过去,他依然不能释怀,心有惦念。何况,文庆本就是视野宏远、格局阔达之人,素以荐贤为天职,放着胡林翼不用,更待何时?

天时地利人和。

等待胡林翼的,是一个更大的舞台。

第五章 鏖战武昌

转战江西，遭遇石达开

人生是一桩桩随机事件的排列组合，每一种组合都可能产生不同的结果。多年以后，胡林翼想起自己和曾国藩的政治轨迹，或许会有一种莫名的感触，是巧合？是宿命？是既生瑜，何生亮？都不是。七年后，咸丰本打算以他督两江，肃顺一句话，让皇帝改变主意，最终曾国藩出任两江总督。七年前的这个秋天，湖北巡抚本已给了曾国藩，由于祁寯藻的一个提醒，最后的归属却是他胡林翼。

世上的事，谁又能说得清？

咸丰四年（1854）的湘潭大捷，让四十三岁的曾国藩踌躇满志，开始尝到创业的红利。这年夏天，湘军自长沙北上，水陆并进，占岳州，复武昌，下蕲、黄，突破重兵把守的咽喉要塞田家镇、半壁山防线，沿长江俯冲而下，连战连捷，锐不可当，直抵太平军重镇九江。一路上，湘军横扫太平军水师，从战略防御进入全面反攻阶段。

湘军攻克武昌后，曾国藩的形象陡然而升，"中外啧啧，称湘军为劲旅"。咸丰收到战报，更是大喜过望，直称"览奏感慰实深，获此大胜，殊非意料所及"，没想到一支民兵队伍这么能干，简直就是意外收获。自即位以来，咸丰太需要胜利，太需要业绩了，几年来，派往广西的文武大臣一个个有去无回，不是流放革职、病死军中，就是丢盔弃甲、狼狈而归；几年来，太平军的凶悍让他闻之丧胆，彻夜难眠，视之不啻洪水猛兽。祖宗二百多年的基业几乎被他挥霍殆尽。这一回，他终于从一介书生、一群农民身上看到了曙光。

咸丰大手一挥，要让曾国藩署理湖北巡抚。

这时，皇帝身边的大臣发话了。据一些观点认为，这位大臣是当时的军机大臣彭蕴章，但更多的资料显示，尤其是"曾门四子"之一的薛福成确认，该大臣叫祁寯藻，是个汉人。看到曾国藩的湘军如此之威猛，年轻的奕詝又容易冲动，善揣圣意的祁寯藻及时发挥了他年过六旬的老谋深算，提醒道："曾国藩以侍郎在籍，犹匹夫耳。匹夫居闾里一呼，蹶起从之者万余人，恐非国家福也！"曾国藩就是一空衔侍郎，和光杆司令、无业游民没啥区别，一个平头百姓在地方能振臂一呼应者云集，这本身就是个问题，恐怕对大清不是什么好事。

咸丰本来很高兴，也没想太多，听祁这么一说，"默然变色者久之"。

对于汉臣的崛起，军政大权的流失，清廷统治者一向敏感。直至十年后的咸同之际，曾国藩的幕僚赵烈文还说："今武臣多拥兵，吾恐大行弃天下，主少国疑，斯辈不可问耳。"薛福成也指出，"某公条议时事颇备，不自上疏，诣军机大臣请代陈之，其大旨谓楚军遍天下，曾国藩权太重，恐有尾大不掉之患。于所

第五章　鏖战武昌

以撤楚军削曾公权者，三致意焉"。薛福成提到的"某公"，即祁寯藻的政治伙伴、军机大臣彭蕴章。

而在咸丰九年（1859）十月，胡林翼在给钱宝青、曾国藩的信中也有过表示：湘军的崛起，"为将帅增凌烟之色"，"正烦圣虑"。朝廷"所虑者，安史灭而祸更烈于安史耳"，"安史之祸，不在安史；黄巾之祸，乃成于破败之后，是可忧也"。安史者，藩镇也；黄巾之祸，即军阀割据之始。这些话，可谓鞭辟入里，字字入骨，与后来的事态发展毫厘不差。五年后，天京政权覆亡，曾国藩成为最大赢家，面对中央的猜忌，他亲手将十二万湘军就地解散，只为过踏实日子，不再战战兢兢。因此，自成立之始，湘军这支汉人武装力量作为大清救命稻草的同时，也开始成为大清皇帝的隐忧。

问题是，君无戏言，圣旨已下，如何反悔？

"君无戏言"只是个幌子，那是没触碰到核心利益。于是，咸丰刚下令曾国藩署理湖北巡抚，仅仅过去五天，又补了一道圣旨："曾国藩着赏给兵部侍郎衔，办理军务，毋庸署理湖北巡抚。"其实，早在咸丰改变主意的前一天，曾国藩刚接到第一道圣旨，即有推辞之意，并于两日后上奏请辞，说自己还在守丧，不适合接受奖赏，假模假式地谦让了一通。

如此一来，两人等于赶了个时间差。

收到曾国藩的奏折，皇帝心中一喜：早知道你不干就不反悔那么快了，白落下一个朝令夕改的名声。于是，咸丰也假惺惺地说"朕料汝必辞"，就知道你曾国藩不愿意干，这不，我提前就想到了，真是心有灵犀。再说了，"剿贼之事重于地方"，"断不能株守省垣"。让你做湖北巡抚你在武昌也待不长，又要当省长，又要去打长毛，整天不在家，所以我把省长又给你撸了。这

151

么着，你以前不是吏部侍郎吗，升半级，就赏你一个兵部侍郎衔吧。

显而易见，咸丰找这么拙劣的理由，也是为了不刺激曾国藩。

皇帝将没理说成了有理，还理直气壮。曾国藩也不做辩解。

况且，辩有何用？大清就是人家的，给不给你官，完全看心情。

最终的结果是，奕䜣出尔反尔，收回成命，改任陶恩培为湖北巡抚。而这位陶恩培，正是曾国藩的死对头，处处看他不顺眼，与湘军为难。

那么，曾国藩呢？

该干吗干吗，接着去江西！

这里有一个奇怪的现象，我们不禁纳闷：朝堂上，文庆、肃顺这些人犹力荐汉臣，为胡林翼、曾国藩等汉人美言；而血统纯正的汉臣，则与满人相反，在皇帝面前多进谗言，处处防范、打击汉臣，如祁寯藻、彭蕴章之流。汉人何苦为难汉人？

据说，后来有人向祁寯藻问及此事，祁寯藻表示自己很冤枉，按照他的解释，他那样说、那样做，是为曾国藩好，目的在于保全曾国藩。这种说辞确实有些难以理解。不过，联系到之前曾国藩还是愣头青时，呆头呆脑上那封《敬陈圣德三端预防流弊疏》，咸丰怒不可遏，祁寯藻一句"主圣臣直"化解尴尬，由此猜想他这么做，是要保全曾国藩，倒也不是没有可能。只是祁寯藻道行太深，众人理解不了罢了。

总之，自此以后，曾国藩与咸丰展开了长达六年的"权力之争"。一定程度上讲，这和祁寯藻的那句"提醒"不无关系。

带着满腹牢骚，曾国藩率湘军一路凯歌，兵抵江西。

第五章　鏖战武昌

田家镇、半壁山防线崩溃，让太平军意识到问题严重。

作为西征军主帅，石达开从安庆急赴湖口，亲自主持战事。

一代帅才石达开自此从幕后走向台前，开始表演他的得意之作。

九江古称浔阳，位于长江南岸，与北岸的小池口一江之隔。湖口位于九江东部，亦在长江以南，与九江中间隔着半个鄱阳湖，因位于长江与鄱阳湖的唯一交汇口而得名。因此，若要从鄱阳湖水陆两路攻打九江，湖口是咽喉。梅家洲在湖口对岸，与九江、湖口成掎角之势。此时，林启容守九江，罗大纲驻梅家洲，石达开坐镇湖口，指挥全局。

此三人，个个是将帅之才，在湖口与九江，曾国藩将有深刻体会。

尤其是石达开，太平军后期的两大元帅陈玉成、李秀成都对他推崇备至。英王陈玉成就义前，曾评价太平天国人物"皆非将才，惟冯云山、石达开差可耳"。忠王李秀成被俘后，谈及太平军将领，"皆云中中，而独服石王，言其谋略甚深"。曾国藩吃过石达开的亏，咬牙切齿称"逆首石达开狡悍为诸贼之冠"。连尚未与石达开打过交道的左宗棠也说："石逆狡悍著闻，素得群贼之心，其才智出诸贼之上。"虽有蔑称，所言倒是实情。

于是，甫抵江西，曾国藩即请胡林翼助攻九江。

是年（1854）十一月，胡林翼率鄂军二千，与塔齐布、罗泽南会师于江西。彭玉麟的湘军水师也加入围攻阵营，从北面威胁九江。四路大军连日仰攻，收效甚微，九江城防安然无恙。相持月余，胡林翼、罗泽南、彭玉麟转攻梅家洲，遭到罗大纲痛击。这时，湘军水师犯下一个错误。湖口连接长江与鄱阳湖，乃锁钥之地，在石达开的计诱之下，湘军萧捷三率轻舟一百二十余只冲

153

进湖内，石达开抓住时机，封锁湖口，断其归路。湘军水师被一截为二，成了外江水师和内湖水师，大小不能配合，首尾不能相顾。没有小船掩护，江面大船如同失去护卫的航空母舰，太平军以小船火攻，灵巧自如，烧毁湘军战船四十余艘。剩余船只退往九江。湖口失利后，长江上游杨载福的水师及时增援，会师于九江城外。

摆在石达开面前的是一席宁静的盛宴。

十二月二十五日夜，月黑风高。湘军水师正因白天受挫而陷入伤感与疲惫中，石达开已经做好了突袭的准备。夜幕之下，林启荣、罗大纲自九江、小池口两岸并举，前后夹击，指挥百余轻舟进入长江，直冲向湘军水师。及至跟前，炮声大作、火弹齐发，短兵相接、杀声震天，湘军战船无小船配合，顿时成为近战的活靶子，余船纷纷上驶溃逃。此役，湘军战船被焚一百余艘，辎重损失殆尽，溃不成军。连曾国藩的座船也被烧毁，船上文卷册牍俱失，或付之火海，或散落水中。其咸丰五年（1855）之前的文牍、书信、日记大量缺失，正是毁于此役。为此，他还上了道奏折，叫《水师三胜两挫外江老营被袭文案全失自请严处折》。战乱之中，曾国藩改乘小船登陆，逃至罗泽南营中，幸免一死。望着江心火光通天，苦心经营的水师毁于一旦，悲惨至此，曾国藩又要跳水自杀，被罗泽南、刘蓉再次拦下。

九江之役是曾国藩的梦魇，也是石达开的得意之笔和巅峰之作。

这一年，曾国藩四十四岁，石达开二十四岁。

两军争锋之时，石达开命林启容坚守九江，其余主力乘胜西进，汉阳再次被太平军攻破。此后数月，石达开连克江西五十余县，士气如虹。

第五章　鏖战武昌

经历两场灰头土脸的失败,曾国藩不得不转守南昌,留塔齐布继续驻围九江。九江守将是以善守知名的太平军悍将林启容,辉煌的战绩证明了他的军事天才:水师统领萧捷三命丧湖口;陆师大将童添云战死;湘军第一主将塔齐布屡攻九江不下,自负的性格与现实的失衡,让他积郁于胸,最终呕血而死;塔齐布死后,其副将周凤山撤围九江,在赶往南昌途中遭石达开痛歼,狼狈逃回湖南老家。湘军遭遇成军以来的第一次危机。

湘军濒于团灭的边缘,主帅曾国藩坐困南昌,备受煎熬,他形容这段日子为"道途久梗,呼救无从,中宵念此,魂梦屡惊"。此等情形,只有在绝望中寻求希望,曾国藩的这一线希望就是罗泽南回援江西。

话说至此,一个问题摆在我们面前:当初大家一起打九江,紧要关头,罗泽南为何不在江西呢?胡林翼此时又身在何处?

这要从几个月前说起。

兵可挫而志不可挫

九江被围,石达开分兵西进,武昌垂危。这正是太平军频频用到的战术:围魏救赵。咸丰五年(1855)正月初二,清廷下令援鄂的半个月前,曾国藩已命李孟群、彭玉麟率水师回援武昌。胡林翼以按察使有守土之责,亦自请返鄂。曾国藩遂以之前援赣的胡林翼、王国才、石清吉三部楚军共六千人先后回鄂。返鄂途中,胡林翼受任湖北布政使。

武汉水路密集,有两江四岸之称,胡林翼兵分三路回援,扎营于武昌城外之沌口。但和前任督抚吴文镕、崇纶一样,湖广总督杨霈与湖北巡抚陶恩培关系不睦,胡林翼一个布政使,无援无饷，羁縻其间，"郁郁无所施"。不足一月，武昌失守，陶恩培自杀，清廷以胡林翼署理湖北巡抚，兼统外江水师，与李孟群共驻金口。王国才、彭玉麟、杨载福陆续赶到。

其时湖北多为太平军所据，胡林翼表面上是个省长，实则"不特无兵无饷，亦且无官无幕"，甚至没有办公地点，更尴尬的是，"巡抚号令不出三十里，屯金口倚水师自保"，基本上是一个光杆司令。用胡林翼自己的话说："尤异者，自去年（1855）二月至今年正月，巡抚至于典史，一人当之。武昌一带，仅一孤臣。"上到省长，下到打杂的，就他胡林翼一人！

一个"尤异者"道出了现状的荒诞和无奈。

同时，粮饷不继，影响军心，军队没有战斗力，生存都成了问题。在写给墨溪公的信中，他一诉苦衷："不知者，方且以侄居巡抚，欲谋我之利。殊不知此中之苦，有非人境所能堪者矣。"与妹夫但培良数年不通音信，一开口也是大倒苦水，还多次想到了自杀："兄连年以来，所处亦非人生之境。去年（1855）之自欲觅死者已十余次矣。"

这种情况下，只能挖草根充饥，草根挖完了，大家分头去要饭。[1]

此情此景，曾国藩向咸丰描述道："一钱一粟，（胡）皆亲作书函，向人求贷，情词深痛。"胡林翼向邻省乞援无果，不得不像当年在贵州一样，自掏腰包，私款公用，自己的养廉银都很少补贴家用，往往捐作军饷。更过分的是，工资不上交也就算了，他还自开家仓，派人到益阳老家和岳父家里拉粮食，泛舟于泉交

---

[1]《国史馆本传》载："林翼坐困金口，前逼武昌群寇，后者崇、通优莽，饷绝掘草根佐粮。相持日久，各处乞贷。"

河上,"发其益阳私家之谷以济军食"。和当年的"傻气"行为如出一辙。

胡林翼到底是胡林翼,别人做官发财,他做官破产。

还好陶氏知书达理,格局不亚于其夫,才允许他这么任性。

胡林翼仕宦多年,究竟穷到什么地步呢?从他与但培良的一封家书中可窥一二。这位但培良,正是当年资助胡林翼复出的但明伦之子,妻室为胡林翼的妹妹胡春芝。是年五月,但明伦病逝扬州,胡林翼得讯已是八个月后。

但家盛况不再,家道不比往昔。且不说姻亲这一因素,也暂不提远方亲人的苦境,十年前但明伦的雪中送炭,岂敢抛之脑后?六千两白银又岂是小数目?于情于理,胡林翼都应该帮一把。可现实是,自己虽为省长,却是个穷困潦倒的省长,又好得到哪里去?

对此,胡林翼如实相告:"兄连年万分窘迫",近来家中几桩喜事都办不起,两个月前,元妹的嫁妆"仅用费二百串,草草了姻事";一个月前,福妹许配湘乡罗家,无甚表示;这个月,九妹与湘阴左家成婚,"兄处仅令家中售田,而苦无人受",卖地筹钱都没人买;"嫂嫂好多病,兄不能两顾……家中只能啖粗粝耳"。道完苦衷,他还是拿出白银一百两,给但培良寄了去,作为送别年伯大人的奠仪。恩人长逝,爱莫能助,此间愧疚,胡林翼难以言表:"年伯尝以六千金畀我,而至今弟、妹如此苦况,不能稍稍一筹,此心此念,何以为情?"

八十年后的民国二十四年(1935),这封信从但家流出,辗转流传到了前清遗老胡嗣瑗手中。读完书札,胡嗣瑗有感于胡林翼家书"语多危苦",挥毫题跋道:

> 武昌四战之冲，一身许国安危系。乱离骨肉，穷交肝胆，迸成酸泪。半壁疮痍，上游抖擞，早忘生死。正王师初集，坚城未下，谁能料，男儿事。
>
> 惊看龙蛇满纸，信家书，万金堪抵。七哀杜甫，八州陶侃，奈何相似。心上吾亲，目中群虏，当归休寄。算侊侊江汉，斯人不作，陨孤臣涕。

这是胡林翼这一时期的真实写照。

和曾国藩一样，胡林翼也开始接受失败的考验。是年（1855）八月初二，太平军会集武昌，分六路猛攻金口，攻势凌厉。胡大营被抄，全线崩溃，恰逢水师营官鲍超"飞棹赴援"，及时赶到，救其于重围。

金口已失，胡林翼被迫退守奓山。

接着，太平军向奓山发动下一轮猛攻。胡林翼不但兵力单薄，而且一直有饷粮不继、军心不稳的问题，用他后来的话说是"饷尽兵溃"。当时鄂军的协饷主要来自江西、湖南、四川，而川饷多为湖广总督杨霈、荆州将军官文所截，"各路嗷嗷待哺，连月以来，不特银钱久停支发，即薪米亦甚艰难"。半年前武昌诸军即已停饷，挨到七八月份，不光没工资，连吃饭都成了问题。尤其是胡林翼部，欠饷达三个月之多，士气益加涣散，无心作战，强趋上阵，"竟以无粮不肯出队"，全军哗溃。胡林翼束手无策。

这是胡林翼戎马生涯中的第一次大败。

临危一死报君王，是当时的官场文化，更确切地说，是战场文化。江忠源、吴文镕、唐树义，包括自杀未遂的曾国藩，哪个不是大敌当前投水报国？何况在这场溃败中，胡林翼的巡抚印信

第五章　鏖战武昌

也在混乱中丢失,失职不说,实在威严有损,颜面无存。胡林翼羞愧难当,说着跨上战马,就要跟敌人拼命,马夫眼疾手快,抢过缰绳,急向空中响甩皮鞭,勒马四五圈。战马惊悸而奔,狂飙不止,直至江边再次遇上鲍超,他才被救了下来。自此,湘军第一猛将鲍超与胡林翼结下不解之缘。

和大多数湘军将领不同,鲍超是夔州(今重庆奉节)人,不懂理学,也非湘籍,五岁丧父,与母亲相依为命,十岁时在奉节县城一家豆腐坊做杂工。鲍超少年时酷爱习武,并养成一个习惯,每执枪,必先在胳膊上悬以砖石,从一两斤到十余斤,逐渐加大砝码,久而久之,终于达到百发百中的程度。因为这个特长,十七岁时鲍超被选入夔州绿营,此时的他一心梦想着建功立业,扬名疆场,让母亲过上好日子。五年后,李沅发在新宁起事,鲍超星夜驰往,打算抓住这一难得的机遇。不料未及抵湘,李沅发已被湖南提督向荣俘获。

失之东隅,收之桑榆。虽然没赶上立功,待到广西事发,向荣调任广西提督,奉命镇压太平军。出发前,向荣募建"川勇营",鲍超觉得"此大丈夫建功立业时也",踊跃入伍,成为早期与太平军交手的清军一员。初入行伍的鲍超作战勇猛,负伤回长沙休养期间,随塔齐布编练湘勇。咸丰四年(1854),调入杨载福麾下任水师哨官。鲍超"勇锐过人,每以单舸冲贼队,当者辟易",简直可与万军丛中跃马驰阵的三国赵子龙媲美。战友们服其勇猛,谓之神人,鲍超受知于曾国藩、杨载福,也正是从这时开始。湘军兵败湖口后,鲍超随军返鄂,咸丰五年(1855),湖北告急,以水师营官增援武昌。

遇见胡林翼,是鲍超人生中的一次重大转折。

鲍超勇猛异常,酷嗜攻坚,每临阵,都会在船上竖一面旗

159

帜，上书一个"鲍"字，又于船桅上系红绫丈余，以别于其他友军，颇懂得自我营销。久而久之，鲍超打出了自己的风格和招牌，太平军畏之如虎，一见红绫，望风而逃，避而远之。

说到酷好攻坚，简直是鲍超的一个病态癖好，乃至达到自虐的地步：别人不愿干的事儿，他抢着干；别人不愿打的仗，他抢在前面；别人畏葸不前的硬茬，他第一个冲上去；别人挑剩下的，他照单全收。对于打仗，鲍超仿佛有天生的兴奋，尤其遇到棘手的硬仗，没有困难要上，有困难克服困难也要上。对这种人，大家都有共识，典型的二杆子嘛，电影里死得最早的，往往就是这号人。所以胡林翼说他"英鸷无匹，而天资太钝"，对他的这一缺点屡屡戒止。对此，鲍超都记在心里，称"胡公屡次戒我攻坚，固知爱我"。

虽说蛮干的人在电影里活不过三分钟，但鲍超是个例外。

俗话说，胜败乃兵家常事。在湘军将领中，鲍超是唯一一个打破这一说法的人，一生几无败绩。临阵前，别人正要拿这句话鼓励他，他马上做了个"打住"的手势，偏要把"败"字拿掉——胜乃兵家常事，这才是我鲍超的风格。《清史稿》说他"攻战无敌"，曾国藩当面夸他"汝真善战者"，官文也由衷惊叹"超勇鸷坚强，以二千人独御前敌"，连后来的光绪帝都称，鲍超"每于军务危急之时，出奇制胜歼除巨寇，屡克名城"。鲍超一生经历大小战斗五百余次，大难不死是万幸，没有伤是不可能的。据不完全统计，他全身负伤一百多处，晚年犹不下火线，堪称老当益壮，是湘军中屈指可数的传奇人物。

正因这个让人又爱又恨的优点，胡林翼对他十分器重。

鲍超目不识丁，性格粗犷，胡林翼却不以行伍之人视之，而是把他当成布衣之交，直呼为弟。平时交往也与他人不同，常以

第五章　鏖战武昌

殊礼待之，两人没有上下级，也不用尊称官衔。鲍超本字春亭，因其英鸷无匹，胡林翼特取"如雷如霆"之意，为他改字春霆，威名一时的霆军正源于此。鲍超屡建战功，胡林翼也不吝栽培，深相器重，多次上表其功，说他"勇敢冠军，晓畅兵略"，"提之挈之，不遗余力"，俨然一对知遇典范。数年间，鲍超独领一军，终成名将。可以说，鲍超的成功既归功于他自己，也在于胡林翼的一路提携。鲍超"受知愈深，图报之心愈激"，后来胡林翼病重，他宁可违反军纪，也要渡江探望。

眼下，楚军一溃金口、再溃奓山，湖北战场萎靡不振。

这一年是胡林翼事业的低谷期，也是他从戎以来最难挨的日子。他和在江西的曾国藩，真是一对难兄难弟。在给妻子的信中胡林翼道尽辛酸："今年打三四十仗，仗仗皆苦"，"今年之难之苦，则竭力尽心万难支撑矣。心中未尝不愁，却喜性情开展，不甚怕死，故如此磨折，如此艰难，形状如昔，惟须发稍白耳"。

艰难困苦，玉汝于成。

幸好，他还有理学，可以从中寻找力量。

面对接踵而来的失利，胡林翼有一段深刻的自我检讨："从前打金口，打八步街，打蔡店、高庙，何尝目中有贼？奓山之溃，何尝非有心？可憾之至。"言语中，承认自己有轻敌之意。也许自离黔北上那天，他就已经感受到，黔边盗匪实不可与太平军相提并论。此番惨败，他重整旗鼓，反躬自省，并自任"政委"一职，对士兵做起了思想政治工作。当然，胡政委的思政教育离不开理学，离不开忠义之论，如"为将之道，以良心血性为前提"，"兵事以人才为根本，人才以志气为根本。兵可挫而气不可挫，气可偶挫而志不可挫"，如此之类。《清史稿》这样描述他的这段经历："林翼镇静相持，以忠义激励将士，始渐定。"

软件加强，硬件也要升级。兵勇"无事则虚縻粮饷，有事则临阵溃逃"，简直是一群漫无纪律的乌合之众。在述职中，胡林翼自认督率无方，并提出裁兵计划，目的是"节虚縻而养精壮"。留精裁弱，以一当十，性价比更高。咸丰六年（1856）八月，他将鲍超从水师改调陆营，命其赴长沙募勇三千，并告之以法："先择其勇，次择其才，尤须深择其品。"

有意思的是，鲍超并没有完全听老大的话。

招兵要看人品，农家子弟优先，这也是湘军一直以来的传统。鲍超不同，他打仗不讲章法，招人也荦素不忌，到长沙后，不管三七二十一，是人就要，招募了一大批游手好闲、不务正业的市井之徒。曾国藩看不下去，写信向胡林翼抱怨："霆军之营哨弁勇，长沙省城人居多，朴者颇少。"既然是一群二流子，鲍超为什么能招到这些人呢？待遇好是其一，这些人还有一个共同的愿望：升官发财。也正因这个"质朴"的愿望，这批人也是豁出去了，打起仗来命都不要，悍猛异常，颇似他们老大鲍超的风格。因此，曾国藩笔锋一转，又接着说道："而能屡拒大敌，兵事诚不可以一律相绳乎！"虽然是一帮街溜子，却能屡破大敌，看来兵事也是个玄学，不可一概而论也。同治四年（1865），霆军已有三十二营约一万八千人，其中步队二十营，马队十二营。霆军名声虽差，从建军到同治六年（1867）解散，却立下赫赫战功。遣散前两年，威望已与湘、淮两军相提并论，政府公文中，"俱将霆军与湘军、淮军并列言之"。

十年树木，百年树人。亟须解决的是当下之急。

咸丰五年（1855）八月十二日，胡林翼急奏罗泽南援鄂。

第五章 鏖战武昌

乱极时站得定，才是有用之学

回援武昌的决策，事前是经过一番讨论的。

曾国藩时驻江西，尝多次致函胡林翼，讨论东南大势，认为武昌据金陵上游，占尽地利和补给优势，欲图金陵，则武昌必争，故宜厚集兵力而图克复。胡林翼也提到，武昌、汉阳地势广阔，荆襄为南北之关键，武汉又为荆襄之咽喉，兵家莫不视为要冲。因此，今欲平吴，必先保鄂；欲保鄂疆，必固武汉。

其时太平军进扰湘西，连陷郴州、东安两镇，永州、宝庆告急，湖南巡抚骆秉章先于胡林翼上奏咸丰，申请调罗泽南回湘防剿。对于这件事，咸丰征询了曾国藩的意见，要他"酌量现在情形，妥筹分拨"。

曾国藩的决断，显出了他的过人之处。

咸丰五年（1855），胡林翼的日子艰难，曾国藩的日子也不好过。军饷难筹，处处碰壁，跟咸丰的关系也搞得很僵。军事上更不乐观：湘军水师被一截两段，外江水师回援湖北，内湖水师至今被困在鄱阳湖。湘军连失童添云、萧捷三、塔齐布诸将，尤其是塔齐布，和罗泽南并称东征湘军的两大主力。塔齐布死后，周凤山接统九江围军，遭石达开重创；会攻湖口的李元度，其三千平江勇丁乃新募成军，他本人更是出身幕府，新兵新将，不足为恃。此时江西境内的湘军，善战之师仅罗泽南一旅，若罗去湖北，等于置自身于危难之中。

面对骆秉章之请，曾国藩回奏咸丰，道明利弊：上游之武汉，下游之湖口，皆东南必争之地。占领湖口，安庆不能与湖广相通；守住武汉，则断绝金陵接济之源。因此，湖口与武汉，地位轻重亦略相等。接着，曾国藩又说："湖南为臣桑梓之邦，岂不思所以保全，特不力挽大局，则一乡一邑，亦终无独全之理。"故力争武汉，实为目前之上策。表完决心，也要有所行动。其时罗泽南有湘勇三千五百人，曾国藩觉得"兵力单薄，难以图功"，又从九江陆师抽调彭三元、普承尧两部人马，凑齐五千人，统归罗泽南节制。

舍桑梓而救武昌，曾国藩的胸襟确非常人可及。

曾国藩有此襟怀，罗泽南亦非俗子。在曾国藩作出决定之前，他就力言武昌为长江险要所必争，主动请缨赴鄂。早在胡林翼请援前的七月份，他也向曾国藩提及：克复金陵，必先收回湖北、九江，以武昌遥制金陵，是为高屋建瓴之势。一个月后，武昌复陷，胡林翼请援，罗泽南再向曾国藩建议，欲制九江，宜从武昌而下，途扫崇阳、通城，东南大局，则庶有转机。这件事，曾国藩在奏折中也有提及："罗泽南亦具禀数千言，规画详明，慨然以援鄂为己任，遂决定回剿武汉之计。"

当时情形，据曾国藩的幕僚黎庶昌在《拙尊园丛稿》中描述："罗公驻军义宁，上书言东南大势在武昌，得武昌乃可控制江皖，大局乃有转旋之望。因谒公（曾）指陈形势，请率所部援武昌，取建瓴之势。"刘蓉时在曾幕，也参与了这一讨论，他对曾国藩说："公所赖以转战者，塔、罗两军，今塔公亡，诸将可恃独罗公，又资之远行，脱有急，谁堪使者？"本来我们有塔齐布和罗泽南两支劲旅，现在没了塔齐布，仅罗泽南可恃，若他一去，万一有个急事，岂非无将可用？对此，曾国藩说，我当然明白这个道理，但从东南大局来看，"今俱困此无益，此军（罗）幸克武昌，天下大势犹可为，吾虽困犹荣也"。

一句"虽困犹荣"，更显曾公之宏远正大。

人非圣贤。实际上，曾国藩是有过一番犹豫的。

第五章 鏖战武昌

当骆秉章请调罗泽南援湘时，身为湖南人的曾国藩一度奏称："（太平军）现已窜至湖南，鄂省情形较缓，拟俟南省剿办事竣，臣即派拨兵勇驰往鄂省。"先援湖南，后助湖北。可以说，这是他和骆秉章共同的意愿。问题是，咸丰也不好糊弄，他自己有判断，身边更有智囊，自然知道轻重缓急，于是大为不满，批复道："不能专待事竣，缓缓北上，楚南办有头绪，仍应速赴湖北为是。曾国藩素明大义，谅不敢专顾桑梓，置全局于不问。北重于南，皖、鄂重于楚南，此不易之局也。"批评一遍不过瘾，又发上谕："现在湖北待援孔亟，曾国藩以在籍绅士，若只专顾湖南，不为通筹全局之计，平日所以自许者安在？"你曾国藩平时自吹自擂，一副高耸入云的样子，关键时刻，你不也是置大局于不顾，只想着家乡吗？以前的那个圣人去哪儿了？

在咸丰和罗泽南看来，湖北势在必争。

罗泽南的建议，咸丰的冷嘲热讽，曾国藩其实都清楚。两个月后，他在给王鑫的信中说："鄂省之存亡，关系天下全局固大，关系吾省之祸福尤切。鄂省存，则贼虽南窜，长沙犹有幸存之理；鄂省亡，则贼虽不南窜，长沙断无独存之势。然则今日之计，万不可不以援鄂为先筹，此不待智者而决也。"和咸丰那句"此不易之局"如出一辙。

罗泽南的请缨，坚定了曾国藩的看法和抉择。

同时，罗泽南也觉得，自己此去是带着任务的。

这无疑让他肩上徒增一份责任，乃至酿下后来的悲剧。

八月十二日，胡林翼奏报枣山战况，请调罗泽南回援武昌。仅仅过去四天，罗泽南即率五千部卒自江西启程，行至距通城五十里的南楼岭，咸丰才向曾国藩下达援鄂上谕，此时罗军已出发整整半个月之久。通城邻近长江水路，位于两湖和江西接壤处，是通往湘、鄂、赣三省之要道，与崇阳互为倚防，素为太平军军事重地。然罗泽南非庸常之辈，军中更有李续宾等将才，一路过关斩将，硬生生杀出一条通往武昌的血路。

罗军披荆斩棘，锐不可当。武汉守将韦俊、西征统帅石达开先后重兵来援，阻其北上。万万没想到，生死攸关之际，石达开竟转赴江西；韦俊形单影只，遭遇痛击。得知罗泽南来鄂，胡林翼亲率四营人马，前往羊楼司迎接。羊楼司地处湘、鄂边界，为两省的交通要冲，七十年后，吴佩孚节节败退，重兵阻截北伐军，亦是在此。

各路大军齐聚鄂东南，一时战火蔽日。

胡、罗相会有一段故事。身为书生儒将，罗泽南有个习惯：朝出麾兵，暮归讲道。白天带兵打仗，晚上讲学授课；白天披甲上阵，刀光剑影，一到晚上就成了罗老师，文质彬彬给大家讲授《大学》。麾下部将同样白天上马杀敌，晚上卸甲归案，画风迥然相异。这种行军教学之法，曾国藩大赞："理学家门下多将才，古来罕有也。"《清儒学案》称："自唐确慎（鉴）提倡理学，湘南学者皆宗紫阳（朱熹）而黜姚江（王阳明），罗山尤为切实，以醇儒为名将。"

正鉴于此，胡林翼对罗泽南毕恭毕敬，优礼备至，风尘仆仆赶到羊楼司，"一见（罗），执弟子礼甚恭，虽僚属，语必称罗山先生，事无巨细，谘而后行"。论官职，胡是巡抚，罗虚衔按察使；论学历，胡是翰林，罗是秀才；论关系，胡为帅，罗为将；按照中央文件，"朝命听公（胡）节制"。四个硬性指标都比罗泽南硬，只在年龄上小他五岁，胡林翼却依然执弟子之礼，称之为罗山先生。不只如此，得知罗有一子未曾婚许，胡林翼再次发挥他说媒的特长，将自己的妹妹福芝介绍给了罗泽南之子罗兆作。

第五章　鏖战武昌

妹妹成了部下的儿媳，这么一来，胡林翼又自降身份，成了哥们儿的晚辈。因此，赵烈文称，胡"以疆臣而为统将晚辈"。

时人称胡林翼善用权术，此为其中一例。

在羊楼司，二人面商进取之策，继而合攻蒲圻（今赤壁）。

没有石达开配合，韦俊大败。胡、罗一鼓作气，克复咸宁。

罗泽南治军严明，用兵如神，"屡破大敌，而善以寡击众"，尤服周敦颐主静察机之说。在战术应用上，其突出特点是以静制动，后发制人：人动我静，等待时机，一旦对方逼近，迅如雷霆，或分兵突击，或迂回包抄，围而歼之，总能以少胜多，屡试不爽。咸丰四年（1854），塔齐布与他有过合作。塔齐布出身绿营，却骁勇善战，在湘军中与罗齐名。然而一开始，他从心里瞧不起罗泽南这种半路出家的业余选手，书生治兵，美其名曰"儒将"，徒有虚名而已。那次战事，罗泽南率千人守护阵地，太平军则有万人之多。大敌来临，罗泽南从容调度，守营、迎战各出五百，前线五百又分三路，主攻、侧击、抄尾，各司其职，井井有条，最终得保阵地不失。此次合作，改变了塔齐布对他的看法。自建湘军以来，罗泽南征战四载，大小战役二百余，"每战必先，忠勇冠时"，所向披靡，几无败绩，其军队也养成了"踔厉敢死"之锐气。左宗棠孤傲一世，赞他"虽宿将而不能"，久经沙场的老将都难望其项背。

不单行军布阵，在治学、练兵等方面，罗泽南也均有建树。有学生问他：你以前就是一老师，也没当过军人，怎么就能无师自通，每每克敌制胜呢？罗泽南的回答不像现在这么俗——我也没怎么用功，无非是把别人喝咖啡的时间用在学习上了。他云淡风轻地回答道："无他，熟读《大学》'知止而后有定，定而后能静，静而后能安，安而后能虑，虑而后能得'数语，尽之矣。"

167

我只是从《大学》中的一些话里有所领悟：知止而定，定而能静，静而能安，安而能虑，虑而能得。读懂这些，作战自然就会触类旁通，指挥自如了。

牛人一向这么低调。

痛失臂膀

蒲圻、咸宁屏障尽失，拿下武昌指日可待。

是年（1855）十一月，诸军齐集武昌，罗泽南扎营于东门外洪山，胡林翼驻南门外五里墩，杨载福的水师集至鹦鹉洲，都兴阿的骑兵在北岸待命。罗泽南的加盟，让胡林翼信心满满："借罗山及塔公之宝勇，以次攻复武汉，则鄂事犹可为。"他不忘感恩，后来对曾国藩说自己是"皮匠小店"，"昔年本钱出于老板"，亦在于此。胡林翼对罗泽南抱有厚望，罗泽南也不辱使命，随后的事实证明，罗军"援鄂以来最为得力"，可谓攻克武昌之关键。从这年十一月到次年二月，三个月时间，前后数十战，屡战皆捷。太平军堡垒被拔、舟船被焚，外围障碍扫除，湘楚军取得武昌周边控制权。

关键是，湘军胜仗打了不少，武昌却久不能克。

作为交通便利的九省通衢，武昌的天然条件是易攻难守，这也是它四年之内三度失守的原因所在。但太平军多为裹挟之众，长于守城，短于野战，入据武昌后，广设碉楼，遍筑炮台，宽沟深壕，层层杂错，旌旗蔽日，枪口如织，胡林翼不禁望城兴叹："所以为守城计者，至严至密矣。"因此，虽然湘楚军攻势凌厉，武昌城却依然固若金汤。攻打武昌，湘楚军多采取仰攻战法——所谓仰攻，顾名思义，就是从低处往高处打，死攻、硬攻，缺点

第五章 鏖战武昌

是死伤过大,收效甚微。伤敌八百,自损一千,几乎谈不上什么战术。胡林翼向咸丰描述:"臣顿兵城下五月余矣。血肉之躯,日当炮石,伤亡水陆士卒三千余……中丸堕马者数矣。"

"血肉之躯,日当炮石。"战争的残酷,令人读之喟然。

可怜无定河边骨,犹是春闺梦里人。在兵荒马乱的年代,那曝于荒野的累累白骨,在生前哪一个没有花前月下的爱情,哪一个没有情窦初开的青春,哪一个不曾是卿卿我我、你侬我侬,哪一个不是有妻与子在村口守望,家里放着早已凉掉的米粥?然而,那位自泱泱大秦传颂千年的孟姜女,终究没能在长城脚下找到情郎的遗骨。当生活遇见战争,当温情遇上残酷,当细腻遇见粗鲁,当秀才遇见兵,和平的意义和价值更显弥足珍贵,千金难求。

伤亡至此,胡林翼不再贸然硬攻。

仰攻不行,他改变战术,转为长围久困。

这一战术被称为围点打援,也叫围城打援。顾名思义,挖深壕,断供给,打援军,进行持久战,配合以太平军独创的穴地攻城——挖地道,置炸药,最终炸开城墙,攻入城内。太平军攻城,全靠这一发明。此后的东征中,这一战术又被湘军广泛使用,尤为喜欢"结硬寨、打呆仗"的曾国藩所青睐。武昌、九江、安庆、金陵的克复,均赖于此。

问题随之而来。战术改变,意味着攻城时间也会不同,既是长围久困,就是切断城内供给慢慢耗的意思。这样一来,什么时候攻下武昌,完全是说不准的事。可罗泽南耗不起,因为曾国藩耗不起。江西境内的湘军本就处境艰难,石达开转战江西后,攻守双方逆转,局势愈加严峻。对于罗泽南来说,回援湖北前,他曾建议曾国藩"湖口诸军但当主守","俟湖北克复,大军全注九江,乃可议战"。如今他迟迟不归,江西多城沦陷,百姓大乱,眼看石达开就要打到南昌,大营危如累卵,曾国藩慌了,急奏罗泽南火速援赣。

一会儿回援武昌,一会儿回援江西,到底去哪儿算"回援",连罗泽南自己都蒙了。

因此,收到求救信,罗泽南在回信中向曾国藩陈述三条理由:使命没完成;不能抛弃胡林翼;外围已清,不能功败垂成。这三大原因让他萌生再坚持一把的念头。

读完罗泽南的回信,曾国藩有一些失望。此时的他,如同每天在村口苦苦守望的小媳妇,一次次跷足远眺,一次次收回的是失落的目光,日子甚是煎熬。知道曾国藩日子不好过,罗泽南也不忘为之加油打气:"天下之事在乎人为,决不可以一时之波澜,自灰其壮志也。"

转眼到了三月,春暖花开,万物复苏。

湘军顿兵城下已近五个月之久,和曾国藩一样内心备受煎熬的是罗泽南。如此情形,一向熟读《大学》、笃信"知止而后有定,定而后能静"的他也开始不淡定了。《湘军志》载:"泽南念曾国藩艰危,义与同死生,而垂成功不可弃,日夜忧愤,督战益急。"于他而言,目前第一要务是尽快夺取武昌,完成使命,回援江西。然而,世事总与愿违,欲速则多不达,罗泽南将用生命代价来验证这一真理。

两个月来,虽然他百战不殆,但这一次,他失算了。

太平军久困武昌,婴城固守,长期闭门不出,如同宅男。看似悄无声息,没有人烟,一旦湘军贴近,城头立刻喧腾,一阵迎头痛击,炮火伺候。在九江时,罗泽南曾这样描述林启容守城:"静若无人,夜无更柝号火,我军一至城下,则旗举炮发,环城

第五章 鏖战武昌

数千堞，旗帜皆立如林。"敌现我隐，敌明我暗，一有敌情，万弹齐发，保证让你应接不暇，无处遁形，分分钟被打成筛子。这就是太平军的守城特点。真正像诸葛亮那样在城上优哉游哉，城中百姓一如平常，反多是自知空虚，故意演给敌人看的空城计。

罗泽南忽略了这一点。他急于拿下武昌，两月间攻城上百次，双方一度肉搏城下，死亡枕藉。次年（1856）三月初二，武昌城门洞开，太平军倾巢而出，对城外围军展开疯狂而愤怒的反攻。罗泽南派蒋益澧、唐训方、何绍彩分途迎击，与之激烈交锋。两军鏖战不休，罗泽南夺城心切，自洪山大营痛击迎剿，乘胜穷追，直抵宾阳门下。此时，但见城门虚掩，寂然无声，霎时间，城门大开，太平军潮水般涌出，枪炮大作，弹石如雨。罗泽南立马城外，进退失据，如入瓮城。乱阵之中，他一弹中额，血流被面，衣带均湿，仍坚持裹创而战，直到被部下救回营中。在洪山，他重伤不下火线，日夜不寐，照常视事。是役，罗泽南部将、弟子多人阵亡，胡林翼感叹道："是日之战，自军兴以来，未有如此之鏖战最苦者也。"

罗泽南受伤当晚，胡林翼亲往洪山探视。罗泽南头部伤深二寸，犹能驻坐营外，指挥战事。越五日，胡林翼再去洪山，罗泽南势至弥留，已不能起。在生命的最后一刻，他心中装的依然是战事，"无一语及其私"。罗泽南气喘吁吁地握着胡林翼的手，诀别道："危急时站得定，才算有用之学。今武汉未克，江西复危，不能两顾，死何足惜？事未了耳，其与迪庵（李续宾）好为之。"语毕而瞑。

胡林翼失声痛哭。

也许弥留之际，罗泽南会想起那个月下敲门的潦倒书生。

他智勇一生，临危不乱，"临阵审固乃发，以坚忍胜"。而从

171

这句"危急时站得定，才算有用之学"的临终遗言来看，想必是有感而发，对自己关键时刻未能"淡定"而颇有追悔之意。罗泽南死后，李续宾接过老师的大旗，带着老师未竟的使命，迎来了湘军的黄金时代。

罗泽南阵亡的消息传出，朝野震惊。

咸丰帝"览奏之余，深堪悯恻"。曾国藩闻讣，"感深痛悼"。曾麟书听到消息，遣三子国华赴鄂吊唁，同时捎带慰问信一封，"勖勉忠义，情词肫切，三军皆为感动"。曾麟书此举不是单纯让儿子来慰问的，他还有另一个目的——劝胡林翼分兵援赣。武昌久攻不下，江西危如累卵，长子困守南昌，谁人能耗得起？曾麟书念子心切，曾国华"乞师以拯兄难"，胡林翼也不好拒绝，拨出李续宾所统刘腾鸿、普承尧等部四千一百人，补足欠饷，置办行粮，交由曾国华统带，赴援江西。这四千人均系久经战阵的骁果精卒，一路披荆斩棘，日夜兼程，于六月抵达瑞州。自去岁石达开赴赣，两地不通文报数月，"自是江楚始得通问"。故曾国藩感慨："使吾有生还之日，温甫（曾国华）力也。"此后，天京事变，南昌解围；曾国荃赴湘募建"吉字营"入援江西。曾国藩化险为夷，走出泥潭。

罗泽南的死，让曾国藩痛悔自责，恨不该频繁催促他援赣，致使罗泽南求胜心切，乱了方寸。两人是旧交，也是同乡，更是创业伙伴，曾国藩曾不讳表达自己对他的仰慕："罗罗山兄读书明大义，极所钦仰，惜不能会面畅谈。"如今天人两隔，恸然之中又带一丝愧疚。后来，他为罗泽南亲撰墓志铭，两年后的咸丰八年（1858）十月，又嘱咐家人"三女与罗家订庚之事，必须于今冬明春办之"。同治元年（1862）四月，曾国藩三女纪琛与罗泽南五子兆升成婚，曾夫人欧阳氏亲自送亲。但虎父犬子，罗兆升婚后纵性纨绔,经常流连风月,夜不归宿,让时任两江总督的曾国藩颜面尽失,头疼不已。

攻城为下,攻心为上

咸丰六年(1856)初,春风吹绿了满目疮痍的华夏大地,苟延残喘的帝国依然没有半点生机。华北捻军复起,江南战火弥漫,双方毫无息战之意:孤入京畿的北伐太平军刚被肃清,武汉三镇的炮火仍旧未息;江西争夺战依然僵持不下;天京外围的江南、江北大营,每天上演着包围与反包围之战。

江南大营、江北大营属于朝廷的正规军,是湘军和地方团练之外镇压太平军的国家军队,如果说湘军属于体制外,两大营的军队就在体制内。咸丰三年(1853),向荣率军五万,驻扎南京以东之孝陵卫,号称江南大营;琦善则领兵一万驻于扬州城外,号称江北大营。之所以如此称呼,是因中间隔着一条长江。南北两营隔江相应,虎视天京。

两军相持之际,局势发生变化。在江北大营、江南大营的包围之下,天京战事吃紧,杨秀清急调石达开从江西战场回援,两位元老级帅才强强联手,力挽狂澜,指挥陈玉成、李秀成等新秀,一举摧毁围困天京三年之久的清军大营,化解了天京危机。全此,天京政权扭转颓势,政治、军事至于巅峰。所谓物极必反、盛极必衰,此后不久,洪、杨争权,天京事变,金陵城风声鹤唳,血雨腥风。自此,天京政权由盛而衰,逐步走向灭亡道路。

天京内讧给湘楚军带来了胜利的曙光。

太平军城外失援,城内短粮,天京事变的消息传到前线,武昌城守军意志动摇、军心大乱，再也承不起最后一根稻草。武昌守军意志崩溃、战力锐减，屡次出城突围，均遭败溃。兵法讲攻城为下、攻心为上，此时的太平军哪还谈什么兵法，早已不攻自破。是年（1856）十一月，胡林翼抓住时机，命李续宾、杨载福、鲍超联合都兴阿的马队，向武昌发起总攻。太平军四路突围，鏖战五六个小时，被湘楚军一举围歼。最终，主将韦俊弃城遁逃，四千兵卒被俘，数百名大小将领被生擒处斩。武昌克复。同日，湖广总督官文攻克汉阳。捷报传至北京，胡林翼实授湖北巡抚。历时两年之久的武汉攻坚战落下帷幕。

拿下了武昌，湘楚军乘胜北上，湖北全境肃清。

天京事变挽救了湖北，曾国藩在江西是什么情况呢？

提起这个话题，他喜极而泣，一幕幕伤心往事浮上心头。

创办湘军之始，曾国藩如陷泥潭，同行排挤，同僚讥讽，士绅不配合，皇帝不信任，乃至讽刺挖苦，他自己形容这种处境为"打落牙齿和血吞"。当初在京师，书生意气，为人诟病，得罪一大批当朝大佬，吃饭都没人与他坐一块儿；在长沙，千夫所指，得罪了整个官场，还与鲍起豹擦枪走火，差点被绿营兵"误伤"；不得已，转移衡阳，在摸索中练成水师，靖港处女秀即遭惨败，受尽冷言冷语，几欲自尽。万念俱灰之下，湘潭大捷让他走出阴影，陡增一丝自信，之后一路凯歌，不料在九江又遭大败。客寄江西期间，曾国藩为丛镝所射，再一次遭到同僚的欺凌与侮辱。有家书为证："余庚戌、辛亥间，为京师权贵所唾骂；癸丑、甲寅，为长沙所唾骂；乙卯、丙辰，为江西所唾骂。"在给朋友的书信中，他忧伤地回忆道："国藩昔在湖南、江西，几于通国不能相容。"总之，曾国藩半生为官，一路都在挨骂。

在江西数载，曾国藩迎来了他的第二个人生低谷。

第五章　鏖战武昌

曾国藩明明一副面瓜脾气，这又是为什么呢？

原因比较复杂，总结起来却很简单——因为钱。能用钱摆平的事都不叫事，曾国藩此时体会不到这句话的真谛，准确地说，是没有机会体会。和八旗、绿营不同，湘军不是经制之兵，不是正规军，就没有编制，没有编制，就没有固定军饷，但是仗还得打，中央就命令别省协饷湘军，类似于现在的对口支援。既然是协饷，就没有那么积极，军情有缓急，协饷却没那么及时，碰上缓不济急，湘军出省作战，就得就地筹饷。现实是，曾国藩一无实权，二无粮饷，三无地方配合，到了江西，筹饷方式基本上等于化缘，和要饭没太大区别，受尽了窝囊气。连胡林翼都为战友感到不平："频年作客，仰食于人，金石孤忠，可敬可念。"

于是，曾国藩之艰辛，除了同僚排斥、同行打压，主要表现在一个问题上：筹饷难。既然是筹饷，就要和当地政府打交道。时任江西巡抚名叫陈启迈，说起这位陈省长，其实和曾国藩有些渊源：曾生于湘乡，陈籍隶武陵，二人都是湖南人，可谓同乡；两人均为道光十八年（1838）进士，属同科入仕，有同年之谊；后又同入翰林院，有一定私交，可谓同学、同事。有此"四同"，陈启迈却丝毫不顾，极不配合，曾国藩几次请他解决饷银之需，陈省长不但分文不给、言语奚落，还背后拆台、多方掣肘，甚至对他颐指气使，胡乱指挥。

陈启迈不给军饷，曾国藩只有自筹。

那也不行！想筹到别的地儿筹去！

在阻挠破坏的道路上，陈启迈对待曾国藩的伎俩有：不承认，"未奉明诏，不应称钦差字样"；鄙视，"曾经革职，不应专折奏事"；不配合，"系自请出征，不应支领官饷"；乃至打骂侮辱湘勇。在一封家书中，曾国藩大倒苦水，哀叹兵勇"每次上城，必遭毒骂痛打"，又称"惟忍辱包羞，屈心抑志，以求军事之万有一济"，其遭遇可以想象。曾国藩在江西事事被人欺侮，湘军在江西几无立锥之地。对此，曾国荃说他威猛不足，幕僚薛福成也替他叫屈："曾公久驻江西，不管吏事，权轻饷绌，良将少，势益孤，列郡多陷者。"连与曾国藩一度闹掰的王鑫都对他表示同情："涤帅所处真是不易。"

地方上被同僚排挤，在中央也有政敌。看曾国藩坐困南昌，两江总督何桂清添油加醋地描述他在南昌的狼狈和惨状，密报给军机大臣彭蕴章，说江西军事"误于涤生之胆小，竟是坐观，一筹莫展"，言外之意，曾国藩作战无能。彭蕴章把话递到皇帝耳边，赶上天京内乱，咸丰帝又来催促曾国藩乘机收复江西，并一如往日风格，再次语含讥讽："若徒事迁延，劳师糜饷，日久无功，朕即不遽加该侍郎等以贻误之罪，该侍郎等何颜对江西士民耶？"

咸丰与曾国藩也算是一对君臣冤家了。

另据一些史料记载，江西巡抚陈启迈为官谦恭，礼贤下士，平日勤于政事，视官衙如书斋，幕僚都能直入其内，是一个没有架子、勤政务实的官员。那么，问题出在哪儿呢？答曰：第一印象。尽管两人在翰林院关系还可以，但曾国藩此次来赣，虽是靖乱，湘军打仗却有一个不好的毛病：颇有土匪风格。特别是战后，四处掳掠"战利品"，有些士兵还将所掠财物据为己有，在老家建房置地，影响殊为恶劣。陈省长尚有一定操守，对湘军这一坏风气早有耳闻，面露鄙薄，当然对曾国藩也不会那么配合——不驱逐出境就算客气的了。

对方一再刁难，一向好脾气的曾国藩不再忍受。

咸丰五年（1855）六月，他点名道姓，直奔主题，向朝廷递交了一封《奏参江西巡抚陈启迈折》，罗列罪状数条，称其"劣迹较多，恐误大局"，实名举报陈启迈。在奏折中，曾国藩力言："臣与陈启迈同乡、同年、同官翰林，向无嫌隙。在京师时见其供职勤慎，自共事数月，观其颠倒错谬，迥改平日之常度，以致军务纷乱，物论沸腾，实非微臣意料之所及。"

以此"三同"做文章，合情合理合法，让人百口莫辩。

天下奏牍三把手

写文章每个人都会，写得出彩却是一种天赋，能写到读者心里，更需要一支上帝之笔。民国时期流行电报战，檄文写作成为一项政治技能，能靠一支笔而搅动天下者，唯梁启超一人耳。梁任公之文思想犀利，驰骋纵横，汹涌激荡，气势磅礴，如暗流之涌动，如火山之喷薄，如骏马之疾驰，如江河之奔腾，胡适叹之为"笔端常带感情"，感染力和渲染力非常人所及，令读者阅后为之骚动。

和一般电文、公文相比，奏疏更需斟酌，文采和逻辑自不待言。问题是，皇帝日理万机，打交道的多是麒麟之才，批阅的奏折多出翰林之手，对"才华"二字早已麻木，什么样的才子没见过？因此，能把文章写到他心里，更需要能力。

奏折写多了，这些人偶尔也会切磋切磋，交流一下心得。

提到当时与奏折的高手，咸丰九年（1859）正月初一，胡林翼给好友左宗棠写过一封信，句曰："天下奏牍，仅三把手，而均在洞庭以南。此三子者，名次高下，尚待千秋，自问总不出三名之下。傥其抑志拊心，储精厉学，则不肖尚未可量也。"胡林翼要表达的意思是，天下擅长写奏折的，只有三把好手，此三人都在湖南。那么，三者孰高孰低呢？有待后人评说，但不管怎么着，我自认在此之列。不过，我的水平还有很大提升空间，如果再加把劲儿，三人之中，第一也不是没有可能的事儿。

胡林翼喜欢调侃的劲头又上来了。

这封信的背景是什么呢？

事情发生于胡林翼写这封信的两个月前。咸丰八年（1858）十月，湘军主将李续宾殁于三河，胡林翼上《查明巡抚衔浙江布政使李续宾三河阵亡实绩恳恩加等优恤疏》，恳请朝廷优恤。此前一年，湖南巡抚骆秉章派王錱赴援江西，王錱感染热疾，病死军中。骆秉章上《王道剿贼迭胜疾殁军中折》，请求给予恤典。如前所知，左宗棠在湖南有"左都御史"之称，风头盖过骆秉章，案牍公文尽出其手，相当于半个湖南省省长。因此，骆省长的这封奏折，正出自秘书左宗棠之手。两人都要求抚恤，最终，朝廷对李续宾赐恤较优，王錱之恤稍逊。

胡林翼这才在信中调侃道："迪公之恤极优……璞山无此殊恩，此岂文字之不如我耶？"迪公即李续宾，璞山是王錱的字。同样是功臣殉国，同样是奏请恤典，李公之恤极优，而王公之恤稍逊一筹，难道不是因为我奏折写得好吗？

胡林翼谑而不虐，左宗棠看过信，也抚须一笑。好朋友嘛，大年初一调侃一下，未尝不可。

那么，依胡所言，奏折写得好的，都是哪三人呢？

不用说，胡林翼、左宗棠、曾国藩。

且不论曾、左文采如何，胡林翼的文章真像他自己说的这么好吗？有人为证。所谓牛人，你自己牛还不行，还要有人说你牛，最好是，说你牛的人也很牛。胡林翼可谓——满足了这三要素。证人一曾国藩说："胡公近著，批牍感人最深，尺牍次之，

第五章　鏖战武昌

奏疏又次之。"间接肯定了胡林翼的文章功底。胡林翼逝后，幕僚将其奏议、尺牍、书信等文字作品收录整理，遂成流传后世的《胡文忠公遗集》。第二个证人李鸿章之兄瀚章评此书："其浩然之气著为文章，大声发于天地，足以懿告乎天下后世，如益阳《胡文忠公遗集》是也。"两位大佬鉴定完毕，官方史书《清史稿》也盖棺定论评价了胡林翼的作品："（胡）所著《读史兵略》、奏议、书牍，皆经世精言。"至于王闿运、蔡锷、毛泽东、蒋介石等人对他的膜拜，已在其次了。

事实上，胡林翼忽略了一个小他们十多岁的晚辈——李鸿章。

镜头同样可以切换到几年后。咸丰十年（1860），陈玉成攻打皖北，安徽巡抚翁同书辗转寿州，团练头子苗沛霖派间谍潜入寿州城，不料间谍被当地团练首领孙家泰所杀，苗以此为借口，兵围寿州，要省长翁同书交出凶手。翁同书答应了他的要求，将孙家泰囚禁。孙家泰原任刑部员外郎，是和袁甲三、李鸿章同一批返籍办团的京官，因翁省长偏袒苗沛霖，一怒之下，仰药自尽。按理说，凶手已死，苗沛霖理应践约撤兵，但身为资深无赖，他不但没有撤兵，还攻入城内俘虏翁同书，杀害孙氏一门老小，酿成轰动一时的"寿州事件"。

翁同书身为一省之长，囚禁孙家泰在前，袒护苗沛霖在后，曾国藩看不下去，一封弹劾信发到了北京。翁同书的父亲翁心存是当朝帝师，儿子翁曾源是御赐举人，两年后高中状元；三弟翁同龢既是状元，又是后来的帝师；另有二弟翁同爵官至巡抚，一度兼署湖广总督。所以这位翁省长背景不是一般硬。正因如此，曾国藩的奏折里说了，"不敢因翁同书之门第鼎盛，瞻顾迁就"。话说到这份儿上，只能判翁同书死刑。年迈的翁心存经不住打

179

击，急病而亡。翁家蒙此劫难，再斩说不过去，翁同书由死刑改为流放，发配伊犁，三年后病死他乡。

从处罚结果看，朝廷对翁同书没有网开一面，多因那封奏折。写文章很简单，想写得出类拔萃不容易，谁能如此切中要害？说来不是巧合，这奏疏正出自曾国藩的幕僚——李鸿章之手。李鸿章文笔之犀利，曾国藩曾不吝点赞，并对他寄予厚望："少荃天资于公牍最相近，所拟奏咨函批，皆有大过人处，将来建树非凡，或竟青出于蓝，亦未可知。"翁氏父死兄徙，好端端一个家因李鸿章的奏折弄得家破人亡，翁、李两家自此结下世仇。后来翁同龢、李鸿章政见每每相忤，根源即在于此。

这就是一封优秀奏折的功效。

一支笔胜抵十万军，不是没有可能。

说完文案高手李鸿章，回过头来再看曾国藩的奏折，从他这句"臣与陈启迈同乡、同年、同官翰林，向无嫌隙"来看，与李鸿章的"不敢因翁同书之门第鼎盛，瞻顾迁就"实有异曲同工之妙，打的都是心理战，均是不发则已，一发即中之矢。胡林翼有以上感慨，诚非虚词。

曾国藩点名参劾。咸丰帝阅之大怒，立将陈启迈革职查办。

咸丰帝够意思，曾国藩却低估了官场。撸了陈启迈，还有后来人，继陈省长之后，新任江西巡抚是满人文俊，此人简直是前任陈启迈的升级版。在他的带领下，江西官员团结空前，处处刁难曾国藩，湘勇挨打受辱亦如往常。曾国藩再接再厉，以一支如椽之笔二次发力，将文俊也拽了下来，接着是满人耆龄上任。江西是"湘军得失之林"，地方政府对湘军处处羁绊，争权夺利。同样，曾国藩乃至整个湘系集团，对江西的反击和干预亦未间断，自曾国藩率湘军入赣，陆续有张芾、陈启迈、文俊、耆龄、恽光宸、毓科六任巡抚,直到咸丰十一年(1861)底,准湘系成员沈葆桢抚赣,江西频繁的人事变动才算告一段落。

从咸丰四年(1854)末军抵江西,到咸丰七年(1857)回籍守制,可以说,曾国藩无一日不在如履薄冰中度过。后来,他回忆这段寄人篱下的经历:"士饥将困,窘若拘囚,群疑众侮,积泪涨江,以求夺此一关而不可得,何其苦也!"其幕僚赵烈文也感叹:"(曾)历年辛苦,与贼战者不过十之三四,与世俗文法战者不啻十之五六。"意思是说,在曾国藩的政治生涯中,他本该把全部心思花在战场上,但现实让他不得不停下来,花费远多于与太平军作战的时间和精力,来应付政治斗争和官场文化。本想一心一意把工作做好,却整天需要处理职场中钩心斗角的破事儿,让人伤透了脑筋。个中实情,辛酸而又讽刺。

江西官场排挤,皇帝提防猜忌,令曾国藩寸心如焚,度日如年。

但是,他不能无缘无故一走了之,他只有忍,正如他在家书中所说,"惟忍辱包羞,屈心抑志",具体要忍到何时,他不知道,也无法左右。苦闷的日子让曾国藩学会了倾诉,朋友是他永远的树洞。他在给好友刘蓉的信中写道:今日我含辱而死,他日老友为我题写墓志铭时,如不为我鸣冤叫屈,泉下我曾国藩也不会瞑目。可见遭受多大委屈。王定安在《湘军记》中称:"曾文正以客军羁江西,外逼石达开、韦昌辉诸剧寇,内与地方官相抵牾,其艰危窘辱,殆非人所堪。"连一向对曾国藩颇有微词的王闿运都不禁慨叹,"夜览涤公奏,其在江西时,实悲苦,令人泣下。……涤公言:'闻春风之怒号,则寸心欲碎;见贼船之上驶,则绕屋彷徨',《出师表》无此沉痛!"

这是曾国藩一生最为煎熬的时期。

调和曾左矛盾

咸丰七年（1857）二月初四，曾国藩的父亲曾麟书病逝乡里。

七日后，讣闻传至江西，时在瑞州曾国华大营的曾国藩"仆地欲绝"。

这时的曾国藩不会想到，十五年后的同治十一年（1872）二月初四，他将在这一天与父亲团聚，这不能不说是一个巧合。而此刻，对于身处人生低谷的曾国藩来说，这无疑是个雪上加霜的噩耗。但看问题要一分为二，联系到当前形势，曾国藩可谓一无所冀：名将凋零，财政枯竭，同僚欺凌，皇帝猜疑，又整天与石达开、林启容这样的厉害角色为敌，朝不保夕。想到这些，曾国藩又有一种解脱的快感。丧父之痛，难以言表，他当然不能称之为"喜忧参半"，更不能说是"精诚所至，金石为开"，但事实上，这对他而言还真是个脱身的机会。

接到讣告的第六天，曾国藩上呈《报丁父忧折》，要求回湘乡守制。五年前母亲去世就没能如愿终制，至今思来，仍是遗憾；如今不能重蹈覆辙，让悲剧重演。于是，想起在江西受到的委屈，想起清廷对自己的不公，想起双亲的去世，曾国藩终于来了个撒手不管，将弟兄们置于脑后，不待皇帝批准，就和胞弟曾国华从瑞州不辞而别，径自返回湖南老家。

每天都想逃离这是非之地，没想到竟以奔丧的方式离开。

对于曾国藩的任性，皇帝没有追究。咸丰下旨，给他三个月治丧假，期满返营。时间如白驹过隙，三个月过去，清廷一再催曾国藩回江西，他坚持要求在籍守满三年。推诿之余，曾国藩也有所保留，拒绝不是目的，目的是提出诉求。于是，他呈上一封

第五章　鏖战武昌

《沥陈办事艰难仍吁恳在籍守制折》，看似恳请终制，实则诉苦埋怨，"（江西）文武僚属，大率视臣为客，视本管上司为主。宾主既已歧视，呼应断难灵通"，"身非地方大吏，州县未必奉行，百姓亦终难见信"，如此之类。曾国藩将胸中怨气一吐为快，希望咸丰体谅他的苦衷，顺便授他职权。他甚至直言不讳，公开向咸丰要官："以臣细察今日局势，非位任巡抚，有察吏之权者，决不能以治军；纵能治军，决不能兼及筹饷。臣处客寄虚悬之位，又无圆通济变之才，恐终不免于贻误大局。"如果不给个督抚当当，这活儿根本没法干，到时耽误大事可别怪我。

曾国藩话中有话，暗中较劲。咸丰是个二十多岁的小青年，脾气也是有的，虽不追究，却也没有那么好的耐性与涵养，索性顺水推舟，借坡下驴，答应了他的要求——不是给他官儿干，而是准他在家守制三年。既是终制，就不再担任官职，等于一撸到底，解除了兵权。咸丰看到这封《沥陈办事艰难仍吁恳在籍守制折》，对前面的"沥陈办事艰难"绝口不提，不置一词；对"吁恳在籍守制"倒回答爽快，表示"着照所请"。曾国藩收到批复，也闹起了小脾气，复奏道："自问本非有为之才，所处又非得为之地"，"自后不轻具折奏事，前在江西尚有一二经手未完事件，拟即函致江西抚臣耆龄，请其代奏"。潜台词是：既然不答应，他只好撂挑子不干，老老实实在籍终制，坚决不出山。大有与皇帝不再联系之意。

从性质上看，曾国藩已经涉嫌要挟中央。

大清律例何在？皇家威严何存？敢与皇上讨价还价，你一个做臣子的也太大胆了吧！君不见菜市口，上演了多少悲欢离合、阴阳两隔？政治的残酷你是没有见过，还是没有听说过？不过，国家内忧外患，不宜轻戮重臣，咸丰忍了，简单朱批道：知道

183

了。咸丰自以为是的"机智",看起来是将计就计,实则有失格局,罔顾天下社稷而逞愚人之智。

曾国藩手握湘军,咸丰帝何以有如此底气呢?

猜忌湘军坐大只是其中一个原因。天京内讧后,太平军实力锐减,清军形势逆转:长江中游,胡林翼收复了武昌,沿江东下,进抵九江;长江下游,何桂清出任两江总督,江南大营重新开张,办得风生水起。大局如此,拿下九江、安庆和金陵重镇,肃清长江中下游,似乎指日可待。于是,"人人皆以为大功可企足待,文宗益倚重江南军",清廷重心向和春[1]、何桂清、胡林翼身上偏移,把宝押在了江南大营身上,湘军受到冷落。政敌方面,在中央,内有祁寯藻、彭蕴章之流进谗;在地方,外有老对手和春、何桂清争宠。两者形成一个强大的反湘集团,影响着咸丰的决策。恰在这时,曾国藩公然向中央伸手要官,遭到咸丰的极大反感。

咸丰不按套路出牌,结结实实闪了一下曾国藩。

清廷没有追责,朝野对这件事却反应很大,一时舆论大哗。曾国藩的好友欧阳兆熊记载:"朝议颇不为然,左恪靖在骆文忠幕中,肆口诋毁,一时哗然和之。"如果说咸丰的反馈让他寒心,好友的冷言挖苦更是让他耿耿于怀。"左恪靖"何人?他这位"好友"又是谁呢?自是一向看不起曾国藩的左季高。得知曾国藩撂挑子回乡了,左宗棠特意给他写了一封信,信的中心思想不言自明:你曾国藩身为一军统帅,竟为逃兵,没能力,没担当,没气度,没大局意识,简直不忠不义。平时满纸道德文章,实则自私虚伪,这种人,人品忒差。

---

[1] 和春时任江南大营统帅,是湘军的主要竞争对手。

第五章 鏖战武昌

左宗棠明面上说是"不可不辩",实已属于人身攻击。

骂完曾国藩,左宗棠给曾国荃也写了封信,依然是批评和"摆事实、讲道理"的语气:"此事似于义不合,盖军事重大,不比寻常宦游,可以自主;即如营中兵勇有父母之丧者,不俟允假即行回籍,带兵官能听之乎?况涤公受命讨贼,金革之事无避,古有明文。当此世局艰危之时,岂可言去?"这种事非同寻常,不是你想走就能走的,要是士兵不打招呼就回家,身为一军统帅,你会同意吗?何况世局艰危,曾帅还有重任在身,怎能轻易离营?

曾国藩收到信很生气,但有苦难言。赵烈文在《能静居日记》中也提到这件事:"(咸丰)七年(1857),督帅以忧归,左责其弃王事,帅深忿而不能辩。"事后,左宗棠也觉得自己语气过重,在给王鑫的信中说道:"涤帅自前书抵牾后,即彼此不通音问。盖涤以吾言过亢故也。忠告而不善道,其咎不尽在涤矣。"言语中,错误依然在曾一方。

曾国藩虽性格隐忍,对左宗棠却一直耿耿于怀。

这是左宗棠第一次公开骂曾国藩。此后数年,这种情况一再上演,司空见惯。吃饭时,休息中,办公室,军营里,只要一有空,左宗棠就开始骂曾国藩,每日必骂,风雨无阻。骂曾国藩,左宗棠绝对是职业选手。一回两回还新鲜,骂得多了,连听的人都不耐烦了,背后抱怨道:"大帅自不快于曾公斯已矣,何必对我辈烦聒?且其理不直,其说不圆,聆其前后所述,不过如是。吾耳中已生茧矣。"对此,曾国藩也有所耳闻,同治六年(1867),同样与左不睦的郭嵩焘就向他打过小报告,以此争取曾国藩的站队。郭嵩焘道听途说,转述道:"退庵(吴士迈,湖南岳阳人)言,在营日两食,与左君同席。未尝一饭忘公,动至狂诟。""日两食","未尝一饭忘公",就是至少一天骂曾国藩两遍。

曾国藩的回应足显大气:"左公之朝夕诟詈,鄙人盖亦粗闻一二,然使朝夕以诟詈答之,则素拙于口而钝于辩,终亦处于不胜之势。故以不诟、不詈、不见、不闻、不生、不灭之法处之,其不胜也终同,而平日则心差闲而口差逸。年来精力日颓,畏暑特甚。虽公牍最要之件,浏览不及什一辄已弃去,即贺禀谀颂之尤美者,略观数语,一笑置之。故有告以詈我之事者,亦但闻其绪,不令竟其说也。"左宗棠的事我听说了,但我这人口笨心拙,骂也骂不过他,占不到便宜。再说我精力日颓,正事还忙不过来,对这些事也就一笑置之,随它去了。

大气归大气,时间长了,心里也会觉得郁闷。曾国藩一度向左宗棠最好的朋友倾诉,这位朋友自然是胡林翼。胡擅长搞人际关系,就在中间做起了思想工作。咸丰十年(1860)夏,石达开意由贵州入蜀,曾国藩想到了左宗棠。以曾之意,左非久居人下之人,跟着自己干是为"襄办",入蜀则有"督办"之名,身价明显不同。按理说,曾是为左宗棠着想。但左自知新军初立,赴蜀事权不属,跟当年曾国藩在江西并无二致,以"志在平吴,不在入蜀"为由,表示拒绝。胡林翼知二人心意,便劝曾国藩,"季高谋人忠,用情挚而专一,其性情偏激处,如朝有争臣,室有烈妇,平时当小拂意,临危难乃知其可靠",表示左"愿依丈(曾)而行",劝曾国藩包容忍让,相互理解。左宗棠虽拒绝入蜀,但赶上皖南事急,曾国藩亟需用兵,却迟迟不赴祁门。胡林翼就反过来劝左不要意气用事,同时替曾国藩说话:"涤公之德,吾楚一人,名太高,望太切,则异日之怨谤,亦且不测。公其善为保全,毋使蒙千秋之诬也。"经胡林翼从中劝解,左取道江西,自醴陵赴祁门大营,与曾会合。尽管没等左宗棠赶到祁门,徽州复陷，但曾、左的关系并未受到影响。

有胡林翼在还好，他去世后，两人撞出的火花终于没人能再扑灭。

不断加深的矛盾，最终走向不可调和的顶点，导致两人绝交。

相期无负平生

事情发生在七年后。

同治三年（1864），洪秀全在绝望中病死，湘军攻下天京，幼天王洪天贵福逃走。曾国藩扩大战绩，谎称幼主自杀，所奏捷报中有"城破后，伪幼主积薪宫殿，举火自焚"之语。本来是一件皆大欢喜的事，不料被左宗棠逮个正着，他毫不顾及朋友脸面，当即揭发曾国藩撒谎，说幼主并未自焚，而是逃出城外。左宗棠洋洋千言，死死揪着真相不放，慷慨激昂，"诋曾甚力"。曾国藩被抓到把柄，强言狡辩，面子上殊为难堪。曾、左的矛盾不但公开化，还成为朝议的焦点。吵到最后，朝廷只好出来劝架："朝廷于有功诸臣，不欲苛求细故。该督（左）于洪幼逆之入浙，则据实入告，于其出境则派兵跟追，均属正办。所称'此后公事仍与曾国藩和衷商办，不敢稍存意见'，尤得大臣之体，深堪嘉尚。朝廷所望于该督者，全大且远，该督其益加勉励，为一代名臣，以副厚望。"这句"朝廷于有功诸臣，不欲苛求细故"，表明了朝廷对曾国藩的态度。

朝廷不追究曾国藩的责任，曾、左却自此断交，不通音讯长达八年。

在《庸盦笔记》中，薛福成接着讲了后来的事情。

同治五年（1866），左宗棠西进陕甘，道出湖北，碰上曾国藩的弟弟曾国荃。于是，左宗棠又开启话痨模式，说两人闹到这地步，"其过在文正者七八，而己亦居其二三"，我承认自己有错，但你哥占八成，我占两成。曾国荃无言以对。不仅如此，北赴陕甘之前，左宗棠还对幕客揣测道："我既与曾公不协，今彼总督两江，恐其隐扼我饷源，败我功也。"事实证明他是以小人之心度君子之腹。老友率军北上，曾国藩不但摒弃私怨，还出钱出人，"为西征军筹饷，始终不遗余力，士马实赖以饱腾。又选部下兵最练将最健者，遣刘忠壮公（松山）一军西征"。这件事，左宗棠在写给儿子的家书中说："吾近来于涤公多所不满，独于赏拔寿卿（刘松山）一事，最征卓识，可谓有知人之明、谋国之忠。……私交虽有微嫌，于公谊实深敬服。……人之以我与曾有龃龉者，观此当知我之黑白分明，固非专闹意气者矣。"言下之意，自己骂曾国藩并非一时冲动、意气行事，而是出于理智。后来，左宗棠肃清陕甘及新疆，皆倚此刘军之力。可以说，对于老友的事业，曾国藩给予了最大的支持与帮助。所以薛福成说，"文襄之功，文正实助成之"。尽管如此，一向傲岸自负的左宗棠一开始并不领情，"不肯认也"，"每接见部下诸将，必骂文正"。

左宗棠骂曾国藩到何种地步呢？《庸盦笔记》中讲到一个故事。

左宗棠后来做两江总督时，有个叫潘季玉的江苏士绅专程到南京，汇报地方公事。第一次去督署，他刚寒暄几句，左宗棠就把话题转移到自己收复新疆等西陲地区的功绩上，提完当年之勇，接着开骂曾国藩，一阵喋喋不休，简直成了唐僧。潘季玉本有公事要报，可从头到尾，始终插不上话。次日再去，他刚一坐下，左宗棠又开始重复昨天的故事，先回首往事，再开骂曾国藩，言如泉涌，滔滔不绝，有条不紊。第三次去，左宗棠不但骂曾国藩，连李鸿章和沈葆桢一块儿骂，这才罢休。饭局散去，潘正要提正事，刚一开口，眼看左又要开启复读机模式，赶紧走为上策。一件小事，潘季玉前后共去了四次总督署，才见缝插针，得以把话说完。

左宗棠的嘴上功夫果然不是盖的。

要说龚自珍是愤青界前辈，左宗棠绝对青胜于蓝。

历史上从绝交到冰释前嫌的朋友很多，曾、左也是一对。两人断绝来往八年，终于在年近花甲的同治十年（1871）年底，左宗棠在西北亲笔致信曾国藩，主动选择和解。在信中，他姿态谦恭，语气诚恳："八年不通音问，世上议论者何止千百，然皆以己度人，漫不着边际。君子之所争者国事，与私情之厚薄无关也；而弟素喜意气用事，亦不怪世人之妄猜臆测。……弟与兄均年过花甲，垂垂老矣，今生来日有几何，尚仍以小儿意气用事，后辈当哂之。前事如烟，何须问孰是孰非；余日苦短，惟互勉自珍自爱。"

读完信，曾国藩顿时释然：这个左宗棠，到底不失为一个敢爱敢憎、光明磊落的汉子。翌年初，曾国藩去世。左宗棠身在西陲，派人千里迢迢送来一副挽联。众人恐左宗棠不讲场合，再捅出什么难堪，本来还想着他会来砸场子，看到挽联，不禁释然，顾虑也随之而散——左宗棠终于主动"认输"，"原谅"了曾国藩。他送的挽联是："知人之明，谋国之忠，自愧不如元辅；同心若金，攻错若石，相期无负平生。"孤傲了一生，自负了一生，年届六旬的左宗棠终于肯承认自己"不如元辅"，和曾国藩成为朋友"无负平生"。

这大概是两人和解的最好佐证。

至此，两人的罅隙终以曾国藩的"退出"而消弭。

而这时，对曾国藩来说，左宗棠的信不啻为一支锐箭。

由于朝野物议，朋友不理解，曾国藩背负着巨大的精神压力。

谪居乡里的他有苦难言，从创办湘军到东征苦战，数年来夙兴夜寐，就算没有功劳也有苦劳，不料竟落得这般田地。在此期间，他的那批老战友、老部下多已升迁，哪个不是战功卓著、荣耀加身？哪个不是飞黄腾达，乃至官拜一省之疆臣？唯有他这个湘军统帅，不但原地踏步，还赋闲在家，兵权也给撸了。在那个信息闭塞的时代，曾国藩打发苦闷的方式依然是写信，在给郭嵩焘胞弟郭崑焘的信中，他以老中医的语气失落地写道："用是触绪生感，不能自克；亦由心血积亏，不能养肝。本末均失其宜，遂成怔悸之象。"长时间的忧谗畏讥，让他患上了"不寐之疾""怔悸之症"，赋闲在家的曾国藩不但失眠，还抑郁了。

看来，和在江西相比，这段日子他过得同样不轻松。

曾国藩性格儒缓，却也有儒缓的好处，那就是万事不急躁，善于自我调节。他有一句话叫"大处着眼，小处着手；群居守口，独居守心"，如今身处人生低谷，如何走出泥潭呢？让自己的内心变得更强大，而眼下正是锻炼心性之时。如同他后来遇到困难时所说："吾正可借人之拂逆以磨励我之德性，其庶几乎！"可以说，自打在京城师从唐鉴时起，曾国藩的一生，就是一个克己省身、不断自我完善与自我修行的过程。这时，曾国藩又开始修心了。

正如好友胡林翼所说，"世自乱而我心自治，斯为正道"。

在自我挣扎与斗争中，他拿起老庄著作，看起了无为之学。

老庄之学主张淡泊世俗，讲求自然无为、静心寡欲。在道家思想的浸染下，山穷水尽疑无路的曾国藩仿佛误打误撞地闯进远离尘嚣的桃花源，眼前豁然开朗，柳暗花明，来到了一个全新的世界。"林尽水源，便得一山，山有小口，仿佛若有光。便舍船，从口入。初极狭，才通人。复行数十步，豁然开朗。"这正是曾国藩经历的状态。慢慢地，他看开了，悟透了。在自省中，他历数近年遇到的种种挫折，开始体会到老子的"天下之至柔，驰骋天下之至坚"，认识到"江海所以能为百谷王者，以其善下之"，这是《道德经》给他的力量。参透了世间真理，曾国藩欣喜之余，挥笔写下八个大字："大柔非柔，至刚无刚。"后来他回忆这段上下求索的时光，描述这一大彻大悟的蜕变道："昔年自负本领甚大，可屈可伸，可行可藏，又每见得人家不是。自从丁巳、戊午（1857、1858）大悔大悟之后，乃知自己全无本领，凡事都见得人家有几分是处。故自戊午至今九载，与四十岁以前迥不相同。"居家两年，经历了大悔大悟的淬炼，经历了人格与心性的涅槃，浴火重生的他，是一个更为强大的曾国藩。

他不再是那个愣头青，而是一个深谙世俗规则的曾国藩。

这些改变，让他如鱼得水。

第六章　主政湖北

联手赶走杨霈

跌跌撞撞，胡林翼抚鄂已有三载。当初武汉失守、湖北半陷，他临危受命，挣扎于泥潭之中，没权力，没军队，没办公地点，甚至连官印都没有，所谓巡抚，等同虚名。可以说，打下武昌之前，胡林翼一直是游击和游荡状态，成了名副其实的"巡抚"。湖北地处要冲，乃棘手之地，督抚亦是烫手山芋。自咸丰初年起，湖北官场如同走马灯，总督六人，巡抚八人，前仆后继，前任程矞采、吴文镕、台涌、崇纶、青麐、陶恩培，以及即将成为"前任"的杨霈，或死或黜，无一善终。尤其是青麐，干不到半年，被斩于军前；更有前巡抚常大淳，城破之日，一家十几口全部丧命。"巡抚"之艰难，让身兼游击队队长的胡省长由衷感叹："（咸丰）五、六年（1855、1856）间所处之境，为军兴以来所未有之奇。"

其时鄂省兵政一分而三：湖北巡抚胡林翼驻江南，另有湖广总督杨霈、荆州将军官文驻江北。然而，我们不难发现，直至夺

第六章 主政湖北

回武汉三镇，似乎只有胡林翼和官文在战，未见杨霈的踪影。杨总督在忙于何事呢？问题敏感而尴尬，答案是：被太平军一路追打，一路溃逃。从广济到蕲水，从蕲水到汉口，从汉口到德安，从德安到随州，从随州又到枣阳。如曾国藩后来所奏，杨霈"不图广济一败，退至蕲水，又退至汉口，又退至德安、枣阳，万余兵勇，或从之以行，或星散无归"。王闿运说得更绝："杨霈之败也，实未见寇，乱民一呼，而万众瓦解。"简直就是"猪队友"。总之，杨总督堪比"神行太保"，一直在路上。

杨霈奉行逃跑主义也倒罢了，面对凶悍的太平军，他还喜欢耍小聪明。武昌克复后，杨总督抢功先奏；胡林翼粮饷难继，他以万人驻军德安，物资充足，却不能自保，还上疏请求让正在围攻武昌的胡林翼移军汉川，防阻太平军北上。早在武昌失陷时，他就向朝廷申请，恳准自己放弃武汉，"扼守汉川，以固荆襄"。明眼人一看便知，汉川在武汉西北，申请自调汉川是想逃跑，让胡林翼移驻汉川，则是欲以胡军做德安的军事屏障，以防太平军北上威胁到自己，谈何"以固荆襄"？

说杨霈损人利己，牺牲大局以自保，一点也不冤枉。

说他为了照亮自己的前路而点燃整座森林，也说得过去。

然而，当杨霈之折上达，咸丰竟以为然，遂征询骆秉章的意见。

为什么要听骆秉章的意见呢？薛福成回答了这个问题."曾文正公督两江，凡湖广两粤闽浙等省大吏之黜陟，及一切大政，朝廷必以谘之；骆公督四川，凡滇黔陕甘等省大吏之黜陟，及一切大政，朝廷必以谘之。二公东西相望，天下倚之为重。"原来如此。曾国藩、骆秉章分别任两江总督、四川总督，凡涉及所辖大吏的赏罚升降，乃至一切大政，朝廷都会征询他们的意见。可见骆秉章之老成硕望,深受朝廷倚重。更重要的是另一个原因,骆秉章时任湖南巡抚,对湖北前线的湘军有接济之责,湖南的情况,事关整个湖北战事。

杨霈之请,往小了说是自私自利,往大了说是与湘军东征的大战略相违。皇帝主动来问,骆秉章当然不可能赞成,不但如此,除掉湖广总督杨霈,对好友胡林翼也是大有裨益的。为什么这么说?还是那句话,身为骆秉章的高级幕僚,左宗棠才是幕后操刀人。

于是,一场由左宗棠策划发起的"除杨行动"开始了。

咸丰五年(1855)三月二十九日,骆秉章回复咸丰,在奏折中对杨霈提出五个质疑:首先,杨总督口口声声说"防贼北窜",却要将胡林翼调至汉川。太平军所争者乃长江流域,对于这点,你也清楚,不守武昌而北守德安,试问总督大人,您是要将长江枢要拱手让出,置东南于不顾吗?其次,即使胡林翼移军汉川,只能阻挡太平军进犯襄阳,于荆州并无轻重,彼若水陆并进,荆州一样不保,何来"以固荆襄"?第三,出于地理和水域特点,湘军出战一向水陆配合、互为依附,胡林翼若驻汉川,水师亦必他去,届时水陆分离,战力锐减,等于自弃武汉。第四,杨总督说太平军人多势众,却忘了广济之战,总督大人拥兵万余,竟连千余敌军都打不过,乃至一溃再溃,从广济一直退到枣阳,引来了太平军。是他们北窜,还是你杨总督北窜?你杨大人是敌军的导游吗?第五,观当今战势,荆襄是中原门户,武汉又为荆襄之锁钥,欲固荆襄,必保武汉。杨大人既然要防敌北窜,何以舍武汉而顾荆襄,继而又守德安?依我看,你是越来越跑偏了。此为我对总督大人所做决策的五个不解之处。

有理有据有文采,颇有左宗棠风格。是谓"五不解"奏折。

第六章　主政湖北

说到最后，骆秉章不忘再来一记重拳："臣与督臣并未谋面，亦未尝共事一方，本无夙嫌，只以大局关系匪轻，若不据实直陈，于心实为不忍。"细读之，则似有面熟之感。没错，曾国藩两个月后所呈的《奏参江西巡抚陈启迈折》中，那句"臣与陈启迈同乡、同年、同官翰林，向无嫌隙"，正与此有巧合相似之处。细细思来，未必完全是巧合。打仗之余，大家也在相互切磋撰拟奏折的奥秘，前述胡林翼致信左宗棠讨论奏折之效，或是一个有趣的佐证。

此折字字入骨，句句在理，将杨霈的小心思扒衣示众，展露无遗。

不料因用力过猛，效果不甚理想："疏入，诏斥所诋霈者过当。"

不管怎样，骆秉章公开打响了战斗第一枪。

在骆秉章上奏前两日，胡林翼汇报战况，委婉表达了与杨霈相左的意见，因为有一层同僚关系，他的意见略有隐晦，不像骆秉章那么尖锐锋利，甚至对杨霈没有任何旁敲侧击的非议：自正月初七汉阳失守，北岸阻塞，道路不通，二月十七日武昌复失，南岸太平军也开始蔓延。当前之计，只有急攻武汉，乃可内固荆襄；若武汉速复，则南岸之崇阳、通山、兴国、大冶等地，可次第肃清。在此之前，他也指出："荆襄为南北枢纽，武汉为荆襄咽喉，不乘此时力图克复，则大局之患将不可知。"简言之，武汉地位比荆襄更重要，是战局的关键。

骆秉章、胡林翼南北呼应，接力棒交给了曾国藩。

曾国藩客居江西，正处于失落郁闷的谷底，朝廷的不支持和江西官场的排挤刁难让他步履维艰、无所展布。在这种自顾不暇的困境中，他还是伸出援手，拿过接力棒，决定助胡林翼一臂之力。从长远来看，巩固湖北地盘，对打造湘军后勤基地也大有裨益。

两日后的四月初一，曾国藩上《湖北兵勇不可复用大江北岸宜添劲旅折》，呼应胡林翼、骆秉章之观点，为之摇旗助威，配合可谓默契。相对于骆秉章，曾国藩的奏折语带讥讽，更为辛辣：杨霈大肆收购散兵游勇，数近三万，兵力不谓不厚，杨大人屡次奏报，也自叙其战功之多。可事实呢，从广济一路退到枣阳，短短数日，已经吃了五次败仗。杨大人脑路清奇，带出如此乌合之众，却态度轻佻，毫不自省。

在曾国藩笔下，杨霈督军无方、畏葸怯战、恬不知耻的形象跃然纸上。

不到一周时间，骆秉章、胡林翼、曾国藩轮番参杨，紧锣密鼓。

杨总督如此不堪，人望如此之差，不撸不足以平众愤，只有换人。

咸丰下令，将杨霈就地革职，以荆州将军官文为湖广总督。

从两日一折的紧凑性和奏折内容来看，曾、胡、骆各居一地，遥相呼应，"除杨行动"无疑是一场有计划、有预谋、目标明确的政治斗争，而骆秉章的幕后人物，也是行动的发起者，正是他的机要秘书左宗棠。可以说，这是曾国藩、胡林翼、左宗棠在政治上少有的一次绝妙配合。

问题是，挤走了总督杨霈，来了总督官文，有区别吗？

如果说有，唯一的区别是，官文还是个满人。

碰到这个话题，事情就敏感了。

胡林翼面对的，第一是满汉矛盾，第二才是督抚矛盾。

终清一朝，满汉矛盾是贯穿始终的主要矛盾。在中央各部及

第六章　主政湖北

地方大员的任命上，如尚书、侍郎和总督、巡抚，向来以满人为主，汉人为副。在中央，尚书有二，满汉各一，侍郎亦然，他们分工明确，相互制衡，汉人办事，满人掌权。即是说，满人多行监督职能，汉人才是做事的主力和苦力。在地方，督抚关系更为微妙。该制度源于明，成于清，督抚开始出现时，只是一种巡察地方的临时差使。明朝中叶，中央派监察御史或部院大臣到地方出任督抚，及至清朝，逐渐成为固定官职。总督掌一省或几省军政，类似军区司令；巡抚掌一省民政，相当于现在的省长。两者相互监督，权力制衡，以防恣横，当然，更多的是防范汉人。

嘉、道年间，清廷在全国十八行省设有八位总督、十五位巡抚。八位总督分别是直隶总督、两江总督、两广总督、湖广总督、四川总督、云贵总督、闽浙总督、陕甘总督。清末新政期间，全国改设二十二行省，计有九位总督、十四位巡抚——光绪三十三年（1907），东北设立行省，清廷裁撤之前的盛京将军，增设东三省总督，首任总督为后来的民国总统徐世昌。

讲完督抚制度的历史渊源，再讲讲督抚之间的故事。进一步说，督抚矛盾不可怕，可怕的是督抚同城。

晚清时期，督抚同城者有四：闽浙总督与福建巡抚，驻福州；两广总督和广东巡抚，驻广州；云贵总督和云南巡抚，驻昆明；湖广总督和湖北巡抚，驻武昌。换句话讲，这四个城市都有两位首长，按官阶来说，总督是从一品，巡抚是从二品，总督高于巡抚；按管辖区域，巡抚仅辖一省，总督则管辖两至三个省。虽然"巡抚例归总督节制"，但实际上，二者并无隶属关系，也无上下级之说。

官文身为湖广总督，虽有一个"广"字，却不管广东、广西（管辖两广的是两广总督），而辖湖南、湖北两省，驻地在武昌，和湖北巡抚胡林翼同处一城，交往、摩擦自然要比湖南巡抚多。督抚同城是清制一大痼疾，按例，总督治兵事，巡抚理民事，本是相互监督，相互牵制，然权力穿插，职权难分，矛盾在所难免。郭嵩焘曾陈其弊，说督抚意见各持，斗争不止，"则贤者永不得有为，中材亦因以自废"。薛福成也指出，一城之中主大政者二人，志权不一，事多必争，难收牵制之益。因此，民国掌故笔记《一士谈荟》中说："督抚同城，势分略等，体制平行，权限之区分复相沿不甚清晰，其能和衷共济者不多见。"晚清震惊朝野的"刺马案"，据说也与这一不可调和的督抚矛盾有关。

再进一步说，督抚同城不可怕，可怕的是湖北的督抚同城。

出于地理和地势原因，自太平军起事以来，武汉就没有一天消停过，湖广总督与湖北巡抚相互倾轧的现象屡见不鲜。别的不说，胡林翼进城那年，总督吴文镕与巡抚崇纶，一汉一满，一督一抚，相互弹劾，互不合作，结果吴文镕殉死，崇纶遭革职，最后也被处死。仍旧拿湖北为例，胡林翼卸任巡抚之后，湖广总督官文与新任湖北巡抚严树森不和，后者因被参劾而去职。接着是当朝的功臣大佬曾国荃继任，督抚之间依然不能合作融洽；曾九行伍出身，可不惯着官文，不管你是不是满人，一言不合直接开干，一状告到中央，结果官文走人。即便是后来的张之洞，坐镇武昌期间政绩斐然，与湖北巡抚谭继洵同城办公，由于张之洞"事多专决"，"继洵不敢与抗"，两人也是矛盾重重。

国情造就了历史悠久的督抚矛盾，更造就了湖北复杂的官场传统。

数十年来，湖北督抚和睦相处的范例，只有一个胡林翼。

走近官文之前，胡林翼对他的印象是模糊而单一的。

官文，字秀峰，出身满洲正白旗，成长于军人世家，道光初年做过殿前侍卫。道光二十一年（1841），任广州汉军副都统，调荆州右翼副都统。咸丰四年（1854），擢荆州将军。杨霈被革职后，官文擢湖广总督，与湖北巡抚胡林翼成为搭档。武昌未复时，两人分驻长江两岸，官在江北，主上游军政；胡在南岸，主下游军政。两人虽为同事，但进驻武昌之前，交集并不多。官文不谙政事，坊间传湖广总督署有"三大"，即妾大、门丁大、庖人大。也就是说，惧内，怕老婆，喜听枕边之言；没主见，政事多假手家丁处理；好吃，在署府，厨子都颇有地位。在胡林翼看来，官文是一个标准的颟顸的满人官僚形象。

官场有此传统，工作中有这样的同事，他会怎么办呢？

成事比面子更重要

早在咸丰二年（1852），胡林翼在给湖南巡抚张亮基的信中就说过："揆帅（官文）左右无一正人，无一谋士，其忌刻倾险，尽是内务府气习，此诚不可与争权。……不如姑示韬晦，待其自败。"显然，身为一个读书人，身为一个翰林，一开始他是耻于和这类满人官僚为伍的。这也是当时官场中汉臣对旗人的普遍成见。

但生活中有很多事，是不能按照自己的性情去面对的。

胡林翼通达权变，办事不拘成法，更熟谙这一道理。

当初两人分驻两岸，几无来往，待到进驻武昌，督抚同城，大家抬头不见低头见，接触自然多了。于是，两人对彼此的认识和态度也有了转变。由于这一桥段具有一定的戏剧性，《清史稿》《湘军志》《归庐谈往录》《咸同将相琐闻》等均有涉及，所有资料无非表达一个意思：两人由龃龉到合作，最终站在了同一战线。

胡林翼一开始对官文没好感,同样,官文对他也没什么好印象,二人分驻两岸,征兵调饷,每有违言。领导关系不睦,僚属也各为其主,事事颇不相下。一次,胡林翼因工作需要,派人去请示官文,"文恭(官)闭不纳"。今天你对我爱理不理,明天我让你高攀不起。既克武昌,胡林翼威望日隆,湘系集团联手赶走杨霈,也让官文认识到结纳胡氏的重要性,于是三顾茅庐亲去拜访。胡林翼"谢不见",官文连吃三次闭门羹。

一个"闭不纳",一个"谢不见",足见二公水火之势。

官文是湖广总督,又是旗人,固然有傲慢的因素。胡林翼一向好脾气,又长于交际,为何如此反感官文呢?归根到底,还是因为官文的作风有问题。事实上,相比其他旗籍官僚大吏,官文算不上坏人,曾国藩对他有过这样的评价:"官秀峰……与人相交不诚,然止容身保位,尚无险陂。"这人虽然不实在,但耍心机、爱算计仅为明哲保身、不丢官位,没什么坏心眼。史料也提到,"总督为人,易良坦中,从善如流","忠实无他肠,友谊极重"。不重畛域之见,不喜政治斗争,甚至少有满人的骄慢之习,无非是爱财爱吃,喜欢满足点口腹之欲,追求些口体之奉,正宗的吃货一个,没什么大的追求,政治上也没什么野心。说得直白点,一个怕老婆的人能坏到哪里去?

可就是因为这么一点小爱好,他落下"驭下不严,用财不节"的污点。湖北刚刚肃清,职位多有空缺,颇有经济头脑的官文就做起了卖官的生意,截留军饷的事情也时有发生。于是,胡林翼搜集一些官文的黑材料,打算奏他一本,被身边的阎敬铭及时拦住了。

阎敬铭说,满汉职能分工,汉臣不授兵权,是本朝畛域之

第六章　主政湖北

见，二百年来都这样。武汉如此重地，朝廷怎么可能放心给汉人？再说了，就算你弹劾成功，走了一个官文，"能保后来者必贤耶"？况且，这官文也没什么不好，无才自有无才的好处，他要是太能干，哪里还有大人你的事？莫说是施展抱负、建功立业，你这个巡抚之位能不能坐安稳都难说。关于督抚关系，建议大人想想刚来湖北那会儿，吴文镕是怎么死的，还不是那满人崇纶给弄死的！"此等共事人，正求之不可得，公乃欲去之何耶？"如此说来，这官文岂非求之不得？

一语惊醒梦中人。

听阎敬铭讲完，胡林翼陷入了深思。

楚汉时期，樊哙劝谏沛公，大行不顾细谨，大礼不辞小让。正如胡林翼左右所言，天下未有督抚不和而能成事者，为了东征大业，忍辱负重又有何妨？他自己也尝言："凡办事，不外孟子天时、地利、人和三端。"道理都懂，难道只是随口说说？再说了，眼下一个现成的傀儡不珍惜，岂不是暴殄天物？胡林翼这才主动改善督抚关系，对官文折节从之。渡江言和之前，他表明态度："督抚相见，前事冰释，敢再言北岸将吏长短者，以造言论罪。"胡省长主动抛出橄榄枝，官文也开诚相与，不再加以掣肘，"自是林翼所言，文无不从"，"督抚若为一体"。《清史稿》这样记述："军政吏治，皆林翼主稿，林翼推美任过，督抚大和。湖北振兴，实基于此。""不数年，足食足兵，东南大局，隐然以湖北为之枢。"

在大局与任性之间，选择不同，结果也会不同。

握手言和就算了，胡省长甚至不顾一个翰林应有的气节与尊严。

有一个为人津津乐道的例子。话说官文有一位六姨太，天资聪颖，恃宠而骄，某日非闹着要过生日，让官文向同僚大发请柬，好好庆祝一番。过生日有什么"闹"的呢？原来，当时虽可一夫多妻，官场中更是司空见惯，但小妾过生日大摆筵席、广发请柬的事却不合礼制，至少不那么符合主流。外交官员接见外宾，小妾都不能随老公出镜，更上不得台面，和正房不能相提并论。

说是"暖男"也好，"妻管严"也罢，官文还是答应了。

明着干说不过去，同事们也不会来，官文就做了个小文章，在请柬中说是自己老婆过寿，大小老婆都是老婆，姑且算是没有说谎。生日宴那天，湖北官员陆续赶来，有人走到门口一看，发现了其中破绽：这哪是什么总督夫人的寿辰，分明是为小妾过生日。

典型的烽火戏诸侯！

拿这种事玩过家家的游戏也是够无聊的。湖北官场中人本就对官文没什么好感，来这么一出闹剧，更加引起众愤。散了吧，大家散了吧，火气大的嘴里还带着口头禅，骂骂咧咧，仿佛受到莫大的欺骗。除了戏弄，官员们认为这是一种侮辱，我堂堂天子门生，与圣人为邻，整天头悬梁锥刺股，读的是圣贤之道，身为大清官员，岂能给你一个妾室贺寿？身为读书人，我们看重的是气节。

生日宴瞬间冷场，官文脸上也火辣辣的，很没面子。

六姨太好端端的生日过得很不开心，连许愿都没有心情。

就在众人相约返程时，远远看见巡抚的绿呢座轿正不疾不徐，姗姗而来。后面两抬绣轿，坐的是省长大人的母亲和正房夫人；紧随顶马之后，胡林翼还以省长夫人的名义，特备厚礼一份，场面堪比仪仗，煞是隆重。下了轿，进了院，胡林翼"昂然入贺",丝毫看不出尴尬。这种情景放到现在,就是不但参加了生日宴,还主动拍手,领着唱"祝你生日快乐"。

大家顿时傻眼:去还是不去?不去吧,省长那么大的官儿都来了,还那么正式,我们做下属的还装什么装,端的又是哪一壶?再说,以后还要共事,抬头不见低头见,有没有小鞋穿都是问题。既然省长带头了,依我看,咱们也别端着了,去吧!

去,去,于是一同去。

不到一个时辰,大半个湖北官场的人到了总督署。

原本冷冷清清的生日宴会顿时热闹起来,官文捡回了颜面,六姨太也终于眉头舒展。三个女人一台戏,宴席上,胡母与胡夫人、六姨太相谈甚欢,俨然母女。气氛一片祥和,生日宴举办得圆满成功。作为客人,胡母盛邀六姨太回访。次日一大早,总督署的轿子就到了巡抚家属院,家长里短,交流甚洽,胡母遂认六姨太为义女,"家人往来如骨肉焉"。

如此一来,胡林翼、官文就不再是单纯的同事关系。

人在官场上混,不过是相互捧场,给个面子。

从这以后,两人成了哥们儿。然而,单纯的精神恋爱不能维持长久,柏拉图式恋爱根本抵挡不了荷尔蒙,即使关系再铁,没有利益也难免出现裂痕。当然,胡林翼是有考虑的,"以盐厘月三千金充督府公费",尴尬的问题解决了。你官文想方设法搞腐败,不就是为了一个"钱"字吗?贪不要动脑子?如今什么也不用干,风雨无阻,定期收租,有吃有喝,求之不得。何况,你身边的小弟也都说了:"今天下大事专倚湘人,公若能委心以任,功必成,名必显。公为大帅,湘人之功皆公之功,何不交欢胡公,而为一二左右所蔽乎?"坐享其成,何乐不为?从后来看,事情确是这样发展的。不过,官文也并非一无是处,《清史稿》

称："官文虽无过人之才，推贤让能，奠安江汉，与曾国藩、胡林翼和衷规画，竟完戡定之功。"

有了这层关系，官文和胡林翼的关系更铁了，"吏治、财政、军事悉听林翼主持，官文画诺而已"。官文落得一个服善让贤的美名，胡林翼也很知趣，"月供"定期给着，军功章上不是"有你的一半，也有我的一半"，而是上奏时，屡屡把官文放在第一位，自己推美让功，甘居其后。用曾国藩的话说，这是"借其威重之名，行己之志"。官文甩手放权，胡林翼放手大干，清肃吏治，整顿财政，练兵剿敌，湖北面貌焕然一新。历来督抚同城，争权夺利者多，和衷共济者少，胡林翼功成不居，官文成了最大受益者。一个勇于任事，一个因人成事，简直就是绝配。一定程度上讲，湘军之生死，东征之成败，亦在于此。

早在道光二十九年（1849），三十七岁的胡林翼在家书中向堂弟枫翼谈及为官之道："官场办事，似难而不难，似易而不易。上有奥援，下多联络，则所作所为苟不至于大逆不道，总可敷衍过去，此似难而实不难之说也。然使孤立无助，或得罪长官，则一经挑剔，便种种留难，求留不可，求去不可，处境正是困苦，此似易而又不易之说也。"

结合胡林翼处理与官文的矛盾，倒也符合他做事的风格。

胡林翼、官文"度着蜜月"，曾国藩却不看好这段感情。

湖北大政，胡林翼主稿，官文画诺；湖南大政，左宗棠主稿，骆秉章画诺。二者有何不同？个中差异，诚如曾国藩对赵烈文所说："官秀峰城府甚深，当胡文忠在时，面子极推让，然有占其地步处，必力争。彼此不过敷衍而已，非诚交也。"咸丰九年（1859）秋，曾国藩尝与官文一晤，他不禁感慨："自审万不能与此人共事，然后知润芝所处之难。"对于胡、官相交，后人

第六章　主政湖北

胡思敬也发表过自己的看法："君子恶其人，未尝不明其术，……事处至难，不得不假借用之，以济一时之变。如胡林翼之出谋用智，其心亦良苦矣。"

一针见血。

因此，曾国藩赞胡林翼是"舍己从人，大贤之量"。

顾全大局，冰炭同器。何尝不是一种难得的政治智慧？

说到行事风格，有人比较曾、胡、左之迥异：曾天资略愚，长于策略，短于一线操作，但善识人用人，能运筹帷幄，有政治家风范；左耿直狷介，手腕强悍，有远略，长做事，重事功，但情商低，性格上的缺陷又往往让他成为众矢之的；胡林翼成事和做人称得上兼而顾之，懂政治，能成事，善做事，雷厉风行，擅长搞人际关系。八面玲珑而不失真性情，跟政敌口是心非，跟朋友掏心窝子。为了成事，不择手段，不拘成法，利用一切资源以达到目的。在这一特征上，他既不是政治家，也不是办事员，而更像是一个政客。同样因为这个"污点"，胡林翼给人的印象是爱用权术，连好朋友左宗棠都说他"喜任术，善牢笼"。

高阳比较三人，更偏重性格：左宗棠性情刚硬，讲原则，对于认定的事情，没有商量余地；曾国藩熟谙理学，经历官场沉浮之后，刚柔并济，做事既有弹性，又有一定底线；胡林翼是实用主义者，做事弹性最大，以目标为导向，不问过程，不计手段，只要核心不丢、初心不改，甚至可以不讲原则。在性格上，左敢想敢干，曾谨小慎微，胡大刀阔斧，且不失周全。三人在性格上的差异，使他们在行事方式上完美互补，达到1+1+1＞3的效果。而胡林翼，又是曾、左之间的调和剂，在三人中起到凝聚作用，一段时期内，甚至是湘军的灵魂。

话题回到结交官文这件事上。同样的情形，曾国藩的处理方式不可妄度，他弟弟曾国荃的风格却与胡林翼截然相反。胡林翼逝后的咸丰十一年（1861）年底，严树森继李续宜为湖北巡抚，与官文不协。两年后，官文参他"把持兵柄"，清廷斥严树森"任意妄为"，降其职为道员。同治五年（1866），曾国荃抚鄂，官文态度一如往常，对其处处刁难，事事掣肘。可官文忘了一个时间与环境差异：几年前太平军正盛，汉臣处于弱势，满人深受清廷倚重；如今洪氏倒台，金陵克复，威胁不再，最大的功臣是汉人。最重要的是，捻军还要依靠湘军来摆平。而金陵恰恰就是他曾国荃打下来的，说他是最大功臣亦不为过。

曾国荃有这样的资历，你官文也敢欺？

官文是满人，不讲什么功不功臣。曾国荃也是有名的犟驴一头，比他哥哥曾国藩还犟。合不来就是合不来，管你满人不满人。双方都不服气，势同水火。于是，官文贪渎不忌，性情依旧，把曾国荃完全不放在眼里。曾国荃更看不惯官文，一纸奏疏上达清廷，将其弹劾革职。曾国荃说官文"贪庸骄蹇"，清廷欲倚湘军平捻，只好免去官文的总督之职。最终，曾国荃也没能安于其位，次年（1867）六月，因防剿捻军不力，被革去官职。

不同的人，不同的处事之法，结果也不尽相同。

在对待官文一事上，似乎曾国荃更符合传统的正直形象，胡林翼反倒像是一个与贪官同流合污、沆瀣一气的奸佞之臣，至少也是个庸官。一佞一直，尊卑高下，似乎立见。但很多时候，要透过现象看本质：胡若谋一己之利，理应为官场奸邪；若其所用心术，非关一己之私，乃至不惜牺牲名节，而甘为世人所谤，这种境界，正是曾国藩所言的"大贤之量"。

事实恰恰也是如此。胡林翼半生呕心沥血，"未尝不以天下大局为兢兢"，以一省而养一军，从越境作战到统筹全局，没有一位省长这么做，也没有一位疆臣如此高瞻远瞩。正如曾国藩所奏："林翼不为自固之计，越境攻九江，分兵救瑞州，督抚之以全力援邻封，自湖北始。"郭嵩焘也说他"生平以天下为己任，语时事艰难，慷慨自誓"。

因此，当一些湘军将领误会胡林翼，称"胡公未尝不用权术"时，胡林翼的灵魂拍档、最佳战友曾国藩却意味深长地望着远方，说："润公聪明，本可霸术。而讲求平实，从日常行事以见至理，开口皆正大之语，举笔则正大之文，不意朋辈中进德之猛有如此者。……有权术而不屑用，有才智而不自用。有如此襟怀气局，岂与仓猝成功名、权宜就事会者比哉？"此等胸襟格局，已令人难望其项背，怎能将那些权宜就事、投机耍滑者与之相比呢？

人和人果然不一样，有的人看问题、看人就是如此犀利，直入真相。

有曾国藩这样高山流水的战友，胡林翼也算"相期无负平生"了。

湖北新政：以一省而应天下

湖北肃清，近在江西的湘军嗷嗷待哺，太平军依然不知何时会卷土重来，饱受战火侵扰的湖北满目疮痍，财尽民穷，百物荡然，库储皆空。湖北州县残破，体无完肤，军中饷源尽绝，粮食奇缺，欠饷少粮动辄数月。更有史料称，湖北凋敝至此，官场尽如乞丐，非三五年休养生息，其气不苏。六十州县，失陷达四十七八处，府库民宅皆被搜刮一空，时称"天下第一破烂鄂"。郭嵩焘《胡文忠公行状》记述："当是时，官私庐舍焚毁几尽，诸事草创,民物凋残,公一意振兴。"胡林翼接手的是一个百废待兴的烂摊子。

然而,湘军需要湖北支援,东征需要后勤保障。

这就是胡林翼面临的现状。

改革,只有改革!

咸丰六年(1856)冬,胡林翼上《敬陈湖北兵政吏治疏》,对鄂省军事、吏治、经济直陈无隐,开启湖北改革的序幕。书生弃笔从戎的例子古来有之,颇有建树者也不乏其人。胡林翼也是书生带兵,对儒学与兵事的关系有自己的见解,认为"兵事为儒学之至精,非寻常士流所能几及"。对湖北绿营之印象,他也不敢恭维:营兵如同烂泥,怯懦成性,不论敌之强弱多寡,闻警先逃,不战自溃,湖北军务不饬已历数年。曾国藩亦称:"湖北兵勇不复可用,三年之中五次大溃。"对此,胡林翼发出灵魂拷问:"闻警尚且先逃,临阵安能致果?"以此对付太平军,犹南辕北辙,势必不至。面对粮饷匮乏的现状,又奏:"兵勇之不强,患在多而不精,饷亦因之而耗绌。且一次溃走,则恐习惯自然,若不力加淘汰,则正饷愈分而愈少,欠饷日积而日深。"典型的狼多肉少。最终,遣散营勇两万四千多人,力度不可谓不大。

裁员的同时,也要补充血液。湘军水师创办前,曾国藩就称,消灭太平军,非水师不能胜任;罗泽南也说过,"东南争战,必恃水陆之兼济";胡林翼更是不止一次强调,"天下兵事,北以骑兵为要,南以舟师为要","吴楚兵政之要,必在精选水师"。可以说,水师是胜利的关键。胡林翼大拆大建,一面裁汰绿营团勇,一面扩编水陆两师。湘军水师原有十营,经历湖口之战,实力大减,李孟群、彭玉麟抵鄂之初,战船完好者不过五十艘。咸丰五年(1855),清廷以胡林翼接统外江水师,截至次年底,战

第六章　主政湖北

舰、辎重船八九百艘,增军七千人。咸丰八年(1858),水师增至十八营。胡林翼也不否认:"水师一军,建议于江忠源,创造于曾国藩,而整理扩充,至近年而始大。"

陆师方面,罗泽南援鄂不过五千人,李续宾接管时已逾八千,曾国华分拨四千人援赣,尚余四千五百人。胡林翼有感于湘军不复往日锐气,命鲍超募勇三千,同时另募一军,力矫湖北积弱之气。咸丰八年(1858),湘楚两军达五万余人,两年后逾六万人。王闿运感叹,湖北"兵与饷,强天下";曾国藩也称,"水陆数万人皆仗胡公以生以成"。短短两三年时间,湘楚两师增长十数倍,军声不可谓不盛,连隔壁的安徽巡抚翁同书都悄悄点赞:"近来可用之兵,莫如楚师。"胡林翼踌躇满志地表示,"(克复)浔、皖、金陵之事,将惟吾楚军是赖","天下兵将,只靠吾楚耳"。枪杆子里出政权,胡林翼编练新军,羽翼既成,已非他人所能牵制。湖北军事实力的增强,巩固了湘系集团的地位,保障了东征胜利。

说到这儿,问题随之而来:兵员猛增,需要稳定的饷源。

于是,整顿经济、筹措军饷成为改革的重中之重。

水陆两师扩编,粮饷支出可谓剧增。咸丰五年(1855),胡林翼初履鄂省,月需饷银仅四万五千两,年底增至十万两。咸丰七年(1857),月需二十余万两。咸丰八至九年,月需三十万两,年需近四百万两。咸丰十年(1860),每月军费增至四十万两,年需约五百万两。几乎是井喷式增长。湖北是用兵要地,也是传统缺饷重灾区,自身犹不富裕,兼有前线求饷求援,军需之浩繁,成为全省的经济负担。

花钱不需技术含量,挣钱却要有一定的智慧。

自古成大事者,皆有爱才、惜才之德,容才、用才之量。胡林翼理财，将用人放到第一位，打开湖北财政困局，他主要用了两个人——周开锡和阎敬铭，一个管进，一个管出；前者只讲创收，后者负责消费，两人均是一流的财政专家。尤其是阎敬铭，原为户部主事，廉介刚方，理财有道，经严树森引荐，被胡林翼挖到湖北，总理湖北粮台，负责粮饷和军需供应。因为理财治饷的特长，阎敬铭后来一度出任户部尚书，相当于财政部部长，乃至做到兵部尚书、军机大臣的位置，有"救时宰相"之称。胡林翼赞他"公正廉明，实心任事，为湖北通省仅见之才"；严树森抚鄂时，荐其"才可救时"，"为湖北第一贤能"。作为晚清名臣，阎敬铭管理财政非常较真儿，有时胡林翼急用钱，明知违反财务制度，嬉皮笑脸用尽各种手段，阎敬铭就是不撒手，实在逼急了，就以辞职威胁。后来阎敬铭做了户部尚书，老毛病依然不改，慈禧修缮颐和园，向户部拿钱，被他一口回绝，阎敬铭因此一度丢掉官职。

在理财上，胡林翼与别人不同，用曾国藩的话说是"每于理财之中，暗寓察吏之法"。在职场中，有的人一项工作尚且做不好，胡林翼能把财政、吏治两项工作完美地结合起来，并取得一举两得的效果。这也是其高明之处，需要一定的技术含量。

整肃经济分三大要务：漕政、盐课、厘金。

漕政包括漕粮的征收、运输等事宜。漕粮是通过水路上缴至京师的官粮，计划经济时代民间俗称的"商品粮"，就类似这些税粮。可见，漕政是一个国家的根本大政。湖北水网稠密，船运发达，漕政积弊已久，"百余年来，日甚一日，几有不可挽回之势"。

弊在何处呢？

征收名单多，收上来的钱粮却大打折扣，差额被贪官中饱私囊，造成国有资产流失；政府勒折浮收，苛捐杂税名目繁多，绅吏侵蚀，民不堪苦。

早在抚鄂之初，胡林翼就派人到州县调查漕弊。咸丰七年（1857）九月，他召集全省府道官员，彻查苛捐杂税，动员他们深入群众，察访民间疾苦，酌情减免赋税。同时，严禁墨吏勒折浮收，一经举报，严惩不贷。

历史经验表明，只要是改革，就总会触犯部分人的利益。于是，被砸了生意的猾吏奸民，或潜生谤议，或肆造谣言。对此，胡林翼毫不在意，意志坚定："漕弊一日未清，臣职一日未尽"，"苟利于国，苟利于民，即孰杀之歌，在所不恤"。可见其改革的勇气与决心。

胡林翼大刀阔斧的改革，得到咸丰的肯定："汝能不顾情面，祛百年之积弊，甚为可嘉。"成效也令人欣慰："上下衙门陋规、浮费，一概革除。"漕弊厘清，民生改善，士民欢悦，赋税激增。每年钱粮收入，除去本省廉俸及旗、绿营饷，剩余白银五六十万两。年谱载："（新政）行之期年，计为民间岁省钱一百四十余万串，为库储实等银四十二万余两，又节省提存银三十一万余两。于是，湖北百余年漕政宿弊尽革，舆颂翕然。"湖北《漕务章程》出台后，江苏、江西、安徽、浙江、山东等地漕粮改革均以此为模板，推行全省。时人称赞湖北裁漕减赋，利国利民，"为两百年漕政所未有"。

再是盐课。

盐课即盐税，关乎国计民生，自古由官方把持，是国家税收的重要一项。一直以来，湖北多食淮盐，即淮水流域所产之盐。问题是，长江中下游被太平军占领，交通梗阻，运输成本增加，川盐随之涌入湖北。民间走私猖獗，奸商暴利，官府屡禁不止，愈演愈烈。

在此之前，两任湖广总督张亮基、杨霈的方法是商民行销，官方督运。可以走私，但须上交"保护费"，抽取厘金，用作军饷。这一做法固然使饷需得以缓解，却也有鼓励走私之弊，奸商在政府默认下垄断贩盐，囤货居奇，抬高盐价，遭殃的还是百姓。

在张亮基方案的基础上，胡林翼做了改良。具体措施是废除食盐禁售，打破官方垄断，官商共享运销权，并以7：2的比例分销，既防奸商投机，又不夺商贩之利，政府也有了丰厚的财政收入。此后，川盐东出益盛，盐厘收入激增，"岁益（溢）银百余万"。各种私盐税收增约三倍，成为军饷的主要来源。胡林翼也称："本省饷项以盐课为大宗。"

厘金即商业税，是饷源的另一大宗。

厘金制度创于咸丰初年。常年内战，国库干涸，政府只得开源。据统计，清廷镇压太平军、捻军的开销，仅咸丰一朝，就超过白银三亿两。部库亏空至此，紫禁城的三个金鼎也被熔为黄金，以解军饷之需，足见财政紧绌。

有地盘就有税收。湖北肃清后，胡林翼在武昌设厘金总局，相当于省地税总局。总局下置分局，分局以下设卡，星罗棋布，遍及州县，广集一省之税。收了钱，有了饷，胡省长却颇为低调，从不露富。据他在咸丰十年（1860）披露："向来盐、厘二宗，每月可得二十四万或二十七八万（串铜钱）。"按照当时行情和"汇率"[1]，折成白银，年约一百五六十万两。两项税收真的就这些？实际上，盐课一宗已岁逾百万，厘金一项，官文也做过

---

[1]《胡林翼集·批札》："照市价折算有案，今鄂省仍照二串折银一两。"

第六章　主政湖北

统计："湖北自举办厘金以来，每年抽收实数约在一百三四十万两。"即是说，两项共约二百四十万两。

两袖清风的胡省长难道也有不可告人的秘密？

非也，他少报的目的是"少言之，以期待外饷，免部诘耳"。在"做官的艺术"这节课里，这只是他的一个小动作而已。

捐纳也是筹饷的有效手段之一。

咸丰想做个好皇帝，但现实和国情不允许，政府部库如洗，不得不于咸丰元年（1851）增开饷源，大搞"打折促销"活动，捐额减一到四成不等，捐事统归京铜局管理，是为"京捐"。中央有京捐，地方也可自行拟捐、公开卖官，但打折程度不能比京城优惠，以免抢了中央的生意，影响京饷收入。

咸丰六年（1856）春，胡林翼奏请"捐案减二成及递减四成核算"。即是说，捐实职减二成，打八折；捐升减六成，打四折。"促销"力度比京捐还大。此后，他又上《拟请减成收捐以济军食疏》《请仍减成收捐以救饥军疏》《再陈湖北危窘情形吁恳减成收捐疏》，不厌其烦地申请优惠政策。最后一次请奏，是在他病逝前三天。按胡林翼的诉求，捐实职、虚衔，打六折；升衔加级，打四折。从奏疏名称看，力度逐渐加大，语气也一次比一次紧迫。

接到申请，户部讨价还价："捐项减四成六成系捐铜局章程，若援照办理，有妨京捐。"说实职打六折、虚衔打四折是京捐标准，如果被你湖北追平，对中央的收入不利，影响生意。这么着吧，实职、虚衔给你七折；升衔加级减五成，半价。

可惜天不假年，没等到清廷回复，胡林翼病逝于武昌署中。一个月后，中央准许了他的陈请："优惠活动"可以进行。

实际上，虽然中央一开始没同意，胡林翼也非墨守成规的呆板之人，所谓上有政策，下有对策，早在前一年，湖北已经和京捐标准保持一致，捐输"照铜捐办理"。"优惠活动"刺激了绅商的积极性，减税减捐所得成为兵饷一大来源。此外，非常时期，另有部分勒罚现象，如有人被指控为通匪罪名，勒捐十万，往往也是一笔收入。

通过一系列改革，湖北财政大为改观。养兵之余，这些钱还用来分援邻省，支援前线，或资助部下，罗致人才。《中兴将帅别传》载，"（胡）受任三年而湖北平，分兵援江西、湖南、安徽、河南、四川、浙江，以鄂省而应天下，沛然有余。"具体收入是多少呢？他自称："每年不过三百万两有余。"这一数据，同样有"期待外饷，免部诘耳"的考虑。薛福成透露了实情，"每月得饷金四十万两，养兵五六万人"。按此说法，湖北年税在四百万两以上，在东南诸省中，仅次于江浙。曾国藩在肯定战友的贡献之余，验证了这一说法："以湖北瘠区养兵六万，月费至四十万之多，而商民不敝，吏治日懋，皆其精心默运之所致也。"

湖北经济改善，为湘军注入源源不断的血液。王闿运称："胡林翼治湖北，军饷最称富强"，"湖南军实之所由充，始于湖北"。胡林翼的搭档官文也表示：湖北连年战事，"（胡）视事后，规画措置，裕如沛如"。

在《胡文忠公行状》的结尾，郭嵩焘讲了这样一件事。某年，湖北庄稼丰收，和"多收了三五斗"情况一样，米价骤降，百姓颇以为苦。胡林翼发动群众，以政府名义劝百姓捐谷置仓，囤粮备用，并在全省多地推广。待到两湖歉收之季，粮价大涨，百姓饥馑，囤粮终于派上用场，助饥民躲过了灾荒。彼时，胡林翼已去世数月。足见其洞察先机，深谋远虑。

第六章　主政湖北

欲正人心，引为己任

整肃吏治，是湖北改革的一大重点。

在胡林翼看来，吏治是社会安定的基础。战争虽是为了和平，但与吏治相比，兵事如治标，吏治才是治本，未有不察吏治而能安民者，吏治清明，则天下大治。他常教导下属要深入群众，摒弃官本位意识，"州县之所谓小事，即百姓之大事"；告诫同僚杜绝人浮于事的官场作风；勉励官员脚踏实地，不忘读书本色。他自己更是"毋一时一刻不以民生国计为念"。

晚清吏治败坏已非一日，湖北废弛到何种地步呢？

比贵州好不到哪儿去——官不问政，贪纵不职。"凡下与上交接之事，诿之幕友而官不问；凡官与民交接之事，诿之门丁而官不问"。官员不作为，公务政事交幕僚处理，案件推给门丁衙役，自己不管不问。某知县到任一年，大小案件积至八九百起之多。尸位素餐倒也罢了，贪墨之吏还巧立名目浮收滥取，榨取民脂民膏。

这样的官员要他作甚？

胡林翼也是这样认为。抚鄂前五年，他参劾官员不下数十人，自嘲"天下之好劾人者，林翼是也"，病急时，犹不忘劾退数人。不是在参劾，就是在参劾的路上，简直成了职业病。不过，这也应了他那句话："在此一日，必劾贪官怯将，所谓一息尚存，此志不懈。"清末官场有"三屠"，岑春煊参劾成瘾，以"屠官"著称，想必也不过如此。

有破必有立，大拆才能大建。罢黜庸官贪官，求才被提上日程。

曾国藩一生重视人才，说求贤之道，应如商贾求财，鹰隼击物，不得不休。胡林翼更甚，直接上升到生死高度，说国之需才，如鱼之需水，鸟之需林，人之需气，得之则生，不得则死。他不止一次提到，成事以得人为主；古今成大业者，无不以人才为根本；为政之要，千条万缕，大纲必在得人。孟尝君食客三千，信陵君礼贤下士，都是他内心所往。抚鄂期间，他在武昌设立"宝善堂"，作为人才培养和储备机构，一时群彦毕集，"天下之士从公为尤盛"。

好贤还不够，还要讲示范效应。

对于这件事，曾、胡依然态度一致，堪称一唱一和。曾说：余所谓气节，以一二贤者倡之，逐渐乃成风气。胡称：旌奖一二贤才，使中人以下勉而从焉，可开鄂省之风。曾说：引用一班吃苦耐劳之正人，日久必有大效。胡称：以正人而引正士，扶持正气，何弊不除？何利不兴？两人对出兴致，曾国藩干脆写信讨论：引用一班正人，培养几个好官以为种子，倡一时风气，此为报国之一途也。二人的意思是树立标杆，通过表率作用，以澄吏治，力挽天下颓风。孔子所谓"举直错诸枉，能使枉者直"，说的正是此意。

很多时候，胡林翼的一举一动，曾国藩都是头号观众。胡之用心，他看在眼里："润帅近日扶持善类，力挽颓风，于人之邪正，事之是非，剖判入微，不少假借。"效果如何呢？时有邢高魁者，本无意官场，五次相邀方肯入幕。胡重其一身正气，赞他"可为吏治之准绳"，果不其然，自从召邢高魁入幕，胡林翼发现，身边到处都是正人。

胡林翼用人还有个特点：重用士绅阶层。对这些知识分子，他似乎有一种天然的信任，认为在地方做事，官不能离绅士而有为，士绅才品兼优，可作储备人选，尤需敬慎求之。出于这一思

第六章　主政湖北

想，一批情操高洁的名儒士绅被他揽至幕中。

在选才用人上，胡林翼有哪些心得？

对于这个问题，一向以识人见长的曾国藩也有话说："大抵观人之道，以朴实廉介为质。以其质而更傅以他长，斯为可贵。无其质则长处亦不足恃。"在他看来，用人须以德为主，以才辅之，品行不正，再有能力也不可用。较之老友的标准，胡林翼的观点有相似之处："凡务鲜衣美食之人，都不可与共事"，理由是"心既务外，才便不真"；空言者不用，注重勤勉务实，少说多做；平时"奉令惟谨，临大难而中无主，其识力既钝，其胆力必减"。那些唯唯诺诺、没有主见的人，也用不得。哪些人可用呢？他有一句挖人秘诀："咨之以谋，而观其识；告之以祸，而观其勇；临之以利，而观其廉；期之以事，而观其信。知人任人，不外是矣。"听其言观其行，贫贱不移其志，名利不动其心，有识有谋，勇敢诚信，方为正人。

发掘了人才，怎样使之有用武之地？

答案是：成事在用人，用人在破格。同时也要坚守底线，任人唯贤，"苟其才也，虽疏必举；苟其非人，虽亲必斥"。自古用人有四大通病，有贤而不知，知贤而不用，用贤而不委，委贤而不信。这凸显出一个问题：千里马常有，而伯乐不常有。曾国藩说"人才以陶冶而成"，也是这个意思。作为一名资深伯乐，胡林翼同样深谙其道，且与老友的观点不谋而合："人才因求才者之志识而生，亦由用才者之分量而出。"用人如用马，要杜绝"得千里之马而不识，识矣而不能胜其力"之弊，度其宜而用之。

抚鄂以来，胡林翼不拘一格提拔人才，晚年尤以荐贤为务，可以说，荐贤之习，跟随其一生。曾国藩感叹他"荐贤满天下"，谓之"群彦所归"。北洋鼻祖袁世凯以知人善任著称，也称他

217

"荐达贤才不拘成例，故得人之效称盛一时"。观袁氏一生官场之圆融、人情之练达、爱才之迫切、用人之游刃、驭下之纯熟，很难说未受曾、胡的影响。

那么，怎样做一名合格的"星探"呢？

胡林翼一板一眼地告诉我们：无他，唯"用心"二字。"遇四方之使，虽小吏末弁，引坐与谈，举所述闻见，随笔记之，以备参考。若稍有志意者，则必问所见人才，所学何方，已效安在，且令指实事一二证之，兼注考语。"遇到人就拉着谈话，聊到有价值的信息，他还会拿出纸笔一笔一画记上，标注评语，一旦发现目标，千里招致。胡自称："自（咸丰）四年（1854）以后，无见人不求才之日，特必先审其人可信，然后问其有无人才"，"无一时一事不以人才为念"。其求贤若渴、好贤之笃，可见一斑。世上的事，最怕"用心"二字。

晚清时期，胡林翼、曾国藩的人才观领一时之先，其求才之诚、识才之明、爱才之笃、用才之德、容才之量、育才之法，罕有其匹。光绪年间，军机大臣廖寿恒赞叹胡林翼有"千古用贤之识量"；郭嵩焘称其"立意高远，今世无有"；更有人认为，"用人之道，文忠更胜于曾、左二公"。据不完全统计，在胡林翼举荐过的人才中，官至尚书、总督、巡抚者不乏其人，如阎敬铭、毛昶熙、彭玉麟、左宗棠、毛鸿宾、沈葆桢、杨载福、都兴阿、严树森、罗遵殿、韩超、刘蓉、唐训方、李续宜等，另有藩臬、提督、总兵多人，"当世推湖北人才极盛"。这一数据，在当时，仅随曾国藩之后。

胡林翼抚鄂六年，军兴倥偬，百废俱兴，吏治尤茂，"一时弊绝风清，治行为各省之冠"。吏治清明成为湖北的又一张名片。曾国藩在点评老友这一政绩时，甚至将他的吏治成绩排在首位，而军功次之:"公之功在天下,以吏治大改面目,并变风气为第一,荡平疆土二千里,犹为次著。"可见推崇之重。

教化人心与社会安定的论证,一直是胡林翼关注的课题。

在他看来,人之不学,则乱象必生,读书才能明道,文教昌明才能维系公序良俗。朱熹有句话:"自古天下国家未有可以外此而为治者。"胡林翼是朱老师的"铁粉",将世风日下归结为文教落后、人心不古,认为"移易之法,教化为先",这是他注重内治的原因所在。在一封家书中,他明确说道:"士习为民风之本,文章亦道德之华,世变循生,所以扶礼教于不衰,维廉耻于既敝者,皆赖读书明道之功。文教昌明,则士气蒸蒸日上,风俗所由纯也。"和在贵州时一样,在湖北,他广设义学,多次奏请增加鄂省学额与乡试中额。为发展文教事业,身为省长,他甚至干了教育局局长的活,州县科考都亲自拟题,成绩优秀者还会亲自接见。

同时,胡林翼在武昌设立节义局,由布政使亲自主持,对州县道德模范进行议恤褒赏,相当于一个专门的旌奖表彰机构。目的何在?答案很简单:"忠义孝弟之士及节孝贞烈妇女,为天地正气风化攸关。"是谓"于表彰忠孝之中,隐示维持名教之道","应即视为第一要件"。晚清时期随处可见的牌坊,作用正在于此。和漕政改革一样,这一举措亦自胡氏而始,其后各地援以为例。湖北的成功经验,成为其他各省争相引进的模板。

以霹雳手段,显菩萨心肠

就在同僚们为胡林翼叫好时,他亮起了手中的刀。

从"以理杀人"到以刀杀人,他同样不遗余力。

如果说曾国藩有一个"曾剃头"的诨号，胡林翼北上初期，也算得上一个低配版的"胡剃头"。回忆过往，他并不否认："臣于臬司任内，由岳州驻崇阳一月，以保甲之法，勒令首户捆斩三千人，未及毕事，而驰往九江矣。"在那个特殊的环境与时代，胡林翼虽然是一位口碑极佳的廉吏、循吏，但狠起来也是连他自己都怕，以至于长沙士绅都看不过去，批评他"斩刈过当"。提及这一话题，他对当年在贵州的经历做了解释："卑府昔年所杀之匪多矣，因已往不可追咎，只可疏节阔目，专以除害为主，并无计功近名之心。"

一直以来，胡林翼主张治乱世，用重典。当初广西巡抚郑祖琛治匪不力，还被他讥称"杀一盗必念佛三日"。在他看来，今日之小股，即异日之大股，今日之小盗，即异日之流寇，治乱要防微杜渐，官与匪，永远不可能和谐共存。在咸丰七年（1857）的一封家书中，他也提到了这个问题，明确了自己的态度："彼贼寇原属亡命，素不知礼法为何事，既已潢池弄兵，是叛民也。大张挞伐，方足以歼彼小丑而保治安。若当穷无所之之时，为网开一面之举，是苟且目前之图也，异日必将贻无穷之祸。"因此，必须将变乱扼杀在萌芽状态，防患于未然。

一面表彰节义，一面毫不留情，似乎有些人格分裂。

事实上，二者并不冲突，甚至相辅相成。用胡林翼的话说，他这是恩威并重，"有恩无威，势不可遏；有威无恩，后难持久"。要软硬兼施，刚柔并济，有恩而少威，力度不够，难以除弊；有威而无恩，难以服众，势必不久。对于自己"威"的一面，他称之为"以杀人为生人之意"，"以杀人之政，行其不嗜杀人之心"。身为乱世中的执法者，要分清利害，"优容实以酿祸，姑息非以明恩。居今日而为政，非用霹雳手段，不能显菩萨心肠"。这或许可理解为他的施政道德观。何为霹雳手段？快刀斩乱麻，除恶务尽。在这一点上，他和曾国藩如出一辙。

胡林翼的雷霆行动，收到了显著成效。据资料统计，在他抚鄂之前的咸丰三年（1853），湖北各地发生大的治安事件十六起，次年九起。咸丰五年（1855），胡林翼始任湖北巡抚，类似事件减少到十二起，次年为七起。湖北肃清后的咸丰七年（1857）仅一起，此后三年一共仅五起，其中咸丰九年（1859）零起，社会治安达到理想状态。咸丰十一年（1861）虽然仅六起，但已有复燃之势，最明显的原因是：这一年八月，胡林翼病逝。

不管是"以霹雳手段，显菩萨心肠"，还是"以杀人为生人之意"，抑或"以杀人之政，行其不嗜杀人之心"，有一个事实不能忽略——胡林翼杀了很多人。

于是，一些质疑和争议的声音迎面而来。

如同曾国藩、左宗棠、李鸿章这些同时代的所谓"中兴名臣"一样，胡林翼也不免遭受时人和世人的质疑。史学大家范文澜有一部作品，名为《汉奸刽子手曾国藩的一生》，顾名思义，是说曾国藩等人为清政府的苟延残喘，残酷镇压汉人起义，官服上沾满了人民的鲜血。范先生这等造诣，尚有此论，遑论泛泛之辈。

放眼五十年后，清廷已是日暮西山，当革命党与立宪派争得不可开交，喊着要"手提三尺剑，割尽满人头""卖掉满洲"乃至"保洋灭满"时，梁启超表现出一位高级知识分子的不凡操守与冷静认知。对于民族主义的争论，他写道："中国言民族者，当于小民族主义之外，更提倡大民族主义。小民族主义者何？汉族对于国内他族是也。大民族主义者何？合国内本部属部之诸族以对于国外之诸族是也。"多么正大的见解与三观，多么宏阔的襟怀与格局，多么高屋建瓴的卓识与远略，即使在一百多年后的今天，依然振聋发聩。

对于曾、胡等众多传统士大夫而言，在那个追求"修齐治平"的时代，作为自小有经世之志的读书人，他们报国的方式仅此一途。时代和阶级的局限性，如何超脱？

同样作为名臣，张居正回答了这个问题，替他们化解了这个困惑。

张先生有一句名言："使吾为刽子手，吾亦不离法场而证菩提。"

这句话有什么背景呢？张居正做内阁首辅时，兴利除弊，锐意改革，触犯了很多权贵的利益。但他为了推行新政不惜树敌，不怕招众怒而成众矢之的，"不离法场而证菩提"体现的正是他的坚定态度和使命。

道理如此，"曾国藩、胡林翼们"只能这么自我安慰了。

胡林翼主鄂六年，湖北军事、经济、吏治、民风为之一变，由"糜烂众弃之鄂"变为"富强可宗之鄂"，成为湘军的有力保障和补给基地。这六年，是他苦心经营、湘军崛起的重要阶段；这六年，是关系到湘军生死存亡的六年。胡林翼之于湘军，之于湘军存亡的价值和意义，曾国藩一语中的："古来似此关系绝大之人，亦不多也。"

说他"身处一州之任，而系天下之重"，诚然不虚。

抛开争议不讲，胡林翼堪称一位杰出的经世派改革人物，其改革之大刀阔斧，其综核之才，堪比岳丈陶澍。汪士铎总结他一生的功绩："严吏治，祛积习，屏巧猾，惩贪墨，剔私蠹，诘戎兵，勤训练，教将才，整牙厘，减钱漕，裕军需，精器械，厚风俗，举节孝，恤忠义，奖廉洁。功名之际，退让不居。"沈卓然说他"于政治、文章、经济、军事,固无所不学,无所不致其用"。梅英杰更称:"有清中兴之业,实基自公。"

自此,太平军在西线的军事再也未能复兴。

湖北新政的推行,为湘军的发展解除了后顾之忧,为晚清"中兴"时代的到来,提供了一个相对安定的政治社会环境。同时,我们也需要认清一个事实,作为救世之臣,无论胡林翼还是曾国藩,虽挽狂澜于既倒,扶大厦之将倾,在事实上延长了清朝的国祚;但作为一个国家最核心的两项权力——兵权和财权向汉臣新兴势力的流失,很大程度上削弱了中央集权,在漫长的历史发展中,同时又加速了清王朝的覆亡。

成为维系时局的关键人物

湘军群龙无首,胡林翼成为维系时局的关键人物。

他一向情商高、善交际,在做事上,比曾国藩更圆润、更变通,心高气傲如左宗棠者,不服曾国藩,却独服胡林翼。在胡林翼看来,军事成败,不患兵之不勇,而患心之不齐;在和与不和,慎与不慎。如今曾国藩退居二线,湘军人心涣散,他需要尽快进入角色。

三年前武昌失守,杨载福、彭玉麟率师援鄂,归李孟群指挥。湘军水师中,杨载福、彭玉麟分掌外江、内湖水师,均是元老级人物,齐名已久,堪称双璧。两人资历、权位、名望相当,互不服气,武人相轻亦在情理之中,乃至罅隙日深,一度反目。一次,彭玉麟率水师还沌口,途遇太平军炮击,战船桅杆折断,难以行进。军情紧急,恰好杨载福乘船路过,彭急忙呼救,不料杨却跟没听见一般,径直离去。多亏部将及时赶到,彭玉麟才免于一劫。身为同一战线上的战友,这种画面未免让人心冷。湘军"胜则攘功,败不相救"之风素为时人诟病,不足为奇。作为上司,李孟群知二人不和,每次开会故意不让他们"同框",以免尴尬。李孟群逃避的态度和处理方式,让彭、杨矛盾始终未解,他也因领导不力,被调统陆师。

胡林翼决定换一种方式。

有一次,他亲自给二人写信,邀他们面商军机。杨载福捷足先至,与胡林翼正有说有笑,彭玉麟姗姗来迟。杨载福一看这情况,站起来就要走人。彭玉麟也有个性,你不愿见我,我还不想见你呢,说着掉头也要走。胡林翼忙站起来,强行把两人按到座位上,彭、杨相对无语,神情颇不自在。接着,胡林翼看时机已到,给两人讲起了故事。刚开个头,彭玉麟抢答道:润帅,别说了,我知道这个故事讲的是"将相和"。胡氏之意正在于此。

虽然彭玉麟都会抢答了,但两人依然未为所动。

劝和无果。胡林翼觉得,不来真格不行了。

命人准备好酒菜,他斟酒三杯,自捧一杯,单膝跪地曰:"天下糜烂至此,实赖公等协力支撑,公等今自生隙,又何能佐治中兴之业耶?"情之所至,胡林翼"泣下沾襟",流下了感性的泪水。看润帅如此自微,杨载福、彭玉麟很过意不去,惭愧道:"吾辈负宫保矣!如再有参差,上无以对皇上,下无以对宫保。"自此,两人和好如初。

关于胡林翼的处事风格,赵烈文在《能静居日记》中有一段意味深长的表述:"胡咏芝颇得古人家数,金国琛以贫乞返,立馈千金;鲍超母病,时致参药;为子纳罗罗山之孙,以疆臣而为统将之晚辈;先恶刘霞仙(蓉),继折节事之。"

胡氏之举用现在的话说就是,会做人,会来事。

第六章　主政湖北

罗泽南死后，胡林翼对李续宾、李续宜兄弟极为倚重，以兄弟待之。为了让他们留在湖北，胡林翼打出了感情牌。咸丰七年（1857）夏，李续宾打九江。时李氏兄弟身在前线，其父母年事已高，兄弟俩很有孝心，以不能行孝膝前为憾事。为了让他们安心工作，胡林翼将二老接到武昌，像对待自己父母一样悉心侍奉，体贴备至，早晚定时问安，解除了兄弟俩的后顾之忧。后来，胡林翼干脆与"二李"结为兄弟，如此，替他们赡养双亲名正言顺。李氏兄弟深为感激，誓死报效。

工作中想得周到，生活中也无微不至。李续宾寡言，李续宜狷介，胡林翼对后者评价甚高："其人高远，不可以阶而升，视官如桎梏，如羁靮，视官场陋习如美色淫声之不可近，确乎其不可移也。"说他不爱官，不近美色，情操高洁，有圣人气象。信件来往中，还半开玩笑称李续宾为"圣人"，李续宜是"亚圣"，兄弟俩是"二圣"。两人爱读书，他也记在心里，"近日颇购书，凡有关身心性命、有益于天下家国者，拟多购几十部，为二圣之用，其纸版不佳者亦必不取"。过分的热情和"恭维"让李氏兄弟受宠若惊，一度对胡林翼产生误会，怀疑他惯用权术之心。

带着疑惑和不解，李续宜找到了曾国藩。

提及种种，他对曾国藩抱怨："胡公待人多血性，然亦不能无权术。"胡林翼人挺好，就是爱动心眼儿，不实在。曾国藩说："胡公非无权术，而待吾子昆季，则纯出至诚。"胡林翼虽说偶尔爱用权术，但对你们兄弟是诚心诚意的。李续宜迟疑片刻，笑了："然虽非至诚，吾犹将为尽力也。"即使他并非完全诚心，我们也会尽力。毕竟能做到这些，已是不易。

事情过去多年，影响还是存在的。多年后，李鸿章因办事过于"机灵"，引起刘铭传的不满，曾国藩还专门拿这件事来告诫他："闻渠（刘）于阁下不满处在'权术'二字，昔年希庵（李续宜）不满于胡文忠，亦在此二字。"

对于外界的传言和非议，胡林翼始终未做回应，但在信函书牍中，他有自己的看法："挟智术以用世，殊不知世间并无愚人。""以权术凌人，可驭不肖之将，而亦仅可取快于一时。"众人对他不理解，《清史稿》中倒是对他有"驭将以诚""文武皆乐为之用"的评价。无独有偶，《曾胡治兵语录》也摘有他的一段话："吾辈不必世故太深，天下惟世故深误国事耳。一部《水浒》，教坏天下强有力而思不逞之民；一部《红楼》，教坏天下堂官、掌印司官、督抚司道首府及一切红人，专意揣摩迎合，吃醋捣鬼，当痛除此习，独行其志。阴阳怕懵懂，不必计及一切。"胡氏之意，正是拿《红楼梦》中的话，劝诫人们不要"机关算尽太聪明"，做事要诚恳，不能太世故圆滑。

既然如此，他为什么还要耍弄权术呢？

彭玉麟向以性情刚直著称，很看不惯胡林翼这一套，认为他作风不正，人品有问题。曾国藩与胡共事日久，自然更懂胡林翼，对其权术也抱有理解态度。在曾国藩眼里，他之所以用权术，目的在于救世，正所谓"惟诚之至，可救欺诈之穷"，故不失圣贤之举。如张宏杰先生所说，理学的诚与世俗的术，本心的诚与表象的欺，在胡林翼身上达到了统一。其所谓权术，只是一种解决事情的途径和手段，而非目的。亦即胡氏所谓的"正人心术"。因此，当众人不理解老友时，曾国藩力挺胡林翼，说他"有权术而不屑用，有才智而不自用"，钦佩他"有如此襟怀气局"。

这也正应了梁启超所言："曾、胡二公，一生兢兢于存诚去伪。"

解答了李续宜、彭玉麟的疑惑，曾国藩也开始反思自己的问题。

和罗泽南等很多理学大家一样,曾国藩素来以礼治军,尝言"带兵之道,用恩莫如用仁,用威莫如用礼",治军、用人有十足的理学色彩。这种书生带兵之道,曾、胡可谓不谋而合。

不同的是,胡林翼更灵活,更重"礼"。

两人都以理为宗,在解读和实践上却不尽相同。曾以法治军,以理服人;胡以情带兵,以礼感人,与下属打成一片,没有领导架子,更不好为人师,就是一哥们儿。曾以生硬的方法不能解决的事,胡用另一种柔软的处理方式,巧妙地弥补了这个缺陷。将领有经济困难,曾刚正方直,照章办事,胡则感同身受之余,或倾囊相授,或倾力相助,因此,下属"莫不输心纳服"。

两人风格的差异,在另一件事上有明显的体现。

时人方宗诚曾先后于严树森、曾国藩幕府任事,他在《柏堂师友言行记》中讲了这样一个故事:咸丰十年(1860)初,鲍超刚经历一场惊心动魄的血战,出生入死,几无生还之机。战事过后,他告假仨月,回四川老家省亲,一为看望年迈的老母,二是顺便养伤、结亲。曾国藩时驻祁门,大战在即,骁将缺位,乃以檄促之,让鲍早日归营。但鲍超对此前军中之事一直有些小情绪,迟迟不归。胡林翼对鲍超有知遇之恩,曾国藩自己说话不灵,便请来胡林翼帮忙。鲍超是二杆子脾气,倔起来也是油盐不进,胡林翼一连写了二十多封信,他才开始启程回营。彼时鲍超已有提督之衔,可家中经济条件依然如故,行至安徽望江,他便向曾国藩申请借公款二千金,缓解家人拮据之苦。

堂堂一提督,家中窘迫无依,借钱理属正常,甚至是值得表彰的事儿——说明清廉。曾国藩不这么看,他的人生哲学是"拙诚",尝谓"驭将之道,最贵推诚,不贵权术",对同事、下属推心置腹，主打一个"拙"字。即便是夸人，他也与众不同，说"其过人处在拙，故不可量耳"，让人听来不知是悲是喜，别有一番滋味。在这件事上，曾国藩保持了一贯的风格，回信称时事孔亟，不要迟迟其行、磨磨唧唧谈条件，要清楚现在的状况，安庆未下，寸功未立，却先想着家事，这样何以服众，让前线的战友们怎么看？都像你这样，军纪岂非成了儿戏？

尽管鲍超是靠军功累升提督，载誉无数，且又刚打了胜仗，曾国藩依然言辞辛辣，毫不留情。结果，鲍超钱没借到，还被批评教育了一番。

这当然让他很不爽。

胡林翼采取了与曾国藩完全不同的做法。

听说了这件事，他自掏腰包，给鲍超寄去了白银三千两——不是借，是赠送，而且还多给了一千两。鲍超感激涕零，誓死相报。事情得到圆满解决，可以说是双赢。

这就是与曾国藩风格不一样的胡林翼。

曾、胡皆以带兵起家，何尝不知军纪如同铁律？

对此，胡林翼有不同看法：立法可以严厉，但用起来要灵活，处理事情宽严相济，弟兄们也会感恩戴德，军队同样可成严明之师，正所谓"责人以严，不能不养人以宽"。

但是，在原则问题上不能松懈。什么原则呢？

胡林翼的答案是："爱民为治兵第一要义。"养兵是为卫民，兵不爱民，谈何养兵？因此，在这件事上，他态明确，"必须谆嘱将弁，约束官兵，爱惜百姓。并随时访查，随时董戒，使营团皆行所无事，不扰不惊，戢暴安良，斯为美备"，"军行之处，必须秋毫无犯，固结民心"。针对当时惯有的屠城之举，他对部将也有要求："严饬兵勇，于破城后，不得妄杀被胁之众。"

第六章　主政湖北

胡林翼口口声声称"爱人当以大德,不以私惠",有时也会突破一些原则。比如,为了提高将士们的生活水平,每月有工资补贴;将领中有家在湖北本地者,发放安家费;到军队视察,通常会给将领们发红包,一般是五百两,过年一千两,相当于年终奖,以此鼓舞士气。下属做了好事,当众表扬;下属犯了错,从不公开批评,而是找没人的地方私下教育,是为"扬善公庭,规过私室"。处理事情时,他不像曾国藩那样呆板教条,也没有那么多大道理,而是更实际,更有人情味儿。很多人听过不少大道理,依然过不好一生,与其如此,倒不如放下身段,走下神坛,解决眼前所需。将领们生活中遇到困难,总能从胡林翼身上看到柴米油盐,看到人间烟火。在他们眼中,曾国藩是一尊雕像,胡林翼是一个活生生的人。

这就是宽严相济的真正含义。

这样具有人格魅力的领导,谁不追随?

所以鲍超会"致死力",人们会输心纳服,"莫不乐为之用"。

也因此,在湘系集团中,唯胡林翼几乎未与人有过矛盾,老好人一个。

对他来说,所谓驭下甚厚,不过是率性自然,努力做个正常人罢了。于是,被问到如何驭下时,他像一个唠家常的邻家大叔般,不紧不慢地解释其中奥秘:"责人以法,须养人以私","不恤其私,不能责以奉公,此千古君相御世之大权,即天地父母之恩之德之教之养也。……本此意以为政,万无关格也。"也就是说,要允许人情的存在。

公私转化之间,多了分"胡式柔情"。

朋友之间是会相互影响的,曾国藩原本驭下甚严(从对待鲍超借钱一事可知),后来思维有所变通,对下属也渐渐宽厚通融,不再那么一根筋。关于用人，胡林翼也劝过他，并授之以经验和心得，"军中保官不优，用财不泰，不足以鼓舞人才"，激励将士要大胆举荐，不怕花钱，出手阔绰。曾国藩"甚服其言，故后来一切较宽于前"，不再那么严厉了。

胡林翼的处世哲学，还体现在他放低姿态、尊人卑己。

在维系湘军方面尤其如此。《柏堂师友言行记》中还记有一事：曾国藩想拉沈葆桢为己所用，沈兴趣不大，迟迟没有回应，曾国藩对此颇为不悦。胡林翼知道后，写信劝他说，目前局势，仅靠我们几个人支撑，不足以成事。想罗致人才，不去低头求人，只靠自己怎么能行呢？

这也是为什么他在信中对曾国藩说："克己以待人，屈我以伸人，惟林翼当为其忍、为其难，非如此则事必不济。"

君子之道，莫善于能下人。正是出于这种思想，胡林翼和融诸将，维系大局，苦心如此。因此，方宗诚说："胡文忠之公忠体国，其调和诸将，刻刻为国求才，出于至诚。"这也正是前文提到，曾国藩另类解读胡林翼惯用权术，称他"有如此襟怀气局"的原因所在。

胡林翼的良苦用心没有白费。在他的苦心调护下，湖北文武和洽，上下亲睦，一扫往日不和之弊。李续宾写信给曾国藩说："水陆士卒幸皆连成一心，和衷共济，赖润公维持其间。"曾国藩也多次表示，"江、楚、皖、豫诸将帅，惟润帅能调和一气，联合一家"。直到晚年，曾国藩还在感慨："林翼坚持之力，调和诸将之功，综核之才，皆臣所不逮，而尤服其进德之猛"，"赤心以忧国家，小心以事友生，苦心以护诸将，天下宁复有似斯人者哉"！

言语中，对战友的过早离去有一丝遗憾与惋惜。

第六章　主政湖北

与妻书：知足与不知足的辩证

武昌既克，胡林翼有了些许闲暇考虑家事。

所谓家事，第一条就是子嗣问题。

陶琇姿嫁入胡家后，勤俭孝顺，任劳任怨，没有丝毫显赫家境的傲娇，胡林翼称赞她"勤劳于家，礼仪甚肃，名在富贵，而刻苦殆如贫贱家妇"，堪称古时的贤妻典范。唯一的遗憾是，"贤妻"未能成为"良母"。汤太夫人年近四十方有一子，胡林翼十八岁成婚，又有徐、魏、王三房侧室，年将半百却尚未添一男嗣，仅有一养女端仪。对此，他也颇觉无奈："前此数年，尚望得子，近年劳苦太过，戎马之间，岂暇自谋其私？"话是这么说，但不孝有三，无后为大，在当时，子嗣关系到血脉传承、家族兴衰，这成为他心上的一件大事。

在他给妻子的家书中，一半是在讨论"添人"的问题。

所谓"添人"有两层意思，前期是纳妾，后期是"造人"。

婚前胡林翼不想过早踏入"围城"，婚后两人却伉俪情深，很是甜蜜，当年在南京行为不检，妻子都没有过分苛责。成婚以来，两人一直举案齐眉，相敬如宾，在岳家人面前，胡林翼称妻子为"七小姐"，过二人世界时则称之为"太太"，自称为"兄"，由爱情进阶到亲情。三十年来，两人男外女内，男在外打拼事业，女在家赡养慈母，享受着一种别样的男耕女织生活。在后来的日子里，胡林翼在信中多次问候"太太近日身体如何"，妻子身体不好，便嘱咐其按照药方定时定量服药，"每月服若干，丸药服若干，每月信中以实报闻"，可谓超级"暖男"一个。

对于没有子女的遗憾，陶琇姿始终有一丝愧疚，并支持丈夫再纳侧室。此时徐氏早逝，老家只有魏、王两妾，且胡林翼觉得王氏不谙世事，天分极低，两人没什么共同语言；魏氏也是寻常女子，在益阳担负行孝之责，家务繁忙，无暇顾及，"添人"成为迫切问题。

武昌未复时，胡林翼给妻子写信说："倘武汉收复，忧心稍释，再添一人，原无不可。"有时胡林翼还会冷不丁地来一个小幽默，与妻子开个玩笑："老货尚念之，新雏固难得佳者，如此勤劳，亦难分心。"脑子里天天挂着旧人，心里都被她填满了，觉得她哪里都好，新人怎么能看上眼呢？何况工作又那么忙。这情话说得够高级，有品位，不落窠臼。再说了，真要找的话，"要贤，要有志，要有贵相，此颇难矣。林翼亦老矣，何必何必！"嘻，这么大年纪谈这个，不提也罢！

现实摆在眼前，陶琇姿又催，不提也不行。

于是，进驻武昌后，胡林翼也认真起来，和老婆又商量起"添人"的事："王妾暂来，终须再添一人。兄意请太太便中物色，不拘何处之人，亦不要姿色，总要内有秀骨，神气足，质地清，声音圆耳。"说完，又提出了自己的择偶标准，嘱咐老婆把关："若姿色，则必不可太美，美则无真性情，且外秀者内愚，外朴者内慧，此事姑存于心可耳。"

陶琇姿上心，胡林翼也接受，但要找个合适的没那么容易。

添人非一时之计，还是以别的方式"添人"吧。

经与老婆商量，胡林翼提出"以王、魏二姬，分送一位到此（武昌），住三四月之后，再送一位前来"，顺序是"先王后魏，魏俟秋成收租后即来"。安排好了造人计划，胡林翼信心满满："我先君积德，岂可使承祀无人哉？"都说好人有好报，我们胡家祖上积德，就不信我胡林翼后继无人！

可以说，为了生儿子，夫妻俩简直操碎了心。

第六章　主政湖北

正如胡林翼所说，"近年积劳，心血耗矣，肝气又旺"，时间紧，任务重，心里想着家国军事，找对象的事儿一直没上心，最终也没能再纳个小妾。别说心仪的，活人都没见着一个。添人不行，"添小人"呢，道理一样，心血耗尽，积劳成疾，时间又少，也没成。

既然这样，眼看年龄越来越大，再想别的法子吧。

于是，夫妻俩又开始打起堂兄弟的主意，想找个侄子过继。

问题是，"同父无人，同祖者人各一子，未必可以过继"，每家一个，不多不少，怎么好意思掠美？孩子多的关系又一般，比如玉峰公（胡显韶的长兄胡显巍）之后，"昔年有砍伐祖茔树木之嫌"。说起这些家长里短，名臣之家也有接地气的一面，由于同祖，玉峰公的家人砍了祖坟旁的几棵树，两家一度闹得很不开心，也不好意思开口——开口也未必给。

咸丰六年（1856）二月，胡林翼给母亲汤太夫人写信商量，说自己"四十五岁尚无子女，意欲取焕廷三叔之孙来看"。对于这位同宗叔叔，叔父墨溪公不甚满意，亲自写信给胡林翼，颇不以为然。原因何在？因是高级官员之后，"承祀之人，必须先定"，将来仗打赢也好，打不赢也罢，"无论成败利钝，日后必赏及后嗣"，子嗣马虎不得，至少要遵循"肥水不流外人田"的原则。老家的人争来争去，一时也没有合适的人选，胡林翼对此颇为头疼，他在家书中写道："门祚衰薄，承嗣无人，偶一议及，而争端已见，此则伤心之尤大者。"

作为以顾家著称的巨蟹座男人，病躯残喘之时，胡林翼忧心国事之余，一直有家事挂怀。在信中，他不止一次提到，"第一要赐福好、太太好，第二要家中整齐严肃"；甚至陶澍在世时，他在岳父面前都大秀恩爱，丝毫不嫌肉麻："静娟（陶琇姿字）

好，思念不已，乃至性所发。"后来病重期间，他即有归家之想，致书妻子说："父母见背，家庭之乐永不可得，所敬于心者，惟一老夫人耳。所心慈而念念尚有其人者，惟赐福耳。"

赐福，即胡林翼的嗣子胡子勋。

胡林翼是独子，上有两个姐姐，下有四个妹妹，眼看自己年近半百，如他在家书中所说，"人生五十无子，精神上之痛苦已难言喻"，且子嗣不仅关系到血脉延续，还可以让两人晚年有膝下之欢，是谓"养儿防老"一说。最终，过继墨溪公之孙、棐翼之子胡子勋为嗣，理由是"墨溪公对于兄循循善诱，款款深诚，兄之略有学识，其功甚大"。胡林翼认为，叔父于己有恩，同时，子勋常年在自己身边，性情敦厚，颇解人意，辈分又合适，是选为子嗣的最佳人选。可见他对这个侄子比较满意。此时胡子勋只有两岁，汤太夫人喜爱至极，便为他取了个小名叫"赐福"。

同年（1857）十月，汤太夫人偕媳、孙来到武昌，胡林翼得以承孝膝前，偶与妻子吟诗作对、抚琴对弈，祖孙三代和聚一堂，难得有一年的天伦之乐。其时汤太夫人已是八十二岁高龄，虽神气未衰，但较之三年前已大不相同，陶琇姿"亦觉身体不如从前"，此时的胡林翼，"须已白四五十茎矣"。几年时间，所有人都老了许多。汤太夫人去世后，胡林翼对妻子二人更是牵怀，常遥寄思念之苦，"所拳拳在念，日夜不忘者，太太身体与我福儿耳"。

对于胡林翼的女儿胡端仪，后世史书中多有误解。一些资料显示，这位端仪小姐，并非胡氏亲生，乃养女也，于咸丰三年（1853）嫁给了同县的监察御史周开铭。益阳《周氏族谱》载，周开铭原配胡氏，"邑十九里清湖北巡抚、谥文忠林翼女。原姓夏，攸县清翰林院庶吉士、吏部主事夏恒之女"。端仪的墓

第六章　主政湖北

志铭中也说："初本攸县夏氏，清翰林院庶吉士、吏部主事恒之女。生七岁，颖慧和顺，见爱于文忠之夫人，遂为胡氏女。年二十一，归周。"《周氏族谱》中还提到，胡端仪生于道光十四年（1834）正月初四，于民国六年（1917）十二月二十六日去世，享年八十四岁。相比其父，可以说是一位见证历史的长寿老人。

断了"添人"的念想，两人一心一意抚养赐福。

胡林翼爱子心切，常常在夜深人静时，想到自己的儿子。他本是性情中人，抛却军旅之事，也有柔软的一面，甚至在工作之余，"无一客无一事，心念赐福，枕边时尝落泪"。行船途中，也会"念家中，念赐福，颇垂泪"，他称之为"可见凡人易于慈而难于孝"，当了爹远比做儿子时知道牵挂亲人。因为胡林翼时常惦念，有时妻子便会让儿子练习写字，写完寄给丈夫。胡林翼看后深感欣慰，"所寄赐福儿'福安'二字写得好"，喜悦之情溢于言表。

因为赐福，胡林翼身上多了一份当爹的责任与义务，乃至为官多年，一向不治私产的胡省长，也开始考虑理财，计划置几亩薄田、盖几间房舍了。这一切，都是因为儿子胡子勋，因为自己作为一名父亲的责任。胡林翼忽然要置地盖房，是因为他认为，如果将来天下太平，可寻些谋生的门路，即使收入不高，日子勉强能过得去。反之，如果仍处乱世，经营这些田产，哪怕粗衣粝食，生活不至于难以为继，可供读书之资。但"田产不宜多，多亦适足以累身累家，且恐子孙因富而不肖也"。

谈到田产，在清官和父亲的角色之间，如何平衡？

这个问题，他对妻子陶琇姿也多有提及。胡林翼一向淡泊名利，低调高隐，在平衡工作和生活时，依然保持了知足常乐的一面。他对妻子说："我非积钱起家之人，只要家中衣食不亏足矣。

做一万年官，亦永不能寄艮买田舍，即家中用度，亦只求足家中之用而已。"

言语之间，多了一份恬淡与知足。

看来，他每次功成身退的淡然和低调并非作秀。

同时，胡林翼又不是一个知足常乐的人，他也有不知足的一面。这主要体现在他对做官的要求上。对于做官，他自有一套标准："做官仅仅能理事，能除盗，能不要钱而已，不足以尽平生之志事。"为官一任，就要造福一方，做庸官不如不做，既然做了官，就不能要求太低。不贪污，能任事，能除盗，有政绩，再厉害一点，做一个治匪专家、改革达人、运筹帷幄的将帅，你们以为这样很牛，但这就够了吗？非也，这还算不上畅行吾志。

成功？我才刚上路呢。

第七章　东征大计

下一站，九江

拿下武昌后，胡林翼一刻也没有停下。

咸丰六年（1856）底，湘楚军三路东进：李续宾率万人走长江南岸；都兴阿率马队及石清吉部共五千余人，走长江北岸；杨载福的水师浮江而下，协同陆师，机动作战。两师势若建瓴，一路凯歌，陆续抵至九江城下。

九江在长江南岸，北岸是小池口，东部是湖口，湖口对面是梅家洲，二者是攻打九江的要塞。基于四个军事据点的地理优势，九江守将林启容布置了严密的防御工事，使之互为犄角。九江北面临江，对岸小池口浚壕筑垣，炮位密集，防御严密，易守难攻，与九江隔江相望，南北策应；西面被太平军以深壕围之，护以土城，环筑炮台三处；南侧为河流，中隔新坝，内外炮台与坝相接；东面是太平军从下游接济九江的唯一通道。

茫茫无际的水面上，拉起一道严密的军事屏障。

林启容是广西人，以刚毅善守闻名，是太平军的早期将领，隶属杨秀清一部，西征时随军攻克九江，遂驻于此。塔齐布、胡林翼、罗泽南等人猛扑九江，他不仅顶住了湘军精锐的多路围攻，还击毙了对方参将童添云；湘军猛将塔齐布屡攻九江不下，郁愤而亡；湖口一战，曾国藩差点自绝鄱阳湖。两年前的夺城攻坚之战，罗泽南两度受伤，不由感叹："启荣之善守，贼中一将才也！"曾国藩在写给弟弟曾国荃的信中，也叹道："林启容之坚忍，实不可及。"

时隔两年，九江血战再一次拉开帷幕。

这一次，湘军主将是风头正盛的新秀李续宾。

李续宾出身秀才，厚重内敛，史载他"沉毅寡言笑，身长七尺，膂力过人，习骑射，能挽三石弓"。胡林翼与他共事有年，称其"生有奇骨，敦厚如勃。肝胆沉雄，口舌木讷"，可见他人狠话不多，是个练武的好苗子。论军事修为，"塔齐布逊其智，罗泽南逊其谋"，李续宾比他的老师更胜一筹。当年东进九江，罗泽南每战，李续宾皆从，"常为军锋，沿途七战皆捷"。南征北战的历练，让他成长为湘军最优秀的将领。论军律，亦唯其部独精，湘军中唯一没有因欠饷而发生过哗变的军队，就是李续宾的老湘营。湘军宿敌陈玉成说过一句话："官军名将堪为敌者，一鲍二李而已。""鲍"者鲍超，"二李"说的就是李孟群和李续宾。

湘军连战连捷，士气正盛，轮番猛攻九江，六日夜不眠不息。林启容凭坚固守，严阵以待，湘军一路的士气如虹中道而止，耗损殆尽。身为湘军总指挥，遥坐湖北的胡林翼看出了问题，认为硬攻非长久之计，罗泽南之死便是前鉴，最终确定作战思想，"惟有长堑围困之一策"。在他看来，要拿掉九江，小池口、湖口、梅家洲三个据点必须拿下，羽翼若破，屏障尽失，湘军控扼长江，断绝对方水上接济，则九江如在彀中，攻克只是时间问题。

胡林翼这样想，陈玉成何尝不会想到？

自攻武昌以来，湘楚军多用围点打援之策，太平军的战术则是围魏救赵，此后几场重大战役，双方均是如此。九江一役，陈玉成打算如法炮制。其时多隆阿、鲍超正抵小池口、宿松，该地南与九江隔水相望，北可径往安徽腹地，背袭安庆。湘军拿下九江，下一个必是安庆；合围九江，安徽必然来援。九江之安危，关系到安徽存亡；安徽之无虞，确保九江之稳固。解围九江与保卫安徽，二者不可分割。因此，陈玉成不会坐视。

为什么是陈玉成呢？

石达开出走天京后，在安庆大修工事，九江被围，林启容两次求援，均被拒绝。随着安徽形势愈发严峻，石达开南下江西，安庆防务落到了陈玉成身上。安庆、九江生死相关，九江城水泄不通，陈玉成只能再施围魏救赵之策——攻鄂救浔保皖。"浔"指浔阳，是九江的古称。攻鄂救浔保皖，即西进湖北，引湘楚军回援，以解九江之围，兼有巩固安徽之效。

陈玉成的醉翁之意，被胡林翼看出了端倪。

不过，还是晚了一步。

陈玉成不喜守城，长于野战，尤善长途奔袭，出师不足仨月，湘楚军营垒尽失。太平军声东击西，湘楚军也跟着瞎跑，"两月以来，日日拔营，日日出队，奔驰暑雨，力倦精疲，马匹亦日日有倒毙"，着实被折腾得不轻。英王之陈兵布阵，连王国才的幕僚方玉润都不禁倾叹："陈逆素号能军，今观其布置营垒，调遣队伍，颇有法度，信非虚语。"

胡林翼坐不住了，从武昌亲自到黄州督战。同时，檄调杨载福扼守黄州要隘，又调留防襄阳的唐协和，以及围攻瑞州的王鑫、刘腾鸿,渡江援鄂。南岸的李续宾也亲率三营精锐,越江助战。一时大军云集。

陈玉成悬师深入,孤军无援,只得敛师回皖。

鄂东无虞,多隆阿、鲍超齐集小池口;李续宾命兵勇负沙囊、稻草,从三面越壕前进;杨载福由江面攻南门。城内炮声密集,火海滔滔。四面会攻之下,太平军小池口失守。

下一个目标,湖口。

这一次,胡林翼亲至前线,被困已久的内湖水师也派上用场。石达开虽在赣境,却视而不见。这对湘楚军来说,不啻为一个天赐良机。于是,彭玉麟率内湖水师猛攻湖口,杨载福的外江水师在长江接应。彭玉麟以凶悍著称,其部下亦非鼠辈,前者倒仆,后者继进,更番迭战,霎时积尸如山,内湖水师最终冲入长江。时隔两年,湘军水师再次合体。

江面交战正酣,李续宾突然杀出,士气大振。

湘军为何神出鬼没般出现在湖口城下呢?

说李续宾智勇双全,诚非虚言。此前他佯装渡江,扬言北攻宿松,夜间却秘密南渡,伏军于湖口城外,为的是让对方放松警惕。此时突然出现,着实令湖口守军惊骇失措,毫无还手之力。具体过程,胡林翼在奏折中描述道:"李续宾、杨载福先期密商,以陆师五千人从浔城渡江而北,扬言进剿宿(松)、太(湖)而即夜潜入,舟师绕出湖口之下十里。天甫黎明,舍舟登陆,踞城后山巅,鉴其脑而拊其背。其时,内湖、外江水师血战方酣,贼亦尽力抗拒,陆军大呼突入。水陆之贼均骇愕失措,不知此军从何而来也。"是时,湘军射火箭入城,适中火药库,登时瓦石横飞,墙垒迸裂。守军鱼贯而出。湖口、梅家洲相继克复。

九江屏障俱失、藩篱尽毁,接济全绝,陈玉成以攻为守,发起第二波"救浔行动"。但自小池口失陷后,都兴阿已进宿松、太湖,切断了安徽接济;鄂东也早有唐训方等部高筑碉卡,防守严密。江西境内的太平军名将黄文金反攻湖口,亦被湘军击退。

浔城岌岌,孤绝无援,陈玉成也无力回天了。

善守者,敌不知其所攻

自咸丰三年(1853)起,林启容镇守九江已有五年。五年间,他殚精竭虑,苦心经营,日筑工事,严密布防,不敢有一丝懈怠。他了解对手的强大,眼前的湘军不同于八旗、绿营,是一支吃得苦、霸得蛮、能打硬仗的泥腿子军队。这一特征,和初期的太平军有几分相像。登城四顾,苍茫大地上有太平军的友军散勇,可城外水泄不通,一时帮不上忙;早在数月前,安庆有石达开在,但自湖口一战,翼王也忘了"羽翼天朝"的使命,对求援视而不见。天京内讧,政权溃散,实力大减,天朝日暮途穷,只有靠自己。五年来,湘军损兵折将,东征战事几无进展,任尔东西南北风,九江城岿然不动。对林启容来说,这已经是奇迹。

这位以善守闻名的年轻将领,守城有何特色呢?

和他打过交道、吃尽苦头的曾国藩抢答道:"每夜明火列炬,更鼓严明,正守城之下乘。林启容之守九江、黄文金之守湖口,乃以悄寂无声为贵……己无声,而后可以听人之声,己无形,而后可以伺人之形。"也就是说,在守城方面,林启容很有自己的一套方法,不像其他守将,每夜灯火通明,击鼓报时,那是守城之下策。他守九江,以悄无声息为贵,《孙子兵法·虚实篇》有言:"善攻者,敌不知其所守;善守者,敌不知其所攻。"

照此说来,诸葛亮的空城计愈显匪夷所思、神乎其神了。

林启容这块骨头难啃，但，怕的是功夫到位，软磨硬泡。

胡林翼自然清楚这一点。合围九江以来，湘军挖长壕六道，层层环绕，长三十余里，每道堑深二丈，宽三丈五尺，分段布防，日夜巡视。九江城三面被围，密不透风；北面则有水师十余营扼守长江，封锁江面，断绝了九江的唯一接济通道。杨载福、彭玉麟、李续宾水陆环攻，昼夜不止，炮火不息。可见围城之严密。自咸丰八年（1858）三月三十日起，湘军云梯地道，多路并举，昼夜合攻；太平军顽强抵抗，寸步不让。一次，湘军的地道竟挖至城墙之下，一万多斤炸药登时引爆，城墙被轰塌数丈，湘军一窝蜂涌向缺口。林启容命守兵以大桶火药抛掷，湘军未得登城，伤亡惨重，莫不唏嘘饮泣。乘此间隙，守军紧急抢工，用石块抢堵缺口。湘军抢攻冒进，城上又是一阵火药木桶伺候，李续宾只好停止进攻。胡林翼见此情形，对这种打法紧急喊停，函嘱李续宾相机持重，不可操之过急。

围点打援的战术，不到万不得已，他一刻不敢放松。

后来的结果表明，这也是带领湘军走向胜利的指导思想。

实际上，"地道战"是太平军的专利。当年太平军在广西揭竿而起，慕名加入者多为火夫、矿工，个个都是挖地道能手，故而北上攻城，武昌、九江、安庆乃至南京，均采用穴地攻城的打法。后来，这一招被湘军学了去，以子之矛攻子之盾，屡试不爽，攻陷天京也是靠这一法宝。

此攻九江，湘军极一夜之力，培土筑墙，兼以重炮猛轰城垣，并选精悍勇丁，以重赏诱之，分三处深挖地道，埋以倍量炸药，可谓志在必得。既是鼻祖，必有看家绝技。李秀成就擅长辨识地道走向，相传他站在城楼上，能根据草色判断城外动向，若发现某处植被凄黄，认定下面必有地道，命人去查，无一不中。

第七章 东征大计

林启容是"老兄弟",对地道也有研究,破解之法通常是主动贯通,"穿隧以迎",或熏以浓烟,或灌以沸汤,湘军为此殒命者,常达数十百人。后来,湘军有了经验,一旦内外洞穿,或抽刀迭刺,聚而歼之,或伐木为薪,堵塞洞口,以此对付太平军的反侦察。当然,操作不慎,火药误炸,湘勇聚葬其中,也时有发生。

湘军长围久困,昼夜环攻;九江接济断绝,囤粮日蹙。

林启容等不来援济,也不会把希望全寄于此,面对致命的粮食危机,他的应对方式是节流开源:一是限制分发口粮;二是命妇孺出城投降,节省粮食;第三个最常用,在城中开田种植粮食作物,收割后与草苗混合成饼,分给士兵。这架势,一看就是要打持久战。

然而,这些只是杯水车薪。面对一万七千名太平军将士,一座城池怎能养活?也许在这一刻,大家才忽然认识到,一味城镇化也并非良策,拼到最后,耕地和粮食才是最有力的生存保障。九江城内,林启容一边组织弟兄们反攻,一边带领大家吃野草野菜,饥肠辘辘的将士们虽无食物果腹,却意志坚定,誓死守城,城在人在,城亡人亡。

城外的地道工程日夜不停,这一次,太平军终究没能守住。

咸丰八年(1858)四月初七,凌晨三点。九江城墙被五万多斤炸药瞬间掀开百余丈,在巨大的蘑菇云中轰然坍塌,砖石呼啸着向四方飞去,地面上烟雾升腾,尘土飞扬。湘军呼喊着,咆哮着,战旗挥舞,刀矛并举,潮水般涌入城内,一时杀声震天。

九江城,破了!

太平军一片大乱,却已无回天之力,坚持到今日,对他们来说,已是胜利。九江守军虽手无缚鸡之力,面对养精蓄锐的湘军,竟无一人投降。林启容带领一万七千名将士战至最后一刻,终于在欣慰与不甘的黎明破晓中，轰然倒下。九江城尸积如山，血流成河，如同人间炼狱。

林启容镇守九江前后五年，经历大小数百战，城池固若金汤，岿然不破；两年来，湘军夙兴夜寐、望穿秋水的坚守与等待，主帅曾国藩的包羞忍辱与饱受欺凌，更有塔齐布、童添云等人身死未竟的嘱托与使命，种种因素，汇成了湘军对九江城咬牙切齿的憎恨。如今城门洞开，湘军自然按照以前的惯例，心照不宣地弛禁三日，开始了报复性屠城。屠刀之下，城内守军被概行杀尽，或死于水中，或横尸岸上，尸骸枕藉，流水腥红。连一向见过大场面的湖广总督官文都不禁叹言："盖自北路五年连镇、高唐战功[1]之后，未有如此次之剿杀无遗，不留余孽者矣。"

数日粒米未进，太平军超强的战斗力从何而来？

作为主将，李续宾也对这个问题感到好奇，遂命人剖尸验腹，发现太平军士兵的胃中竟粒米皆无，仅流淌着青色的草汁。

九江一役，林启容与守城将士在历史上留下可歌可泣的一笔。

克复九江的消息第一时间传到京城，李续宾加巡抚衔，一时风头无两，荣宠至极。凯旋武昌时，湘军受到热烈而隆重的欢迎，总督官文、巡抚胡林翼一并出城，在郊外远远迎候。入城后，胡林翼将抚署收拾一新，作为李续宾的下榻之所。从武昌到九江，李续宾一路孤军犯险，勇不可当，声名俱泰之时，却也日生骄恣，忽略了过度自信等于轻敌的道理。曾国藩不在的日子，胡林翼作为运筹帷幄的主帅，领导湘军，精心部署，勋望日隆。

---

[1] 咸丰五年（1855），林凤祥、李开芳率太平军北伐，在河北连镇、山东高唐遭受惨败。

和收复武昌后一样，拿下了九江，他命湘军一鼓作气，移师北渡，直指太平军的安徽大本营——安庆。

李续宾不会想到，一场盛大的死亡正等待着他。

力荐曾国藩出山

胡林翼风光无限之时，曾国藩正处于政治生涯的低谷。

远在湘乡的曾家大院，呈现的是一幅原生态农家画面。

曾国藩坐在院子里，手执泛黄的《道德经》，读着老庄哲学，却有满腹牢骚。想到自己那封"要官"的奏折，他越想越不平，越想越气恼，甚至有一丝颜面扫地的羞愧。在给朋友邵懿辰的信中，他吐槽道："后世夺情，大约君固留之，臣固辞之，两尽其道，未有君以为可去，臣自请夺情者也。……鄙人不幸，两次夺情，皆介乎可去可留之间，进退之际，茫无依据，至今惶愧。"查遍二十四史，讲到夺情案例，人家都是皇帝挽留，臣子力辞，非要回家守制不可。从来没有皇帝让臣子老老实实在家守制，而臣下自己非要上杆子夺情，这不是自轻自贱吗？鄙人不幸，恰恰这种事发生在了我身上，丢不起这人啊！

同样是做官，差距咋就这么大呢？

羞愧之余，曾国藩对"江右军事，刻不去怀"。他开始悔恨自己当初的冲动，怀念一手创办起来的湘军，悔不该半途而废、不告而别，如今大业未竟，却在家闲着。在给九弟曾国荃的信中，他写道："兄之郁郁不自得者，以生平行事有初鲜终。此次又草草去职，致失物望，不无内疚。""夜间总不能酣睡，心中纠缠，时忆往来，愧悔憧忧，不能摆脱。"心中满是对往事的追悔和军戎生涯的不舍。在给郭嵩焘的信中，他亦称"公事私事，不乏未竟之绪；生者死者，犹多愧负之言"，以致寝食难安，生理失衡，"遂成怔悸之象"。对于黏液质内向型人格的曾国藩而言，仕途的蹉跌、事业的不顺严重影响了他的身体健康。

欣慰的是，他还有战友，曾经的战友；还有朋友，永远的朋友。

与外界的讥讽不同，在战友和朋友那里，曾国藩找到了安慰，他自己在湘军中的威望似乎也空前提高了。这难道是一种因祸得福？曾国藩不这么认为，他的人缘一直都不错——尽管和胡林翼比，还有些差距。曾国藩威望骤升，参照史鉴，这是一种让人浮想联翩的征兆，袁世凯"养疴洹上"即是一例。

咸丰不予曾国藩实权，处处提防湘军，不是没有原因的。

和后来的袁氏一样，曾国藩人在湘乡，旧属却书札不绝。

攻克九江的前一年，李续宾在信中与他讨论东征事宜：一旦打下九江，或攻皖省，或援豫章，先生（曾）不出，公（胡林翼）不来，续宾何敢独行前往？虽有厚庵（杨载福）、雪琴（彭玉麟）同志，而水陆途分，且不能咨商群帅，难言之情，愿先生教之。

事实上，单从这封信来说，内容稀松平常，也没什么敏感之处，无非是谈一谈日常工作，发表一下内心所想。但考虑到湘军最为突出的私人属性，这已经足以牵动咸丰的敏感神经：如此，在野与在朝何异？

和曾国藩沟通军事的同时，李续宾与胡林翼当然也有交流。他对胡说："假使浔城克复，鄂疆肃清，有可以长驱东下之机，而军中无操大柄者以主持之，孰敢乘机而冒昧以进？"

正如李续宾所言，东征规皖，时不我待，军中需要一个操持大柄之人。可目前的状况是，曾国藩守制在家，不能冒礼夺情；

第七章 东征大计

胡林翼身为鄂抚，不宜越境行事。而东征大业、将士所赖，皆在曾、胡二人之身。显然，湘军需要一个领袖，一个灵魂人物。

对于这件事，胡林翼表现出一如既往的低调。

他认为：非曾国藩不可。

实际上，以贡献和资历而论，此时的胡林翼完全可以取曾国藩而代之。但他最突出也最可贵的品质，就是强烈的大局意识，事成不居，高隐于世，从不突出自己——哪怕已被众人推至舞台的聚光灯下，正身处人生最辉煌的高光时刻。曾国藩缺席期间，他统领湘军旧部，调和诸将，驱策群才，扩充两师，湘军军容、实力为之一振，迎来前所未有的黄金时代。作为迄今为止湘系集团唯一一位掌有实权的疆臣大吏，此时的胡林翼，可谓集军、政、财等大权于一身，已经具备了取代曾国藩的条件。然而，他依然甘做嫁衣，时刻维护曾国藩的统帅地位，并没有上演历史中常见的权力斗争。湖北粮饷源源不断地支援前线湘军，有人建议他适当缩减，他严词拒绝："此万不可行之事。涤公忠义冠时，斧柯未具，专恃湘鄂之饷，无论如何亏欠，此三万者，必不可丝毫欠缺！"对此，《咸同将相琐闻》中一五一十地说："公（胡）名位既与曾公并，且握兵饷权，所以事曾公弥谨，馈饩源源不绝。湖北既靖，乃遣诸将还江西，受曾公节度，军势复大振。"《胡文忠公语录序》中对胡林翼也有两句恰如其分的评价："此其量，江海之量；此其心，江海之心也。"诚哉斯言。

既然是非曾不可，促曾国藩复出一事便被提上了日程。

咸丰七年（1857）九月二十六日，胡林翼呈《起复水师统将以一事权并密陈进剿机宜疏》，打响了行动第一枪。疏文颇有迂回之处：水军万余人，江面千余里，若无总统大员节制调度，则号令不一，心力不齐，终必危殆。查丁忧兵部侍郎曾国藩，水师将弁，皆其旧部。"兹幸机势可乘，东南大局，时不可失。移孝作忠，出而任事，……督同杨载福、彭玉麟、李续宾等水陆各军，会合将军都兴阿，长驱东下。……必可直捣金陵，预操胜算。"说了一大堆，中心思想无非一句话：老曾出马，一个顶俩！

胡林翼用心良苦，要曾国藩"移孝作忠"，清廷却不同意。

咸丰的意思是："曾国藩离营日久，于现在进剿机宜，能否确有把握，尚未可知。"否定完曾国藩的工作能力，咸丰又对胡氏寄予厚望："胡林翼久历戎行，于军务尚为熟悉，着将省城公事赶紧料理，即行驰赴九江，与都兴阿、杨载福等会商妥办。……正不必待曾国藩到楚，方能定议也。"他曾国藩当初情真意切，非要在家守丧三年，且离开军营那么长时间，现在对军务有无把握还说不定呢，就先让他在家歇着吧。至于前线军事，你与官文、都兴阿他们商议就是，不必非要等他出山才能决定。地球离了他曾国藩，照样转！

语气很委婉，意思很坚定。

胡林翼需要等，等一个合适的机会。

咸丰八年（1858）春，石达开由赣入浙，东南形势骤然紧张，这给了曾国藩重掌兵权的良机。然而，清廷此时倚重的是胡林翼，命他让李续宾迅速赴浙。胡回奏说，李续宾现在忙，"二三月之内必难分兵援浙"，臣之前跟湖南方面也说好了，以湘军清江西，以楚军清安徽，既然是约定，就不能放人家鸽子。言外之意，湖北不会出兵浙江，赣、浙两省兵事应由湖南各军办理。接着，胡再次推诿迁延，硬是不愿北上，极言李续宾"暂难起程赴援"，您还是另找他人吧。我的建议是，让湘军萧启江、张运兰、王开化等部就近兼程，先行赴浙。

显然，胡林翼在给曾国藩创造机会。

接着，湖南巡抚骆秉章上了一封《筹议分军援浙折》。

骆秉章让曾国藩出山的理由是：目前援浙诸军，统帅无熟悉之将，奢望能指挥自如，估计不那么容易。何况石达开之狡猾凶顽，十倍于他人，欲为援浙之计，似应从江西湘军中挑选精锐。而江西的湘军"非曾国藩之同乡，即为其旧部"，若令其统带赴援浙江，"则将士一心，于大局必有所济"。因此，打石达开，湘军再合适不过；统领湘军，还得老领导出马。

绕了一大圈，又是非曾国藩不可。

很有可能，两人的"不约而同"不是偶然。

两湖省长一前一后请用曾国藩，石达开也非寻常人物，对清军威慑力十足；陈玉成、李秀成两位后起之秀又动作频仍，与石达开形成南北呼应之势。江山破败至此，不适合再任性下去，咸丰不得不重新起用曾国藩，并依照胡林翼的提议，于五月二十一日下旨，命曾国藩速赴江西，督率萧启江、张运兰、王开化等部赴援浙江。但是有一条，中央事先声明：既然是你两湖要求曾国藩复出，湘军援浙的军费也要由你们来负责，朝廷不会出一分钱。

目的达到，胡林翼、骆秉章自是大喜，表示甘愿承担军需，两省每月各筹白银二万两（后增至三万两），按月拨付，供曾国藩起复视师，带兵援浙。

谁让湘军是体制外军队呢？自从编练成军，军费一直靠众筹。

但不管怎样，这已经是胡林翼和湘军的一个胜利。

曾国藩是何反应呢？

外界鼓声如雷，湘乡平静如水。经过近两年的反省，曾国藩已经认识到之前的错误和冲动，对清廷的决定正求之不得，就差老泪纵横了。不待二次催促,接到诏旨仅仅四天,曾国藩就起程了,态度不可谓不诚恳,表现不可谓不积极。接到他的《恭报起程日期折》,咸丰也对这个曾二愣子的改变颇感欣慰:"汝此次奉命即行,足征关心大局,忠勇可尚。"

曾国藩六月初三接旨,初七起程,十二日抵长沙,与骆秉章、左宗棠面商援浙军务;二十四日抵武昌,与胡林翼商榷东征之策。在武昌八日,两人促膝而谈,军事、理学无不涉猎,"谈议每至夜分不息"。在曾、胡各自的内心中,天下滔滔,才人济济,与众多当世同侪相比,他们既是高山流水的知己,又是闽洛之学的同道,更是战场上不可多得的黄金搭档。

七月初三,曾国藩拜别胡林翼,自武昌沿江东下,次日行至黄州下游的巴河,会晤李续宾、鲍超、杨载福、彭玉麟等人,弟弟曾国华也来到了会议现场。阔别一年多的老部下重聚一堂,不免唏嘘感慨。事后,李续宾拨出两营人马,以朱品隆、唐义训统带,作为曾国藩的亲兵护卫队。十一日,曾国藩行抵九江。一路上面议军机达一月之久。

复出的曾国藩,像变了一个人。他一改往日风格,甫抵江西,就亲去拜会巡抚耆龄,虚伪的官话一套一套的。曾国藩自己都开始怀疑,只是在家休个长假的工夫,怎么会变得如此庸俗?为人处世,日常社交,曾国藩与之前也判若两人:说话不愣了,圆滑了;对皇帝,不再冒着触犯天颜的风险诤言直谏,而是学会了"打太极";对官场,不再以怒发冲冠的愤青姿态针锋相对,而是学会了虚与委蛇、表里不一;对朋友,也不再一味实话实说,非要争个急赤白脸、你高我低,而是学会了言不由衷,在很多事情上显得"很没原则";甚至治军都不再一味从严,而是学会了刚柔相兼、宽严相济。领兵之初,他不齿滥举之风,当年攻下武昌仅保三百人，而胡林翼一次就保奏三千多人。甚至后来，曾国藩还一度言称："若保举太滥，视大君之名器不甚爱惜，犹之贱售浪费，视东家之货财不甚爱惜也。……余忝居高位，惟此事不能力挽颓风，深为惭愧。"二次出山后，曾国藩适当修正了这个冥顽不化的执见，不但自己勇于保举，还鼓励部下毛遂自荐，他不无悔意地说："鄙人前衔奏补实缺，最足新耳目而鼓士气，不可畏干部诘而预自缩手也。"放在以前，这都是他在日记中要自我检讨的行径，这时，他更多地视之为一种丛林中的生存智慧，是人生的蜕变。效果也颇令他满意："吾往年在外，与官场中落落不合，几至到处荆榛。此次改弦易辙，稍觉相安。"

曾国藩修成正果，他的老伙伴们却蒙了。

朋友们不无惋惜地发现，二愣子曾国藩变了，变得他们不认识了。

对于这些改变，他的朋友们印象深刻："其咸丰八年（1858）以后之立身行事……待人接物，前后势若两人矣。"从有理想、有原则、有坚持的愤青，到圆滑世故的油腻官僚的转变，让曾国藩的朋友对他有一些失望。郭嵩焘以"司马"相称："曾司马再出，……任事之气不如前此之坚也。"言语之中不无讥讽与惋惜。胡林翼说他"渐趋圆熟之风，无复刚方之气"。以前说你自拔于流俗，现在看来，一向以圣贤自况的曾国藩也学会和光同尘、明哲保身了。总之，那个个性鲜明、与世俗不谐、刚正直言的愣头青消失了，换来的是一个没有棱角、老奸巨猾的官场老油条。

某种意义上讲，这是一个臣子的毁灭，更是一个王朝的坠落。

时隔多年，曾国藩终于成了自己曾经最鄙视的那类人。

三河之败

胡林翼在跟时间赛跑,刚拿下九江,又开始了新的征程,几乎是无缝衔接。对于北上规皖,他有清晰而长远的认识:规复金陵,必先肃清皖省,欲清皖省,必先清沿江上下,若能以马队、陆师辅以水师,从宿松、太湖、舒城、桐城克复安庆,力扼上游补给,步步为营,次第东下,则金陵接济断绝,必将不攻自克。后来的发展,几乎是按照这一设想来推进的。

湘军尚未出师,就遭到一记重击——胡母在武昌去世。

接到噩耗,胡林翼的第一个念头是:不打了,回家。

东征在即,主帅缺位,朝廷当然不批准。

胡林翼一向有强烈的大局意识,为何坚持要回籍守制呢?

那样岂不是与当年的曾国藩一样,置军务于不顾?

这就要排一下忠与孝的关系了。

古代中国,孝是宗法伦理的核心,而守制是孝的核心,三年之说,《周礼》中已有明确规定。我们耳熟能详的"十恶不赦",其一就有不孝。清朝立国之初,沿袭中原政权以孝悌治天下的传统,广颁《孝经》于学宫,秀才的基本守则即是"孝"。雍正时期更甚,皇帝钦定《圣谕广训》,作为学校的道德准则,第一条就是"敦孝悌以重人伦"。为官期间,回家守制长达三年,耽误工作不可避免。但当时必须这样,这是两千年来立国之纲。

守制重要到何种地步呢?

重要到国家层面,连皇帝都为之代言。

雍正不但钦定《圣谕广训》,还亲自阐明三年守制的意义:"父母之恩昊天罔极,而丧礼以三年为断者,所以节仁人孝子之哀,而使所有极也。三年之丧犹不能终,则百行皆无其本矣。"

第七章 东征大计

父母有生养之恩，孝顺是万事根本，如果不能服丧三年，其他事都不用讲了。

但不能忽略一点，朝廷提倡敦孝悌、重人伦，本质上还是为"忠君"服务。

自汉朝以降，朝廷以孝治天下，两千年的传统，早已融入血液，成为国民性一部分。如同胡林翼在奏疏中所言，他对母亲是心存愧疚的，但又如咸丰所说，时值军机紧要之际，夺情复出也是关乎社稷民生的大事。胡林翼素重名教，任职黔、鄂期间，尤以教化治民。他身为一省之长，固然不宜破例，授天下子民以柄，使此事腾于众口。心念于此，他还是上了一道奏疏，恳准在籍终制。所谓终制，也就是在家守孝满三年，实为二十七个月，其间暂停公务。顾炎武在《日知录》中提到："惟夫二十七月之内，不听乐，不婚嫁，不赴举，不服官，此所谓心丧，固百世不可改矣。"丁忧期间，官职不论大小，均应辞官回籍。万历首辅张居正因夺情起复，一度闹得沸沸扬扬，朝野尽知，舆情哗然，酿成名噪一时的政治风波。

由此可见守制对士子的重要性。

当初曾国藩丁忧回籍，咸丰毫不挽留，甚至给予"鼓励"。这回轮到胡林翼，咸丰作出了截然相反的决定，收到胡林翼的守制申请，他再次下诏："胡林翼熟悉情形，实心任事，当此时事多艰，正臣子力图报效之日，未可拘泥恒情，致误事机。"皇帝驳回所请，只给百日丧假。忠孝不能两全，胡林翼离开武昌，扶柩回益阳原籍。

曾、胡轮番丁忧，对湘军来说，这一年确系多事之秋。

得知胡林翼还籍守制，曾国藩内心是有想法的，甚至有一丝不祥的预感与忧虑。他在给曾国荃的家书中说："胡中丞之太夫人于十一日辰刻仙逝。水陆数万人皆仗胡公以生以成,一旦失所依倚,关系甚重。"曾国藩一语成谶,就在胡林翼守制期间,李续宾和他的数千精锐在安徽怀宁三河镇,遭遇前所未有的重挫与危机。

自跟随罗泽南以来,李续宾从军已有七载。七年间,他南征北战,驰骋疆场,书写了一个又一个不可复制的传奇。咸丰六年(1856),他接过罗泽南的大旗,不辱使命,收复武昌;咸丰七年(1857),伏兵城外,以猛虎下山之势,攻克湖口;咸丰八年(1858),率湘军主力陈兵城外一年有余,最终拿下九江。李续宾以少击众,屡建奇功,历经大小六百余战,克复城池四十座,攻无不胜,未曾稍挫。一连串的硬战让他屡胜而骄,心生轻敌之意。

李续宾是湘军的王牌,胡林翼曾向咸丰力荐:"李续宾忠勇诚笃,其才力能统数万之众,而并不以权术驾驭为能。……李续宾之才识,必可独当大任,为国家之栋梁。"此次规皖,连咸丰都在上谕中说:"该藩司奋勇过人,乘此声威,谅必能所向成功。"之后数日,每克一城,均有圣旨嘉勉。同时,咸丰以一个业余旁观者的身份频繁催战,十日七旨,胜保也在一旁进谗,君臣二人无形中犯下兵家大忌。《湘军记》载:"胜保屯定远,日夕待援。朝廷忧皇,专恃续宾军。胜保屡劾续宾赴援稽缓,密诏促之,凡十日七奉旨,续宾益自奋。"

太多的荣誉、激励和期待,让李续宾应接不暇。

对他而言,这无异于一种无形的绑架、变相的高压。

安徽为太平军久据之地,长江以北的大本营,非单靠意志所能轻取。此时李续宾直驱庐州(今合肥),确是一种长趋冒进。而屡立战功的李续宾也陷入了一种盲目的过度自信,他不想让咸

第七章　东征大计

丰和胡林翼失望，更想一鼓作气，再建奇功。盲目和骄傲让他低估了太平军，更低估了他的对手，有着太平军智勇双全第一悍将之称的陈玉成。更重要的是，站在他背后给予他有力支持的胡林翼已经不在，统筹大局、遥控指挥的是湖广总督兼湖北巡抚官文。

不待哀兵必胜、骄兵必败之说，李续宾已经输了一半。

这些，他并非没有看到，只能说，被他有意忽略了。

皇帝的目光，同事的信任，反而成了他的包袱。

他相信自己可以续写传奇。

哪怕对手是陈玉成。

咸丰八年（1858）七月，李续宾带着众人的期待和被赋予的使命感，与都兴阿一头扎进安徽，直扑太湖。湘楚军士气如虹，来势汹汹，太湖主将叶芸来不支，撤守安庆。此后，二人兵分两路，李续宾东赴潜山，都兴阿南下石牌，率多隆阿、鲍超两支劲旅，与杨载福的水师依护策应，进逼目标城市安庆。李续宾求胜心切，孤身犯险，悬军深入，连克潜山、桐城、舒城，月余攻下四座城池，于九月底军次三河镇，直指安徽重镇庐州。

李续宾此举，不啻火中取栗。

何况他连陷四城，未尝有一日休息，且有轻敌之意。

胡林翼及时发现了这一问题。他在给严树森的信中写道："前一月连克四城，俗士惊喜，以为兵将如虎如熊，殆将飞而食肉。林翼早窃忧之，四次寓书相戒。闻每克一城，中伤千人。攻坚为下策，已犯兵家之深忌。"嘱咐李续宾不要大意轻敌，更不要孤军深入。胡林翼的好友和同事庄受祺也肯定了轻敌因素："初，林翼常谓续宾过勇，临阵必诫之。续宾规皖，林翼适丁母忧归。三河之役，诸将皆谓地不宜营，续宾轻敌以至于

255

败。"胡林翼后来谈到这件事,也表达了"此次兵败,过不在寡"之意。

恰恰这时,陈玉成又请了另一个牛人李秀成。

目的是合围包抄李续宾,一举灭之。

一场高手之间的对决即将上演。

十月初二,李续宾猛攻太平军营垒,损兵千余,锐气暗消。是夜,陈玉成已赶至三河以南的金牛镇,中断了桐城湘军与三河的联系。庐州守将吴如孝联合捻军横亘于舒城、三河之间,阻断了舒城湘军东援三河的通道。如此一来,李续宾后路被断,势成孤军。再说李续宾,本有陆师十数营,每克一城,留设守军,攻克舒城时,尚有军队十四营约八千人,打到三河镇,仅剩将士四五千人。在此之前,他在给朝廷的奏折中提到:"臣所部八千人,因克复潜山、太湖、桐城及此间(舒城)留兵防守,分去三千余人。数月以来,时常苦战,未尝得一日之休止。伤损精锐,疮痍满目,现已不满五千人,皆系疲弱之卒。三河一带,悍贼虽多,自揣犹足以制之,若遇大股援贼,则兵力亦恐难支。"看来他对自身处境还是了解的。

然事与愿违,偏偏遇到了"大股援贼"——李秀成。

"二成"的兵力保守估计亦有十万之众。对比可谓悬殊。

这种情况下,退驻舒、桐待援,事情尚有转机。

但李续宾没有这样做。他既然是名将,并非不知自己身处险境:"伏思我军自入皖以来,千里赴援,则力疲矣;连月战胜,则气散矣;沿途分兵,则势孤矣;屡拔坚城,则伤亡众矣。虽经飞檄调营策应,然道路迢遥,缓难济急,而该逆死守孤城,急难攻破,援贼又日日逼近,势甚猖獗。我劳而贼顾逸,我客而贼反主,我寡而贼甚多,我饥而贼固饱,胜负之机,殊难预料。"字

第七章　东征大计

字属实，句句中的。

作为罗泽南的学生、胡林翼的同事，在行军打仗中，李续宾颇有二者的定力和心力，曾国藩称赞他："用兵得一'暇'字诀，不特其平日从容整理，即使临阵，亦回翔审慎，定静安虑。"由此可知，李续宾遇事冷静，非贪功冒进之人。

但是，他承载了太多的期望和目光。正如胡林翼所言，"固知兵少不忍惜身，固知贼多不忍违君"。

于是，在只有四千余兵力的情况下，部下建议他退守舒、桐再做计议，李续宾却表现出不合时宜的铁汉性格，执意不退，并调桐、舒守军来援，但后路早已被对方切断，最终只能破釜沉舟、孤军奋战。十月十日深夜，李续宾以攻为守，向金牛镇的陈玉成大营发起突袭，以奇兵补势单力薄之劣势。恰在此时，李秀成援军赶到，驻于二十五里外的白石山。

翌日凌晨，两军在半路不期而遇，展开一场浴血厮杀。

黎明时分，忽然大雾弥漫，咫尺莫辨，太平军找不到营地方向，阵形大乱。李续宾在遗折中称："忽天降大雾，数尺以外，一望茫然。我军之临阵者皆迷失归路，垒中往馈之人不知战场所在，鼓角之声与贼相混，前后左右无处非贼。连战竟日，诸勇饥疲过甚，死亡相枕藉。至今日而雾气更大，对面不能相识，虽智勇兼备者亦无所用其长，况臣之才识凡庸乎？此殆天之所以覆我军。臣之死事盖天数也。"和项羽自杀前一样，李续宾将战败归为宿命。另一个当事人李秀成则持不同观点："若依其手将五更开仗，陈玉成之兵而败定也。"

金牛镇杀声震天，炮声轰鸣，李秀成知双方开火，飞速增援。

湘军战力生猛，以一当十，却不敌太平军越来越多，逐渐陷入包围。

陈玉成请了援军，久驰沙场的李续宾就白白坐以待毙吗？

李续宾不是有勇无谋之辈。如他所说，湘军"不满五千人，皆系疲弱之卒"，太平军大批回援，他理所当然"发书湖北"，给官文发了求援信。官文和胡林翼是政治拍档，对湘军却无太大好感，对李续宾态度也一般，根本没放心上。更重要的是，这个人对军事几乎是块白板，不知如何调度筹划。收到李续宾的信，官文笑言："李九所向无前，今军威已振，何攻之不克？岂少我哉？"以李续宾用兵如神为由，将信放置一边。等到三河失利的消息传出，官文怕中央追责，这才调李续宜、唐训方等部赴援。但有什么用呢？一切已于事无补。

官文消极应援，城池援路被断，李续宾只能死磕硬战。

待李秀成援军赶到，陈玉成军心大振。三河镇守军也奋起出击，包抄了湘军后路。李续宾进退失据，突围数十次都以失败告终，撤回大营固守。太平军愈战愈勇，突围已然无望。部将以"天下不可一日无公"为由，欲掩护李续宾突围，被他以"吾义当死"拒绝。这一感人至深的情景，胡林翼描述道："其本营士卒，疮痍满目，犹能孤垒独守，历四昼夜而效死不去，其得兵民之心若此。"李续宾给弟弟李续宜写了封信，托付僚属送达——如果突围成功的话。接着，他面朝北方叩首作别，烧掉了朝廷文书，是谓"不可使宸翰落于贼手"。李续宾身为一时名将，知大势已去，天命难违，命运所终，绝望之下，自缢于营中。

可以说，李续宾自杀前，依然保持了大将风范。

在国史馆官方列传的描述中，当时的情形更为悲壮："续宾顾谓僚佐曰：我义当死战以报国，诸君可自图生也。僚佐皆言：公义不负国，我等岂可负公？或劝以敛兵退守桐城，突出重围。

续宾曰：军兴九年，均以退走损国威长寇志，吾当血战纵横，多杀一贼，即为地方多除一害。遂焚香九叩首，取所奉廷旨及批折焚之，曰：不可使宸翰落于贼手也。会贼挖断河堤，绝我军退路，续宾怒马驰入贼阵，往来奋击，毙贼数百，鏖战至夜半，死之。"

很明显，这里的李续宾，是跃马驰阵，血战而死，而非自缢。

究其原因，想必是为了彰显李将军之形象和声名，故意为之的一种政治避讳。毕竟，军人最大的荣光，是死在战场上。据当事人李秀成回忆："清军外无来救，三河隔庐郡五六十里，庐郡又是陈玉成派吴如孝守把庐城，舒城李军又被陈军隔断，欲救不能。后李将见救不及，营又紧困，自缢而死。"证实了李续宾是外援断绝、突围无望而自缢殉身。

是役，湘军精锐几乎全军覆没，一代将才就此陨落。

兵家鼻祖孙武在《孙子兵法·谋攻篇》中提到用兵之要："夫用兵之法，全国为上，破国次之；全军为上，破军次之；全旅为上，破旅次之；全卒为上，破卒次之；全伍为上，破伍次之。是故百战百胜，非善之善也；不战而屈人之兵，善之善者也。""全"者，保全。领悟一个"全"字，也便抓到了全句精髓。

胡林翼素有知兵之名，《曾胡治兵语录》说："用兵之道，全军为上策，得土地次之；破敌为上策，得城池次之。"事后他与都兴阿谈及此战，援孙子之语，表达了同样的战术思想："兵事以全军为上，得土地次之；善战多杀贼为上，攻坚斯下矣。……不待贼来而轻进，以濒于危，又顾虑后路之虚，而一分再分，是以败也。"言语间，肯定了李续宾在三河的战略错误。

在益阳守制期间，胡林翼在奏折中也谈到了三河之败的原因，分析中肯到位："（续宾）提师入皖，一月之内，攻克四城，血战力取，每次中伤精锐，已逾千人，又复急援庐州，疾行而颠，兵以屡分而单，气以屡败而泄，是固兵家之深忌也。破桐城之后，分营留守，以数千之众，用之贼所必争之地，攻此难拔之城，前无牵制贼援之师，后无应救掎角之势，百战之余，覆于一旦，良可痛也。"

从罗泽南到李续宾，一个个血的教训，让胡林翼多了一些思考。在后来的军事行动中，他时刻提醒李续宜、曾国荃、多隆阿等前线将领，莫要打攻坚之战，"十年不克一城，而我有活兵，尚可保本"。尤其是酷好攻坚的愣头青鲍超，他更是多次告诫：要审时度势，不可盲目逞勇。攻不可以力争，贵审势而扼其要；战不可以勇斗，必择利而蹈其瑕。宜虚心讲求，不容孟浪！

三河之战是湘军史上遭遇的最大惨败，主将殉难，精锐尽失，同时丧生的还有曾国藩的六弟曾国华。曾国华和李续宾交情很深，当初曾国藩让他跟随李续宾，是为了他能学习战事之要，顺便沾得一份功绩，以作进身之阶，不料竟遭此横祸，命丧军中。

此后，陈玉成、李秀成全线反攻，收回舒城、桐城、潜山、太湖四城，湘军苦战数月的战果悉数丧失。都兴阿、多隆阿、鲍超诸将得知李续宾战殁三河、太平军大举南下，也纷纷南撤，以防腹背受敌。太平军劣势扭转，士气为之一振。

胡林翼会攻安庆的计划暂时搁浅。

第七章　东征大计

墨绖从戎，以救时局

咸丰八年（1858），时任湖北臬司的庄受祺在《湖北兵事述略》中记录了一件事：攻克九江后，胡林翼、官文及湘楚军军政要员为李续宾举办庆功宴，会上商议了北进安徽之策——李续宾由太湖、桐城攻庐州，都兴阿率多隆阿、鲍超围安庆。

是年六月，李续宾挥师出征，众人在城外为其饯行。

自随罗泽南援鄂，李续宾与胡林翼共事六年，尤其接管老湘营后，他们成了直接的上下级关系，几年的默契配合让二人产生了深厚的战友情和兄弟情。李续宾一向沉毅寡言，骁勇坚定，不知为何，面对胡林翼和百官饯行，把酒话别之际，竟情不自禁失声痛哭。对于一个久经沙场的将军而言，这难免有些柔软而"失态"。胡林翼亦是多情感性之人，看到李续宾临别而泣，竟与之执手相顾，也哭了起来。两人擦干眼泪，感叹相见无期，无意间营造了一幅死别生离的画面，又有一种"风萧萧兮易水寒，壮士一去兮不复还"的既视感。

对于出征的将军来说，这似乎是一种异样的氛围。

庄受祺目睹这一情形，言之不祥，不料二人果成永诀。

李续宾战殁的消息传出，朝野大震。咸丰接到官文的奏报亦痛心不已，朱批道："详览奏牍，不觉陨涕，惜我良将，不克令终。"字间似有一种懊悔之意。士民百姓也深为痛惜，如同失去精神支柱。据胡林翼在奏疏中描述，武昌市民听闻消息，跑到他的轿前问李续宾生死，得知三河大败，痛苦离去。湖南、湖北、江西、安徽的百姓得知李续宾阵亡，街号巷哭，如失所依。桐、舒两城的百姓花重金寻其尸首，不远千里护送返还。

受到打击最大的还是曾国藩和胡林翼。

战事之初，曾国藩收到彭玉麟等人的来信，了解到一些前线情况。他在给胡林翼的信中说："迪庵（李续宾）与舍弟温甫（曾国华）殆无生理。迪庵激烈之性，必不肯幸逃以图重振；舍弟与之至亲，同舟共命，必不肯舍之以去。"两人关系好，一定会不抛弃不放弃，共渡难关。数日后，李、曾死讯坐实，曾国藩减食数日，"中夜以思，泪下如雨"。他说三河之败使整个战局发生重大扭转，其影响之大，可与咸丰年（1854）湖口惨败相提并论。

胡林翼接到战报比曾国藩早五天，得知三河战事，日夜彷徨惊惧，忧思慨叹，但还是对李续宾的处境抱有乐观态度，他安慰李续宜说，有李续宾在，湘军不过二三月，则元气可复。两日后，胡林翼为母亲举办葬仪；又数日，得知李续宾阵亡，如遭晴天霹雳，一时无法接受，"大恸，仆地呕血不能起"。可见李续宾的死对他冲击之大。

更不可思议的是，胡林翼身在益阳，心寄军中，日有所思，以致夜有所梦。对于李续宾的死，他在《祭李迪庵文》中描述了一个梦境，全文虽无凄悲之词，却愈觉感情真挚，李续宾的形象也栩栩如生。讲的是三河惨败前，胡林翼做了一个梦，梦见李续宾峨冠博带，面色若怡，来到自己身边，两人握手寒暄，畅谈古今。正聊着军事，一声鸡鸣报晓将他惊醒。胡林翼猛然坐起，想到这个梦，忧心忡忡。按照古时逝者托梦之说，他担心李续宾的安危，甚至担心他是否还活着，或是出了什么事情。念及于此，一阵悲伤袭来。有时候梦境就是如此神奇。等到噩耗传来，胡林翼还在将信将疑，夜里彷徨不定，始终不愿接受这个事实。

由此不难理解，两人在城外痛哭话别的兄弟情谊。

对于湘军而言，三河之败的影响无疑是巨大的。精锐尽覆，

第七章 东征大计

战局逆转，朝廷为之震动，东征计划搁浅。太平军皖省之危解除，清军由攻转守，形势互易。湘军损失之大，用曾国藩的话说，"如车脱一轮，鸟去一翼"。太平军方面，则如李秀成所言："自三河一战，桐城一战，安省之围自解。"但更重要的不止于此，而是军队的士气与锐气，此为湘军之魂。对此，胡林翼不无痛惜地哀叹，三河溃败，元气尽伤，四年经营之精锐，覆于一旦，此番长城顿失，数万湘勇"军气已寒"，认为"非岁月之间所能复振"。曾国藩在给友人的书信中，也有同样的忧虑："三河之挫，敝邑（湘乡）阵亡者近六千人，士气大伤"，"不特大局顿坏，而吾邑士气亦为不扬，未知此后尚能少（稍）振否"。同时，曾国藩把希望寄托在胡林翼身上，希望他能带领湘军，"因皖北之挫而强起"。

此刻曾国藩或未想到，他们人生中还有一段重要表演尚未开始。

得知太平军南下，官文慌了，一面饬令都兴阿回防湖北，一面奏调曾国藩主持皖省军事，并恳请朝廷像当初起复曾国藩一样，诏胡林翼夺情任事，即赴署任，收拾皖、鄂残局。

至于曾国藩，压根就不希望胡林翼在家待着。

原因何在？

夺情出山后，曾国藩依然不被咸丰重用，又是赴江西，又是到浙江，还没开打，又跑到福建，整一个边缘状态。曾国藩当然想有一番作为，他心里还想着湘军，想着他和胡林翼的东征事业。正像当初阎敬铭所言，胡林翼不做湖北巡抚，谁又能保证继任者是只好鸟？而鄂省正是前线饷粮的主要来源，拿下安庆之前，武昌是湘军的大本营和后方基地，作用不可替代。如今胡林翼一走，湖北易主，护佑无人，湘军又将何去何从？

想到这个问题，曾国藩甚至有些不寒而栗。

胡林翼回籍守制之初，他就致信说，自闻尊庭家事，如有所失，欲劝阁下权宜夺情，又觉得有违君子之风。润公今守制在籍，恐杨载福、彭玉麟、李续宾、李续宜诸君失其所依。接着劝道："湖北事势日以浩大，非先生强起，终恐败坏。"对左宗棠也说："非润帅强起，恐终不济也。住署与否，接篆与否，均不甚关紧要，所争在另简新抚否耳。"即是说，形式不重要，复不复出才是关键。在给李续宾的信中，曾国藩又说，润公一旦丁忧去位，不但你兵事棘手，连我等也要对局势有所警惕了。自己不打招呼就从江西跑回湖南，劝别人倒是不厌其烦。实际上，曾国藩的担心没错，话也说得在理，两个月后，李续宾之师尽失三河即是一个惨痛的预警。

曾国藩、官文一前一后劝胡夺情，比他们更早的是都兴阿。

作为谋皖计划的另一位军事统帅，战争前期，都兴阿与李续宾一直并肩作战，三河事败后，官文的表现让都兴阿很是不满。他认为，如果当时在武昌调度指挥的是胡林翼，绝非今日之后果，李续宾不致孤军战死，故请胡林翼夺情视师，驻黄梅一带居中指挥，以救时局。

清廷接受了都兴阿的建议。

十一月初三至十一日，咸丰连下两谕，催胡起程。

自胡林翼扶柩返籍，九月初一抵益阳，湘中老友左宗棠、刘蓉均赴益阳吊唁。各地知交也纷纷发来慰问信，信中多有和曾国藩、官文、都兴阿相似的话语，"公身寄东南安危，不当拘牵文义，致误事机，宜夺情起复，以副中外之望"，与朝廷的意思也如出一辙。胡林翼回籍百日，前线战事逆转，东征计划成为泡影。更让他揪心的是，李续宾战殁，湘军群龙无首，士气低

第七章 东征大计

迷，几同一盘散沙。以大局计，胡林翼"义不可不出，势不能不出"；以礼制言，自身又守制未满，夺情不宜。"出则非礼，不出则不义"，当真进退两难。

此时的胡林翼，徘徊于家国之间，可谓愁绪萦怀。

让湘军重整旗鼓，满血复活，是摆在他面前的又一个难题。

罢了，忠孝不能两全，大家重于小家。十一月十三日，接到圣旨仅仅两天，胡林翼带着丧母之痛和对家庭的愧疚，洒泪登舟，偕同乡贡生姚绍崇等五人，再次踏上征程。他对严树森说："林翼此出，势处万难，盖出则非礼，不出则非义。出则于事未必有济，不出则于心大有不安。与迪庵共患难，交最深，闻难不赴，非友也。且值时会艰难，叨窃官位，若借守孝以遂其推诿巧避之私，鬼神鉴其微矣。"不能以守丧为借口，罔顾兄弟情谊，贻误国家大事。这是胡林翼的想法。行至途中，遇狂风骤雨，一行人滞留洞庭湖八日，于三十日抵达武昌。

因是夺情复出，又有使命在身，胡林翼给自己约法三章：不张盖、不设仪、不顶戴、不入署，免去一切不必要的繁文缛节和官场排场，连巡抚衙门都没有进。翌日大早，接掌巡抚印信，旋即循江东下，径次黄州。以李续宜重召其兄遗部，重整旗鼓，料理善后。此后，汰冗员，肃军纪，做动员，恤伤痍，军气复振。《清史稿》这样记述他这段艰难岁月："林翼方奉母柩回籍，诏急起视师，林翼闻命，痛哭起行。"场面之凄冷，感人涕下。

恰在这时，都兴阿因腿伤告缺，重担落在了胡林翼一人身上。

他本欲再行规皖，但增兵则苦于粮饷之竭，分兵又限于统将之少，只得等待时机。胡林翼想休养生息，朝廷却等不及。翌年（1859）正月，咸丰再催："惟军务重大，总须调度有人，胡林翼近在黄州，即着将进止机宜，妥为筹画。"咸丰求胜心切可以理解，但他似乎有些健忘，两个月前李续宾之死，与他的急进何尝没有关系？

胡林翼不是吴文镕，也不是李续宾，和曾国藩的态度一样，在条件不成熟的情况下，他不会被朝廷牵着鼻子走，而是有自己的打算。在《遵旨复奏行军进止机宜疏》中，他提出进兵计划，称鄂之谋皖，已有二年，总未得势，只因兵仅一路，进而指出"征皖必图三路分进"。哪三路呢？多隆阿、鲍超、蒋凝学为一路；李续宜、唐训方、余际昌为二路；奏调曾国藩移兵图皖，另当一路。胡林翼认为，照此三路规皖，无论对方兵力多寡，总可成功。

计划是有了，咸丰也认为所奏甚合机宜，并一厢情愿地觉得胡林翼在黄州已布置周妥。可数月过去，胡林翼并未行动，他以三河之战为镜鉴，在《遵旨复奏征皖孤军未可深入疏》中说明了原因：现在湖北形势紧张，邻氛四逼，之前战事还只是在安徽境内的长江两岸，但"近日情形，湖南震惊，更须兼虑南路。自应仍扎黄州，以为各路根本"。因急于规皖而分兵锐进，实为舍近而求远，欲速而反迟。总之，不可冒进。

做完咸丰的思想工作，胡林翼也开始考虑眼前之事。

那么，奏疏中的"湖南震惊"究竟是指何事呢？

一步险棋，兵援湖南

自南下以来，石达开先后辗转江西、浙江、福建，一路上颠沛流离，居无定所。此后几年，他陆续出现在贵州、广西、云南、四川等十余省，直至在大渡河被俘、惨遭磔刑，结束了英勇

第七章　东征大计

而传奇的一生。咸丰九年（1859）五月，石达开一路西进，联合闽、赣、粤、桂四省的太平军，号称大军六十万，猛攻湘南重镇宝庆，"人马行六昼夜不绝"。

长沙告警，湖南大震。

石达开的打算是什么呢？用其部下萧发胜的话说就是："由楚而鄂，进图西蜀，占上游之势，入完善之区。"石达开有经天纬地之略，深知四川水文地理，蜀地高山险峻，易守难攻，其此行目的正是要假道湖南入川，仿三国之刘蜀，开拓新局。

湘军后院起火，前线将士救乡心切，军事计划搁浅。

湖南巡抚骆秉章募勇四万，命刘长佑全力堵御。"副省长"左宗棠也向好友紧急求援。胡林翼闻讯大惊，认为石达开以数十万之众攻湖南，湖南必不能支，届时湖北腹背受敌，长江之险恐为对方所据。于是，接到左宗棠的求救信，他决定先以水师两营、马队三百增援湖南。

胡林翼要兵援湖南，湖北的官文、都兴阿却不甚满意。

他们认为，陈玉成虽在安徽忙于解围天京，但他觊觎湖北已久，皖省不清，何以保鄂省安危？现在从湖北、安徽分兵援湘，"不援皖而惟湘是图"，岂不是在自减兵力？届时安徽不清，湖北反危，这种行为是置鄂省于不顾。"湘人以空虚而致贼，鄂人奈何效尤？"湖南防守不力，给对方以可乘之机，湖北为什么还要重蹈覆辙呢？是要大家一起遭殃吗？出于这种认识，官文、都兴阿态度消极，"多（隆阿）不拨兵，舒（保）不愿去"。

官文不援湘，还因为一件事——与湖南巡抚骆秉章的矛盾。两人虽为实际上的上下级关系，但湘系集团已成参天大树，骆秉章在用人、军事、财税等敏感问题上均与官文相左，明争暗斗不可避免。就在几个月前，因为湖南永州镇总兵樊燮，官文、骆秉章再生嫌隙，性情刚烈的左宗棠更是卷入其中不能自拔，引发了轰动一时的"樊燮京控案"。

种种因素，于公于私，官文都不愿分兵湖南。

当然，胡林翼作为官场润滑剂，又是他居中调解。官文碍于面子，勉强拨步兵二千余、马队二百、水师二营南下援湘，虽杯水车薪，却聊胜于无。问题是，石达开非一般对手，手下又有十万精兵，区区三千人岂能起到援助效果？胡再做疏通，请求增兵：闻湖南战报，目前大局虽无溃败，但已有左支右绌之势，如此下去，恐力不能胜，届时祸必及于鄂省。

在给官文的信中，他列了几个理由：

一是城门失火，殃及池鱼。太平军若大股突进，湘不能敌，鄂不能堵，湖南不靖，则湖北必祸。石达开背袭湖北，其大股另由西路窥伺巴蜀，必在夏秋之间。

二是湖南不支，敌必犯鄂。石达开兵多势众，攻势锐猛，湖南兵力空虚，非全境肃清三五个月后不能援鄂。因此，自守于境内不如助攻于境外，助攻则兵少而功倍，自守则备多而势分。

三是募集新勇，且守且练。湖北大举援湘，兵力势必锐减，可募勇丁数千，另成一军，弥缝其缺。待湖北防守无虞，再以此军援湘，亦似在情理之中。

摆事实讲道理之后，胡林翼还不忘扬抑结合，奉迎官文，调解一下官文和骆秉章的关系："湖南横逞意气，不应争者必忿争，而以厚道待之，大度处之"，"且湖南人亦未曾来此乞兵"。湖南军事危急，也没向咱湖北张口乞援，军机关键，您大人不计小人过，何必跟他一般见识？再说了，此时援湘，乃君子作风。大度一点，没毛病。

话说到这份儿上，再不通明事理就是自己不大度了。

简直有被道德绑架的意味。

一番思想工作做下来，官文答应了胡林翼的诉求，以李续宜暂统前敌各军，凡一万五千人，大举援湘。石达开攻宝庆不力，拖延愈久，后患无穷，遂分两路南撤广西，自此脱离主战场，流连于崇山峻岭之间，一步步走向失败的深渊。

宝庆解围。

事后月余，胡林翼向漕运总督袁甲三道诉苦衷："当湘事之告急也，舍希庵（李续宜）则别无他将可用，势逼处此，不能不顾上游。林翼发兵后，仅领余兵二千入黄州城守，盖兵将已全付于湘中。万一贼至，仅以婴城固守为长计矣。"可见，他也是走了一步险棋。

援湘的同时，胡林翼没忘记他的老朋友曾国藩。

一年前，经胡林翼、骆秉章一番运作，曾国藩夺情起复。尴尬的是，曾国藩风风火火从湘乡起程，沿长江一路来到赣东，接着开始了打游击的日子：石达开入浙，他途中接清廷之命，"赴浙剿办"；石离浙入闽，他又"以援浙之师"，"相机进剿"；援闽援到一半，石回兵南旋，他又跑到闽赣边界部署作战；北京命令刚下，对方弃城南进，他无功而返。此后，石达开再入赣南，继而西进，一路上都在捉迷藏。诚如胡林翼所说："石逆颇避涤帅之兵，去年涤帅欲到浙江，而石逆入闽，涤帅欲指闽，而石逆入粤东，此亦有趋而避之之隐情矣。"总之，曾国藩未发一枪，继援浙之后，又兵不血刃地完成了援闽任务。

简直就是"躺赢"。

换一种说法，曾国藩名为东山再起，实际上打了一路酱油。

在此期间，太平军杨辅清占领婺源、景德镇。曾国藩认为，对方此时"无论东犯广信，西犯湖口，皆为莫大之患"。他在奏折中说："自三河败溃，安庆撤围，大江北岸业已防不胜防，若使南岸彭泽、湖口复有蹉跌，则九江亦且岌岌可危。"结论是：攻取景德镇尤关大局。于是，曾国藩在命萧启江进军赣南的同时，令张运兰等部移军景德镇。

胡林翼了解曾国藩，对他的苦楚感同身受。当年客悬江西，粮饷无着，又饱受侮辱奚落，作为一军统帅，谁喜欢这样的遭遇？但从曾国藩在闽赣之间兜兜转转的迹象来看，很可能又要重蹈覆辙，走过去遭受屈辱的老路。目前中央让他援浙、援闽，不管怎样，军务均已告竣，任务也都完成。在此情况下，待在江西有何意义？好不容易复出了，难不成还要接着受虐？

鉴于此，胡林翼给曾国藩谋了份好差事——去四川。

谋求川督：再拉曾国藩一把

胡林翼的意思是，湘军最苦的是粮饷不能自足，曾国藩最苦的是没有实权和地盘，自然养不活军队。现在好了，让他去四川做总督，一可使湖北无后顾之忧，二可缓鄂省经济压力，第三个目标最明晰也最实际：让曾国藩掌握地方实权，不再受寄人篱下之苦。

说到这里，曾国藩面带忧伤，深有体会地感叹道："今日受讨贼之任者，不若地方官之确有凭借。"听完老朋友诉苦，胡林翼更是一针见血地指出："事权不属，功必不成。"在这一问题上，两人有一致的看法：做个空头统帅，不如做个疆吏掌握实权来得实际。而就目前来说，在湘系集团中，胡林翼是继江忠源之后，第一个也是唯一一个享受到这种乐趣的人。

胡林翼算盘打得很好，曾国藩也早想脱离苦海。

尴尬的是，四川总督已有人选。

时值第二次鸦片战争，民团攻击侵华英军的情况时有发生，两广总督黄宗汉外怵强敌，内畏乡民，索性"无为而治"，毫不作为，国人和列强对他都非常不满。百姓不满的是黄宗汉对外谄媚，对内霸权；列强不满的是，黄总督镇压民团不力，亟欲去之。久患软骨病的清廷夹在中间，只好调黄宗汉为四川总督——赴任之前，先到北京述职。

胡林翼看出了马脚。他认为黄宗汉外强中干，没有能力，对军务更是一窍不通，作为督川人选极不合适。从朝廷调他入川又召他进京来看，是明知他不可用，也没打算让他去四川，只为了撤他的职给洋人看。

分析是没错，但明显有点擅揣圣意了。

无论如何，胡林翼决定先行一步，"道具"依然是官文。

就石达开西犯湘南一事，他向官文提出三点建议。第一，石若入川，十年二十年内，鄂必不得安宁，蜀之不利，鄂能独利乎？更不用说蜀盐课税对两湖军饷的影响了。第二，西蜀之富，数倍于两淮、江西，尤富于积弱之湖北，江西兵事不支，无碍于鄂，亦无碍于全局。四川不支，则湖北和陕西均不能安。两害相权取其轻，曾国藩督军入川，实为上策。第三，此前黄宗汉督两广，无心国事，消极怠工，民怨四起，雅步从容，以这种态度和能力督川，后果可想而知。相反，倘若涤帅督师，以湘军之力，石达开志必不逞。曾国藩若为川督，以西蜀之富庶，不但不需外饷，且每岁必有盈余，或可协济京饷。总之，石氏若得蜀中，湖北必无安枕之日。非以曾国藩率军援蜀，则事不可为。救蜀救鄂，舍此则别无良策。

洋洋洒洒对官文说了那么多，胡林翼觉得力道不够，又建议他与罗遵殿、庄受祺等人"会同密商""精心结撰",还不忘嘱咐,"须声明必有地方之责,则饷糈不匮,州县听令,乃于军务有益"。怕说得太隐晦、表达不够清楚,最后又强调"尤以必得总督为要着"。实在是操碎了心。

这边和官文商量好,那边接着致信曾国藩:不得川督,绝不带兵入蜀。

得授胡林翼之意,官文也很得要领,堪称胡林翼的知音,奏称石达开"蓄谋已久,必欲逞志四川自立","奴才不揣愚昧,伏求皇上天恩,饬令曾国藩酌带江西、湖北、湖南、四川水陆精锐将士,由楚江驶入蜀中,限五十日到夔州,责以守蜀之任。蜀中智勇之士必且望风景附,壁垒自能一新"。况且,"曾国藩廉洁性成,于财赋兵农素所深究,若得假以尺寸之柄,必能通筹全局,以浚饷源而裕天储。其所部之军不过万人,未能应此大敌,仍须川省调兵募勇,有地方之责,呼应较灵,举措自当,不惟军事益形顺手,即民风吏治必能焕然改观"。想来庄受祺和官文的秘书班子也是写奏折的老手,其言辞得当,不露痕迹,不费多少工夫,一封有理有据的《奏报石达开势将入蜀请饬曾国藩统军往剿折》新鲜出炉。

所谓"责以守蜀之任""假以尺寸之柄",即授予川督之权。

不得不说,看在朋友胡林翼的面子上,官文确实卖力。

疏上,清廷反应及时,令曾国藩沿长江水路赴四川夔州扼守,以据两湖上游之势,防堵石达开西进。奇怪的是,曾国藩翻来找去,并未发现任命他为四川总督之语,不禁纳闷:这个咸丰,老样子一点儿没变,对我还是那样!

作为事件策划人,胡林翼对这个结果也很失望。

按照和胡林翼的约定,曾国藩不见兔子不撒鹰,推托说:景德镇军事正"可期得手",此时改图入蜀,是"未保将危之四川,先弃甫定之江西",实为顾此失彼,半途而废。正是考虑到景德镇未下,分兵又于江西战事不利,故请拿下景德镇而移师宜昌,以取上游建瓴之势。况且,我这里人手也不够,"以势度之,恐无裨于大局",因此,目前西行还不现实。可以看出,在军事行动中,无论胡林翼还是曾国藩,都懂得拒绝,不然难免成为下一个李续宾。

但咸丰向与曾国藩不和,硬让他去四川,也是说不准的事。

风向逆转,一个结果成了两个答案。

这一回,胡林翼实名加入助攻阵营,劝说咸丰。他一改当初支持曾国藩入川之意,在奏疏中说:"川省已设防,曾国藩一军如仍赴川,是以有用之兵,置无用之地。"与之前口吻相比,俨然另一个人。同时,又来做官文的工作,让他上奏清廷,一定要阻止咸丰派曾国藩入川。

接到胡林翼的这一请求,官文要崩溃了。

兄弟,正反都是你有理,之前老弟你费了那么多口舌,一口气列举八条理由,要曾国藩去四川,现在太阳还没下山,你又说那地方不能去,让我收回所请,以今日之我与昨日之我宣战,在皇帝那里出尔反尔,这不是让我打自己的脸吗?

但是,看到胡林翼恳切而认真的眼神,官文只好硬着头皮,又搞了一回文字游戏,以如簧之舌劝咸丰收回让曾国藩赴川之命,挽回了前局。

做到这一步,官文对胡林翼确是仁至义尽了。

文忠不能说的话,让官文说;文忠不能做的事,官文带头。

没办法,谁让胡林翼是自己哥们儿呢!

曾国藩呢,本来以景德镇未下为由,敷衍咸丰,借口不去四川。待到曾国荃、张运兰攻下景德镇，曾国藩唯一的借口没了，督办皖南团练的张芾便奏请他到皖南会攻太平军。曾国藩很清楚，湘系集团一直和两江总督何桂清有隙，一旦挺军皖南，到了何桂清的地界，难免受其羁绊。既然如此，倒不如如前所奏，移师宜昌。当初虽是一时托词，目前又何尝不是权宜之计？于是，曾国藩拔营抚州，经南昌、湖口、九江等地，西上宜昌。

走一步算一步吧。

途经黄州时，胡林翼已在码头等候。

见到一直在幕后帮助自己的老友，曾国藩留他到行营，纵谈八日夜。微弱而昏暗的灯火下，曾国藩有满腹的话要说，胡林翼则以知己的身份，静静聆听，不时安慰。自丁父忧以来，曾国藩度过了人生中最艰难的时光，江西是他永久的梦魇。可以说，乃至夺情复出至今，他都没能引起咸丰的兴趣，一会儿援浙，一会儿援闽，一会儿入川，还差点去了皖南。一年时间里，一路辗转游击，游荡徘徊，身不由己，混混沌沌，始终未能走出事业的低谷。

曾国藩愁绪萦怀，在黄州一住就是八天。八天时间里，两人面议军机，秉烛夜谈。谈了哪些内容呢？胡林翼在给李续宜的信中称："涤丈之意，若到蜀作客，则不如仍在鄂在皖豫章之为妙。前此奏驻宜昌，恐近前而为主人所嗔，又无处索饷也。"曾国藩的意思是说，到四川若不为总督，还不如维持现状，留在原地，等待时机。此前说去宜昌，仅是敷衍上峰的权宜之计。

既言"时机"，何谓时机？

势为人造，事在人为而已。两人所商，正是此事。

实际上，曾国藩还在路上时，胡林翼已为他铺好了退路。

此前的八月初二，胡林翼致函得力助手庄受祺，谈到合力东

第七章 东征大计

征一事："涤公无赴宜（昌）之理，理也，势也，东征须全力赴之，……即令涤公合谋，力亦稍足而不甚有余。地势贼势，非四五万精兵、三路四路统将不可。"他还嘱咐庄受祺"回明中堂（官文），俟涤帅信到即可专奏"。

至于让官文专奏何事，不难想象，必是阻曾国藩赴川。

是年（1859）八月十八日，经咸丰批准，胡林翼正式下达"四路进兵""合力征皖"的命令。恰恰是在这一天，曾国藩辞别胡林翼，自黄州起程。这当然不是巧合。在去往宜昌的路上，曾国藩并非去心似箭，而是走走停停，等待消息。此间，官文得庄受祺转达胡林翼之意，已奏请曾国藩北上图皖，联兵东征。果然，曾国藩途中接到朝廷批复，命他与官文在武昌会商。数日后，他再返黄州，接着上奏《遵旨会商大略折》，声称"就大局缓急而论，臣自应回军援皖"，继而驰返巴河，筹划东征之策。

这一切机宜，都是胡林翼一手操作。

曾国藩一路走来，胡林翼可谓煞费苦心。曾丁忧回籍，胡一再奏请他夺情起复；曾打腻了游击，胡费尽口舌为其谋川督之位；曾督川失算，胡再联手官文，将其从西行的路上拉到安徽，联兵图皖。这一次，曾国藩终于结束了孤军客寄之苦，更不用去四川。可以说，曾国藩走到今天这一步，乃至有后来的地位，胡林翼功不可没。

这一切，曾国藩当然都记得，并感铭于心。八年后，五十六岁的曾国藩已是位极人臣，在与赵烈文的聊天中，他忆苦思甜地无限感慨道："八年（1858）起复后，倏而入川，倏而援闽，毫不能自主。到九年（1859）与鄂合军，胡咏芝事事相顾，彼此一家，始得稍自展布以有今日，诚令人念之不忘。"

提携后辈李鸿章

黄州是历史文化名城，也是自古以来的军事要隘，当年苏轼谪官黄州，在这里写下流传后世的名篇，为曾、胡二人的黄州会晤做了浓墨重彩的注解。胡林翼驻扎黄州，何尝不会想到七百多年前的苏东坡，何尝没有他笔下惊涛拍岸般的干云豪气，又何尝无当年辛稼轩之雄图伟志？想到这些，胡林翼不再暗自苦闷，罢了，书生带兵，墨绖复出，虽然劳苦，虽有不甘，但与缱绻书案相比，何尝不是畅行吾志？

半个月前的黄州之行，曾国藩一路循江而上，对湖北的印象大为改观，眼前再不是当年名教荡然、民风不淳的"天下第一破烂鄂"，一路观察，他发现湖北风俗民心不同他处，颇有礼乐中兴之意，"整成一个崭新日月、太和世界"，钦佩之情油然而生。

早在行至武穴时，曾国藩接到官文"已奏请会剿皖贼"的回复，之后停留黄州八日，与胡林翼面商机宜，等待消息。接着在武昌，他按照胡林翼之意，与官文晤商联兵东征一事，确定了四路规皖的计划。从武昌返程时，曾国藩再次回到黄州，正是要与胡林翼详谈此事。

与曾国藩同行的，还有他的得意门生李鸿章。

这是胡林翼第二次见到李鸿章。

此前的黄州八日，胡林翼初见李鸿章，对他印象深刻。数日后，胡林翼在给李瀚章的信中，评价道："令弟少荃接谈甚密，直抒胸臆，謦咳如洪钟。"李鸿章辗转六载，于前一年（1858）年底入幕曾国藩，至此尚不足一年。曾、李有师生之谊，又是世交，李鸿章的父亲李文安跟曾国藩是同科进士，李鸿章本人又才华横溢，因此，曾国藩对这位后生很是赏识，不止一次夸他"才

第七章 东征大计

干出众""志大才高""汝才胜我";在军事上,也称:"若论奇计险谋,我不及少荃。"李鸿章一向油滑,也奉迎老师曾国藩:"从前历佐诸帅,茫无指归,至此如识南针,获益匪浅。"李鸿章此语,是因曾国藩盛名在外,治军有方,且其人善"煲鸡汤",乃至"吃一顿饭,胜过上一回课"。此次商议东征大计,曾国藩带李鸿章同行,也是为了让他见一见胡林翼,长长见识,熟悉军事。

对于曾国藩、胡林翼来讲,两个年轻人是晚辈。晚年的李鸿章也开口闭口,必称"先师曾文正公""前辈胡文忠公"。第一次到黄州,李鸿章像一个初出茅庐的创业青年,自打鸡血,对一切充满了新鲜感和表现欲,表现不失时机,发言尽显才识。其谈吐和见识,胡林翼看在眼里,他认为李鸿章确是一位不可多得的才俊,称"后浪"已是屈才。

由一句"从前历佐诸帅"可知,李鸿章是个有故事的人。

多年后,他用"宛转随人盖九年"来形容那段经历。

也只有李鸿章知道,他只是不想再过以前的生活。

六年前,李鸿章还是一个下乡"知识青年",属于首批回籍协办团练的京官。咸丰继位后,第一把火就是借鉴祖父嘉庆对付白莲教的经验,以举国体制大办团练,对付蔚然而起的太平军和捻军。李鸿章时为翰林院编修,是工部侍郎吕贤基请来的枪手,代写奏折上呈肃匪之策。咸丰求言,吕贤基本是做做样子,不料因李鸿章文采出众,吕被授团练大臣,奉命回原籍办团。绝望之余,吕贤基一句"君祸我我亦祸君"[1],拉着李鸿章一起回到了安

---

[1]《异辞录》卷一《李鸿章自京至皖》:"君祸我,上命我往。我亦祸君,奏调偕行。"

徽。不久，李文安也南下返籍。不到一年，庐州失守，吕贤基投水而死；两年后，李文安病死军中，李家老宅亦被太平军烧毁。李鸿章流离失所，投奔哥哥李翰章。

打打杀杀的日子，让李翰林壮志难酬，很是苦闷。

"丈夫只手把吴钩，意气高于百尺楼。一万年来谁著史，三千里外欲封侯。"想起十五年前的诗句，辛酸之余，李鸿章依然觉得荡气回肠；那时的他书生意气，志比鸿鹄，再看后来摸爬滚打的日子，只能用"我是无家失群雁，谁能有屋稳栖乌"来形容了。什么时候能有一个稳定的容身之所呢？还好，咸丰八年（1858）冬，经郭嵩焘和哥哥李翰章引荐，李鸿章投奔到阔别多年的老师曾国藩幕下。他这只"失群雁"终于有家可归，不用再提心吊胆辗转沙场了。

此次会晤期间，胡林翼正忙于为罗遵殿谋求浙江巡抚一事。作为湘系集团的资深政敌，何桂清有意让王有龄接任浙江巡抚，也一直忙前忙后，积极奔走。不料因为胡林翼的一番运作，罗遵殿调抚浙江的谕旨下达，何桂清以两江总督之尊，输给了湖北巡抚胡林翼。对此，李鸿章不请自来，大赞润帅手段老辣、眼光独到，如罗抚浙，一是使何桂清企图落空；二是浙江为富庶之地，湘军军饷也可在两湖之外，稍补一二。实为一石二鸟之计。

罗遵殿既已巡抚浙江，兵饷之事已有保障，正是联兵东征、直指安庆之际。这也便切入了此次会晤的正题。不待曾国藩提问，李鸿章再次主动发表了看法：太平军兵多势众，地盘广布，安庆、金陵一线，位居东南财赋之地，经营有年，恐不宜轻举妄动。以目前来看，需精兵数万，兵分数路，步步为营，循次而进，太平军则不战自退。

李鸿章的分析和见地，让胡林翼刮目相看。这和自己之前

第七章 东征大计

提出的"非四五万精兵、三路四路统将不可",岂无异曲同工之妙?后生可畏,后生可畏。

曾国藩也对自己的学生和助手,颇有自豪之意。

胡林翼对曾国藩说,少荃所言甚得他意,其确系难得的大才。

曾国藩也不住地点头,捋着胡须,用欣赏的目光看着李鸿章。

然而,仅仅一年后,曾国藩和李鸿章就有了分歧,乃至分道扬镳。

按性格来说,湘军中有几个有名的驴脾气,也有两个爱开玩笑的,一个是胡林翼,另一个便是李鸿章。胡林翼戏而不谑,对手下的几员爱将,调侃之中往往又多了一丝关心。当时公文拟稿多由幕僚代笔,一次李续宜提到"不逼城之策",询问领导的意见。胡林翼觉得"甚有可采",兴之所至,便拿爱将开涮:"小学生忽有好文章,则亦须夸赞两句乃高兴也。"夸完李续宜,他旋即话锋一转,"前书未蒙夸赞,或因誊写此文是代笔耶"?我的信你没有提出书面表扬,是因为觉得有人代笔?怎么可能!此文"实系本店自造,并非枪手之文也"。一来二去,军务累身之余,把李续宜逗乐了。

在湘军人物中,唯李鸿章与胡林翼手段最接近。行事风格上,通达权变,不拘成法,平时爱开玩笑,爱恶搞,外带一点欲擒故纵的激将之法,这一点,两人风格颇类似。在抖机灵方面,李鸿章甚至青胜于蓝。拿呆萌的曾国荃开涮,拿机警的袁世凯取乐,在李鸿章这里,都是家常便饭。二十年后,日、俄染指朝鲜,袁世凯慑于半岛局势,不愿只身赴险,李鸿章激将道:"今如演戏,台已成,客已请,专待汝登场矣。"袁世凯还没成行,

279

在老狐狸李鸿章这里就成了最佳男主角。

二者不同的是，胡林翼"不讲原则"是为了办实事、办成事，李鸿章的机灵和"耍痞子腔"，有时多了一些和稀泥成分。更明显的是，胡林翼几乎从不得罪人，急了也不红脸，不但如此，还爱开导别人，嘻嘻哈哈中就把事情办了。在这方面，曾国藩、左宗棠都有软肋，甚至得"前辈胡文忠公"真传的李鸿章都欠火候。

作为"职业"和事佬，胡林翼上回劝曾、左和好，这回轮到了曾与李。

一年后，太平军李世贤攻打徽州，守将李元度弃城先逃，下落不明。曾国藩以为爱将"殆已徇节"，为此还痛哭一场，向清廷奏表学生的一腔忠勇。谁知到最后，竟是闹剧一场，李元度不但没死，还临阵脱逃，让曾国藩大为光火，非要参劾李元度不可。此后不久，曾营被李秀成围个水泄不通，形势危急，众人时有性命之虞。李鸿章建议"不如及早移军，庶几进退裕如"，曾国藩又拿出"打呆仗"的态度，坚决不撤，气愤道："诸君如胆怯，可各散去。"

李元度是曾国藩的得意门生，仗打得一般，做学问却是一把好手，他虽举人出身，却著作等身，文学素养和造诣深得曾国藩欣赏。不但如此，曾国藩创业最艰难的那几年，都有他这位"辛苦久从之将"在身边鼓励支持，不离不弃。曾国藩尝言，与李元度"情谊之厚始终不渝"。因此，曾国藩一反常态要参劾李元度，实在情理不通。在大家眼里，他这是忘恩负义。

李鸿章也表示反对，率幕友前去讲理，声称"果必奏劾，门生不敢拟稿"。不写就不写，曾国藩怒道："我自属稿。"师生吵到这份上，李鸿章又认为祁门四面楚歌，非久留之地，不知是胆怯怕死还是意见之争,便对老师说,既然这样,"门生亦将告辞,不能侍留矣"。曾国藩也很硬气,说爱走不走,"听君之便"。李辞幕离营,到南昌投奔哥哥李翰章。曾国藩怒气未消,在日记中写道:"日内因徽州之败,深恶次青(李元度),而又见同人多不明大义,不达事理,抑郁不平,遂不能作一事。"因为这件事,曾国藩为一向器重的李鸿章贴上了标签,"此人难与共患难",也是一临难相弃之辈。

如此,师生失和,近一年没有往来。

据说李鸿章出走后,去了一趟武昌,向胡林翼道明辞幕原委。

得知曾、李失和,胡林翼又发挥他润滑剂的特长,劝李鸿章不要意气用事,老老实实回营。面对这位前途无量的晚辈,他语重心长地说:自从第一次见面我就发现了,少荃你将来必出人头地,前途光明,我的建议是你别和老师闹别扭,还跟着涤帅干,没有他你的仕途会难走很多。李鸿章平时对老师毕恭毕敬,晚年言必称"我老师",直言"我老师文正公,那真是大人先生",可谓崇敬至极。此时却一改常态,对胡林翼说:"吾始以公(曾)为豪杰之士,不待人而兴者,今乃知非也。"润帅说得在理,一开始我也觉得老师高耸入云,道德文章自不待言,可今天看来,忘恩负义的事都干得出来,做人也就那么回事儿,所谓圣人,不过如此。意见听不进去,胡林翼知道需要另找突破口,便暂将此事放下,"留饮数日,绝口不谈前事,尽欢而别"。

李鸿章没劝回来,胡林翼接着劝曾国藩。

胡林翼在信中说:"李某终有以自见,不若引之前进,犹足以张吾军。"李鸿章是不可多得的人才,不可随意放弃,不如提携共进,日后对我军大有裨益。听闻胡林翼之言,曾国藩觉得有道理，便记在了心里。李鸿章离营数月，赋闲南昌，无所事事，也有追悔之意。此时，另一位爱做思想工作的郭嵩焘又来凑热闹，致函李鸿章，"力言此时崛起草茅，必有因依，试念今日之天下，舍曾公谁可因依者，即有拂意，终须赖以立功名，仍劝令投曾公"。李鸿章为之所动，正如胡林翼和郭嵩焘所言，想要仕途平坦，前途无限，非得跟曾国藩混不可。在后来的日子里，两人也跟闹别扭的小朋友一样，有一搭没一搭地交流。

有胡林翼从中撮合，曾国藩主动先与李鸿章联系，希望他留守南昌，助其兄李翰章一臂之力，遏制太平军。李鸿章也写信给胡林翼，让他劝涤帅及早移师祁门，驻军东流。胡林翼对此表示赞成，写信劝曾国藩：少荃之议确有可采之处，以东流之地利，扼守安庆上游，联络南北两岸之兵，其势益盛，其效必宏。接着，胡氏又担起调解之责，说涤帅您身负大任，当以力肩大局为义，二三城邑之失，没必要计较，不要因小失大，而罔顾战略全局。鸿章所见极是，东流交通便捷，与胡林翼的太湖大营成掎角之势，且有水师巡弋长江，与之呼应，显然比祁门更合适。曾国藩采纳了李鸿章的建议，拔营祁门，移驻东流镇。

虽相互欣赏，但碍于面子，两人一直拖着，也一直在寻找时机。

直到曾国荃打下安庆，赋闲已久的李鸿章终于找到机会，主动写信给老师道贺。曾国藩亦非小肚鸡肠之人，打趣道："足下行踪亦颇突兀。昔祁门危而君去，今安庆甚安而不来，何也？"虽不无讥讽意味，倒也等同于会心一笑。师生两人捐弃前嫌，重归于好，李鸿章再入曾幕，曾国藩对之尤加青睐，如同往事不曾发生。

劝完了曾与李，"政委"出身的胡林翼还有工作要做——劝

第七章　东征大计

李元度。李元度"失踪"两个月后，他写信劝慰：一次失败没什么大不了，不影响你李将军的光辉形象，何况"兄以仓卒召募之师，跋倚而疾入徽城，谓锐于行义则可，谓精于治军则不可"，就算你李将军再牛，带的都是些新兵蛋子，治军虽略有瑕疵，但精神可嘉，"时俗之论，何足以蔽高贤"？何况你也有失律之咎，涤帅发火，正是爱之深、望之切。老曾这人，有时也是脾气倔，性子冲，对你未免参之过激，估计也是因为"徽防关系之重，至于急不择言"。关于这一点，我已经"再四寓书"，批评过他了，让他不要随人唆使，而因失所亲。但话说回来，涤帅人绝对不坏，不是大家说的忘恩负义，"犹是君子之过也"。

可以说，从提出东征之策，到维护东征之果，胡林翼都费尽心机。

至此，援湘告一段落，入蜀中道而止，曾胡联兵被提上日程。

在这期间，两湖发生一件惊动朝野的大事。

283

第八章　曾胡联兵

一次蹊跷的召对

咸丰八年（1858）十二月初三，养心殿西暖阁。

西暖阁本为寝宫，自当年雍正从乾清宫移居养心殿，这里成为皇帝的办公之所。是日，咸丰召来在南书房任职的郭嵩焘谈话。就在前一天，郭嵩焘被咸丰任命为南书房行走，这一差事，早年类似顾问或秘书，属于皇帝近臣。

在日记中，郭嵩焘对这次谈话有详细记录。

咸丰：汝可识左宗棠？郭：自小相识。咸丰：自然有书信来往？郭：有信来往。咸丰：汝寄左宗棠书，可以吾意谕知，当出为我办事。左宗棠所以不肯出，系何原故？想系功名心淡。郭：左宗棠自度赋性刚直，不能与世合；在湖南办事，与抚臣骆秉章性情契合，彼此亦不肯相离。咸丰：他才干怎样？郭：才极大，料事明白，无不了之事，人品尤极端正。咸丰：可以一出任事也。莫自己糟踏，须得劝一劝他。郭：臣也曾劝过他。他只因性刚，不能随同，故不敢出。数年来却日日在省办事，现在湖南四

第八章 曾胡联兵

路征剿,贵州、广西等兵筹饷,多系左宗棠之力。咸丰:闻渠意想会试?郭:有此语。咸丰:左宗棠何必以进士为荣,文章报国与建功立业,所得孰多?他有如许才,也须一出办事方好。郭:左宗棠为人是豪杰,每言及天下事,感激奋发。如能用他,他亦万无不出之理。

君臣对话大致如上。

郭嵩焘是湖南湘阴人,丁未科(1847)进士,是胡林翼和左宗棠的老乡,与曾国藩亦是同学。郭嵩焘出仕不久,父母相继过世,郭丁忧回乡后,赶上曾国藩创建湘军,成为其得力助手。两年前,郭嵩焘销假回京,因户部尚书肃顺的引荐,颇得咸丰圣眷。关于这次召对,曾国藩劝左宗棠出山时,也有提及:"筠仙(郭)召对,圣意殷勤垂询,阁下将来自不免一出。"

是年冬,两湖政界发生一桩历时两年的大参案。

养心殿这次君臣对话,正是基于这一背景。

事情源于一个叫樊燮的人。樊燮时任湖南永州镇总兵,一省武官中仅次于提督,正二品。这年八月,樊燮任期已满,循例要进京述职。北上途中,他专程去武昌拜访了湖广总督官文。在此之前,湖南提督鲍起豹被革职,名将塔齐布继任,不久前塔齐布病逝九江,湖南提督出缺。于是,等到十一月,官文上了封奏折,申请樊燮署理湖南提督,同时,永州镇总兵一缺由云南临元镇总兵粟襄署理。可以看出,樊燮和官文有关系,而另一位总兵粟襄,则是官文任荆州将军时的老部下,自然亦出于私。在这封《奏请樊燮署理湖南提督粟襄署理永州镇篆务事》的奏折中,官文给樊燮的推荐语是"久历戎行,曾经战阵,人亦明干,于署理提篆,可期胜任"。奏折还提到,这一决定是"会同湖南抚臣骆秉章恭折具奏"。也就是说,作为省抚,骆秉章也知晓此事,并

285

非他官文一人之意，不存在暗箱操作。

十日后，朝廷准官文所请，樊燮、粟襄都达到了各自预期。

不偏不倚，不早不晚，恰在这时，问题出现了。

距官文上疏不足一月，骆秉章也奏了一本。不过，和官文所奏不同的是，骆秉章不是推荐，而是参劾樊燮。更让官文难堪的是，举报樊燮的同日，骆秉章还附带了一则《参劾粟署镇规避取巧片》，对粟襄进行检举揭发。

什么情况？当初不是说好的吗？字你都签了，何以此时又倒打一耙？更过分的是，明知道两人都是我保举的，你参一个也就算了，还一下子参俩，分明是跟我过不去！官文深为不解，樊燮也是一副丈二和尚的表情，愣了。

实际上，心里最清楚的莫过于樊燮本人，骆秉章也不是非要和他过不去，相反，对他还算赏识。早在樊燮初到湖南任职时，因提督一职空缺，骆省长也有意提拔樊燮，推举他署理湖南提督一职，为此，还专门对他进行政治考察。然而，不考察还好，一考察，骆秉章对樊燮的认识大大改观。在一次巡视中，他到樊燮的兵营里突击检查，清点人数。结果，实际人数远远少于名册人数。这是什么性质呢？往轻了说，是军纪不严，队伍涣散；严格来讲，是贪污，是中饱私囊，吃空饷。

作为省长，骆秉章需要一个解释。

樊燮给的理由是有士兵生病没来，等人到齐请抚台大人再次清点。

借口编得很不高级。骆秉章看出其中猫腻，遂有心摘发之。

骆秉章本非庸人，更非庸官，何况又有一个左宗棠在幕。自左宗棠"治湘"以来，湖南已经搞过不少"整风运动"，这次碰上樊燮，自然不会放过，便命人彻查。回到抚署，骆省长成立调

第八章　曾胡联兵

查组，并向与樊燮同地为官的永州知府黄文琛等人了解情况、调查取证，掌握了一批樊燮贪赃枉法的材料。

于是，官文上奏仅过去二十多天，骆秉章正式举报樊燮。

骆省长的检举信名为《参劾永州镇樊燮违例乘舆私役弁兵折》，顾名思义，樊燮罪状有二：一是违例乘舆。具体表现为樊燮进京时有三十多名兵丁同行，主要负责为他抬轿、伺候起居。事情本来不大，放到一定背景下就另当别论了——樊燮北上之日，正是太平军大举攻湘之时。大敌当前，城内兵力尚不足调拨，你身为军人却还在摆谱，为一己之便要数十名兵勇随行侍候，这是什么性质？这叫"玩视军务，希便私图"；二是私役弁兵。永州有兵丁二千余名，守城者名为四百多，实际不及三百。人去哪儿了呢？不查不知道，都在樊总兵的署衙里"当差"，"凡厨役、水夫、花儿匠、点心匠、剃头匠诸役，无非兵者"。做饭的厨子、挑水的力夫、浇花的园丁，甚至点心匠、剃头匠，无不由兵丁充当，各种"杂役"算下来，有一百六十名之多！同时，总兵署里的日常开销，均从公款报销，连吃饭、看戏等费用，都由国家买单。

表面上是两件事，其实又衍生出第三个罪状：公款私用。

事后，左宗棠对胡林翼讲，樊燮其人有两大劣迹：一贪二纵。自樊燮到任，日用所需，无不取自营中，诸如量布裁衣、上房修屋，乃至烧柴做饭、买办厨房用品，均来自公费，很多还是挪用的将弁廉俸：此谓之贪。下属呼之未到，厨师烧煤过多，管轿兵丁因洋灯不燃，均棍责数十：此谓之纵。最后左宗棠总结："贪纵之状，则实无樊燮之过甚者。"

由此看来，这樊燮果然不是善类。

骆秉章揭发樊燮，可樊燮身后还站着一位官文。官文是谁？

论公算是自己的上司，论私是胡林翼的拜把子兄弟，胡林翼和左宗棠既是亲戚又是铁哥们儿，而左宗棠则是自己的秘书。间接关系不说，那胡林翼和自己也有些交情。更重要的是，官文前脚刚保荐樊燮、粟襄，舞台还没下，妆都没来得及卸，你后脚就唱个反调，这样合适吗？还把领导放在眼里吗？照你说来，官文是荐人失察、知人不明，他又将如何下台？

鉴于此，骆秉章在奏折中又缓解了一下同事矛盾，替官文圆圆场，说说好话："该总兵（樊燮）劣迹败露，均在去任之后。臣近在一省，尚始知觉。督臣（官文）远隔千数百里，匆匆接晤，自难遽悉底蕴。陈奏两歧，实非别故。"我身为湖南省省长，和樊燮同在一省，尚且刚知道内情，中堂远在湖北，自然很难摸清其中底细。

督抚二人一场尴尬的"陈奏两歧"，让骆秉章硬圆了过去。虽然圆得有些生硬，看起来似是表面文章。

然而，咸丰也不是那么好糊弄的。接到骆秉章的参折，咸丰龙颜大怒："樊燮着交部严加议处，即行开缺。"由于骆秉章同时揭发了官文举荐的粟襄，咸丰一并回复："着官文查明参奏，再降谕旨。"樊燮官没升成，反被就地革职，还要移交相关部门严查，追究法律责任。粟襄也没能如愿署理永州镇总兵，计划泡汤。官文所保二人，一并被咸丰驳回。

显然，骆秉章之举，让官文官威有损、颜面扫地。连曾国藩都不禁感叹，"从此两湖益成水火"。

而此时，樊燮还在路上，尚未抵京。

咸丰九年（1859）二月二十八日，骆秉章再上《已革樊总兵劣迹有据请提省究办折》，据实上报调查结果，指出樊燮挪用公款。三月十三日，清廷下谕：已革湖南永州镇总兵樊燮，种种劣

第八章　曾胡联兵

迹证据确凿,着即行拿问,交骆秉章提同人证,严审究办。

事情到这里,本是落款的迹象了。

不料,碰上暴脾气的左宗棠,剧情被推向高潮。

这年四月,樊燮依旨来到长沙,赴抚署请训。在省长衙门,左宗棠虽为助理,却极有权威,"湖南诸将伺宗棠喜怒为轻重",骆秉章对他也是听之任之。因此,来到省垣,樊燮先到左宗棠所在的公馆等消息。初次见面,樊燮礼仪性地打了个招呼。文尊武卑是当时的官场规则,何况樊燮又有政治污点,左宗棠生性刚介,心里自然看不起这类人,厉斥道:"武官见我,无论大小皆要请安,汝何不然?"所谓请安,并非一般问候性的作揖行礼,而是半跪状的大礼节。樊燮虽为武官,可好歹是堂堂二品,再不济也是条见过真刀真枪的汉子,你一个非官非绅的落第举人,有何资格训斥我?又如何配得上我的请安?于是反驳:"朝廷体制,未定武官见师爷请安之例。武官虽轻,我亦朝廷二品官也。"

正常来说,樊燮的回答有板有眼,有理有据,事实也确系如此。

然而,樊燮有理有节的反驳,搔到了左宗棠的痛处,自视清高的他怎会甘心被人称作"师爷"?二十年前三度落第的科考经历,依然是他不可触摸的伤痛,是他粗犷外表下内心最敏感的话题。自卑而自负,自负而自傲,这是他多年的一个心结,甚至成了心病。如今被人小觑,本就脾气火暴的左宗棠,内心的小火山瞬间爆发,恼羞成怒道:"忘八蛋,滚出去!"

一些资料说左宗棠当场掌掴或脚踹樊燮,如《世载堂杂忆》和《高心夔传》。前者称,"左怒益急,起欲以脚蹴之";后者说,"燮往见宗棠,语不逊。宗棠怒,批其颊"。照理讲,樊燮是永州总兵,军人出身,左宗棠一介书生,不可能有此举动——真打也未必打得过。事后樊燮参左,也未提及对方跟自己动手。但可以肯定的是,左宗棠骂了他,且态度恶劣。

对于二品武官樊燮来说,这已经构成人格侮辱。

樊燮无故受辱,悻悻而归。来到湖北,他专程拜谒了湖广总督官文。早就憋了一肚子气的官文终于等到打击报复骆秉章的机会。两人一经密商,决定兵分两路:樊燮分别向湖广总督衙门、北京都察院呈状鸣冤,控诉左宗棠怂恿骆秉章,不问青红皂白参劾自己,"以图陷害";官文则亲自操刀,严参猛劾左宗棠,说他依恃省长信任,大小事务一把抓,有把持湖南军政之嫌,并在奏折中给他扣了一顶敏感而颇具污蔑性的帽子——"劣幕"。

能干变成"把持",良幕变成"劣幕"。

左宗棠被描摹成了另一张脸谱。

在当时,幕僚本是一种合法性的存在,陶澍就曾大量使用幕僚,身边会集了魏源、贺长龄、包世臣等一大批经世人才,陶幕不但人多,且开晚清幕府先声。继陶澍之后,曾国藩构建了更大规模的幕府,建立了更大的人才储备库,人才济济,盛极一时。曾国藩督两江期间,幕府之盛,后世成名者近两百人,官至一二品者,多达数十人,其事业之成功,幕僚的作用不可忽视。幕府文化发展到后来,袁世凯幕府之盛达到巅峰,北洋有着当时其他政治势力无法抗衡的人才阵容,成为一个让大清投鼠忌器、牵一发而动全身的政治集团。

再看官文所奏,左宗棠之所以"不合法",原因在于他逾位专权。

实际上,案件的幕后还有一位关键人物:湖南布政使文格。

骆秉章在自订年谱中说:"嗣有人唆耸樊燮在湖广递禀,又在都察院呈控永州府黄文琛商同侯光裕,通知在院襄办军务绅士

第八章 曾胡联兵

左某，以图陷害。"

骆言"有人唆耸"，"人"者谓谁？他没有明说。

另一个线索出自胡林翼。胡身为湖北巡抚，既然樊燮告到武昌，依他和官文的关系，自然不会不知，更不会置身事外，只是他在与左宗棠的书信来往中也未明说，仅称："间公者，湘人，非鄂人，此沛公司马之类也，何足介意。"此为何意？即从中离间的人，来自湖南，而非湖北；"沛公司马"即刘邦帐下左司马曹无伤。楚汉相争时，刘邦派兵往函谷，曹向项羽告密，"沛公欲王关中"。项羽遂设鸿门宴，欲除之。刘邦死里逃生，回营立诛曹无伤。

胡林翼话中有话，此幕后唆耸者，即与骆、左不睦的满人文格。

不管什么内幕，事情报到皇帝那里，会有什么反应呢？

官文参左，"骆以庇左诏谴"。骆秉章因庇护左宗棠，受到朝廷谴责。

开始是樊燮，督抚一个保一个参；这次是左宗棠，督抚一个参一个保。

说来也是一个让人哑然失笑的巧合。

不同的是，揭发对象不同，结果也完全相反。咸丰被复杂的案情搞糊涂了，本以为樊燮已是结局，不料又来了个左宗棠续写下集，再一次引爆政治圈。咸丰勃然大怒，命官文与湖北乡试主考官钱宝青联合调查，召左宗棠对簿武昌，并有密谕："如左宗棠果有不法情事，可即就地正法。"

樊燮案后续：保左行动

一句"果有不法情事，可即就地正法"说明，事情严重了。

在百姓耳中，左宗棠是名幕、良幕；在官文口中，左宗棠是"劣幕"；在咸丰得到的信息中，左宗棠夙兴夜寐的"勤政"是"劣幕把持"。势为时造，事在人为，人最怕的就是"做文章"，一千个人眼中有一千个哈姆雷特，说明了主观认知的多样性与盲目性。在别有用心的人面前，一句话、一个字、一个动作、一个表情，都能搞出政治斗争来，文字狱亦由此诞生。官文、樊燮一个打击报复，一个信口雌黄，这段时间，"劣幕"左宗棠都干了些什么呢？

不提还好，提到这个话题，他自己都觉得委屈。

宝庆告急时，左宗棠坐镇长沙筹划调度，一面函请胡林翼分兵援助，一面急募省内丁勇，协调刘长佑、刘坤一、陈士杰等名将与太平军鏖战，最终击退石达开，取得宝庆保卫战的胜利。咸丰九年（1859）十二月，湖南兵事略定。

自六年前入幕湖南，用"鞠躬尽瘁"来形容左宗棠，亦不夸张。

然而，换来的却是性命之危，一句"果有不法情事，可即就地正法"。

在给最好的朋友胡林翼的信中，左宗棠丝毫不掩藏自己的心寒与委屈："一去六年，忍耻受辱，勉与尘世俯仰。湖湘之事，一身任之；即东南之局，亦一心注之，未尝以他念稍挠其讨贼之志。平生未受国家寸禄，而辄不揣其愚暗，慨然以身冒天下之嫌怨谤忌而独执其咎，宁不自知以无权无位不幕不绅之人，处于有罪无功之地，必为世所不容哉？"

第八章　曾胡联兵

这哪是什么"劣幕把持"？分明是兢兢业业、呕心沥血的公仆形象。

甚至六年来，不官不绅的左宗棠，连政府的俸禄都未曾领过毫厘。

事情到这个份上，省长骆秉章都因自己受累，不辞职是不行了。如若不然，逃过这一个樊燮案，未来还有更多的"樊燮案"。欲加之罪，何患无辞？左宗棠热情的火焰如同遭遇一盆冷水，他甚至对官场文化有些绝望："昔年旁览世局，知官场为倾轧争夺之所，拘牵挂碍，不足有为。而鄙人气质粗驳，不能随俗俯仰，尤难入格。退处于幕，庶可息机行素，进退自由；不意仍为世所指目，卒与祸会也。"早就知道官场是个大染缸，而我性格又不适合在体制里混，以为做个编外临时工能好一点，谁知依然为人所指，逃不了麻烦。

罢了罢了，还是撤吧。

既出湘幕，得罪了权贵，老家亦非长留之地。天地苍茫，蓦然四顾，左宗棠忽然发现，自己的容身之所竟如此之小，几无立锥之地。他在给胡林翼的信中说，愿效古人去刑部对质，哪怕一夕暴死，也不挫丈夫之气。到底是左宗棠的性格。恰逢这一年会试，左宗棠打算北上，"借会试一游京师"，益处有三：一可脱离这是非之地，避当前之祸；二若命运有转，也可弥补仕途上的缺憾；第三个最重要——若有机会，或可向朝廷面诉清白。当然，这个打算明显是想多了。前两条且不说，皇帝岂是一个布衣百姓说见就见的？话说回来，左宗棠之所以有这个念头，是因咸丰六年（1856）的一句上谕："经骆秉章奏该员（左）有志观光，俟湖南军务告竣，遇会试之年，再行给咨送部引见。"于是，他收拾好行装，告别骆秉章，走出服务多年的湖南抚署，二十年前发誓"不复再踏软红，与群儿争道旁苦李"的左宗棠，重新踏上了北上之路。

左宗棠此刻的内心想法，在他给湘军将领刘坤一的信中有清晰的表述："弟性刚才拙，与世多忤，近为官相（文）所中伤。……遭此谤焰，故早在意中。特欲借会试一游京师，脱离此席，非敢再希进取，以辱朝廷而羞当世之士也。"

可见，"非敢再希进取"的左宗棠，赴京实属迫不得已。

事情的严重性和复杂性，此时他似乎并没有意识到。

讲到这里，我们不禁提出一个问题：左宗棠遭受人生中最大的生死劫难，自始至终，难道就没有人伸出援助之手？他的那些朋友难道都是临难相弃之辈？两年后，左宗棠在家书中对儿子说："其时诸公无敢一言诵其冤者。"难道真的是这样？

答案是否定的，也绝对是不可能的。

自始至终，朋友们一直没有停止对他的救护。

早在官文劾疏上达后，"保左行动"已经打响。先是骆秉章陈奏樊燮妄控，将其证据、亲供呈送军机处备查，以示事件真相。四月中旬，胡林翼在给李续宜的信中也说，"弟在此竭力相维，恐终无济，然不致使左公受辱。"八九月间，左宗棠给他最好的朋友胡林翼一共写了五封信，言辞悲壮愤烈，情绪非常激动。与老友的水深火热相比，胡林翼的回信则轻描淡写，看起来没心没肺，云："奉书皆愤懑之词，不能以口舌与公争论。惟觉公因此等人事而自损太过，则尚非爱身之道也。刘庆到长沙，当知大概。惟有忍乃能有济，公其念之哉。"又是口舌之争，又是爱身之道，简直是在谈养生。在左宗棠看来人命关天的大事，胡林翼却像在劝解一桩家长里短的琐事，颇令人心冷。

不过，由"刘庆到长沙"可知，胡林翼是"线下"运作。

第八章　曾胡联兵

事关重大，派人面授机宜，正说明他对朋友异常重视。

胡林翼是湖北巡抚，和官文同驻武昌，乃近水楼台。一个是拜把子哥们儿，一个是姻亲兄弟，如今哥们儿要置兄弟于死地，不在中间说些话，怕是不合情理。胡林翼不但向官文讲了情，还一改平时作风，破天荒地拿私交说事儿，为左宗棠求情。他先劝官文宽宏大量。接着，他道出自己和左宗棠的私人关系："左生实系林翼私亲，自幼相处。其近年皮（脾）气不好，林翼无如之何。且骆公与林翼不通信已二年，至去腊乃有私函相往还也。如此案有牵连左生之处，敬求中堂老兄格外垂念，免提左生之名。"最后，竟不顾官场大忌，也不讲职场原则，豁出老脸，用上了私人情面："此系林翼一人私情，并无道理可说，惟有烧香拜佛，一意诚求，必望老兄俯允而已。"可谓极尽开脱之言。

论公不好说情，以私为突破口，这也是中国传统的人情世故。与左宗棠是"私亲"，与官文是"兄弟"；一个"自幼相处"，一个同城为官。亲戚脾气不好，得罪了老兄，还望中堂"格外垂念"，高抬贵手。知道官文与骆秉章不和，为了"澄清"自己跟骆秉章的关系，胡林翼还故意强调与之"不通信已二年"，可见用心良苦。当然，这封信也起到了预期效果，此后程序，官文确实没有提及左宗棠的名字，也没有让他到武昌对质。

对好友胡林翼的苦心与努力，也许左宗棠并不知情。

如一位湘系要员所言，若非胡氏，左"几乎殆矣"。

行动没有结束。听说左宗棠北上，骆秉章、胡林翼又及时拦阻。可左宗棠还是带着牛脾气坚持上路了。

一路上北风呼啸，风雪交加，增添了几丝凛冽的悲凉。

三月初三，左宗棠行至湖北襄阳，时驻英山的胡林翼托毛鸿宾捎信，连哄带吓阻止左宗棠北上，并约他在英山大营会面。何谓连哄带吓呢？左宗棠在写给郭嵩焘的信中说："抵襄阳后，毛寄耘（鸿宾）观察出示润公密函，言含沙者意犹未慊，网罗四布，足为寒心。盖二百年来所仅见者。……帝乡既不可到，而悠悠我里，仍畏寻踪。"胡林翼托人带来消息，听说仇家"意犹未慊，网罗四布"，且官文"方思构陷之策，蜚语已满都中"，左宗棠或有不测之忧，乃通知他停止北上。

见好朋友这样说，左宗棠愤惧交集、心寒气丧。京城去不得，御状告不成，家也不能回，四顾苍茫，天下之大，竟无我左宗棠立足之地。无奈之下，他只好到胡林翼的英山大营暂避。月余，两人在英山会面，胡林翼表情轻松，笑称情况没有听到的那么糟糕，也没有信中写的那么严重，自己正在想办法。左宗棠这才释然。或许在他看来，这是好友劝阻他赴京的权宜之计，自己当初那么决绝，还是被胡林翼给骗回来了。

没办法，对付倔驴左宗棠，只能用上这样的招数。当然，也有可能，胡林翼看似轻松的当面宽慰才是假象。

中枢与地方的微妙关系，又岂是片语所能说清？

左宗棠的动态，除了好友胡林翼，曾国藩也时刻关注。在与胡林翼的书信交流中，曾国藩得知左宗棠身在英山，便动了挖人的心思，派李元度将他接到了宿松大营。此时的左宗棠，对自己的处境依然不太乐观，他只好沿江而下，避难曾营。认为哪怕在涤帅手下做一个营官，杀敌报国，也算死得其所，至少比死在那些专搞政治斗争的小人手中有价值多了。自视清高、狂傲一世的左宗棠落魄至此，这时也自觉放低身姿，在宿松度过了人生的低谷。

在宿松，左宗棠一住就是二十余天。

自咸丰十年（1860）闰三月二十六日抵宿松，寄住曾营的这

第八章 曾胡联兵

段时间，正值江南大营被毁、东南战局恶化，左宗棠与曾国藩日谈军机，商榷东征方略。四月十五日，胡林翼风尘仆仆自黄州赶来。这期间，李鸿章、李瀚章、曾国荃、李元度、李续宜也来到宿松，与之畅谈数日，称大局日坏，吾辈不可不竭力撑持，做一分算一分，救时局于当下。几人颇有英雄相惜、相聚恨晚之意，数日里畅谈天下大势，往往从白天一直谈到深夜，乃至通宵达旦。由于这几位都是当世之重要人物，他们的这场聚会也被赋予别样的意义，关系到他们个人和湘军后来的发展，乃至清廷的命运、历史的走向，都与这数日的晤谈密切相关。

一群左右国家命运的人物，第一次历史性地聚在一起。

东南大局的崩坏，让身陷泥潭的左宗棠一时失去主角光环。

恰在晤谈期间，朝廷对左宗棠的认识和态度有所转变。最早捕捉到这一信息的依然是胡林翼。初抵宿松，他就给郭嵩焘的二弟、时任湖南巡抚幕僚的郭崑焘写信报喜："季丈之事，天心大转。"足见胡林翼消息之灵通。归根到底，还在于其官场人脉之深，情报工作之娴熟到位。查阅胡林翼的书信，从信中时有"顷据探报"字眼可知，其人既有大智慧，又有小聪明，惯于使用眼线，这大概得益于他在贵州收买间谍的经历与经验。

风向大变，左宗棠是什么反应呢？

没什么反应，还是要回老家。

左宗棠在这次会面中侃侃而谈，头头是道，这只说明他性格如此，并非有所希图。至于之前信誓旦旦要从营官做起，拉倒吧，也就是一时的气话。在宿松，他接到家信，长子孝威患病，决定提前回家，之后"屏迹山林，不闻世事"，和以前的日子一样，遁世隐居。

四月初一，左宗棠正准备动身，上谕下达："左宗棠熟习湖南形势，战胜攻取，调度有方。目下贼氛甚炽，两湖亦所必欲甘心，应否令左宗棠仍在湖南本地襄办团练等事，抑或调赴该侍郎军营，俾得尽其所长，以收得人之效，并着曾国藩酌量办理。"显然，在对案件的最后处理上，咸丰在征询曾国藩的意见。

咸丰为何忽然对左宗棠转变看法，"天心大转"呢？

实际上，这也与胡林翼在京城的暗中运作有关。

最后一次举荐左宗棠

胡林翼少年时代在京城生活，随父亲遍访僚友；后又于南京督署"见习"两年，看待事情的眼界视野、对时局的高瞻远瞩、对政治的深刻认识、在政治操作中的得心应手，自然要比曾国藩、左宗棠诸人略胜一筹。在营救好朋友左宗棠这件事上，确凿的文字记录虽无只言片语，但胡思敬在《国闻备乘》之《胡文忠权变》一节中提到一句话："林翼辇三千金结交朝贵，得潘祖荫一疏，事遂解。"

具体牵动京城多少权贵，对政治圈有多大震动，实非一句"事遂解"那么简单。这中间，是风雨莫测的絮云变幻，是鲜为人知的诡谲智谋，谁又能尽知耶？

而事情的细节和走向，或许就在胡林翼这"三千金"中。至于如何运作、经历了什么过程，不得不提到一个人。

这个人便是肃顺。

肃顺时任户部尚书，既是权臣，又是干臣，身为宗室，却有一定的雅量和卓识。和曾国藩幕府的"曾门四子"相类，肃顺也有着庞大的智囊班底，其中高心夔、王闿运、李寿蓉等五人，有"肃门五君子"之名。五人中，有四位是湖南人，以江西籍的高

第八章 曾胡联兵

心夔最受赏识。前面提到，肃顺是旗籍权贵中少有的开明之士，一向重视汉臣，对曾国藩、胡林翼、左宗棠尤为推崇。当然，或许他还有一个想法：拉拢湘系势力，作为政治资本。如今咸丰下令，左宗棠"果有不法情事，可即就地正法"，身为皇帝近臣，肃顺听闻此语，意识到事情的严重性，自己又不宜插手，便将咸丰的话告诉首席幕僚高心夔，高则转告王闿运，王又告诉了老乡郭嵩焘。

本来挺简单的一件事，为什么要搞得这么烦琐呢？

高心夔是江西人，相较于同为肃顺幕客的王闿运，后者湖南人的身份，与左宗棠的背景当然更近一些。而王闿运这一年二十六七岁，与左宗棠并不熟，比他关系更近的，当然是左的亲戚兼故友郭嵩焘，因此绕了些曲折的路子。郭嵩焘闻讯大惊，又有胡林翼从湖北来信说明此事，便循原路返回，通过老乡王闿运、首幕高心夔，向肃顺请教救人之策。

话已至此，胡林翼有无给肃顺直接写过信呢？种种迹象表明，很大可能是有的。但廷臣最忌与外官和"兵符"二字搅在一起，即使有过书函，也属"阅后即焚"的那类，更不用说结集出版公布于众了。

面对湖南的求援，肃顺自有一套经验。他虽无过高学识，却是在官场一路摸爬滚打过来的，深谙政治之道，遂示两人应对之法："必俟内外臣工有疏保荐，余方能启齿。"

肃顺到底是肃顺！

抛砖才能引玉，有人引出话题，方能不露痕迹。贸然跟咸丰说，我要救左宗棠，傻子才那么干！不但人救不成，反而有结党之嫌。此为政治大忌。

奏疏要想达到目的，需要逻辑和文采。

299

才子哪里去找？当然是翰林院。

郭嵩焘找到翰林中以文采著称的潘祖荫，这中间，当然也有胡林翼的委托。潘祖荫是江苏吴县（今苏州）人，出身于当地翰林世家、仕宦大族，咸丰二年（1852）壬子科一甲第三名，也就是探花。但最牛的还不是潘祖荫，而是他的祖父——声名赫赫、红极一时的大学士潘世恩，乾隆五十八年（1793）癸丑科状元。说到关系，此公正是那位有清一朝"三百年一人而已"的"天花板"大佬、胡林翼的座师，当年胡捐官复出，就有潘世恩的功劳。

如此看来，潘祖荫家学渊源极深，典型的书香门第，标准的江南才子。在后来的政治生涯中，潘祖荫屡以文章一鸣惊人，营救过左宗棠，参倒过满人胜保，保护过恭亲王奕䜣，也算是"术业有专攻"。从其后来的谥号文勤可知，也确是以文名世。此时，郭嵩焘、潘祖荫俱在南书房上班，有同事之谊，抛砖引玉的差事，自然非潘氏莫属。

于是，郭嵩焘带上银票，去了潘祖荫家。

对于潘祖荫来说，左宗棠是陌生人，路人甲一个，但湖南"一印两抚"众人皆知，"左都御史"早已闻名朝野——此公脾气虽有些古怪，但绝对有能力、有才华，人品也靠谱。文人自古相轻，英雄亦惜英雄，何况南书房收入菲薄，此时潘祖荫正需一笔银子，便接下了这个单子。

俗话说妙笔生花，就看潘才子如何写这篇话题作文了。

潘祖荫果真不负盛名，一不小心写出了流传后世的名句。

他的这篇文章名为《奏保举人左宗棠人才可用疏》，文中有云："楚军之得力，由于骆秉章之调度有方，实由于左宗棠之运筹决胜。宗棠之为人，负性刚直，嫉恶如仇；官文惑于浮言，未

第八章　曾胡联兵

免有引绳批根之处，致其洁身而退。夫以一在籍举人，去留似无足轻重；而于楚军事势关系甚大，有不得不为国家惜者。请饬下曾国藩等酌量任用，尽其所长，襄理军务，毋为群议所挠。"潘才子本为职业枪手，却越写越投入，越写越激动，笔下字节跳动，文思泉涌，其中一句广为流传："国家不可一日无湖南，湖南不可一日无左宗棠。"

文章果然是"做"出来的。

在此之前，会审此案的钱宝青回京后，也在咸丰面前"力为（左）剖白"，言其"才可大用"。

如此，以左宗棠之价值和高度，咸丰需要再加思度了。

而宿松那封"天心大转"的上谕，即是咸丰对此的批复。

皇帝亲自过问，让曾国藩研究好方案回奏，明摆着是一个绝佳的良机。曾国藩回复道：左宗棠是个不可多得的人才，懂军事，能做事，目前正是用人之际，若是让他为朝廷出力，他一定会感恩图报，对时局大有帮助。

接着，胡林翼也上一疏，称"湖南在籍四品卿衔兵部郎中左宗棠，精熟方舆，晓畅兵略，在湖南赞助军事，遂以克复江西、贵州、广西各府州县之地。名满天下，谤亦随之。其刚直激烈，……筹兵筹饷，专精殚思，过或可有，心固无他。……应请天恩酌量器使，并请旨饬下湖南抚臣，令其速在湖南募勇六千人，以救江西、浙江、皖南之疆土，必能补救于万一"，并有"咸丰六年，曾经附片保奏"之语。意思是说，左宗棠有经天纬地之才，且有知兵之名，主持湖南时，战功颇著。常言道，木秀于林，风必摧之，其人性情刚直，难免看不惯一些阴暗面，没什么别的想法。恳请朝廷让他募湘勇六千，支援前线战事，必能有所成效。

在这封《敬举贤才力图补救疏》中，已经走到人生最后岁月的胡林翼，一口气向朝廷保举了左宗棠、沈葆桢、李元度、刘蓉、毛昶熙、梅启照、严树森、毛鸿宾、阎敬铭、邢高魁等人。这是胡林翼有生之年，最后一次举荐左宗棠。其一生推举左氏，正如汪士铎所列："公（胡）与左公同学于贺柘农熙龄，故悉其性情学问，先后荐于陶云汀澍、林少穆则徐，皆称为奇才。后复荐于张石卿亮基、骆籲门秉章、曾涤生国藩，入幕襄办军事。"算上咸丰、程矞采等人，胡林翼可谓煞费苦心。

潘祖荫一石激起千层浪，一大波保左奏折纷至沓来。

条件具备，该肃顺出场了。

肃顺是咸丰最信任和倚重的宠臣，等的是皇帝开口。咸丰遍览保荐奏折，对左宗棠的印象已不止于"劣幕"，他对肃顺说："方今天下多事，左宗棠果长军旅，自当弃瑕录用。"肃顺等的就是这个话茬儿，对曰："闻左宗棠在湖南巡抚骆秉章幕中，赞画军谋，迭著成效；骆秉章之功，皆其功也。人才难得，自当爱惜。"听闻肃顺的评价，咸丰似有所悟，这岂非胡林翼疏中所言"名满天下，谤亦随之"？于是，令官文"察酌情形办理"。

官文当然悟得出来，皇帝这是惜才，只能就此作罢。

左宗棠呢，还是为自己的遭遇心灰意冷，表示要回家隐居，从此远离政事。作为好朋友，胡林翼、曾国藩自是要劝说一番，眼看樊燮案烟云散去，天色已然大亮，皇帝都开口介入你的事儿了，你还一门心思要隐居，是什么意思？皇帝的面子都不给？

经一番劝说，左宗棠答应先回湖南老家等消息。

左宗棠之前还觉得不适应官场，此时也大有柳暗花明之感，觉得自己一个平头百姓，竟然惊动了皇帝，劳咸丰亲自过问，受宠若惊的感激之情陡然而生。四月十八日，左宗棠起程回湘，曾

第八章　曾胡联兵

国藩得知其子生病,以人参、阿胶相送。随后,胡林翼也离开宿松。两天后,朝廷下谕:"左宗棠以四品京堂候补,随同曾国藩襄办军务。"

尘埃落定。

作为左宗棠的好友,胡林翼先是劝官文手下留情;再是联系在京中的郭嵩焘等人,从中活动斡旋;收到京中密报[1],接着派人劝截左宗棠贸然北上。因此,左公年表中写道:"因胡林翼力解之,(左)才免于难。"可以说,左宗棠能安然无恙,胡林翼出力最多,作用最大。

观览此案,从咸丰到肃顺,到高心夔、王闿运、郭嵩焘,再到职业枪手潘祖荫,诸人奔走相救,分工明确,似乎远在武昌的胡林翼没参与什么活动。然而,朱孔彰在《中兴将帅别传》中说:"湖北巡抚胡公林翼、侍郎曾文正公上言公(左)无罪,且荐公才可大用,事遂解。"这是怎么回事呢?依他们的关系,难道仅仅是几封奏折的事?再说这位朱孔彰,早年投奔曾国藩,"曾氏奇其才,留于营内",民国初年还做过清史馆协修,参与官史编纂工作。且不论朱孔彰职业所致,治史当是严谨,作为曾门幕僚,案件始末,他都可谓见证者。

另外,胡思敬在《胡文忠权变》中"林翼辇三千金结交朝贵,得潘祖荫一疏,事遂解"之语,更值得玩味。朱孔彰、胡思敬均言"事遂解",事情哪有那么好"解"?胡思敬生于同治八年(1869),御史出身,自谓《国闻备乘》一书"见而知之者十之七八",绝无杜撰成分,足见其史料价值。既然如此,为什么没有留下胡林翼营救左宗棠的只言片语呢?

---

[1] 密报来源之一,便是回京向咸丰汇报案情的钱宝青。

大概是免不了"为尊者讳,为亲者讳,为贤者讳"的传统。

当然,还有一个"为逝者讳"的因素。胡林翼病逝后,他的学生汪士铎为其修订文集,向曾国藩请教编纂工作的注意事项。曾国藩是当世大儒,又是胡林翼好友,点拨道:"胡宫保著述闳富,现在编集,闻专取其奏议、批答、尺牍诸种,自应急为刊刻,……然吾辈爱人以德,要贵精选,不贵多取;尝一勺而江水可知,睹片毛而凤德已具,似无庸求益而取盈也。"伟人有伟人的光环,圣人有圣人的圣殿,没必要和盘托出,各个方面都呈现出来,知道什么叫树立典型吗?读书人讲究"爱人以德",至于胡文忠公擅长权术,他在生活中廉洁高尚,工作中却难免有笼络之事,樊燮案中更不免暗箱操作的嫌疑,虽有违圣德,但一切为了大局,瑕不掩瑜。正如夫子所谓,"大德无亏,小节出入可也"。因此,那些太过"真实"的私函密件就不要公布于天下了。这便是曾国藩所谓的"贵精选,不贵多取"。

正因如此,现今流传的《胡林翼全集》,并非全集,而是选集。

包括曾国藩的日记、"全集",都经本人删减修订,以流传存世。

世上哪有那么多所谓圣人,不过是食尽人间烟火的凡夫俗子罢了。

所谓否极泰来,左宗棠经此大堑,倒也因祸得福,经曾国藩安排,他接统了王鑫的老湘营[1],另募部分新勇,组建一支新军,号称"楚军"。自此,晚清政局中少了一个省长师爷,多了一位运筹帷幄的将帅。书生变军人,左宗棠成功转型,开始了波澜壮

---

[1] 咸丰七年(1857)九月,王鑫在军中病逝。

阔的戎马征程。他没有想到，自己一介举人，竟由此发迹，一步步走上了人生巅峰。

亡羊补牢，犹未为晚：解救鲍超

咸丰九年（1859）腊月，皖中大地银装素裹，寒意袭人。

极目望去，皑皑白雪间，蜿蜒小路上，两支黑压压的队伍正缓缓前行。

是年冬，曾国藩、胡林翼分兵入皖，曾驻宿松，胡驻英山（今属湖北）。此次行动，胡林翼提出了"四路规皖"的计划。所谓四路规皖，进兵之策是：曾国藩沿江东下，为一路；多隆阿、鲍超攻太湖、潜山，为二路；胡林翼出英山、霍山，为三路；李续宜北顾商城、固始，为四路。四军互相策应，相机前进。因李续宜请假，第四路由金国琛率领，从湖南宝庆北上。

之所以这样分工，策划人胡林翼解释说："运道分四层，涤帅一军循石牌最易，多、鲍居第二层较难，林翼居第三层，已是万山之中，用夫多而用力劳，是为更难；希庵（李续宜）之军火，由麻城、英（山）、罗（山）运去，其米粮从商（城）、固（始）采办转运，尤难之难者也。"也就是说，四路险夷不同，曾国藩的第一路最简单，多隆阿、鲍超武人出身，相对较难，除了过回北上的李续宜，一向羸弱多病的胡林翼，却把最难的路线留给了自己，足见其对朋友之宽厚无私。对此，曾国藩心存感激："（胡）自占英、霍山险之路，而以沿江平易一路让鄙人，此公之盛德，而鄙人所最难安者。"

按照计划，太湖、潜山在第二路进兵范围。

问题是，该路统帅都兴阿休假离营，谁人可堪大任？

多隆阿、鲍超是无可争议的两员悍将，军功相当、衔位相等，勇武也难分伯仲，时有"多龙鲍虎"之谓。多隆阿出身正白旗，达斡尔族，擅长马队作战，从小练就一身骑射本领，断决如流，骁果冠伦。和大多数旗人将领相比，多隆阿艰苦朴素，无不良嗜好，一心专注戎事，不求外在浮华，史载他"统万人，而身无珍裘、靡葛之奉，家无屋，子无衣履"，是一位难得的廉将。鲍超的实力自不必说，无背景，无人脉，有的是吃苦耐劳和勇往直前的精神，数年来以军功累升，成就湘军第一勇将的地位。更难抉择的是，"多与鲍不甚相得"，两人并无隶属关系，一个八旗副都统，一个绿营总兵，品级相孚，谁也不服谁。选谁来做第二路统帅，成为胡林翼需要考虑的问题。

在一般人看来，这样的纠结是多余的。

鲍超得胡林翼一手提拔，从水师小哨官到今天的霆军首领，且他对胡氏有搭救之恩，二人以兄弟相称，情比金坚。然而，胡林翼一向克己待人，这次也把私情放在了一边。他认为，鲍超酷好攻坚，多勇而乏谋，是裨将之勇、武人之资，恐不足以独挡一路。鲍超虽对决定不满，念在知遇之恩，尚可服从。多隆阿则不然，两人交情一般，满汉有异，更非嫡系，若让鲍超统之，必然不服，"马队不救步兵，毕竟是步兵苦耳"，最后吃亏的还是湘军。相比之下，多隆阿有经验，有城府，骁勇善战，又是旗人，更为清廷信任。他若为帅，有责任顾及全军安危，正如胡氏所说，让多隆阿为帅，"事权之意虚，且暂局也，专责成之意实"。而且，多隆阿对胡言听计从。

这也是胡林翼选择多隆阿的原因之一。

对此，鲍超、唐训方等人表示难以接受，本来大家是平起平坐的，凭什么受他节制？心结难解，鲍超决定来个"非暴力不合作"，声称要请假回老家省亲。胡林翼对鲍超一清二楚，他父亲久故，余一母尚在夔州，此时提及回乡，分明是"临大敌而请退"，以此表达抗议。多隆阿呢，苦于调度不灵，也以旧伤复发为由，表示当这个指挥不合适。本来两人战友关系还行，因为这件事，搞得十分尴尬，"一请省亲，一言伤发，情状不和，已可想见"。

对胡林翼的决定，曾国藩也看不下去，力言不可，说多隆阿既非湘系将领，为人又"忮而盈满"，让鲍超跟着他混，难免吃亏，漫说是鲍超、唐训方心有不平，即鄙人亦不以为然。此时，曾国荃回湘祭祖，鲍超请假欲归，李续宜在籍不返，四路主将缺三，谈何图皖？

大敌当前，主将不和、事权不一，是兵家之大忌。

曾、胡两位主帅颇为费神，"一日一书相谋议"。

胡果敢大胆，曾老成持重，两人性情迥异，风格鲜明，思维角度自有分歧。针对此事，人们对二人并不看好，认为"稍有举动，必致决裂"。在选择统帅一事上，胡选多隆阿，曾认为鲍超近年战功更著，在人缘上，多隆阿也"颇为官民所憾"，非理想人选。曾国藩写信力争，日达三四封，劝胡林翼"吾辈所慎之又慎者，只在'用人'二字上"，胡力持之。两人意见不一，胡林翼思量再三，最终以多隆阿为一路总指挥。

胡林翼一向擅长搞人情关系，调和矛盾更是他的拿手好戏。面对多、鲍二人，他采取了一贯的"两面派"手段，在多隆阿面前，夸鲍超勇猛无匹；对着鲍超，说多隆阿智勇双全。虽然有点像市井乡间的手段，但他要的就是这种效果——都争强好胜，不服输。放到现在来说，等于无意间运用了心理学。牛人多半自负，两人受到胡林翼的激将，后来在战场上虽有失误，倒也果然拼命，不甘输给对方。诚如曾国藩所言："多、鲍二公正以彼此争胜争强，故各自力战，不肯落人后。"这正是所谓"争胜之功"，也正中胡氏下怀。

说到失误，也便提到曾、胡的用人问题。

在当时，曾、胡皆有好贤之名，但各有各的特点。二者区别在哪儿呢？郭嵩焘点评："曾公之精于识鉴，胡公之勤于搜求。"说曾国藩慧眼识才，目光如炬，看人稳准狠；胡林翼看人也可以，但与之相比，他善于挖掘、爱才好士的特点更突出，花在访贤求才上的精力也更多。郭嵩焘之语或有佐证，从多隆阿随后的表现来看，胡在识人、用人上，似逊曾氏一筹。

事实上，胡林翼未必不知鲍超更合适，对自己的决定也并非没有权宜之计、破解之法。既然如此，他为何还要固执己见，选择多隆阿呢？

两个字，还是大局。

正如胡林翼所言，多隆阿身属旗籍，"是天子之使"，朝野瞩目，权贵庇护，且比鲍超年长资深；鲍超后起之秀，涉世不深，骤然拔擢，恐引上峰猜忌，军事上亦难免冲动。因此，"申多抑鲍"的基调确定，正式以多隆阿为统帅后，胡林翼专门给鲍超写了封密函，以"密启者"告知："如力实不能支，尚欲全军以待大举，……此事暂不可宣，万一到紧急无可如何之时，则新仓、荆桥均是退步，有过，兄一人任之。兄为管理军事之人，以保全军旅为主，断不忍诿过于人也。"

也就是说，虽然让多隆阿领导你，但关键时刻，你鲍超可见机行事，不用听命于任何人，目的只有一个，保全老弟你和霆军。有什么后果，我一人承担！

有了这样的双保险，胡林翼才放心让鲍超归多隆阿节制。

第八章 曾胡联兵

从当初的力争来看,曾国藩或许没有想到这些。

这也正是胡林翼所谓"事权之意虚,专责成之意实"的具体表现之一。事后,多隆阿对这一消息有所耳闻,为此耿耿于怀,颇为不快。

咸丰十年(1860)初,陈玉成汇集捻军直奔潜山、太湖。

此攻太湖,胡林翼以多隆阿、蒋凝学备剿太平军援军,机动作战,发挥骑兵优势;以长于攻坚的鲍超、唐训方围攻城池,目的清晰,分工明确。孰料多隆阿临阵变卦,改变原定策略,令鲍超的霆军移驻潜山附近的小池驿迎敌,以唐训方攻太湖。多隆阿此举,以弱兵围城,以强兵挡前敌,是谓"驰围迎剿"。如此,太湖围军或被尽灭,鲍超也有全军覆没之险。

果然,陈玉成击败多隆阿后,直驱鲍超大营而去。

小池驿霆军只有三千六百人,对方有多少人呢?史料上说,"陈玉成纠众数十万",对比可谓悬殊。英王联合捻军重兵部署,连营百里,步步逼近,"压鲍公之营而垒,其近者至于声咳相闻",昼夜环攻小池驿二十余日。鲍超坐困营中,援路断绝,志气却未曾稍减,自誓不退一步、不弃一垒,唐训方、多隆阿、蒋凝学诸人形隔势阻,不能相救。

熟悉的一幕又出现了。

从无败绩的鲍超,会成为下一个李续宾吗?

项羽一生几无败绩,唯一一败,却成世间绝响。

以三千死士对数万之众,鲍超会不会面临同样的命运?

鲍超是湘军的传奇,论勇武,甚至李续宾都不可与之比肩。在陈玉成眼中,"官军名将堪为敌者,一鲍二李而已",目前还剩几人?咸丰八年(1858)冬,李续宾兵败三河,自缢营中。次年春,李孟群被陈玉成生擒。英王惜才劝降,遭到拒绝,李孟群最终被杀。如今，陈玉成最欣赏的三位湘军名将，"二李"李续宾、李孟群都已死于己手，只剩下一个常胜将军鲍超。同样是湘军数一数二的悍将、猛将，同样面对太平军数一数二的将帅之才陈玉成，高手过招，鲍超和陈玉成又会碰撞出怎样的火花？李续宾的悲剧会不会重演呢？

想到前车之鉴，胡林翼、曾国藩倒吸一口凉气。

小池驿被围二十余日，音讯不通，鲍超命悬一线。此情此景，非奇兵难以破敌。时值农历大年除夕，胡林翼素来惯于守正出奇，急调金国琛率兵八千，与余际昌拔营南趋，又请曾国藩从宿松驰援太湖。部署完毕，胡林翼起身远眺，良久不语。

解鲍超小池驿之围，就靠这支奇兵了。

路上不到十日，金、余援军抵达潜山之高横岭、仰天庵，曾国藩也自宿松遣师来会。金国琛处于战略高地，自山腰俯视远方，平原尽在目中，可俯瞰整个小池驿战场，遂与多隆阿商议，订内外夹攻之约。隆冬大雪，湘楚援军凭高筑垒，太平军"骤见旗帜，大惊"。对陷入困兽之斗的鲍超而言，这是生还的曙光；对功败垂成的陈玉成而言，这是名副其实的天降奇兵。湘楚军居高临下，里应外合；陈玉成前后受敌，最终败溃。

鲍超与霆军绝地逢生，化险为夷。

捷报传来，胡林翼已整整三天未曾休息。

随后，太平军弃城而去，太湖、潜山被湘楚军占领。

小池驿一战，霆军遭受重创，鲍超死里逃生，捡了条命。鲍将军虽劫后余生，却也心存余悸，甚至留下了心理阴影，此后"见军士必垂涕"。硬汉亦难掩内心的柔软与脆弱，可想战况之惨烈。

在官文、胡林翼、曾国藩的联名奏疏中，对鲍超有如下描述:"是役也,毙贼二万余人,为军兴以来仅见之大战。非鲍超以三千余人独御前敌,伤亡千余犹复血战兼旬,不却一步,不失一垒,则应援各师必有缓不济急之势。"胡林翼也疏称:"非鲍军之坚忍,不能久持;非国琛之出奇制胜,不能转危为安。"正如曾国藩所言,"平日千言万语,千算万计,而得失仍只争临阵须臾之顷。"鲍超过硬的军事素质,为此战赢得了胜机。

虽然一开始似有失察之过,但亡羊补牢,犹未为晚。甚至可以说,胡林翼当机立断、不失时机的补救增援,是此役险中取胜的关键。但他一向伸人屈己、功成不居,在困难面前,最棘手的留给自己;在功绩面前,将胜利归功于他人。这一次,他依然将自己置之度外,在奏折中夸完鲍超、金国琛,在给朋友的信中接着夸曾国藩,"惟春霆之义气孤忠,坚忍耐久,与我以破贼之机;惟涤帅之婆心救人,分防助剿,坚我以破贼之力",总之,跟我没啥关系。满头大汗帮了忙,正要让他进屋喝杯茶,发现他拍拍身上的土已经走远了。就是这么耿直。这也是胡林翼一直以来的作风,"高调做事,低调做人"说的就是这号人。

所谓志趣相投,他胡林翼低调,自京师一别,曾国藩又何尝高调过?尝言"凡人我之际,须看得平。功名之际,须看得淡",力求"从'平淡'二字用功"。相比之下,其低调似乎多了一丝修身意味。胡林翼是多血质气质类型,行事高调、雷厉风行,唯在事成后姿态谦逊,推美让功,颇有"事了拂衣去,深藏功与名"的高隐之风。这一风格,他的老朋友、老搭档曾国藩也发现了,说"每遇捷报之折,胡林翼皆不专奏,恒推官文与臣处主稿,偶一出奏,则盛称诸将之功,而己不与焉。其心兢兢,以推让僚友、扶植忠良为务"。钦佩之余,又有一丝知己间的惺惺相惜。

东南剧变：杭州城的陷落

太湖、潜山得手，安庆指日可待，东南出了问题。

自江南大营被毁，咸丰八年（1858），和春与江南提督张国梁再建江南大营于金陵城东。和春强征数万民夫，深挖长壕丈余，绵亘百余里，天京如同铁桶一样被围了起来。这一年，太平军二破江北大营，取得三河大捷，可江南大营依然让洪秀全如鲠在喉。此时，江浦被清军占领，曾胡联军威胁安庆，陈玉成辗转皖北，解围天京迫在眉睫。

两个月前，天王府出现一副陌生面孔。

此人即是洪秀全的族弟洪仁玕。

洪仁玕也是广东花县人，自幼喜读经史天文，科举失意后一度以塾师为生，是洪秀全的第一批信徒，后因家人反对，未能与族兄一起下乡传教。太平军起事后，洪仁玕逃往香港。在香港，他开始学习西方文化，思想认识得到质的飞跃。此时的洪仁玕不再是一个农民，而是一个接触过西方思想、具有近代意识的知识分子。他意图用发展资本主义来改造中国的方案与构想，即是后来《资政新篇》的思想原型。咸丰九年（1859），洪仁玕抵达天京。对太平天国的第一位"海归"，洪秀全很是器重，特封他为干王，总理朝政。

二破江南大营，正是洪仁玕和李秀成三次面商的结果。

太平军知识水平有限，和入关前的八旗军一样，兵法常识多源于《三国演义》，故事朴素易懂，他们却往往能运用得出神入化。张德坚《贼情汇纂》中说，太平军"兵法战策……取裁《三国演义》《水浒传》为尤多"。经世派人物姚莹也说，太平军"熟于《三国演义》《水浒传》，用兵颇有纪律，诡计百出"。这一情况，和明末的张献忠类同，史载他"日使人说《三国》《水浒》诸书，凡埋伏攻袭咸效之"。作为一名出色的高级将领，李秀成的军事修养自然要高人一筹，他还读过戚继光的《纪效新书》。

洪仁玕对李秀成分析道："此时京围难以力攻，必向湖、杭虚处，力攻其背。彼必返救湖、杭，俟其撤兵远去，即行返旆自救，必获捷报也。"具体步骤为：李秀成、李世贤分别潜入杭州、湖州，攻对方之所必救，引江南大营分兵增援；一旦得手，立即放弃杭、湖，走小路回师天京，围攻江南大营；另由陈玉成佯攻皖北，掩护江南行动。

整个方案，可用"调虎离山"和"围魏救赵"概括。

议决，李秀成来到芜湖，面晤李世贤详做部署。李世贤是他的堂弟，太平天国后期重要将领，与陈玉成、李秀成并立三根柱石。是年（1860）正月，李秀成率陈坤书、谭绍光、吴定彩等部七千精锐，从芜湖出发至南陵。宁国清军枕戈以待。兵贵神速，李秀成目的不在纠缠，而在杭州，越过宁国与李世贤会师后，连克广德、安吉、长兴，一路风驰电掣，势如破竹。之后兵分两路：李世贤攻湖州，牵制清军，起殿后之效；李秀成率兵六千，着清军兵服，挂清军旗号，潜师深入，直趋杭州。果不其然，待江南大营接到告急文书，派大军赴援时，已经于事无补。太平军一通狂轰，杭州的清波门城垣坍塌数丈，谭绍光、吴定彩带先头部队千余人入城内应。杭州失守，浙江巡抚罗遵殿殉城自尽。

罗遵殿，字澹村，安徽宿松人，原是胡林翼的得力下属，历任湖北按察使、湖北布政使等职，"时胡林翼为巡抚，百废具举，重遵殿清德，吏事悉倚之"。咸丰九年（1859），擢福建巡抚，未任，调抚浙江。罗遵殿品行端正，"廉介绝俗"，以至属吏从不敢向他送礼，他本人更不为家人子弟求官谋利，多年仕宦湖北，有

"治行第一"之誉，是一位难得的清官。

罗遵殿柩归故土时，曾国藩、胡林翼、左宗棠、李鸿章等人均在宿松大营，便相约前去吊唁。见罗家清贫如许，曾国藩在日记中不胜感慨："罗澹村中丞，以乙未（1835）进士历官直隶、湖北、浙江等省，凡二十五年，家无一钱，旧屋数椽，极为狭陋。闻前后仅寄银三百两到家，其夫人终身未着皮袄，真当世第一清官，可敬也。"胡林翼叹其"清正忠烈，旷代伟人"，"盖百余年来，疆吏所仅见者也"。这次宿松之行，李元度也在其中，多年后，他回忆起当时的所见所闻，依然印象深刻，肃然起敬："胡文忠、曾文正偕今相国合肥李公、湘阴左公往吊哭，元度从造其庐，土室十数间耳。为外吏三十年，田止四十亩，家属至无以自存。"罗省长穷到什么地步呢？做官二三十年，家中仅狭小简陋的土屋数间，家人连像样的棉袄都买不起，乃至他本人的葬礼都是胡林翼资助完成的。

堂堂疆臣大吏，清廉如此，可敬可叹。

这正是胡林翼"吏事悉倚之"的原因所在。

领导信得过，罗遵殿也表现得力，彼时鄂省养兵六万，月饷四十万两白银，多是他力筹济之。在湖北的五六年间，胡林翼所施盐厘、漕政、筹饷等诸多改革举措，罗遵殿均全力以助成之。可以说，两人同事六年，相契无间，不仅是知交，亦为默契搭档。

因此，闻罗遵殿遇难，胡林翼寝食俱废，悲恸异常。

胡林翼本已重病在身，因悲伤过度，病势陡增。李秀成攻打杭州时，文报不通，联络断绝，他致书李续宜说："每念澹公，心神忧郁。近年督抚绝少正人，奈何？"在曾国藩给官文的信中，有话可以印证："胡宫保自闻杭城被围之信，愁病交侵，寝

第八章 曾胡联兵

食俱废。加以蜀事日坏,尤用焦灼。"根据曾国藩的推测,胡林翼之症"总由平日心血用得太过"所致,是长年忧心国事,焦思劳神、操劳过度的结果。在给他的信中,曾国藩称:"公生平最好用心,尤好用心于无可如何之地","数年来屡定大难"。胡林翼自己也很清楚,他对朋友吴大廷说:"弟力疾从戎,不瘥如故,蒿目时艰,忧愤万状,病体增剧,为之奈何!"

胡林翼忧心东南战事,还在于杭州的战略地位。

杭州是江南大营的后院,特别是军饷,很大部分依赖浙江财政。何桂清抚浙期间,每月接济江南大营军饷六万两;就任两江总督后,每月增至四十余万两,大米一万余石,由于军饷充裕,江南大营的装备都是洋枪洋炮。这成为何桂清向朋友炫耀的资本。他致书京中友人说:"弟在大营作用,都中所传,皆是事实。""向来大营不与督抚通信,有之,自弟到任始。"又向彭蕴章等政界好友吹嘘:"东南半壁,似非鄙人不能支持。""若将江、浙兵勇归弟一人调度,两省大吏能筹饷接济,定能迅奏肤功。"《湘军记》也有记载:"浙江……遥恃江南大营为屏蔽,岁竭赋税银七十万供军。"何桂清出钱出力,江南大营提供军事支持,这成为他足以与湘系集团抗衡的资本。若非江南大营瓦解,恐怕就无后来的曾国藩了。

直到罗遵殿出任浙抚,浙省财赋之地开始有了湘系集团的影子。这也是胡林翼当初谋划罗遵殿抚浙的初衷,更是罗遵殿罹难、胡林翼忧心东南的主要原因。

太平军奇袭杭州,和春遣张玉良率军万余,火速救援。

李秀成知其中计,以迅雷之势撤离杭州,途中与李世贤会合,分路进援天京。陈玉成、杨辅清也自西、南两路前来参战。诸军一鼓作气,联兵捣毁江南大营,天京之围遂解。接着,常、苏失守，和春自杀，张国梁战死。两江总督何桂清未溃先逃，不知所终，后被押解北京正法。

一场漂亮的配合，一个完美的战例，就这样诞生了。

连曾国藩都坦言，此解天京之围，乃太平军"得意之笔"。

曾国藩刚夸完，发现胡林翼面色凝重，顿时恍然。

罗中丞之死是顺理成章，还是另有隐情？

两人一致觉得：此事必有蹊跷！

罗遵殿身死之谜

湘军初期，罗遵殿是湘系集团除曾、胡之外的重要一员。

罗遵殿年长曾国藩、胡林翼十几岁，是两人的长辈。更重要的是，他虽籍隶安徽，但自从浙江调至湖北安襄郧荆道，历任湖北臬、藩以来，办团练，守襄樊，理粮台，服务湖北近十年，均极得力，属于非湘籍的准湘系成员。咸丰九年（1859），胡林翼由于身体原因，一度奏请罗遵殿接任湖北巡抚，自己转向幕后，专任兵事。同年底，罗遵殿调抚浙江，成为湘系集团第二位省长级大吏。据说，这也是胡林翼与肃顺一手促成的。

因此，罗遵殿之死绝非那么简单。

湘军受损，得益最大者何人？自然是何桂清。

何桂清是湘系集团的资深政敌，咸丰四年（1854）出任浙江巡抚之前，几乎一直在京为官。正因如此，他朝中朋友较多，且又是攀龙附凤之人，遂以军机大臣祁寯藻、彭蕴章为奥援，打击政治对手，动辄给京中朋友写信，加油添醋，"交流"所见所闻。对此，曾国藩感触颇深，当年困守南昌，何桂清对他的了解比他自己都深，窘事不出三天，必然传至京城。

第八章　曾胡联兵

两方的矛盾争端与利益冲突，也正始于这一年。

所谓利益争端，无非地盘，往深了说就是粮饷。浙江接壤江西、皖南，两地正是湘军的活动区域。安庆时陷太平军之手，安徽巡抚移驻庐州，对皖南不能遥制，以浙兼辖之。何桂清抚浙第二年，湘军在九江大溃，困守南昌，曾国藩就派郭嵩焘去问何省长能不能赞助一些军饷。曾国藩来借钱，何桂清与杭州知府王有龄以借与金陵大营为由，分文未给。第一次打交道就不给面子，浙江未遭兵祸，又为膏腴之地，为何"以全善之区而丝毫未允"呢？究其原因，"来函有'平昔挥金如土'一语芥蒂其间"。也就是说，曾国藩借钱也就罢了，还在信中表达了"你们那么有钱，平时挥金如土，借这点钱算什么"的意思。

伸手要钱都这么硬气，何桂清、王有龄岂肯帮忙？

咸丰七年（1857）春，两江总督怡良告病乞休，经彭蕴章力荐，何桂清继任。之后，何桂清开始了雄心勃勃的圈地计划，第一个目标自然是江苏。不料，何桂清阴谋阳谋，公私并用，刚挤走江苏省省长赵德辙，打算以王有龄代之，朝廷便任命了徐有壬。徐有壬是个老学究，数学家一个，不擅长政治斗争，但时间成本可贵，何桂清便把目光瞄向浙江。

浙江实在是一个再合适不过的目标。巡抚叫胡兴仁，湖南保靖人，早年为曾国藩办过粮台，准湘系人物，搞倒胡省长不但能除去一个政敌，而且更有成就感。

为了挤走胡兴仁，何桂清身为翰林，完全失去底线，连长舌诋毁和搬弄是非的市井手段都用上了，对人说"浙江公事大变"，原因在于胡省长瞎搞，"使弟大受其累，雪轩（王有龄）亦怒不可言，小浦（张芾）则将与拼命，不知将来如何是好"。何桂清无所不用其极，胡兴仁一年后匆匆下台，中央空降了罗遵殿。辛辛苦苦忙活两年，被胡林翼捷足先登。

罗遵殿是胡林翼一手提拔的，做了浙江省省长，深知鄂省处境艰难，自以浙省之力接济湖北，以纾湘军饷粮之困。地盘之争终究落到一个"钱"字上。何桂清自抚浙以来，就控制着浙江财政，总督两江后，更以两江和浙江为江南大营输血，换取军事支持，捞取政治资本。如今浙江的钱被罗遵殿"挥霍"到湘楚军身上，等于挖了何桂清的墙脚。在战略上，背后站着一个政敌，也足以让人如芒在背。何桂清觉得，非除罗遵殿不可。

机会留给有准备的人。

待到李秀成奇袭杭州，何桂清认为，机会来了。

和春视浙江为江南大营的粮饷基地，自然不会坐视，派张玉良率军火速驰援。当张玉良一路星夜狂奔，行军到苏州时，被江苏布政使王有龄拦住了。按照何桂清的指示，王有龄的任务只有一个——无论如何拖住张玉良，配合李秀成攻城。

何桂清的阴谋不言自明，王有龄自然照办。就这样，本来十万火急的事，张玉良在苏州一待就是两天，工作是视察城墙防卫。简直二货一个！不仅如此，张玉良上路后，又被何桂清、王有龄牵着鼻子，到湖州转了一圈。等到援军抵达杭州，李秀成早已撤军回程，计划一举摧毁江南大营。苏、杭至多也就两日路程，张玉良磨磨蹭蹭，整整迟到了三天。

这正是曾国藩所谓的"孤军断外援，差同许远城中守"。

李秀成一路奔袭，和春都有消息，罗遵殿岂会坐以待毙？

自然是不可能的。早在城破六日前，罗遵殿就向胡林翼、曾国藩、和春飞书求援。曾国藩称李元度"战阵非其所长"，在打仗方面，罗遵殿和他一样。本是年迈书生，莫说是对付李秀成的金戈铁马，就是应付何桂清的政治倾轧，都无所凭恃，应接不

第八章　曾胡联兵

暇。因此，早在罗遵殿履新之始，胡林翼为了让他在浙江站稳脚跟，打算派梁作楫募勇二千作为浙省防兵，因罗犹豫未能成行。此时罗遵殿告急，胡林翼连回两函，飞饬萧翰庆、韦俊星驰赴援，并拟以劲旅随后增补，初步打算是派王牌鲍超入浙，独当一路。这等于上了双保险。

但缓不济急，远水不解近火。两日后，罗遵殿城破身亡。

太平军攻城时，罗遵殿誓以死守，其妻女也不遑多让，誓以死从。史载："城陷，（罗）仰药死，妻女同殉。"胡林翼所奏其"忠烈萃于一门"，不虚也。

最终，张玉良名为援军，实则一枪未发；何桂清坐享其成，重掌浙省。两个月后，经何氏举荐，王有龄出任浙江巡抚。

这正是何桂清想要的结果。

整个过程，简直严丝合缝，浑然天成。

较之于李秀成的"得意之笔"，有过之而无不及。

更狠的还在后面。城破人亡虽为当时官场共识，殉城更被视为一种士大夫气节。人臣如此，清廷当感欣慰。罗遵殿素来为官清正，廉如"极寒之士"，至今全家尸首都未能找回，如此尽节之臣，岂不更让人感动？朝廷自然要给予优恤，赐谥、荫封、慰问金之类，当不可少，也算对泉下忠魂的慰藉。不料，几人众筹办完罗遵殿的丧礼，手里的活儿还没忙完，突遭晴天霹雳：朝廷撤销了罗遵殿的恤典。其性质相当于光荣退休后被双规。

画风实在相差太大。

胡林翼眼线广布，曾国藩也有朋友在苏、常一带，这才知是何桂清搞的鬼。欺人太甚！原来，何桂清、王有龄假手太平军，蓄意谋杀了罗遵殿不说，事后又唆使浙籍御史高延祜，参劾罗遵殿守城无方，贻误生民。清廷未做详查，直接撤了罗氏之恤。

对付政敌之狠毒，莫过于此。

胡林翼与罗遵殿不仅是多年僚属，更是知心朋友，好不容易把他弄到浙江巡抚的位子，如今干不到半年，遭此横祸，这样的窝囊气如何咽得下？

胡林翼决定反击。

他对罗遵殿的儿子罗忠祜说，令尊"愠于群小，屈于人者，将申于天也"。怎么个申法？胡林翼写信和曾国藩商量："近因澹公撤恤，颇致悲愤。录原奏及旨，求指示如何争正之义，及措辞进奏缓急之宜。如可挈衔会奏，庶几此心乃安。"意思明了干脆，可见激愤。

所谓"挈衔会奏"，也就是说，要找几个朋友，合伙弄何桂清。

至少也要让朝廷知道真相，为罗遵殿伸张正义。

曾国藩回信说：澹翁之事，鄙人亦甚感悲悯不平，朝廷这么做，实为视"慷慨赴义者为罪为非"，"以弃城逃避者为功为是"，简直颠倒黑白。"待皖南时势稍有起色，当从阁下及官、骆之后，四衔会奏，为澹公申理，兼表其生平清廉之操，……敬求大笔主稿为之"。曾国藩之意是，等他那边忙完，与胡林翼联名官文、骆秉章狠狠奏何桂清一本，为澹村讨回公道。

不久，江南大营被捣毁，何桂清被革职拿办，自食其果。

报仇没了快感，名誉仍须恢复。经胡林翼、罗忠祜、杭州将军瑞昌等人呈奏，清廷盖棺定论，肯定了罗遵殿的政绩和官声，对其从优赐恤。

杭州一事画下句点。

杭州破城之时，安庆正成为湘军的下一个目标。

安庆有"长江万里此咽喉"之说，扼守长江下游，是屏藩天

第八章　曾胡联兵

京的重镇。守住安庆，等于锁死了天京大门，不但扼控湘楚军东下之势，又可保安徽、天京不失，故洪仁玕说："安庆一日无恙，则天京一日无险。"太平军善用迂回战术，救九江而犯鄂东，援天京而攻浙江，此次曾、胡东征安庆，几近倾巢而出。胡林翼认为，太平军若攻武昌，我必分兵回援，安庆之围不攻自解。因此，要坚定不移走围点打援路线，是谓反客为主，以逸待劳。

然而，欲取安庆，须克枞阳。

克而确保不失，方能实现合围扎口。

这一切，取决于能否抵挡住一旁的陈玉成。

枞阳距安庆九十里，如果说安庆是天京的咽喉，枞阳实为安庆的咽喉，不仅是安庆的粮道，更是通往天京的水上要塞。对其战略地位，胡林翼有精准分析："安庆之要在枞阳，不得枞阳，即顿兵城下一二年，贼可徜徉自如，暇则来战，不暇则游行他处，我不能谁何也！"曾国荃也称："枞阳克，则怀（宁）、桐（城）之贼皆成孤注。"

也就是说，枞阳是决定围点打援在安庆之役是否奏效的关键。甚至可以说，是能否打到金陵、东征能否成功的关键。

拿下枞阳，多亏一个人帮忙，此人便是韦俊。

韦俊是广西桂平人，北王韦昌辉族弟，属于太平军元老级将领，先后跟随秦日纲、石达开西征，战功颇著。太平军三克武昌，他任守城主将，曾大败胡林翼于夆山，罗泽南亦死于其手。天京事变，韦昌辉被诛，胡林翼射书入城，劝降被拒。此后武昌被围，韦俊坚守日久，城内粮绝，不得已，弃城而去，转战安徽、江西。洪秀全欲治其罪，韦俊因李秀成力保得免，却也由此心灰意冷。因韦昌辉之故，韦俊不容于太平军，于咸丰八年（1858）降清，受封参将，参与攻打安庆、天京等役，立下赫赫战功。由于清廷要树立招降典型，韦俊得以寿终，晚年隐居芜湖，于光绪十年（1884）病死。其时，太平天国已灭亡整整二十年。

清廷不杀降，说明降将还有利用价值。韦俊投降杨载福之始，并未得到清廷信任，众人也觉得他是诈降。曾国藩、胡林翼讨论良久，不敢擅用。最后，杨载福觉得韦俊感情真挚，又与太平军有弑兄之仇，决定亲自督阵，给他一个表现和立功的机会。

要证明自己有利用价值，就要交一份成绩单。

韦俊的成绩单便是枞阳。

投名状：韦俊的答卷

刚过立夏，枞阳已是满城的萧瑟与肃杀。

对于韦俊而言，枞阳无疑承载了太多意义。守城主将万宗胜不足为敌，庸才一个，难的是万宗胜背后的陈玉成。战事的发展契合了韦俊的论断，在水师的配合下，枞阳轻易拿下，万宗胜献城投降，被清廷下令直接砍了——没有招降价值。果然，陈玉成随之而来，按照胡林翼"韦军得之，请以韦军守之"的指示，镇守枞阳成为韦俊面临的又一次"政审"与考验。

站在他和陈玉成背后的，是胡林翼与曾国藩。

韦俊能感觉到，他们的目光耐人寻味。

做一名合格的"叛徒"实在太难。

五年前，韦俊随太平军西征，镇守武昌年余。面对胡林翼、罗泽南、杨载福、彭玉麟的联合围攻，他严加守备之余，尚有反攻之力。爹山大战，胡林翼差点被韦俊活捉，成为俘虏，多亏鲍超及时赶到，才得以幸免。数月后的武昌城下，湘军主力罗泽南

第八章　曾胡联兵

战死,多名将领死于韦俊的炮火之下。作为湘楚军统帅,那段日子是胡林翼的梦魇。此后,他改变战略,对韦俊施以长围久困之策。直到武昌短粮、天京事变,韦俊亲人被诛,胡林翼与官文抓住时机,射书入武昌、汉阳城内,有心招降,不料韦俊虽内外交困,却不失硬汉本色,严词拒绝。官文失望地奏报清廷,韦俊"终无悔心","甘心死拒"。直至守城不支,韦俊才弃城而走。

韦俊与胡林翼结下的梁子实在太深了。

镇守武昌,洪秀全坐视不援;武昌失守,他却责备韦俊失职,欲问失城之罪。显然,还是因为韦俊的族兄韦昌辉,天京事变让洪秀全变得杯弓蛇影,神经兮兮。幸亏李秀成雪中送炭,及时力保,韦俊才得以免罪。后来李秀成也说:"韦俊得以保全,实我之力也。"韦俊怕遭不测,驻守池州。不唯洪秀全猜忌,由于韦昌辉诛杀了杨秀清,东王族弟杨辅清,乃至此时的英王、他曾经的下属陈玉成都看他不顺眼,对他倾轧不断。

太平军二克武昌时,十七岁的陈玉成随韦俊西征。对这位小老乡,韦俊爱护有加,尤为器重。攻城遇阻,韦俊亲自挑选五百精锐交给陈玉成,嘱咐他安全第一,见机行事。在那次行动中,西征军顺利拿下武昌,陈玉成一举成名。韦俊奏报天京,不吝美言,陈玉成连升四级。如今,自己曾经力推的这位小兄弟,竟一夜之间成为他的上司,打起了他的主意。

面对此情此景,韦俊怎不心寒?

"池州事件"让他与陈玉成的矛盾白热化。洪秀全暗忌,杨辅清寻衅,驻守池州的韦俊打算渡江北上,投奔李秀成,这是他没有降清的唯一理由,也是唯一的退路。不料,来到江边,陈玉成封江阻拦,双方一时刀枪相见,短兵相接。与此同时,觊觎池州已久的杨辅清早已兵抵韦俊老巢,包抄了他的后路。这次火并成为压垮韦俊的最后一根稻草。

留，寻衅还会继续；走，清廷也不会放过。

进退两难，降清是唯一的选择。

恰在这时，胡林翼伸出了橄榄枝。

降意已决，韦俊撤回池州，向距离自己最近的杨载福上缴印信，递交降书，计划以芜湖作为降清的见面礼。身为太平军五虎将之一的右军主将，韦俊此举，让杨载福一时无法判断是不是诈降，曾国藩、胡林翼也半信半疑，眼神交流中有着别样的意味。胡林翼决定，"候韦志俊（即韦俊）等为之"，先看他的表现。韦俊派黄文金等麾下四将攻打芜湖，或是人格魅力不够，或是工作没做到位，四人走到半路，与韦俊的政敌杨辅清不期而遇，倒戈相向，杀回池州。

韦俊成了光杆司令，逃往胡林翼大营。

礼物没献成，漫说芜湖，老巢都被人一锅端了。第一炮成了哑炮，韦俊灰头土脸，备受奚落。同时，也加重了曾、胡的怀疑。继续观察。

韦俊接着"画饼"：拿下枞阳，安庆不攻自破，陈玉成也不能奈何。

随后，彭玉麟、杨载福配合韦俊，水陆并进，一举拿下枞阳。

韦俊取枞阳，斩断了安庆的最后一线生机，等于扼住了陈玉成的脖子。

咸丰十年（1860）底，陈玉成集结兵力，意欲反攻。韦俊再次签下投名状。

和攻打枞阳不同，这一次韦俊不再是主将，出力可以，但守城必须要自己人，会不会放陈玉成进来，目前都是说不准的事

第八章 曾胡联兵

儿。因此,胡林翼以湖南芷江人李成谋为枞阳主将,韦俊为守城副将。

李成谋当了七年水师老兵,没什么大的名气,军事才能自可判断。面对劲敌陈玉成,他决定"以不变应万变",在枞阳广筑堡垒,坚壁清野,以逸待劳。对于守城来说,这也的确是一个良策。李元度守庐州,因为擅自出城被太平军一顿狂揍,不得已弃城而逃,生死未卜,就是一个惨痛的教训。但此方明显保守,韦俊提出一个更好的策略。

韦俊是陈玉成的老领导,看着他十几岁上战场,一步一步走到今天,成为一时名将。对于陈玉成的行军布阵和作战风格,他都有深入了解。同时,作为太平军的资深将领,韦俊自然也有自己的傍身之技,只要是太平军会的战术,他都会,太平军知道的,他都了然于胸。在战争中,还有什么比这更好的"知己知彼"?焉有不胜之理?

这意味着,陈玉成将面临一场血战。

韦俊的提议是:据城死守虽然中规中矩,没什么风险,但非明智之举,更非上佳之策。枞阳一带水路纵横,不利于陈玉成擅长的大规模野战,若有水师策应,其必上岸,强攻枞阳内城。因此,要想阻击这位老下属,必须严守街口,在陆上实施阻击。

韦俊果然是韦俊。

李成谋采纳了他的建议。事实也果如韦俊所料,陈玉成扎营七里亭,率众万余猛攻枞阳,大有拔城之势;韦俊扼守枞阳街口,一夫当关,万夫莫开。

昔日的一对战友,终于兵戈相见。

仗打到一半,杨载福率水师前来助阵。

当然,即使韦俊不提水师支援,胡林翼、曾国藩也不会放心，和攻夺枞阳时一样，杨载福的任务一是协助，二是督战。韦俊亲自出阵，打消了杨载福的疑虑。陈玉成纵是英才，身受水陆两师夹击，最终败下阵来。

如果说林启荣善守，韦俊也不遑多让，《天国志》评价他"为洪（秀全）守，则罗泽南呕血而终；为清战，则陈玉成望垒兴叹"，直叹"真善守者也"。枞阳之战，验证了韦俊的将帅之才。

躺在功劳簿上，韦俊如履薄冰。直到晚年，洪、杨肃清，天下太平，韦俊解甲归田，遂有衣锦还乡的想法，表示要支持家乡建设，为村里修桥铺路，连木材都运到了。不料，乡亲们不但拒绝了韦俊的好意，还大骂他是"反骨韦十二"——不是骂他反清，而是骂他出卖自己弟兄，投靠了清廷。多年后，韦俊的家乡果真修了桥和路，老乡们依然无法释怀，于桥头立碑写道："金田韦某降清归里，颇以金钱施舟梁悦人，购运径尺余柳杉，将易梁，里人拒弗受。"将韦俊钉在了耻辱柱上。

晚年的韦俊有家不能回，归隐芜湖，直至去世。

"落选"两江总督

江南大营的崩溃，给胡林翼、曾国藩一个难得的机会。

咸丰没有想到，临死之前还能看到曾国藩的飞黄腾达。几年来，他和这位倔强的臣子打够了口水仗，除了性情不合，更有满汉的提防之心、畛域之见。打仗还要亲兄弟，咸丰的打算是，让曾、胡的湘楚军肃清长江中游，拿下金陵摘桃子的功劳，交给和春的江南大营。谁知和春不争气，被太平军一锅全端了，清廷的希望不得不寄托在湘楚军身上。

第八章 曾胡联兵

将欲取之，必先予之。关键还是兵与权的问题。

东南剧变，何桂清遁逃，和春身名俱灭，人事必然调整。对此，曾国藩有明确预见，他在一封家书中说："东南大局一旦瓦裂，皖北各军必有分援江浙之命，非胡润帅移督两江，即余往视师苏州。"也就是说，由于江南大营的崩溃，江南武装的缺失，清廷必在湘楚集团的军事领袖中选择一个负责人，督办江南军务。此人选，不是胡林翼，就是我曾国藩。

胡林翼嗅觉一向敏锐，判断也素来锋利。当然，这与他练达的交际能力、广通的人脉资源和熟稔的政治手段是分不开的。还在宿松时，他就预言，"江浙为仓庾根本，京师性命所系，然使泛泛以寻常办理军务之人前往，则事权不属，功必不成"。东南溃败，将帅缺失，两江无可用之将，"都中稍顾大局者，必力请（曾）督办吴越军事"。待到苏、常失陷，和春身死，在给李续宜的信中，他更是表现出惊人的预见力，言称："近十日必有专命涤帅及直夫（都兴阿）为救江南之事。"又致书彭玉麟说："近十日都中必有十余人奏请涤帅往援。"两个"必有"，足见其情报到位，胸有成竹。果然，四月十三日苏州失守；十六日清廷命都兴阿督办江北军务；十九日命曾国藩署两江总督，率湘军疾赴苏州。不久，又命曾以钦差大臣督办江南军务。从预言到应验，前后不过数日。

身为疆臣，对京师动向如此了若指掌，实在有些惊人。

话题讲到这里，有必要对胡林翼进行"祛魅"了。所谓料事如神，所谓未卜先知，一句话，情报系统足够强大。胡林翼在京城的联络网，大致分为三层：一是御前重臣，以文庆、肃顺为代表。文庆领班军机，胡得其庇护，"奏上辄邀允，益得行其志"[1]。肃顺是宗室重臣，一向推服曾、胡等汉人。只因"军机例不通外信"，咸丰更是明令禁止，"封疆大吏断不准私行干谒（王公）、信札往还"，故而来往踪迹难寻。二是湘籍京官。如郭嵩焘、郑敦谨等，以及与之有关的周边非湘籍人士，营救左宗棠即是一例。三是胡林翼的同科进士。这些人或是军机章京，或任职南书房，也是重要情报来源。如钱宝青，虽非胡氏同科，但供职军机处数年，大致也属于这一阵营。钱宝青出身于浙江钱氏[2]，历任军机章京、左副都御史，樊燮案发时任湖北乡试主考官，与官文合办该案，名为考官，实为钦差，极得咸丰信任。左宗棠在湖北免于受审，胡林翼提出四路规皖、联兵东征，得到咸丰批准，都与钱宝青有一定的关系。可以推测，若非钱宝青从湖北回京不久便猝然离世，其对曾、胡获取江督之职也会有所助益。

无论如何，曾国藩终于熬到了这一天的到来。

关于两江总督的人选，薛福成在《庸盦笔记》中透露了一个信息："（肃顺）平时与座客谈论，常心折曾文正公之识量、胡文忠公之才略。苏、常既陷，何桂清以弃城获咎。文宗欲用胡公总督两江。肃顺曰：'胡林翼在湖北措注尽善，未可挪动。不如用曾国藩督两江，则上下游俱得人矣。'上曰：'善。'遂如其议，卒有成功。"中心思想是，曾、胡本不分伯仲，胡林翼在湖北政绩好，又能掌控全局，不宜轻易挪动，不如让曾国藩来总督两江。

---

[1] 文庆于武昌克复前夕病逝，此后是胡林翼在京活动的活跃期。
[2] 钱宝青有一胞弟钱宝廉，出身翰林，官至吏部侍郎。北洋时代徐世昌"文治政府"的国务总理钱能训，即是钱宝廉之子。

第八章 曾胡联兵

那么，是谁向肃顺推荐了曾国藩呢？

有一个主流的说法认为是王闿运。刘成禺《世载堂杂忆》中说："洪杨之役，内有肃顺主持，曾、左、彭、胡乃能立功于外。人曰曾涤生赖其座师倭仁，实则肃顺耳。左宗棠之握权，骆秉章幕府之解京拿问，胡林翼之屡受排挤，皆赖肃顺保全之；与外间通声气者，则肃门五君子也。"直到"肃败，五君子潜走，不入京者多年"。书中更有"李（寿蓉）、王（闿运）虽于湘帅有恩"之语。

这种说法被王闿运本人否认，他解释说："季怀（薛福保，薛福成之胞弟）问曾涤丈督两江，为余荐之于肃裕庭（顺），……皆了无其事，何世人之好刻画无盐也！"不过，肃顺向来推服楚贤，时不时在咸丰面前为曾国藩、胡林翼等人美言几句，倒是再平常不过，这也是他一直以来的习惯和作风。所谓"不荐之荐"，正是这种效果。

实际上，正如咸丰的初衷之选，从个人条件来看，胡林翼优于曾国藩。在这件事上，作为曾国藩的门生，李鸿章的眼光可谓独到。他站在中间立场，致信胡林翼说："天如佑我大清，当以公（胡）督两江，此至艰难困苦之任，非开创圣手孰能胜之？帅符则必推涤帅，庶相得益彰，可挽全局十之二三。顾上游已成之局，难得替手，庙堂即有此议，东南朝士即有此识，必不敢放胆做一篇奇警文字。"意思是说，若上天庇佑我大清，一定让润帅您去做两江总督，大刀阔斧，敢想敢干，如果说两江需要一个这样的人，只有您能胜任！至于曾老师，我个人觉得他还是做带兵统帅吧，论总督两江，他不合适。这样你们两个人配合起来就能相得益彰，力挽全局。不过，如果上游湖北巡抚之位没有合适的替代人选，哪怕朝廷想让您总督两江，朝野也认为润帅您最合适，想必朝廷也不敢放胆做这个决定。

结合前述咸丰的本意和肃顺的原话来看，李鸿章可谓断事如神。

同时，他的信也是在说曾老师思想保守，做事没有手腕儿。

咸丰的看法也是如此。

只因肃顺一句"未可挪动"，最终选择了曾国藩。

照肃顺之意，吴、楚各有一个得力人选，亦不失两全。

如此，则胡继续在鄂，曾总督两江，"上下游俱得人矣"。

看来，胡林翼"落选"两江总督之职，也是因为太优秀。而曾国藩之"幸运"，实属天时地利。恰如赵烈文所说："迨文宗末造，江左覆亡，始有督帅之授。（曾）受任危难之间，盖朝廷四顾无人，不得已而用之。"

真相如此，实力如此，胡林翼会不会"羡慕嫉妒恨"呢？

答案是否定的。胡林翼的襟怀一向豁达宏远，得知曾国藩总督两江，节制苏、皖、赣、浙四省军务，再不是无权空衔、无处筹饷的叫花子，他比曾国藩还要激动。在给朋友的信中，他意气风发地说："涤帅诚得督符兵符，则否极而泰，剥极而复。天下士气为之一振，二三年后，吴患当少纾耳。"胡林翼心情愉悦，病情也有所好转，他在给李续宜的信中说："弟本孱弱奄奄，近日因涤丈之督吴，又冀幸正气可申，元气可转，精神气象亦且增旺。"这就是胡林翼，一个从不嫉贤妒能、争功诿过，勇于任事而又功成不居的恢廓之人。

湘军异人辈出，类似的当世之杰，还有一位刚介绝俗的彭玉麟。

仕途得意之际，曾国藩也面临一个问题：围安庆还是赴苏州？

第八章 曾胡联兵

一个是原先四路攻皖之计划，一个是清廷刚刚所下之谕旨。

这段日子，曾、胡交流甚繁，通信颇密。四月二十九日，曾国藩在日记中写道："商酌大局，总期江北、江南呼吸相通，及筹兵筹饷，一切均细商之。"同日，他致书胡林翼："三省合防之局，仍不可变，固上游以为图下游之根本，一定之理也。"两天后，再次征求胡林翼的意见："目下是非得失，须争起手一着，求公一言为定。如侍（我）昨议，则难免吴人迁延之议；若不用昨议，又恐上游三省皆不稳固。二者孰优，求公决定，乃发折也。"

可以说，这道选择题，曾国藩更倾向胡林翼的答案。

和胡林翼的出身、经历、见识不同，曾国藩的性格也有很大不同，儒缓、保守、稳扎稳打，是他一向的习惯和思维，万事力求缜密，讲究万无一失。洋务运动初期，湘军鸟枪换炮，面对新式装备，他因循守旧而从内心里排斥，坚持"用兵之道，在人而不在器"，告诫弟弟曾国荃说："洋枪洋药，总以少用为是，……凡兵勇须有宁拙毋巧、宁故毋新之意，而后可以持久。"

胡林翼性情豪宕不羁，做事也更为豁达，大刀阔斧，当机立断，不求智者千虑，只讲放手去干，立竿见影。在战术上，他坚持"与时迁移，随物变化，诚为用兵之至要"，讲求能正能奇，正奇结合，称"有正无奇，遇险而覆；有奇无正，势极即阻"。不像曾国藩，打仗、做事都不慌不忙，一味"先求稳当，次求变化"，而忽略了灵活性。

赵烈文比较两人之区别："文忠做事动荡有生气，自是英雄面目，师（曾）则规矩准绳不差毫末，俨然古大儒气象，二者固不可相提并论。"此时，朝廷让曾国藩督两江，他却似乎少了些"任天下之危，总三江之兵事"的魄力，瞻前顾后，谨小慎微。

胡林翼为他拟定了一个大胆的方案。

曾国藩信中"求公决定",胡林翼次日即复,鼓励他大干特干,"径须放胆放手乃可有济,非加募四万人不为功"。写完信想了一夜,第二天,他再次嘱咐曾国藩:"昨夜沉思,总是放胆放手大踏步,乃可救人,……兵事须布远势,忌近谋。"后来又劝:"吴督之任,总以包揽把持、恢廓宏远为用,……今宜起两军,一出杭州,一出淮扬,此平吴之先着已。大局安危,视公放胆否耳!"

胡林翼三番两次强调"放胆"二字,提议曾国藩分兵奇袭,出其不意,进军江浙,打进太平军地盘。曾国藩却不敢轻举妄动:湘军孤军深入,是不是飞蛾投火,能不能出奇制胜,我自己心里有数!

胡林翼说了等于没说。

润公说"涤帅德高而谨慎之过",确有可凭。

相比曾国藩的"守拙",胡林翼的"放胆"并非急进。他善于统筹全局,做事提纲挈领,巨细毕举,也说过"兵事不在性急于一时"的话,但又接着说,"惟在审察乎全局。全局得势,譬之破竹,数节之后,迎刃而解"。说他做事有城府,有魄力,有一例可证。两年后,曾国荃围南京,一头扎到城墙根下,别人以为冒进,胡林翼生前却持相反观点。早在攻克安庆前,胡林翼给曾国荃讲了一个"阴阳怕懵懂"的故事,鼓励他放胆去干,说天下事就是要懵里懵懂的人才干得出来,谨小慎微,患得患失,前怕狼后怕虎,什么也干不成。胡林翼的故事,虽是讲给曾国荃一个人听的,实则适用于曾国藩、曾国荃两兄弟。后来曾九出任湖北巡抚,丝毫不给官文面子,弹劾领导弹得不亦乐乎,最终头破血流,两败俱伤。李鸿章道:这也太懵懂了吧!众人哄笑。

第八章　曾胡联兵

如今曾为吴督，同样面临一道"阴阳与憕懂"的选择题。

曾国藩做事讲求一个"稳"字，但有时拖泥带水，让人着急，能把人逼疯。看着他的慢性子，胡林翼急了，抱怨道："有此一副大本领，而迟迟不肯放手，吾且怨丈矣！"他一再劝曾国藩放开手脚，"长驾远驱"，无非说两件事：大胆用人，放手去干。后来李鸿章募建淮军攻江苏，左宗棠取浙江，基本上符合胡林翼"今宜起两军"的建议和构想。

正因两人画风迥异、色彩鲜明的做事风格，曾国藩对胡林翼打心底里有一种欣赏，由衷称赞"胡文忠做事有气魄"。可欣赏归欣赏，一旦事情摆在面前，还是坚持自己的风格。既然如此，到底要不要撤围安庆呢？

儒家讲究中庸，曾国藩选择了第三种方案。

他对咸丰说："安庆一军，目前关系淮南之全局，将来即为克复金陵之张本。此臣反复筹思，安庆城围不可遽撤之实情也。……目下安庆之围不可骤撤。臣函商官文、胡林翼酌拨万人，先带起程。"曾国藩有个顾虑，若分兵苏、常，势必难以对付回援安庆的太平军，江苏若不见起色，一切前功尽弃。胡林翼对彭玉麟也表示："设涤帅去后，秋冬之间，贼必有三四十万大股并力西犯。……其分犯之时，又必先有二三支分犯江西及南岸等处，使我兵分力弱，再以大股直犯北岸，使之应接不暇。"如何解决这个问题？胡林翼二话不说，调拨鲍超的霆军归曾国藩节制，另有杨镇魁一千人加上新募兵勇，与曾国荃选调的二千人共计近万人，一并交与曾国藩，开辟皖南阵地。

最终，曾国藩取了个中间值，从宿松移军祁门。

他的理由是，既然清廷命他权制两江，自己也答应了"先带起程"，"职应南渡，不敢稍缓"，但又不能打乱之前的计划，远离安庆。取折中之地,移驻皖南,两者不过三百里,既便于和安庆保持联系,又可打出一副东下苏、常的姿态,对朝廷也有个交代。如此,则可"固吴会之人心,而壮徽、宁之声援"。这一考虑,最终得到了战友的赞同,胡林翼也认为,南移实为兼顾之举,既可屏藩安庆战场的湘楚军南翼,阻截太平军北上,又可相机渡江,以应东南。于是,两人决定由曾国荃继续围守安庆,官文、胡林翼分拨万人随曾国藩赴皖南,另建祁门大营。

既然是权宜推宕之计,移驻祁门后,曾国藩又向中央奏明"苦衷":"不患贼之逼我前,而患贼之抄我后",因此,"不敢先图苏、常一隅",目前只好在皖南"广布局势,稳立脚跟",至于去苏州,只能走一步算一步,看情况了。

将在外君命有所不受,清廷只好同意。

抛开非 A 即 B 的思维,问题得到圆满解决。

如此,五万余湘楚军分配如下:万余随曾国荃围安庆;万余随多隆阿攻桐城;万余随李续宜驻青草塥,策应安庆、桐城二军;数千人拨与都兴阿径赴江北;另有万余兵勇随曾国藩移驻祁门。此时,胡林翼手中的可支配兵力,仅寥寥数千人而已。

不过,胡林翼对这样的安排是满意的。如之前设想,祁门大营的建立,是安徽湘楚军的侧翼,从南面屏蔽安庆围师,杜绝了太平军从南部包抄的可能。从实际效果上讲,合围安庆的计划等于没变。他欣慰地表示:"大抵贼必先图皖南、江右,以解安庆之围。涤帅万人渡江,先扼祁门,已得总要。"

对此,陈玉成、李秀成有何应变之法呢?

事情又是否真如曾、胡预想的那样?

第九章　吾谁与归

火烧圆明园

咸丰六年（1856）秋，第二次鸦片战争爆发。战争稀稀落落打了三四年，英法联军一路北上。中国南大门的隆隆炮火从珠江口烧到长三角，继而蔓延到山东半岛，再长驱直入渤海湾，摧毁塘沽、大沽口、天津等京畿防线，于咸丰十年（1860）初秋逼近北京。

七年前（1853），林凤祥、李开芳率两万太平军精锐誓师北伐，直逼天津，眼看要打到北京城下。京城百姓乱作一团，正阳门外荒如旷野，杳无人迹。咸丰紧急召开御前会议，商榷御敌之策，他绝望地对恩师杜受田的儿子杜翰说："大启当亡国而弗亡，崇祯不当亡而亡。今豫南北皆残破，贼已渡河，明代事行见矣。设有不幸，朕亦如崇祯不当亡而亡耳。"

时隔七年，外夷兵临城下再一次震动京师。

数日前，咸丰一度夸下海口，将亲统六师，直抵通州，对夷寇大张挞伐，以申天讨。此刻却俨然惊弓之鸟，并依僧格林沁之意，做好了"北狩"打算。所谓"北狩""巡幸木兰"[1]"木兰秋狝"，以及后来的庚子"西狩"，很多时候——尤其是清朝晚期[2]——往往是碍于皇家威严的文饰之辞，明意是去打猎，实际上也就是逃跑。

想让皇帝逃走，又不想有损天子威仪，说话需要艺术，久历官场者无不深谙此道。夷兵步步紧逼，前线主帅僧格林沁抵御不力，在奏折中是这样说的："若奴才等万一先挫，彼时即行亲征，亦可不致落后。"圈内人一看便知，这是一句颇有"内涵"的官话。通俗地讲就是，臣这边一败，皇上您那边就开始溜，应该还不算迟，保管他们追不上。

如此说来，这一对君臣还算"惺惺相惜"。僧格林沁让咸丰先跑，咸丰自己畏葸怯战，下令前线的僧格林沁撤军，告诉僧格林沁别打了："以国家倚赖之身，与丑夷拼命，太不值矣。"咱们都是高贵之躯，自古赤脚的不怕穿鞋的，跟那帮贱夷计较，太抬举他们了，污了我们的身份。说完就要携亲信、宠妃移驾承德，逃到避暑山庄去。

后妃中皇后钮祜禄氏、懿贵妃叶赫那拉氏，便是后来的慈安和慈禧。

慈禧家境并不显赫，从现存照片看，也算不上漂亮，为何能在佳丽中脱颖而出，成为皇帝身边数一数二的宠妃呢？

值此关键时刻，慈禧向我们展现了她与众不同的一面。

高阳在著作中引用了一段晚清御史吴可读的记载："当皇上之将行也，贵妃力阻，言皇上在京，可以震慑一切，圣驾若行，

---

[1] 木兰围场，位于承德避暑山庄以北。
[2] 曾国藩："自嘉庆二十五年（1820）以后，四十年不举行木兰秋狝之典。"

则宗庙无主，恐为夷人践毁。昔周室东迁，天子蒙尘，永为后世之羞。今若遽弃京城而去，辱莫甚焉。"

咸丰欲弃城北遁，年轻的慈禧及时站了出来，劝皇帝以社稷为重。她对咸丰说，如果您留在北京，还可以激励前线将士，同仇敌忾，一致抗敌；如同当年周天子东迁一样，您若北去，国家连个主人都没有，宗庙社稷恐被洋人肆意践踏，这是最大的耻辱。

仅仅由慈禧当权前的这一件事，我们大可知晓她为何能在四十年后，一口气向十一国列强不宣而战（尽管效果不佳，下场狼狈），更能知晓她一纤弱女子为何能以柔克刚，以四两而拨千斤，击败后来的八大臣集团和权倾一时的肃顺，在腥风血雨的权力斗争中最终胜出。

可见，智慧、果敢、大气，是慈禧有别于其他妃嫔的可贵之处。

外表不算最美，慈禧拼的是内涵。这是她最大的闪光点。

尽管没能说服咸丰，但历史让我们认识了一个血性的慈禧。

联军继续西犯，硝烟一路蔓延，距北京不过咫尺之遥。

时值农历八月，天朗气清，秋高气爽。咸丰正在圆明园度假，不想因为战事影响了心情，派怡亲王载垣前去议和。联军代表中，有英国外交官巴夏礼。谈判从八月初三上午十时开始，前后持续七个多小时，本来咸丰已经释放出让步的善意，眼看皆大欢喜，巴夏礼作为一位在华多年的"中国通"，却没有真正了解中国皇帝。临近谈判尾声，巴夏礼等人提出，待英使抵京，须向中国皇帝面呈国书。在国际礼仪中，这本是一个再平常不过的外交礼节，属于合理要求，咸丰和他的钦差大臣们却不同意，谈判濒临破裂。

关于英、法的诉求，咸丰其实是不太在意的。什么开放口岸、内地游历，甚至割地赔款都可以考虑，唯公使驻京不然。从后来的艰难谈判，乃至不惜决裂开战，奕䜣、桂良一伙人和外夷争得急赤白脸，就是为了这一项，为了给皇帝留一点起码的尊严。

舍本逐末，何必呢？

国人观念为何与国际惯例格格不入？

汉朝以降，统治者以儒学立国治国，核心就是一个"礼"字。所谓礼，三纲五常，君父之序，长幼尊卑，上下级观念，这是统治的根本，是知识分子和小老百姓意识里的天然枷锁。所谓以孝治天下，也是为了突出"礼"的需要。六部中独设一个礼部，间接说明一切。如今，中国坚持了两千多年的神圣传统，你英国一个"礼"都搞不明白，还来"朝贡"？

搁置这个争议不说，再谈谈公使的问题。

在古代中国的政治文化中，压根就没有平等国家的概念，有的只是天子与诸侯、宗藩和主属关系。哪里有什么常驻使节，这从根本上就违反"率土之滨，莫非王臣"的政治理念。因此，天朝上国的统治者最不屑的就是平等，"中国"与藩邦外夷岂可相提并论？与我大清谈判，关税、通商都可疏通，唯一不能接受的就是公使驻京，咸丰坚决不同意——卧榻之侧，岂容你蛮夷酣睡？再说这外交礼仪，清廷对这个问题已纠结了近百年，当年马戛尔尼率英国外交团访华，因为不肯向乾隆下跪，双方一度闹得很不开心。一个礼仪都能引起外交风波，以平等国家自视、面呈国书成何体统？我大清皇帝天颜又岂是你说见就见的？外夷狂悖至此，不谈也罢。

谈判陷入僵局事小，一个节外生枝的事件让形势急转直下。

第九章　吾谁与归

第二天，英法联军听到一则令人震惊的消息：巴夏礼等人在返营途中，被一队蒙古骑兵野蛮地掳去，三十九人下落不明。失联人员中，有军人、记者、外交官，也有随军文员，其中包括联军统帅额尔金的私人秘书洛奇。

从蒙古骑兵这一信息推测，事情多与僧格林沁有关。在谈判桌上，怡亲王载垣早就对巴夏礼的傲慢极度不满。这本身就是一个耐人寻味的信号和逻辑。

在英法联军看来，谈判不成，绑架人质，简直是背信弃义，违反国际规则。

欧洲人被激怒了。当日，通州陷落。三日后，八里桥会战。英法联军与僧格林沁、胜保等部展开正面交锋，鏖战三四个小时，清军以对比悬殊的兵力和伤亡，全线溃败。清军如此不堪一击，固然和咸丰的作战思想不无关系，更重要的原因在于生产力落后——大多数清军竟然还在用弓箭和盾牌。面对这样没有技术含量的对手，英国人不禁感叹：一个发明了火药的国家，竟然还在用弓箭作战。次日，咸丰仓皇逃往热河，留下恭亲王奕䜣在北京善后。

这一去，咸丰再也没能回来。

八月二十一日晚，联军占领人去楼空的圆明园。

人质问题依然横亘在两军之间。经商榷，巴夏礼、洛奇及五名法国外交官于三日后被第一批交还英军司令部。其他人则被捆缚手脚押往圆明园，接着被秘密转移到西北郊的偏僻山区。此后十日，被劫人质分五批遣还联军。由于清军的非人道待遇，大半人质被折磨致死，三十九人只剩下十八人幸存，最后一批于九月初四（火烧圆明园前一日）送达——可惜已是尸体。联军在尸检时发现，由于久被束缚，死者四肢坏死，伤口爬满蛆虫，画面惨不堪言。在欧洲人看来，清军的行为已经不单是背信弃义的问题，其手段之残暴、野蛮，违反人道，实属骇人听闻，尽管他们自己在做着更野蛮的事。额尔金决定给咸丰一个刻骨铭心的教训，要用"一种可以触摸得到的方式，来对中国的背信弃义和残暴表示报复和憎恶"。

一场即将到来的空前浩劫乌云般笼罩在圆明园上空。

咸丰十年农历九月初五，公历 1860 年 10 月 18 日，英法联军来到圆明园，强盗本性被眼前的景象瞬间点燃，接着展开一场野蛮的地毯式掠夺与毁灭性破坏。一位法国军官回忆，他的下属抢劫时，"双手满满地给我捧来一大把珍珠"。相比法军的无组织无纪律，英军则有序许多，英军统帅下令，特准一批军官上午去园内抢劫，限时中午回来，以便下一批军官下午去抢。肆无忌惮的强盗将宝物洗劫一空后，一把火焚毁了这座古老而神秘的东方园林。几千名官兵在园内四处纵火，大火漫天蔽日，三昼夜不息，烟云笼罩了整个京城，久久不散。这座举世闻名的皇家园林，有着"万园之园"之称的建筑瑰宝，清王朝经营了一百五十余年，最终毁于一群西方强盗手中，在罄竹难书的罪行与熊熊烈火中，成为一片淋漓着国人鲜血的废墟与焦土。废墟之上回旋着法国作家雨果的话："它汇集了一个民族的几乎是超人类的想象力所创作的全部成果。……圆明园不但是一个绝无仅有、举世无双的杰作，而且堪称梦幻艺术之崇高典范。"

在这次强盗行动中，英、法两国收获颇丰。截至今天，大英博物馆依然是拥有中国流失文物最多的藏馆，收藏的中国文物达两万三千多件。作为同伙，法国人不甘落后，正如雨果所说，"法兰西帝国侵吞了一半宝物"。此次战争，英、法是参战国，美、俄两国却也都分得一杯羹：清廷先后签订《天津条约》《北

第九章 吾谁与归

京条约》，美国利益均沾。沙俄以调停有功为由，不但享有《北京条约》的待遇，还胁迫清廷签订了《瑷珲条约》，几年间，共割让中国东西边陲一百五十多万平方公里领土，成为最大赢家。得知沙俄贪婪索地、趁火打劫，胡林翼认识到，"俄夷窥视黑龙江，已成根本之患"。国土之失，至今隐痛。

一百多年前的那场大火，依然燃烧在国人心中，挥之不去。

国家遭此劫难，咸丰深受打击，不到一年病死热河。

后来，额尔金回到英国伦敦，受到举国上下的热烈欢迎。据说，在很多人为英法联军火烧圆明园的"壮举"叫好时，唯有一位七十多岁的老头显得闷闷不乐，他就是时任英国首相巴麦尊。这位为老不尊的老家伙不禁抱怨：为什么不连中国的紫禁城一块儿烧掉？

一些史料表明，中英谈判期间，国人对英法联军避之唯恐不及，生怕名声有染、遗臭后世，唯龚自珍的长子龚橙毫不避嫌，因精通英文，以"纪事"身份为之提供咨询服务。更有甚者，联军去圆明园，他还热心为之带路。面对众人质疑，龚橙不以为然："中国天下，与其送与满清，不如送与西人。"关于这件事，民国笔记《新世说》有载："庚申之役，英以师船入都，焚圆明园，半伦（龚）实同往，单骑先入，取金玉重器以归，坐是益为人诟病。"

龚自珍一生忧国，他的儿子怎么会做出这种事呢？

父亲是一代大师，龚橙也是学贯中西，才华横溢。父子俩的相似之处是，天生叛逆、放荡不羁，不检细行、不拘小节，更有强烈的愤世嫉俗倾向。不得不让人感叹基因的强大。父子不但性格一样，而且际遇也相似，作为龚橙的好友，王韬在《淞滨琐话》中说他"好谩骂人，轻世肆志，白眼视时流，少所许可。世人亦畏而恶之，目为怪物，不喜与之见，往往避道而行"。总之，对眼前的一切他都看不惯，什么事都入不了他的法眼。再忆起龚自珍，也是一特立独行之人，臧否时政，针砭时弊，横眉冷对，言行无忌，何尝不是俗人眼中的异类？

如此看来，龚橙比起他父亲，确是青出于蓝而胜于蓝。

也正因如此，他一生颇不得志，一度落魄到典当家产的地步。

父子俩不同之处在于，龚橙究竟没有学到父亲的民族情怀与做人底线。

遗憾的是，一把大火能烧掉帝王的宫殿，却不能唤醒当时沉睡的国人。且不论时人、世人对龚橙的争议持何种态度，关于这场浩劫，晚清著名报人汪康年写有《记英法联军焚劫圆明园事》一文，拾取了一些鲜为人知的历史碎片。文中记载，英法联军在圆明园纵火时，"各军并无火器，惟有水桶、水锅而已"，行动尤为不便。听说联军遇到困难，附近百姓纷纷带上火盆、秸秆赶来，助洋人一臂之力；联军在前面放火，百姓在后面"到处引火延烧"，助长火势蔓延。文中还提到，当时的很多市民直接参与了抢劫和焚毁圆明园的行动。

掩卷凝思，此情难寄。

勤王之辩

咸丰十年（1860）无疑是一个多事之秋。北京如此，南京亦然。

伴随着曾、胡东征，皖中战火弥漫。首先，胡林翼、杨载福以韦俊为前锋，攻陷枞阳；接着，曾国荃进抵安庆城下，实施

第九章 吾谁与归

合围;数日后,多隆阿率马队万余人猛攻桐城。安庆被严密封锁。攻破江南大营后,李秀成不顾洪秀全"领军而去扫北"的命令,自作主张,转战皖南;陈玉成则继续辗转安徽,与安庆围军周旋。面对湘楚军的层层逼近,没有李秀成配合,陈玉成势单力薄,前景堪忧,一步步走入死胡同。

洪秀全为何此时下达"扫北"命令呢?

一是安庆有破城之危,二是因为当时的国内局势。和历史上的每次民族融合不同,一群黄毛外夷打进北京,皇帝北狩,史无前例,亘古未有。大清风雨飘摇,看似气数已尽,在劫难逃。洪秀全觉得,二次北伐的机会来了。让李秀成乘机北上,正是出于这一考虑。

不过,从当前情况看,洪秀全显然是想得太多了。

问题来了:京城岌岌可危,清廷就没有想到强悍的湘楚军?

曾国藩、胡林翼等人手握兵权,咸丰对他们就没有什么指示?

身为疆臣,二人当然无法逃避。和四十年后的庚子国难一样,外夷入侵,朝廷第一时间就发布了勤王号召。如今英法联军一路西进,通州八里桥一战,僧格林沁、胜保鏖战数时,兵力难支。僧格林沁自诩要发挥骑兵优势,引夷人陆战,然后"一鼓歼之",不料对方一上岸,清军不战自溃,"一鼓逃之"。咸丰北狩途中,胜保飞召外援,请饬曾国藩、袁甲三等人急调"精勇二三千名",即刻北上,以解京师之危。

咸丰慌不择路,答应了胜保的建议。

八月二十五日深夜,一封十万火急的上谕送达曾国藩的祁门大营,点名要鲍超率霆军星夜赴京,交与胜保调遣。想到曾国藩的慢性子,咸丰还重点强调:"勿得借词延宕,坐视君国之急。

343

惟有殷盼大兵云集，迅扫逆氛，同膺懋赏，是为至要。"霆军是常胜之军，让鲍超归隶胜保节制，既可削弱湘军、打击自己的竞争对手，又可得一劲旅，可谓一石三鸟。至于勤不勤王，勤王有没有效果，几乎只是个借口。这也正是胜保的打算。

从屡次三番找碴儿来看，胜保堪称湘军的资深政敌之一。其人出身满洲镶白旗，瓜尔佳氏，史载他"屡上疏言事，甚著风采"，好打小报告，参倒过袁甲三、张亮基等人，但论到军事上，就乏善可陈、胜少败多了。时人有谓赵雨村者，曾被掳于太平军，著有《被掳纪略》一书。他在书中说，胜保"以带兵为儿戏。最怪者，与英王见一仗，败一仗，共见四十余仗，皆败北"。其军事才能可见一斑。因为常吃败仗，业内同僚背地里谑称他为"败保"。尽管如此，"常败将军"胜保颇懂得自我安慰，经常在奏疏中向咸丰报捷，打了败仗还向皇帝解释，说陈玉成"惮臣最久切，遂专意与臣为难"，估计是嫉妒我的才华。对胜保这种恬不知耻的"乐观"心态，胡林翼有一个精辟的概括："每战必败，每败必以捷闻。"胜保这个毛病断送了他的一生，后来被赐自尽，罪名之一就是"讳败为胜"。

由于无嫡系之师，如果说何桂清对湘军屡次倾轧是因为争地盘，胜保则是伸手要兵，挖湘军的墙脚。当年克复九江，李续宾乘胜规皖，时胜保督办安徽军务，处处掣肘，曾国藩忧心道："胜帅总统皖事，不知迪庵（李）能伸缩自由，不受牵掣否？设有为难之处，非润公不能扶助而安全之也。"

对此，胡林翼的策略是"推袁劾胜"。也就是说，联合袁甲三对付胜保。

袁甲三是河南项城人，时任漕运总督，进士出身，带兵有术，与捻军作战少有败绩，日后大名鼎鼎的袁世凯，便是他的侄孙。同时，他与胜保是政敌，在京期间与曾国藩又同向倭仁研习理学，交往甚密。袁甲三去世后，曾国藩为他撰写墓表，并奏请为其建立临淮专祠，二人可谓"投分最早，相知颇深"。办理团练期间，在很多军事配合中，袁甲三都与曾、胡立场一致。

既是"推袁劲胜"，就需要做一番文章了。和之前的套路一样，胡林翼每次上疏反击胜保，必与官文联奏，有时还会带上曾国藩、骆秉章及安徽巡抚翁同书，直到咸丰九年（1859）袁甲三督办安徽军务，取胜保而代之，湘军在安徽扫除了障碍，胡林翼才松了口气："午桥（袁甲三）握篆，推袁之功效已可见矣。"几个回合下来，胜保经常被胡林翼带头群殴，屡战屡败，不禁对咸丰诉苦道："楚军动辄连衔要结，众口一词。而奴才一介孤臣，安能与之较长短？"胜保的话虽有反咬一口之嫌，倒也是他和湘军斗争的一个真实写照。

此次胜保点名要鲍超，目的依然如故。

对胜保的算盘，曾国藩心知肚明；而对勤王一事，他心中又是矛盾的。

首先，鲍超是湘军第一猛将，三个月后祁门被围，若非鲍超飞速驰援，身处绝境的曾国藩几无生机，后果不堪设想。可以说，鲍超的霆字营和曾国荃的吉字营，是湘军的两大王牌。若依胖保之意，将霆军拱手相送，从此列入胜保帐下，如何舍得？其次，时值围攻安庆的关键时刻，若调劲旅北上，安庆等于主动撤围，这步棋将功亏一篑，从大局来看，甚至会影响整个东征大计。第三，咸丰既派奕䜣议和，说明已有和意；且英、法攻下北京只在朝夕，大局已定，即使派鲍超应援，已是于事无补。相反，对皖南军事却有极大影响，等于以打乱整个江南战局为代价，惨痛可想而知。从后来的结果看，勤王也确实毫无意义。因此，曾国藩认为，"此事无益于北，有损于南"。

然而，鲍超是粗人，只知勤王报国，不解其中要害。

正当曾国藩举棋不定时，二杆子鲍超已经急不可耐，嚷嚷着要带兵北上打洋人，催曾国藩下令，出师勤王。霆军将士也摩拳擦掌，跃跃欲试。这让曾国藩着实为难。

这一幕，和庚子年的张勋颇为相似。彼时，八国联军攻入北京，慈禧命山东巡抚袁世凯出兵勤王，袁护军心切，有意迁延。国难之际，一向以忠勇著称的张勋看不下去了，执意要"独树一帜，作马革裹尸之想"，孤军北上。最终，袁世凯好言相劝，虽成功拦阻了爱将张勋，未做无谓的牺牲，张勋却也因此与袁生隙，耿耿于怀。

历史总是惊人的相似。

鲍超一意北上，曾国藩始终不允。

胡林翼是鲍超的老领导，两人又是哥们儿，不得已，曾国藩把棘手问题交给搭档解决。得知鲍超的任性之举，胡林翼当即修书一封，做他的思想工作：

你鲍超看问题还是太简单，涤帅不让你北援，是爱护你，那胜保是出了名的小人，你岂能不知？若归随胜保，下场很可能是身死而无功，枉费你一世英名。眼下之计，除非我和涤帅亲自率师北上，兄弟们才不致受人算计，才能很好地保护你。涤帅阻你赴京亦出于此想，是有恩于你，你却不体谅他的一片苦心，心生忤逆，实在不该。

听了胡林翼一席话，鲍超老老实实依从了曾国藩。

曾国藩不想勤王，更多是出于对时势的考虑。从现实来讲，莫说是照胜保所奏，抽调"精勇二三千名"，即使霆军如数北上，都没有绝对获胜的把握。僧格林沁、胜保三万骑勇都溃败至此，数千霆军又如何言胜？更关键的是，湘军第一次面对洋人，装备滞后，经验空白，心里并没有底。为此，曾国藩夜不能寐，以至于失眠，他在日记中写道："四更成寐，五更复醒，念夷人纵横中原，无以御之，为之忧悸。"后来胡林翼见洋轮疾驶如电而口吐鲜血，又何尝不是出于这种心情？圆明园被焚后，胡林翼对阎敬铭说："天翻地覆，大局瓦解，全体土崩，吾辈早觅尽命之所而已。"曾国藩知情较迟，也在日记里说："接胡宫保信，知京城业被逆夷阑入，淀园亦被焚，伤痛之至，无可与语。"可见，对京师变故，两人内心是悲痛的。

在很多军政大事上，曾国藩征询意见最多的人是胡林翼。英法联军刚陷天津时，胡林翼通信告以详情，曾国藩"读之惊心动魄，焦愤难名"，回复道："天津之事，决裂至此，惊心动魄，可为痛哭。"在致弟弟曾国潢的信中又说："余忝窃高位，又窃虚名，若不赴君父之难，则既诒后日之悔，复惧没世之讥，成败利钝，不敢计也。"足见其内心之挣扎。

作为曾国藩的最佳拍档，胡林翼是什么意见呢？

答案是：必须去，没得商量。

他在给曾国藩的信中说："疆吏争援，廷臣羽檄，均可不校；士女怨望，发为歌谣，稗史游谈，诬入方册，吾为此惧。"即是说，此等大事是不能讨价还价的，也没有讨价还价的余地。如果不去勤王，老百姓会怎么说？坊间会有什么传言？史官会怎么写？后人和史书会如何流传？严重点说，可谓不忠不孝，大逆不道，当代沦为罪人，后世遗臭万年。

这和曾国藩"复惧没世之讥"的想法是一致的。

社稷飘摇，国家危难，君忧臣辱，君辱臣死。此事不比寻常，关乎礼教伦理、人臣大节。连曾国荃也认为这是原则问题，不可推诿，必须得去。

游移之际，曾国藩集僚佐商议，议者"多以入卫为主"。

当然也有不同的声音，认为"断不可北行"。

曾国藩左右为难，举棋不定。

对于不同意见，胡林翼给出了更合理、更坚定的看法："北援而楚危，不北援而楚岂独不危乎？"在给李鸿章的信中，他说："行者固为艰巨，守者独能活耶？"即使后来曾国藩已经回奏，佯装等待朝廷批复，有意迁延，胡林翼还在坚持认为，如若北援，"自以鲍春霆（超）、余会亭（际昌）合计万人同行，北援甚切，林翼不敢迟行"。曾国藩也觉得应该这样，表示"君父之难，义不反顾"。他对弟弟曾国荃说，勤王是臣子必尽之分，"为平世之官，则兄弟同省必须回避；为勤王之兵，则兄弟同行愈觉体面"，北援"纵使百无一成，而死后不自悔于九泉，不诒讥于百世"，"主辱臣死，分所当然"，"不闻不问，可谓忠乎"？

打虎亲兄弟，上阵父子兵。曾国藩内心里渴望这种荣誉感。

商量到最后，胡林翼、曾国藩的意见是：勤王一事，不存在当不当去、能不能去的问题，而应该商量怎么去，没有第二种答案。尤其是胡林翼，直到后来没能勤王，他还深感愧疚，内心久久不能平复。在九月初九的一封家书中，他表达了深深的自责："君父之难，闻之不安。奔问官守之义，臣职攸亏；疆场拘常，按兵未能即动，此心愧愤，无以自立。……身为疆吏，应以亲自入卫为职分。"

在十月十四日的家书中，面对无力回天的事实，他表现出更大的挣扎与绝望："君父之难，闻之愧愤。兄忝膺疆寄，自应北上入卫，此臣职之大义也。行吾心之所安，本不计及事之能济与否也。……瞻言大局，真有涕泗无从之概，奈何奈何！"

不难看出，两封信的字里行间，似有一种难言的自责之意。

正当大家莫衷一是之时，一个年轻人说话了。

这个人就是李鸿章。

他的意见是："夷氛已迫，入卫实属空言，三国连衡，不过金帛议和，断无他变，当按兵请旨，且无稍动。楚军关天下安危，举措得失，切宜慎重。"据我观察，战争时间不会太长，没必要北上勤王，只需敷衍迁延，静观其变。现在朝廷既然派出了奕䜣，意在求和，真正的威胁是太平军。且外夷之患已在眉睫，远水近渴，大局已定，入卫勤王没什么实际意义。这一观点，也正如阎敬铭劝胡林翼："西巡（勤王）之举万不能行，亦徒做一篇文章而已。"时隔不久，"毋庸入卫"之旨下达，果真如李鸿章所料。曾国藩从此对他愈加刮目相看。

李鸿章的点睛之笔，在"按兵请旨，且无稍动"八个字。

旨还是要遵，兵还是要派，王还是要勤。关键是看怎么个"勤"法。

素来狡猾的李鸿章接着点明：一个字，拖！

既欲勤王，何来"拖"字？

所谓"按兵请旨"，即按兵不动，另行请旨。

李鸿章侃侃而谈，既然认定入卫"无益于北，有损于南"，就要做点文章。生死存亡之秋，君臣大义，责无旁贷，固然不可不救。外夷进逼京师，破城只在旦夕，若拖以待变，观望十多日再论，且奏疏往返尚需旬月，届时一切或有定论。无外乎京城被洋人攻占，议和已有眉目，而湘军北援也是话外之论了。随后，曾国藩上奏清廷，请兵勤王，以拖待变。曾国藩等待朝廷批复期间，北京被英、法占领，议和开始。这正验证了李鸿章观点的预见性。

李鸿章的建议虽有推诿之嫌，却让曾国藩茅塞顿开。

很多事做不做是态度问题，做成与否、济与不济，乃多重因素所致。

天时、地利、人和都有可能没到位，岂是一凡人之力所能决定？

于是，自八月二十五日接到上谕，九月初六曾国藩才回奏一封《奏请带兵北上以靖夷氛折》。作为"做文章"的高手，曾国藩这封虚情假意的奏折平仄工整、声情并茂："臣既自恨军威不振，甫接皖南防务，旬日之间，两郡失陷。又值夷氛内犯，凭陵郊甸。东望吴越，莫分圣主累岁之忧；北望滦阳，惊闻君父非常之变。且愧且愤，涕零如雨。……应恳天恩，于臣与胡林翼二人中，饬派一人，带兵北上，冀效尺寸之劳，稍雪敷天之愤。……鲍超虽号骁雄之将，究非致远之才，兵勇未必乐从，邻饷尤难应手。……即再四严催，亦不免于迁延。度才审势，皆惧无济。"

在家书中，曾国藩说得更为直白："不必多兵，但即吾与润帅二人中，有一人远赴行在，奔问官守，则君臣之义明，将帅之职著。"至于派兵北上，"有济无济，听之可也"。只要我派了兵，不管派多少、效果如何，跟我就没关系了。

也就是说，曾国藩要的只是一个态度，一个做给皇帝看的态度。

写信构思十多天，路上半个月，一来一回，一个月过去了。

接到奏折，咸丰深受感动：啥也不说了，患难见真情！

而事情的真相往往让人绝望。

曾国藩的奏折，全文仅八个字：虚与委蛇，缓兵之计。

无论标题还是内容，此折都暗藏玄机。"奏请带兵北上以靖夷氛"，顾名思义，勤王我湘军还是很积极的，主动请缨；但不

第九章　吾谁与归

是现在，人员也有变动。此即李鸿章之"按兵请旨"。时间紧迫，长途远行，鲍超人生地不熟，影响行军速度，且他秩低望浅，没啥经验，"究非致远之才"，也非合适人选——此为"按兵"。接着，曾国藩"毛遂自荐"，恳请朝廷在自己和胡林翼之间"酌派一人进京护卫根本"，选择一人督军入卫——此为"请旨"。若选择曾，则与左宗棠同去；若选择胡，宜与李续宜同行。哪种方案，还请皇帝明示。说完，曾国藩向亲友再三表示"带兵入卫，拜表即行"，"一经奉旨，旬日即可成行"，态度相当踊跃。

当时要是有奥斯卡奖，曾国藩绝对称得上影帝。

如果说几天前在家书中，胡林翼对曾国藩的"按兵未能即动"难掩苛责，事情发展到这里，胡林翼已经不再站到曾国藩这边。早在勤王上谕下达时，他就对李鸿章说："如有旨调楚军，则有兵无兵，有饷无饷，均不能辞。"九月初五，接到都兴阿率部入卫的旨谕，他当日致书都兴阿，嘱咐"能早到一日，可早纾圣主一日之忧"，并主动提出可让鲍超与之同行。曾国藩担心南方战局，不愿分兵北上，胡则表示"此事不容计较利害"，"惟大义之是趋"，"成败利钝，固非所计"。待到曾国藩一面以请旨拖延，一面信誓旦旦做出勤王姿态，胡林翼在给阎敬铭、严树森的信中，终于明确表达了不满："涤帅一议附上。涤帅必不北援，此议亦南宋人之议论多而成功少也。实则涤帅必不入卫，何劳拟议！""按兵未动，此心愧愤，无以自立。……况君父危难，其忍放言高论耶！"此时，与曾国藩大玩文字游戏相比，胡林翼在给他的信中开门见山道："北征入卫，无成败可见、利钝可言，亦不能以吴、楚安危为念，此间闻命即行。"可见，胡林翼勤王之念更诚，其心更切。

实际上，让胡林翼失望的还不止这些。

曾国藩知胡林翼有北援之意，怕他带走李续宜一部，提前与李进行了沟通，甚至私拆了胡林翼写给李续宜的信件。在给李续宜的信中，曾国藩说："十五早接胡宫保寄阁下之件，恐有议北援规制，辄已拆阅，兹寄上。"又假模假式地称："阁下千里赴援，受此大苦，心实不安。"即是说，恐胡林翼说服李续宜北援，曾国藩偷看了他的信件。甚至可以设想，如果信中有不利于湘军的建议和决定，或有其他不测之可能。当然，后来胡林翼也并无让李续宜北援之意，理由是："以兄（李）同行，湖北顿少一万人，百万生灵何所托命？"

话说回来。书信往返一月，等待皇帝批准，岂非故意观望拖延？

要的就是这效果。而影帝曾国藩也确实收到了预期之效。不久，英法联军攻入北京，奕䜣和议达成，联军退回天津。十月初四，曾国藩接到上谕，议和已定，毋庸北援。

事情圆满落幕，结局堪称完美。

我们不妨再拿四十年后的情形做对比。庚子之年，八国联军打到天津，慈禧第一时间下旨给近在山东的袁世凯，要他率新军北上勤王。大沽口沦陷当天，袁世凯接到上谕。他时任山东巡抚，手握新军大权，麾下猛将云集；新建陆军训练有素，装备精良，且山东与天津近在咫尺，勤王责无旁贷。

然而，袁世凯选择了说不，其手法与曾国藩如出一辙。

面对勤王指令，袁回奏：外寇大军压境，京师危在旦夕，臣自当效命疆场。可山东形势危急，确实走不开，若我军倾巢而出，外军乘虚而入，届时怕是无法收拾。此后，他先后让孙金彪、夏辛酉带兵北上，掩人耳目。夏辛酉的六个营在路上走走停停，停停走走，累了歇歇，歇完了再站起来挪两步，等到天津城沦陷，慈禧也没见着援军的人影。

天气炎热，以致行军迟缓。袁世凯这样解释。

实际上，袁氏此举也只是说明，在已经无药可救的京津和相对安定的山东面前，他只能选择山东。不只是袁世凯，李鸿章、刘坤一、张之洞三位疆臣，无一人响应京师号召，均按兵不动。李、刘、张、袁四人还冒天下之大不韪，与列强达成协议，擅自发起了"东南互保"。从性质上讲，这是赤裸裸的抗旨。不过，从结果来看，此次"消极怠工"的效果也比较圆满。数日后，天津、北京沦陷，聂士成、裕禄身死，东南富庶省份因"互保"而免遭涂炭，经济民生得以保全。

从性质和结局来看，二者实有异曲同工之处。

其实，在这件事上，曾国藩是有一些妥协性的。

两年后的同治元年（1862），曾国藩有了办理洋务的新任务，他在笔记中提及圆明园一事："余以欲制夷人，不宜在关税之多寡、礼节之恭倨上着眼，即内地民人处处媚夷、艳夷而鄙华，借夷而压华，虽极可恨可恶，而远识者尚不宜在此等着眼。吾辈着眼之地，前乎此者。洋人（咸丰）十年八月入京，不伤毁我宗庙社稷，目下在上海、宁波等处助我攻剿发匪，二者皆有德于我。我中国不宜忘其大者而怨其小者。"在曾国藩看来，英法联军焚毁淀园，不毁宗庙社稷，也没有烧掉紫禁城和太庙，已经很给面子了；并且还在上海、宁波等地助清廷镇压太平军。这两件事都有德于大清，我们不能忽略其恩德，而在小事上计较。

经此入卫一事，曾国藩似乎也领会到了"拖"字之精髓。一年后，太平军攻杭州，浙江巡抚王有龄身陷囹圄，眼看就要重蹈罗遵殿覆辙，城破人亡。曾国藩身为两江总督，督办苏、皖、浙、赣四省军务，其时胡林翼去世不久，左宗棠楚军建成，曾国藩有意让左接手浙江军务，命他做好出征准备。左宗棠闻之大喜，多年夙愿终于有实现之日，激动之情难掩。

杭州城危在旦夕，左宗棠蠢蠢欲动，王有龄如坐针毡。

然而，曾国藩迟迟不下出师令，整装待发的左宗棠只能按兵不动。

曾国藩当然自有打算。王有龄是红顶商人胡雪岩的好友，更是资深政敌何桂清的心腹，一年前李秀成突袭杭州，罗遵殿困守待援，城破身亡，时任两江总督的何桂清作为主谋，自然不能脱离干系。罗遵殿自尽后，王有龄顺理成章继任浙江巡抚。如今历史重演，昨日重现，曾国藩决定以其人之道还治其人之身，用何桂清曾经对付罗遵殿的手段来对付王有龄。杭州城危，王有龄心急如焚，向朝廷发求救急电，朝廷下令两江总督曾国藩火速施援。

千钧一发之际，曾国藩却稳坐泰山，等待最佳时机。

左宗棠虽有大才，在这件事上却不及曾国藩城府之深（抑或建功心切）。第一，如果左宗棠及时援兵，杭州之危解除，王有龄得救，则浙江巡抚还是他王有龄，左宗棠如何安置？第二，胜负乃兵家常事，如果左营救失败，王有龄与城俱灭，左宗棠岂不要担救援不力之责？因此，最好的方法是静观其变——拖。不久，王有龄自缢而死，曾国藩这才奏请左宗棠督办浙江军务，命其火速带兵入浙。自此，左宗棠军功累升，青云直上，开始在历史上书写传奇。

时隔一年，胡林翼长逝，曾国藩终于为罗氏之遇做了公平的注解。

纵观全篇，追溯曾国藩的"拖"字诀，又何尝与李鸿章无关？曾国藩、李鸿章、袁世凯之风格，何尝不是一脉相承？

第九章 吾谁与归

有惊无险，武昌逃过一劫

咸丰十年（1860）底，胡林翼自英山抱病登程，移营太湖。

按他的打算，此举兼顾后路城守与前路殿后之效，既可近援枞阳、安庆，又可为安庆、桐城各军消除后顾之忧。显然，对于鄂东防务而言，这是一个战略上的疏忽。事后，他在奏疏中做了批评与自我批评："十年冬，因怀宁、桐城吃紧，进扎太湖，而贼遂由英山窜陷黄州，是臣锐意前路，而疏于后虑。"

胡林翼决策失误，惩罚很快到来。

陈玉成调集主力，数路并进，从长江南岸径赴无为、庐江，以援怀宁、桐城。而枞阳，就在咫尺之遥。对此，多隆阿看得很清楚："（陈）以另股伺我，欲官军之救枞阳，而间道以扑安庆之围。"面对老上司韦俊和骁勇善战的多隆阿，又无战友李秀成的北上策应，陈玉成攻袭枞阳失利。此后，自桐城疾进霍山，经黑石渡绕道昌营之后，发动突袭。昌营，即驻防霍山一带的余际昌大营，其任务之一，就是兼顾鄂东防务。遭到陈军偷袭，昌营大溃，胡林翼不在英山，通往湖北之路成为坦途。陈玉成昼夜西进，如入无人之境，连陷英山、蕲水两镇，不战而下鄂东之黄州，兵峰直逼武汉。

显然，这又是迂回之计，目的是解围安庆。

对此，曾国藩也做了自我批评，他对胡林翼说：太平军上犯，实非公一人之咎，"上巴河（在黄州以北）本有鲍军以固内防，而侍（我）调赴南岸，是侍之咎也。公自英山移驻太湖，未留一军防英，则公咎也。侍咎较大，公咎较小。余将（际昌）在霍，不能坚守十日半月以待希公（李续宜）之援，则咎更大矣"。

霍山防线的丢失，后果不容小觑。这也正是胡林翼一反常态，厉斥余际昌"不顾脸面"的原因，直称"愧用人失当"。黄州距武昌仅一百多里，是武昌最后一道军事屏障，此时黄州几无一卒一将，武昌城内有步兵二千、马队八十，战守不能，近乎空城一座。

听闻陈玉成率大军到来，武昌城内一片混乱，百姓闻警四散，携家带口，转移财产，争相出城，湖北粮台、军需部门的工作人员也跑了不少，负责人阎敬铭一度愧愤寻死。官文身为湖广总督，本有守城之责，却无殉城之量，将一半官兵留在省垣，其余兵勇由他亲自督率，随时打算扼守省外要隘，到城外布防。官文此举，正如当年的崇纶，所谓扼守要隘，实则便于见机先逃。武昌四年三陷，易攻难守，一旦太平军打来，即为瓮中之鳖。官文当然知道这个道理。胡林翼的家人亦受其扰。国破家亡，城破必辱，闻太平军兵临城下，陶氏带着儿子胡子勋欲一同跳船赴死。面对旁人劝阻，她气概不输男子，凛然道："吾义在殉夫，无殉城之责。向者之不去，为老妇一身无所惜，今公以儿子属（嘱）我，去，吾分也！"

对此，胡林翼难掩深深的自责，痛恨自己的失策是"笨人下棋，死不顾家"，"病中精力竭而思虑亦钝"。他久患肺病，时已病入膏肓，省垣告急，病势愈重。在给阎敬铭的信中，他描述自己的病情："面色如白纸，神采如槁木，两鼻孔日夜翕张，盖喘息粗而神明已竭。"

事已至此，亡羊补牢是唯一的选择。

胡林翼飞檄李续宜拔营援鄂，令杨载福回扼武汉江面。

在这件事上，曾、胡一开始是有分歧的。胡林翼建议分兵援鄂，曾国藩力持死围安庆，称纵使湖北有失，安庆之围仍不可退。字里行间，难掩愠色。关于应否撤围，曾国藩与李续宜讨论约四个小时之久，没有结论。又经李鸿章稍一点拨，"数言而决"。当天，他致信胡林翼：安庆、桐城之师皆不撤动，希庵军亦暂不动。

实际上，这时的曾国藩也不轻松。陈玉成进袭枞阳时，李秀成正挺军皖南，距离祁门一度仅二三十里，虎视眈眈。曾国藩大营空虚，兼有勤王之争，屋漏偏逢连夜雨，此时被太平军逮个正着，作周围包抄之势，曾国藩"日在惊涛骇浪之中"，死的心都有了。连李鸿章都认为祁门如在釜底，形同"绝地"。祁门四面楚歌，无险可恃，只有坐以待毙。是时曾纪泽也在军中，曾国藩再一次写好遗书，派人将儿子一并送到曾国荃军营。

曾国藩安排好了后事，其他人也面临生死考验。他的幕僚冯卓怀感念时事日非，每天以读《红楼梦》打发日子；王闿运则看起了《汉书》，打发时间之余，更为掩饰心中恐慌，强装镇定；连曾国藩自己都受冯卓怀影响，开始钻研起了"红学"。数日后，王闿运终于煎熬难耐，选择了临阵脱逃；最让曾国藩伤心的是，就连他最为得意和器重的弟子李鸿章，也找机会提前溜了，没能与自己患难与共。果真是人难临头各自飞。

命运的天平再一次向曾国藩倾斜。

正当他打算玉石俱焚之际，鲍超率霆军一路赶来，攻势威猛，连破太平军防线，在黟县与之展开酣战。李秀成不知曾国藩身在祁门，下令撤军，避鲍超而去。当初陈玉成约李秀成会攻枞阳，洪秀全也在天京发布号令，让他与杨辅清北上渡江，以解安庆之围为要务。但李秀成牢记"将在外君命有所不受"的道理，上次洪秀全要他"领兵扫北"，他拒绝；这回要他解围安庆，他同样跟着感觉走，拒不执行。杨辅清属于"自立门户"的游离状态，也没有如约北上。从这年（1860）底至咸丰十一年（1861）

初，李秀成一路穿越皖、赣、浙，先占江西德兴，再取浙南常山，之后在常山顿兵二十余日，平心静气过起了春节。

曾国藩有惊无险，逃过一劫。如今，胡林翼正经历同样的惊心动魄。

待到曾、胡瞅准时机，决定回援武昌时，事情出现转机。

这个让武昌城柳暗花明的人，是英国参赞巴夏礼。

这个巴夏礼，就是被清军掳到圆明园的那个巴夏礼。

咸丰十一年（1861）二月，英国海军将领何伯、参赞巴夏礼游弋长江，特到武昌拜访湖广总督官文，双方议定了汉口英国租界条约。对于天京来说，英国在汉口租界的特权，影响是立竿见影的。陈玉成拿下黄州，直逼武汉，英国不会同意。巴夏礼决定做一回说客，于次日亲自到黄州斡旋。准确地说，这是一次谈判。不同的是，谈判前，武昌城外已经布置好英国军舰。对于这次黄州之行，巴夏礼后来还专门写了一份详细的工作报告。

抵达黄州，见到陈玉成，巴夏礼软硬兼施，一阵忽悠。

任务无非一个：保全武汉。这是他与官文的事先之约。

理由很老套：武汉陷入战火，将对英商的生意造成影响。

威胁也不可少：否则，英国将拿起武器，维护英商的合法权益。

当然，哪怕是恐吓，也要带着游说性质。这样才显得有技术含量。

巴夏礼巧舌如簧，连哄带骗，说他们从南到北打了两年多，就是为了和大清做生意。现在已经签订了《天津条约》，武汉三镇也开放了，这倒好，太平军一到，他们等于白忙一场，条约成了一纸空文，和不签没什么两样。这合适吗？巴夏礼所言固然有一定道理，但有一个细节：偷梁换柱，混淆概念，把《天津条约》中规定开放的汉口,硬说成了武汉。也就是说,太平军不单不能进攻汉口,连汉阳和武昌也不能动。

这明显是欺负陈玉成读书少、没有文化。

英王陈玉成虽然学历不高,但绝非无能之辈。他并非不知其中陷阱,但即使知道,也是无策——拳头不硬。

陈玉成讨价还价,口头允诺英国占据汉口、武昌,太平军占汉阳。

巴夏礼不同意。武汉三镇,一个也不能少,都在英国保护范围之内。

最后,谈判的结果是:陈玉成选择攻打鄂北,遁兵他去。

从后来的结局看,这确是一次让人叹惋的失误。

当然,或者这也是陈玉成的迂回战术,其意不在武昌。况且,现实效果也是有的——牵制了李续宜,削弱了安庆围师的后方兵力。

撤兵后的陈玉成一心解围安庆,表现出攻城略地的狂躁,旬日之内连下数城,行军之迅猛,如秋风横扫落叶,风驰雨骤,如雷如霆。在此之前,他命赖义光镇守黄州,以待与李秀成会合。湘军一方,李续宜从青草塥驰援武昌,接着遣军北进,一路被陈玉成牵着鼻子走。胡林翼深谙英王北遁之计,指出其"欲扰我腹地,使我军不得不分,乃狡焉肆出,以图解安庆之围","意在牵掣李续宜,使之愈追愈远"。事实也确是如此。

此后,陈玉成率精锐万余,回援安庆。

武汉警报解除。

胡林翼经历生死一瞬,在给曾国荃的信中,带着一丝劫后余生的乐观和一如既往的自我调侃:"吐血之后,精力忽振,意兴顿扬,或犹可少缓须臾毋死,而见大勋之成也。"

359

与曾国藩的最后一面

奇取武昌的失算,让安庆面临前所未有的压力与危机。

咸丰十一年(1861)春,陈玉成联合洪仁玕、林绍璋、吴如孝、黄文金等部展开疯狂反攻,奏响了安庆会战的序曲。因李续宜回援湖北,青草塥防务空虚,曾国荃的围师失去羽翼,形势不容乐观。对于天京和陈玉成而言,这是解围安庆的最后机会。有了上次疏忽所带来的教训,胡林翼不允许自己再犯类似错误,以杨载福、多隆阿、鲍超等师紧急补空,并请曾国藩拔营祁门,移驻长江南岸之东流镇,以集两岸之兵,策应安庆战场。

双方在安庆、桐城之间,展开一场浴血厮杀。

太平军发动多路进攻,被悍将多隆阿一一击败;陈玉成陷入无援境地,留麾下以强悍著称的刘玱琳驻守集贤关,自率六千精锐北去。

与此同时,李秀成正以一日一城的速度横扫鄂南,所向披靡,攻势锐猛。之后,李秀成接到黄州赖文光的信报,知悉江北军情大略,继续西进。

集贤关交火正酣,胡林翼接到一个令人震惊的消息。

准确地说,是两个消息。其一,李秀成陷义宁(今江西修水),至武宁。武昌一带也受其侵扰,蕲州、黄州的太平军闻风而动,劫掳民船,欲渡长江南岸,上下策应。如不及早处理,恐南北相通,不易应对。其二,闻安庆"近得奸商艇船接济"。也就是说,由于投机商人高价向安庆城内出售粮食,合围安庆的效果减半,似无再围下去的意义。

让胡林翼震惊的,自是不速之客李秀成。

思之再三,他决定回师武昌。

第九章　吾谁与归

胡林翼一向机敏中带着沉稳，而在此事上似有唐突。

不出所料，曾国藩对此表示反对。他对担负围城之责的曾国荃说，李秀成西进上犯，其意无非援救安庆，即使武汉幸而保全，李必以全力回扑安庆围师，"去年之弃浙江而解金陵之围，乃贼中得意之笔，今年抄写前文无疑也"，劝曾国荃勿以武汉有疏而动摇其志，坚持按兵不动。又在信中强调："盖李军速到，贼纵有破鄂之势，断无守鄂之力。江夏（湖北）纵失，尚可旋得，安庆一弛，不可复围，故余力主不弛围之说。"甚至与不怎么联系的左宗棠交流时，曾国藩都表示，北岸安庆弛围，南岸弃休宁、黟县、祁门三县，皆为下策。他甚至对曾国荃说："此次安庆之得失，关系吾家之气运，即关系天下之安危。"曾国藩在家书中多有提及家族得失之语，一举一动都会联想到家族命运，这也是他与胡林翼的不同之处。

在与胡林翼的书信往来中，曾国藩同样态度明确：无论是陈玉成还是李秀成，折腾来折腾去，千方百计，无非为安庆解围而设。目前形势，曾国荃围城，多隆阿打援，李续宜也去了湖北，步营、马队各司其职，拿下安庆，似已胜券在握。阁下如不以鄙见为然，稍后可调鲍超援鄂，鄙人绝不敢稍分畛域。字里行间，难掩责怪的语气。

曾国藩的意思是，等渡过难关，再分兵西援不迟。

胡林翼自抚鄂以来，和曾国藩一直配合默契，军事上相得益彰，私下也堪称知己。在维系湘军的功劳中，曾国藩从不讳言：他丁忧返乡，撂下一摊子军务不管，湘军的壮大全赖胡林翼；他以在野之身赋闲在籍，胡林翼屡次建言，保他复出，对他事事相顾。多年来，两人合作愉快，现在对于撤围一事，第一次产生严重分歧。如果说曾国藩在大是大非上多考虑"吾家之气运"，大义上不如胡林翼格局之宏远，在围师安庆这件事上，胡又不如曾意志之坚定。

胡林翼一向坚持围城不动摇，此时为何心生退意呢？

其实不存在认知问题，他有自己的难言之隐。

两人各持己见，事情忽然有了新的进展。

前线传来消息，集贤关守将刘玱琳弹尽粮绝，突围失败，四千精锐全军覆没。接着，安庆守将之一程学启出逃降清，尽告城中虚实，安庆军机外泄。本来胡林翼还认为"如安庆米多，必应奏撤"，现在了解到安庆粮食匮乏，难以久守，一时信心大增。

按理，安庆胜利在望，胡林翼本应重拾信心，坚持到底。

但反过来讲，正因形势好转，他才可以安心返鄂。他在奏疏中说：陈玉成屡次失利，势孤无援，即使智勇双绝，短期内已威胁不再。况且，多隆阿马、步两师一万余人，鲍超一军亦不下万人，曾国藩又近驻东流，与安庆相隔咫尺，尤可随时策应。克复安庆事宜，已不需臣远为顾虑。眼下李秀成猛攻鄂南，李续宜无法兼顾，故请亲督成大吉一旅回援上游。

这时的胡林翼，自觉大限将至，冥冥中竟有一种落叶归根之感。

种种理由，都抵挡不住他内心发自本能的呼喊——回家。

前线无虞，安庆将复，退居幕后亦是多年夙愿。

这也是他坚持要回师武昌的原因之一。

何况武昌城外，还有一个李秀成。

李秀成欲效一年前杭州之役，奇袭湖北，武昌再次危如累卵。巧合的是，历史开了一个大大的玩笑。李秀成本打算拿下武汉"遵诏扫北"，得知胡林翼班师回鄂，又有堂弟李世贤在江西遭败、催其速回，内心开始摇摆。此时，英国汉口领事金执尔也前来斡旋,劝他不要轻举妄动。李秀成轻信了金执尔,在武昌外围犹豫了半天,掉头而去,犯了三个月前陈玉成犯下的错误。原因也大致一样,双方有互不侵犯约定。陈玉成没有想到,三个月后李秀成竟重蹈覆辙,走了他的老路。如此低级的失策,让人扼腕。所谓此一时彼一时,李秀成预感到,与英王联兵救皖的缘分已尽,"悉其省(安庆)不能保也",遂弃守鄂南,拔营江西,由赣入浙,一心开辟浙江根据地。至此,围魏救赵彻底失败。

所有叹息,唯有用那句"一切都是天意"来自我安慰。

这年六月,胡林翼拖着孱弱的病躯,回到了武昌。

愿你出走半生,归来仍是少年。终究只能是个愿望。

君不见意气风发少年时,岁月流转,归来已暮年残喘。

数日前的返鄂途中,胡林翼自太湖溯江而上,会曾国藩于香口。在行船上,二人听着窗外的波涛声,晤谈达三日之久。曾国藩患有皮肤病,其时疮痒异常,直称无人生之乐;胡则是肺病晚期,话说不了几句,便咳血不止。善解人意的曾国藩便以自己的病情打趣,活跃气氛之余,以此宽慰老友。如同当年在英山,胡林翼安慰落难的左宗棠。表面上轻松调侃,在这天的日记中,曾国藩吐露了作为朋友的担心:"至胡帅船上久谈。渠昨夜吐血甚多,委顿之至,为之忧惧。"

这是胡林翼、曾国藩人生中的最后一次会面。

过去一年,曾国荃绕城挖长壕两道,周长七十余里,内壕困守军,外壕拒援军,将安庆团团围住;又命萧孚泗倚水筑垒,一夜之间,营垒筑成。深壕固垒之外,湘军层层设防,步步为营,米粮充足,静以待之,做好了打持久战的准备。

七月下旬,陈玉成、杨辅清进驻集贤关,扎营四十余座,兵分十余路,对湘军发起最后的进攻。英王亲自督阵,"退即挥刀砍之";太平军"人持束草,蜂拥而至,掷草填壕,顷刻即满",前者仆倒,后者继进,尸满田垄,未尝稍退。太平军敢死队蜂拥而来,湘军据垒反击,"每炮决,血衢一道。贼进如故,前者僵仆,后者乘之"。大炮装放不及,紧急增调抬枪和鸟枪八百杆,隆隆之声,如连珠不绝。如此苦战一昼夜,湘军消耗火药十七万斤、铅子五十万斤。太平军发起猛攻足足十二次,死亡一万五千多人。情状之惨烈,可以想象。其后数日,英王再施人海战术,轮番猛攻,始终未能突破长壕,接济安庆的船只亦被湘军截获。

陈玉成歇斯底里的解围计划未得任何进展。

这一刻,他感到前所未有的无力与绝望。

英王陈玉成之死

咸丰十一年(1861)八月初一,凌晨。

伴随一声沉闷的巨响,安庆迎来一个血染的黎明。

霎时间,砖砾纷飞,黑云升腾,天地悲戚,山岳震动。安庆城垣迸裂,城门洞开,湘勇越壕疾奔,鱼贯而入。与养精蓄锐、呼啸而来的湘军相比,气若游丝的安庆守军"皆饥倒,不能抵御",曾国藩用"饥极僵扑"来描述这一情形。逃出城者被截杀殆尽,南门守军皆投江而死。主将叶芸来率一万六千名将士在饥肠辘辘中奋勇抵抗,全部阵亡。李秀成后来自述:"全军俱没,死于大江之中,此城尽没,未漏余人。"曾国藩也提到,太平军"赴江内、湖内凫水遁窜,又经水师截杀,实无一人得脱"。

城内红光冲天,江面浮尸遍布,江水为之不流。

陈玉成一夜冲锋,没能突破防线增援,只能"列队远望"。

苍凉的山冈上,是他孤独落寞的身影和久经沙场的战马。

第九章　吾谁与归

陈玉成是太平天国后期最杰出的青年军事统帅。多年来，他驰骋长江两岸，千里转战，出生入死，独当一面，所向披靡，威震鄂、皖，是名副其实的湘军劲敌。可最终，他依然未能解围安庆，拯救天京日暮途穷的命运。此刻，鏖战了一夜的太平军列队于山丘，望着远处阴霾笼罩的战场，却无能为力。眼睁睁看着安庆痛失于湘军之手，英王"望之痛哭"。

在他布满血丝和饱含泪水的双眼中，写满了痛苦与不甘。

陈玉成是广西客家人，出身贫苦，父母早亡，十四岁那年随叔父陈承瑢参加太平军，成为一名童子兵。十七岁随韦俊西征，武昌城久攻不下，他舍死陷阵，矫捷先登，首立头功，一战成名，被破格提拔为"殿右三十检点"，连升四级。天京事变后，翼王出走，元老锐减，陈玉成作为新生代将领脱颖而出，于咸丰九年（1859）晋封英王，当时年仅二十二岁。真是自古英雄出少年！

八年间，从一名童子兵成长为中流砥柱，统领数十万大军，力撑天京半壁江山，陈玉成一步步登上英王之位，堪称传奇。史载，他"貌极秀美，长不逾中人"，是一个相貌英俊、身材并不魁梧的人物，较之一般的驰骋战场的将军，身上反而更多了一丝书生气。就是这样一位看上去清秀儒雅的年轻人，在战场上令对手望风披靡。

陈玉成练得一身好枪法，行军有道，治军有方，作战灵敏，行军如电，尤擅长途奔袭，策略上善避实就虚、声东击西，其"回马枪"战术更是让对手闻风丧胆，猝不及防。曾国藩对他畏之惧之，直言"自汉唐以来，未有如此贼之悍者"。胡林翼也称，"贼之狡悍惯战，应以石达开、陈玉成为尤著"，视其为"吴楚之患"。咸丰十年（1860）春，陈玉成联手李秀成二破江南大营，两人的最后一次合作,创造了太平天国最后的荣耀与辉煌。此后,天京政权开始接受江河日下的命运与现实,纵是此等将帅英才,终亦无力回天。

安庆失陷,精锐丧失,眷属殉城,这本是陈玉成最大的痛苦。然而,一向多疑的洪秀全不但没有温旨抚慰,鼓励陈玉成重整旗鼓,反而将诸多失误归罪于他,革去了他的职权。随后,洪秀全一改当初不再封王的承诺,陆续封王两千多人。一时间,天京诸王泛滥成灾。

洪秀全的猜忌和责难,让陈玉成心灰意冷,黯然神伤。

太平天国大厦将倾,陈玉成不复往日意气,眼前的局势更让他失去方向。两年后,李秀成身在囚笼,感同身受地回忆:安庆失陷,"英王见势如此,主又严责,革其职权,心繁(烦)意乱,愿老于庐城,故未他去,坐守庐城,愚忠于国。后曾帅(应为多隆阿)发兵而来困,被逼不甚(堪),又无粮草,久守不能,将兵之心已有乱意,故未稳坚,而失庐郡。失将失兵,无计可施,而逃寿春,被苗佩林(苗沛霖)反心获捉,送解清营,是以而亡,此之为也"。

可以说,陈玉成之死,与洪秀全有一定关系。

同治元年(1862)五月,坐困庐州的陈玉成身心俱疲。时有团练头子苗沛霖派一乞丐捎信,言孤城独守乃兵家大忌,劝英王会师寿州。部下提议说,苗沛霖这个人反复无常,是个天赋异禀、地地道道的小人,不可轻信。陈玉成突围心切,毅然前往,刚到寿州就当场被擒,被押至胜保大营。临刑前,胜保有意招降,英王不改英雄本色,凛然道:"大丈夫死则死耳,何饶舌也!"

英雄末路,荡气回肠。

第九章 吾谁与归

英王之"英"字,当之无愧,实至名归!

陈玉成之死是悲壮的,对天京更是不可挽回的损失。他的死直接造成太平军的全线崩溃,加速了天京政权的覆亡。正如洪仁玕所说,"如英王不死,天京之围必大不同","英王一去,军势军威同时堕落,全部瓦解"。又说:"我军最重大之损失,乃是安庆落在清军之手。此城实为天京之锁钥而保障其安全者。……安庆一失,沿途至天京之城相继陷落,不可复守矣。"事实也正是如此,紧随安庆之后,安徽、湖北十数座城池相继丢失。

安庆失守,天京成为一座孤城。

自安庆被围,太平军屡以湘军数倍之众回援,难撼围师,自有其原因。在这场持久战中,曾国荃意志坚定,负责"围点";多隆阿、鲍超骁勇凶悍,机动灵活,专业"打援"。二者相辅相成,保障了围点打援战术的成功。纵观整个东征,湘军始终以这一战略思想为指导,胡林翼多次向曾国荃强调:"此事是全皖根本,即是谋吴根本,安庆不得,全局不振,惟丈毅然行之。至援贼之多寡,他处之安危,责在多(隆阿)、李(续宜),断不至掣动安庆围师也。"在后勤上,自胡林翼抚鄂以来,湖北成为湘军的粮饷基地;墨绖复出后,他驻营黄州、英山、太湖,运筹粮饷,协调诸军,谋划全局,指授机宜,从幕后走向台前。

可以说,没有胡林翼,就没有湘军的胜利。

因此,拿下安庆第二天,作为风雨同舟的战友,曾国藩在奏折中力推胡林翼,极力肯定其首功:"楚军围攻安庆已逾两年,其谋始于胡林翼一人画图决策,商之官文与臣,并遍告各统领。前后布置规模,谋剿援贼,皆胡林翼所定。"胡病逝前一天,清廷下诏,此克安庆,其首先画策,身亲督战,厥功甚伟,加太子太保衔。当年克复九江,胡林翼加太子少保,二者便是其"宫保"称谓的来由。

攻陷安庆后,湘军再次展开有违人道的屠城,大量无辜百姓被杀,财物被抢掠一空。连曾国藩的幕僚赵烈文都看不下去,直叹"军兴以来,荡涤未有如是之酷者矣"。安庆被围年余,粮食告罄已久,《能静居日记》中描述:"杀贼凡一万余人,男子髫龄以上皆死。各伪眷属妇女自尽者数十人,余妇女万余,俱为兵掠出。房屋贼俱未毁,金银衣物之富不可胜计。……城中凡可取之物,扫地而尽,不可取者皆毁之。坏垣掘地,至剖棺以求财物。……人肉价至五十文一两,割新死者肉亦四十文一两。城破入贼居,釜中皆煮人手足,有碗盛嚼余人指,其惨至此。"另一位亲历者说:"守军饥饿难忍,争食人肉,人肉售八十文一斤,状极悲惨。"

故赵烈文叹称:"闻之非痛非悲,但觉胸中嘈杂难忍而已。"

一百多年后的今天,读之仍令人发指,骇人听闻。

尽吾志而不能至,可以无悔矣

咸丰十一年(1861)八月初七,胡林翼的生命已近尾声,当收到曾国藩寄来的安庆捷报时,他的脸上露出了吃力的微笑。左宗棠描述这一情形:"血尽嗽急,肤削骨峙,频闻吉语,笑仅见齿。"阅毕,胡林翼研墨复书,夸完曾国荃"劳苦可念",笔锋一转:"惟七月十七之事,主少国危,又鲜哲辅,殊堪忧惧。"寥寥数言,道出他临终前的一块心病。

七月十七之事,即咸丰帝驾崩热河。

此时,距离胡林翼去世不过旬日。

长期忧劳,殚精竭虑,对身体的摧毁无疑是极大的。从胡林翼的临床症状来看，乏力、盗汗、咳嗽乃至咳血；从病因看，长年焦思劳神，思虑过深，操劳过度，乃至积劳成疾。正如他在信中所说，"十余年苦心孤诣，力谋国事"，"用一分心即增十分病，用一日心即增十日病"，医生谓为"思虑伤劳"，他自己也清楚，这属于"心思过用"。综合以上症状，老中医开出药方，安心调养，劳逸有节，方能有所缓和。

在家书中，胡林翼多次强调身体是革命的本钱："吾人做事，第一须赖学问，第二须靠精神"，"有十分精神，方能办十分事业"。讲完道理，接着拿别人举例："吾国人士，向不肯注意于身体之健康，而又心思过用，以致年未四十，而视茫茫，而发苍苍，而齿牙动摇者，滔滔皆是。"在生活中，人们总会陷入一个怪圈：大道理讲得很好，一放到自己身上，都成了理论。明智如胡林翼者，何尝不是如此？于他而言，心怀匡世之志，身膺一省之长，戎马倥偬近十载，政事、兵事、饷事、家事，事事关心，哪还有心思养生？

是年四、五月间，他时常在信中提及自己的病情，对李续宜说："贱恙是伤劳，即俗所谓痨病名也。有事则病，无事则安；心忧则病，心悦则安，大约是做不得官的病。"对毛鸿宾说："弟三月内精神渐充，刻下复日吐血数十口，大要是忧虞饷绌，心火上炎，虽强宽怀，终难解释耳。"在与李续宜后来的交流中，病情又有加重迹象："吐血每日二百余口，又兼咳嗽甚重，殆俗所谓痨病鬼者乎。"

古俗称之痨病，即现在的肺结核。以今天来看，并非致命之症，当时却是顽疾。早在咸丰四年（1854），忧思与焦虑已使他开始失眠，"不寐之状，遇夜尤甚，必俟黎明乃得安枕"；在英山，他日与病榻为伴，"每风雪漫天，一病辄寝食俱废"；太湖之役,"连日军事孔棘,思虑多则精力短,肝火炽盛",常有"肝气决裂"之感。生命的最后一年,"三月以来,咯血日夕不止,忧劳日加剧";七月间,病情日重。在给左宗棠的信中,他依然保持一贯的乐观与调侃:"贱病血稍止而咳有加,恹恹一榻。偶阅文书一二行,气即上冲,咳即大作。夜间稍合眼,辄咳,欲耽半夜之美睡亦不可得,而百年之美睡又不即至,吾命穷矣。"

疾病的折磨,精力的不济,让他有了隐退之想。

采菊东篱,种豆南山,是每一个士大夫的精神追求,胡林翼心里也住着一位逸然遁世的陶渊明。咸丰九年(1859),他对僚友钱宝青说:"了却江表一事,便可小作结束,为山水云霞之人。"咸丰十年(1860),又对丁华先说:"事定之后,长揖而去,一丝不挂,此吾辈之志,亦吾辈之分也。"四十五岁那年,他在家书中同样表达过做太平之民的想法:"世宇澄清,兵气尽销,兄当退为太平幸民,奉母家居,与弟等徜徉山水胜处,饮酒赋诗,优游十载。或则聚侄辈数人,课之以书,于愿足矣。"在现实面前,这是他的诗和远方。

同时,胡林翼也清楚,大势不可逆转,人终不能胜天,大清的江河日下、苟延残喘,非人力所能左右,非意志所能转移。对此,他又有一丝难掩的失落:"吾辈所做之事,皆是与气数相争,然成败之数、盈虚之数,有天命焉,非忧思即能稍减也。"万事盈虚有数,冥冥中已由天定,愚公移山,精卫填海,但求尽力可矣。在给多隆阿的信中,他无奈地说:"心念国事艰难,皖民涂炭,勉竭其愚,以求有万一之补救。成败利钝,实关天命,吾尽吾心而已。"言语间,带着穷途末路的伤感与哀愁。

也罢,尽吾志而不能至,可以无悔矣。

十余年所谓东征,归根到底,是武汉、九江、安庆、南京四

第九章　吾谁与归

个长江沿岸城市次第克复的过程。三年后，曾国荃屯兵金陵，李鸿章不愿以掠美之嫌，与之争夺首功，迟迟不去赴援。对此，曾国藩表示理解，他对弟弟曾国荃说："润（胡林翼）克鄂省，迪（李续宾）克九江，沅（曾国荃）克安庆，少荃（李鸿章）克苏州，季高（左宗棠）克杭州，金陵一城，沅与荃各克其半而已。此亦非甚坏之名也，何必全克而后为美名哉？人又何必占天下之第一美名哉？"

曾国藩所言在理，每人一城，不多不少，何必占尽天下之利？

事实上，作为幕后主帅和统筹，武昌、九江、安庆三城都有胡林翼的影子。正如曾国藩所奏，攻克安庆，"其谋始于胡林翼一人"。尽管如此，他还是表现出一如既往的超脱与淡然。他三荐曾国藩，七荐左宗棠，扩充湘军，墨绖复出，为好友总督两江由衷欣喜，却始终功成不居，甘为人梯。安庆克复在望，他执意回师，其难言之隐，正在于此。

胡林翼有何难言之隐呢？

和后来李鸿章不去会攻金陵一样，胡林翼返鄂的原因，一是武昌垂危，自己大限将至，二是克复安庆已无悬念，第三个原因才是他"隐藏最深"的——不想与曾氏兄弟争功。正如梁启超评李鸿章，"不欲分人功于垂成"。亦如胡林翼之前对翁同书说过的一句话，"不可掠人之美，贪天以为己力"。曾国藩东征数载，忍辱包羞，尤视此役"关系吾家之气运"，数月前祁门命悬一线，全军濒临绝境，他却始终咬牙坚守，不动安庆围城之师。而曾国荃，也已在安庆城外苦围死守一年有余。眼看拿下安庆指日可待，大功已在掌中，怎可从兄弟俩手中争这一杯羹？

作为胡林翼的灵魂搭档，曾国藩或许想到了好友的苦心。

驰围安庆，回师武昌，胡林翼感到久违的宽慰与轻松。

大隐于朝，中隐于市，小隐于野，何尝不是他要的这份平静与恬淡，何尝不是他屡次甘居幕后的平和与坦然？选择在最后关头功成身退，又何尝不是一个最好的结局？于是，在弥漫的硝烟中，胡林翼的轮廓似乎清晰起来：能任事、肯做事、能成事是理想和抱负，更是职责；情商高、人情练达是途径和手段，而非目的；工于心计、善用权术是表象，功成身退的淡泊与隐逸才是底色。而这些，无不围绕一个核心：谋国。诚如曾国藩所叹，此等襟怀气局，岂可拿那些追名逐利的寻常俗人与之相比？至此，李续宜、彭玉麟对"胡公未尝不用权术"的误解可以云散矣。

在生命的最后一刻，也许胡林翼会登上黄鹤楼，想起王安石的《桂枝香·金陵怀古》：

> 登临送目，正故国晚秋，天气初肃。千里澄江似练，翠峰如簇。归帆去棹残阳里，背西风，酒旗斜矗。彩舟云淡，星河鹭起，画图难足。
>
> 念往昔，繁华竞逐。叹门外楼头，悲恨相续。千古凭高对此，谩嗟荣辱。六朝旧事随流水，但寒烟衰草凝绿。至今商女，时时犹唱，后庭遗曲。

故国晚秋，天气初肃。

内乱平靖，前路又将面临怎样的挑战？

第九章　吾谁与归

公尔忘私，一人而已

七月二十九日，病逝前一个月，胡林翼终于向清廷呈上一封《奏陈病势增剧恳请开缺调理疏》，自请开缺，自陈病情："元气大亏，阅案牍不过数行，眼目即为昏黑，行动须人扶持，乃能起立。"此时的胡林翼，已是灯枯油尽，病入膏肓。

人生苦短，一生饱读圣人之学，深谙经世之道，君子疾没于世，何尝不是一种遗憾？祸乱方兴，匡时济世，又怎敢停滞不前？胡林翼认为，兵事是学人之事，司封疆而不明兵略，则险象已生。鉴于将领多不谙军事，身边少知略之人，他让学生汪士铎等人从《左传》《资治通鉴》等书中摘选兵家之言，编成《读史兵略》一书，作为实战教材。该书甫经出版，"一时四海风行，不胫而走"。

暮年的胡林翼，仗事犹日不暇给，却读书自课甚严。移营太湖期间，行军所至，支帐为邸，随时随地为将士讲授《论语》，未尝有一丝懈怠。有时他还会请来饱学之士，与之交流读书心得，风雪天气尤研习不辍。一次，胡林翼病情加剧不能进食，僚属劝他休息，他笑言："是口不能食，而犹能语言，耳亦犹有闻，岂以病而废学哉？"因此，郭嵩焘叹道："文忠公晚年进德之勇，务自砥砺于学，有非儒生艰苦所能及者。"时人也称："文忠一代名臣，功业照耀海内，而以《论语》为根底。"

谁能相信，这竟是二十年前的那个胡林翼？

嘻！往事不追，谁还没有年轻的时候？年少懵懂，年少懵懂而已。此时的胡林翼，学益进，气益敛，"天下以是尤服公之德量"。正如李瀚章说："公生长华胄，少时鲜衣怒马为跅弛之游，中年折节读书，有心儒先理学。"赵烈文言其"渐入道域"，郭嵩焘称他晚年达到"维德自新,几于哲圣"的境界。早年纨绔,如今完成了涅槃重生。

独善其身之余,胡林翼想到的是兼济天下。

在他看来,二者是读书人永恒的主题。胡林翼一生注重教化,坚信人是治世之本,良好的社会风尚始自道德人心。欲弭天下之乱,正学术、育人才是当务之急。同时,开务实风气,倡经世之学。出于这种思想,他决定建立书院,因为父亲胡达源的那本《弟子箴言》,为之命名箴言书院,即现在的益阳市箴言中学前身。

问题是,办学需要财力,胡家两代为官,廉洁自守,"财产不及中人"。主理湖北时,胡林翼曾提及自己的办学初衷:"我非无钱,又非巡抚之无钱,我有钱,须做流传百年之好事,或培植人才,或追崇先祖,断不至自谋家计也。"筹建箴言书院,需要另置田产,以为书院膏火之资。胡林翼不治私产,将自己的养廉银全部投入,寄回益阳做办学之用,尚且不足。弥留之际,他仍心念于此,以不能亲眼看到书院建成为憾。后来,书院经曾国藩、李续宜、彭玉麟等人筹资捐助,于他去世一年后完工,共耗资一万一千余两白银。箴言书院落成后,首任主讲是胡林翼的同事兼故交庄受祺,曾国藩、左宗棠等名流大儒也成为书院常客。

居庙堂之高,则忧其民;处江湖之远,则忧其君。作为一名传统士大夫,胡林翼半生都在诠释这句话。

七月十七日,咸丰崩于热河。胡林翼闻讯,几乎被这一噩耗击倒,同时又有深深的忧虑:"承德哀诏久未下,公忧思彷徨,中宵起立,仰视曰:'京师必有事故。'"咸丰三十而崩,同治帝载淳年仅六岁,内忧外患,主少国疑,权力之争在所难免。或是权臣辅国,或是女子干政,或有一场血色政变。然而,他最担心

第九章　吾谁与归

的事还是发生了，事实也大致如此。八大臣被扳倒，两宫垂帘，权力洗牌，辛酉政变。

胡林翼心系京师，忧心国变，失眠少食，病情笃剧。常年的夙兴夜寐、身心透支，终于让他不堪重负。

咸丰十一年（1861）八月二十六日晚，在武昌抚署，四十九岁的胡林翼走到了生命尽头。讣闻传出，武昌士民"巷哭失声"，"天下士大夫同声悼叹，失所仰赖"。作为一路走来的知交，忙于军事的左宗棠未能亲去吊唁，回想起两人京城初遇的往事，回忆起三十年来的点点滴滴，"有泪如丝"，"哭之尤哀"。铁血硬汉也表现出柔软的一面。身为并肩作战的搭档和知己，曾国藩深知好友状况不佳，听闻噩耗还是一时无法接受，"哀痛不已"，"惘惘若有所失"。

从八月二十八日至九月初一，四天之中，曾国藩给胡林翼写过两封信，与之商讨兵事，为他延请名医。听到好消息，也会第一时间想到与好友分享——得知黄州克复，他在给李续宜的信中高兴地说："润帅闻此，或者一笑解颜，霍然病已。"两天后，又对左宗棠说："润帅久无信来，不知迭闻捷音，病可少减否？"像一个期待着与伙伴分享糖果的孩子。平日两人交流频繁，此时曾国藩只知润帅久未回信，却不知战友已于几天前去世，寄出的两封信已是有去无复，收信无人。九月初三，曾国藩接到湖北发来的讣告，在给曾国荃的信中叹道："可痛之至！从此共事之人，无极合心者矣。"大有"微斯人，吾谁与归"之憾。

关于胡林翼的死因，有一则故事流传甚广。

薛福成《庸盦笔记》记述，楚军围安庆时，某日胡林翼视察军情，策马来到江边，极目远眺，江上呈现的是一幅祥和有序的画面。突然，两艘外国兵船径直闯入，汽笛长鸣，破浪而上，风

375

驰电掣，呼啸而过。胡林翼默然变色，返营途中一口鲜血喷出，几至坠马。他本已是肺病晚期，经此一事，病情益笃，不久薨于军中。

当然，这只是一段漏洞颇多的野史而已。但这并不影响我们去了解一个真实的胡林翼。

目睹迅疾如风的外国兵舰，他为何有这么大反应呢？以现在来看，这是社会发展中普遍存在的一种恐慌与焦虑。结合当时国情，好比是两军对垒，对方架好了大炮，而你手里只有一把弹弓。胡林翼认识到，内忧可平，太平军不足虑，西方列强才是大患。至于未来世界什么样，我们这代人是看不到了，"此非吾辈所能知者也"，不如不谈。这中间，不仅蕴藏着传统士大夫对民族危机的深刻担忧，更有一种无力回天的落寞与悲凉。超前的忧患意识，高度的政治敏锐性，让胡林翼对时局的认识有着胜人一筹的前瞻性，正所谓"世变无穷，外患方棘，惟其虑之者深，故其视之益难，而不敢以轻心掉之"。

这才是真正的"荩臣忧国"。故薛福成慨叹："此文忠之所以为文忠也！"

同治六年（1867）七月十二日，曾国藩又来找赵烈文聊天。其时洋务运动方兴未艾，谈及胡林翼的英年早逝，曾国藩仍不免感慨万千："苦无同志之士，自文忠与江忠烈（江忠源，谥号忠烈）殁，而同事者鲜能一心。衮衮诸公，其所设施，仅见目睫，为之喟叹。"类似的话，他对郭嵩焘也说过："润之才德足以发其志，中道弃捐，岂独吾党之不幸。"对战友的未竟其志而深感惋惜。一周后，师生二人再论湘军英杰，赵烈文说："军务中英杰不可以一一数，已论定者自以胡文忠、江忠烈两公称首。……胡则恢廓无外，日进其德，始犹英雄举动，继遂渐入道域，几几不可限量。视国事为身事,视天下为一家,公尔忘私,一人而已。"

视国事为身事,视天下为一家,公尔忘私,一人而已。

这大概正是我们走近胡林翼的意义所在。

历史从不停歇,时间冲淡一切。在漆黑的晚清夜空中,胡林翼犹如满天星辰中的一颗流星,划过一道稍纵即逝的耀眼光芒,消失于浩瀚无垠的历史烟云中。

胡林翼大事年表

嘉庆十七年（1812），六月初六，胡林翼生于湖南益阳泉交河。

嘉庆二十二年（1817），五岁。随祖父胡显韶认字，学习《论语》。

嘉庆二十三年（1818），六岁。其父胡达源参加顺天府乡试，中举人。

嘉庆二十四年（1819），七岁。正式入读私塾。是年会试，胡达源春闱连捷，中进士，点探花，授翰林院编修。同年，陶澍路过益阳，将女儿许配与胡林翼。

嘉庆二十五年（1820），八岁。九月，随母亲汤氏赴京，墨溪公胡达潨同行。

道光元年（1821），九岁。在京随叔父胡达潨读书。胡达源升任实录馆纂修官。

道光二年（1822），十岁。胡达潨落第南返，胡达源、胡林翼出都门，含泪送别。

道光七年（1827），十五岁。此前五年，陆续师从文舒耀、贺光黼、贺熙龄、蔡锦泉、吴赞等人，学业大进。胡达源宦京有年，完成著作《弟子箴言》。

道光八年（1828），十六岁。随祖父胡显韶读书。五月，胡达源任云南乡试主考官，旋任贵州学政。秋，胡林翼府试不第，与祖父从京师南下贵州，祖孙三代，其乐融融。

道光十年（1830），十八岁。同祖父从贵州回到益阳，与两江总督陶澍之女陶琇姿成婚。在桃花江别墅两年，师事同乡内阁中书蔡用锡。

道光十一年（1831），十九岁。五月，益阳发生洪灾，胡林翼主动请缨，献计益阳知县，安定了社会秩序，赈灾工作圆满结束。十月，胡达源卸任贵州学政，返乡休假。

道光十二年（1832），二十岁。因岳母贺氏前往南京，胡林翼与妻子陪同护送，在南京两江总督署与陶澍相处近一年，得其言传身教，并接触林则徐、魏源等人。

道光十三年（1833），二十一岁。偕妻子陶琇姿赴京省亲。在北京，胡林翼遇见了赴京参加会试的左宗棠，两人一生的友谊自此开始。

道光十四年（1834），二十二岁。九月，胡达源充会试副考官，因正考官工作疏忽，连带失察之责。十二月，玉峰公胡显巍去世。胡达源闻讣，悲痛欲绝。

道光十五年（1835），二十三岁。回籍应试，同时，遵父命祭祀玉峰公。六月，取得生员资格。八月，参加恩科乡试中举，居湖南举人第四十名。是年冬，去南京看望岳父陶澍。

道光十六年（1836），二十四岁。自金陵赴京参加会试，中第七十四名贡士，座师为潘世恩、王植；殿试二甲第二十九名，朝考第九名，为翰林院庶吉士。

道光十七年（1837），二十五岁。三月，继祖母刘氏去世，胡达源回益阳守制，胡林翼留京侍奉母亲。

道光十八年（1838），二十六岁。四月，散馆一等第八名，授翰林院编修。

道光十九年（1839），二十七岁。二月，翰詹大考，成绩二等。六月，岳父陶澍病逝。七月，祖父胡显韶病逝。十二月，胡林翼升国史馆协修。

道光二十年（1840），二十八岁。三月，任会试同考官。八月，任江南乡试副考官，取士蒋照、汪士铎，二人后来成为胡林翼幕府成员。冬，回京复命，因正考官文庆被人告发，胡林翼亦被降级调用，为内阁中书。年底，纳侧室魏氏。

道光二十一年（1841），二十九岁。胡达源卧病在榻，胡林翼未曾稍离左右。五月，胡达源溘然长逝。六月，遗腹胞妹出生，胡林翼爱怜尤挚。是年秋，胡林翼扶父柩南还回籍。

道光二十二年（1842），三十岁。正月，抵达益阳。丁忧期间，乡里有贫困不能养家者，胡林翼屡屡出资相助。

道光二十三年（1843），三十一岁。二月，侧室徐氏病卒。十一月，胡达源下葬。

道光二十四年（1844），三十二岁。课诸弟于紫筠书院。是年，纳侧室王氏。

道光二十五年（1845），三十三岁。赴小淹参加陶澍遗孀葬礼，与左宗棠晤谈十日。此后赋闲乡里，以诗书自娱。但明伦、王植、潘世恩、林则徐、陆建瀛相继劝其复出。

道光二十六年（1846），三十四岁。六月，捐贵州知府补用。十二月，事毕离京。

道光二十七年（1847），三十五岁。三月，回籍致祭。四月，起程南下，堂弟保翼随行。六月，抵达贵州。十一月，署理安顺知府。任期年余，政声大著。

道光二十九年（1849），三十七岁。三月，卸安顺府事。闰四月，署镇远知府。八月，卸事回省垣贵阳。

道光三十年（1850），三十八岁。九月，署思南府事，在任期间，安民生、肃吏治、治匪患、办教育、启民智，所到之处，好评如潮。

咸丰元年（1851），三十九岁。六月，卸任思南知府，补授黎平知府。

咸丰二年（1852），四十岁。十月，卸任黎平知府。张亮基奏请胡林翼援湘，贵州士绅百姓联名呈请挽留，北上未成。

咸丰三年（1853），四十一岁。正月，张亮基联名骆秉章，再奏胡林翼援鄂，贵州士绅百姓再次挽留。胡林翼又没走成，以功升贵东道。十二月，率六百团练自黔北上，离开为官七年的贵州。

咸丰四年（1854），四十二岁。正月，抵湖北。五月，擢四川按察使。八月，调补湖北按察使，移军鄂南。十一月，移师江西，会攻九江，驻军湖口梅家洲。

咸丰五年（1855），四十三岁。正月，回援武昌，擢湖北布政使。三月，署湖北巡抚。五月，奉命兼统湘军水师。十月，与罗泽南大战石达开、韦俊。

咸丰六年（1856），四十四岁。三月，罗泽南阵亡。十一月，克复武昌，实授湖北巡抚。

咸丰七年（1857），四十五岁。主政湖北，扩充湘军。九月，奏请起用曾国藩。

咸丰八年（1858），四十六岁。四月，克九江。七月，丁母忧返籍。十月，三河之役，李续宾战殁。十一月，洒泪登舟，墨经复出。十二月，驻黄州，军事复振。

咸丰九年（1859）四十七岁。五月，解围宝庆。奏请曾国藩出任四川总督。八月，知曾国藩督川不成，筹划四路东征之策。十二月，曾胡联兵，进驻英山。

咸丰十年（1860），四十八岁。正月，解小池驿之围。九月，闻京师事变，忧心忡忡，夜不能寐，病情笃剧。十二月，自英山移驻太湖，行军途中，日习《论语》不辍。

咸丰十一年（1861），四十九岁。六月，回师武昌。七月十七日，咸丰崩于承德。八月初一，安庆克复。八月二十六日晚，病逝于武昌抚署，时年四十九岁，追赠总督衔，谥号文忠。

主要参考文献

1. 胡林翼.胡林翼集［M］.长沙：岳麓书社，2008.
2. 曾国藩.曾国藩全集［M］.长沙：岳麓书社，2012.
3. 左宗棠.左宗棠全集［M］.长沙：岳麓书社，2014.
4. 赵尔巽等.清史稿［M］.北京：中华书局，1998.
5. 梅英杰.清胡文忠公林翼年谱［M］.台北：商务印书馆，1978.
6. 赵烈文.能静居日记［M］.廖承良，点校.长沙：岳麓书社，2013.
7. 薛福成.庸盦笔记［M］.丁凤鳞，张道贵，点校.南京：江苏人民出版社，1983.
8. 王闿运.湘军志［M］.李沛诚，点校.长沙：岳麓书社，1983.
9. 王定安.湘军记［M］.朱纯，点校.长沙：岳麓书社，1983.
10. 王闿运.湘绮楼日记［M］.吴容甫，点校.长沙：岳麓书社，1997.
11. 朱孔彰.中兴将帅别传［M］.向新阳，点校.长沙：岳麓书社，1989.

12. 方宗诚.柏堂师友言行记[M].台北：文海出版社，1966.

13. 黄濬.花随人圣盦摭忆[M].上海：上海书店出版社，1998.

14. 徐一世.一仕谈荟[M].太原：山西古籍出版社，1996.

15. 钱基博.近百年湖南学风[M].长沙：岳麓书社，2009.

16. 萧一山.清代通史[M].北京：中华书局，1986.

17. 刘忆江.胡林翼评传[M].保定：河北大学出版社，2009.

18. 董蔡时，王国平.胡林翼评传[M].北京：团结出版社，1990.

19. 董丛林.胡林翼政迹与人生[M].石家庄：河北教育出版社，2011.

20. 陶海洋.胡林翼与湘军[M].扬州：广陵书社，1982.

21. 高阳.高阳作品集：大清皇帝正说[M].北京：团结出版社，2005.

22. 杨国强.晚清的士人与世相[M].北京：生活·读书·新知三联书店，2017.

23. 茅海建.苦命天子：咸丰皇帝奕詝[M].北京：生活·读书·新知三联书店，2013.

24. 艾永明.清朝文官制度[M].北京：商务印书馆，2003.

25. 定宜庄.清代八旗驻防研究[M].沈阳：辽宁民族出版社，2003.

26. 邸永君.清代翰林院制度[M].北京：社会科学文献出版社，2007.

27. 冯天瑜，黄长义.晚清经世实学[M].上海：上海社会科学院出版社，2002.

28. 陈蒲清.陶澍传[M].长沙：岳麓书社，2011.

29. 谭伯牛.战天京：晚清军政传信录［M］.北京：民主与建设出版社，2017.

30. 张宏杰.曾国藩传［M］.北京：民主与建设出版社，2019.

31. 朱东安.曾国藩集团与晚清政局［M］.北京：华文出版社，2003.

32. 龙盛运.湘军史稿［M］.成都：四川人民出版社，1990.

33. 梁启超.李鸿章传［M］.长沙：湖南人民出版社，2013.

34. 罗尔纲.太平天国史［M］.北京：中华书局，1991.

35. 罗尔纲.李秀成自述原稿注［M］.北京：中国社会科学出版社，1995.